글로벌 기후변화 거버넌스와 한국의 전략

이 도서의 국립중앙도서관 출판예정도서목록(CIP)은 서지정보유통지원시스템 홈페이지(http://seoji.nl.go.kr)
와 국가자료공동목록시스템(http://www.nl.go.kr/kolisnet)에서 이용하실 수 있습니다.
CIP제어번호: CIP2018013025(양장), CIP2018013026(학생판)

글로벌 기후변화 거버넌스와 한국의 전략

Global Climate Change Governance and
Korea's Strategy

김연규 엮음

한울
아카데미

▌주요 용어

공동의 그러나 차별화된 책임(CBDR): common but differentiated responsibility
공동이행(JI): Joint Implementation
국가별 기여방안(NDC): Nationally Determined Contributions
국가행동계획: National Action Plan
국제연합인간환경회의(UNCHE): United Nations Conference on the Human Environment
글로벌녹색성장연구소(GGGI): Global Green Growth Insitute
기후변화에 관한 정부 간 패널(IPCC): Intergovernmental Panel on Climate Change
녹색기술센터(GTC): Green Technology Center
녹색기후기금(GCF): Green Climate Fund
당사국총회(COP): Conference of the Parties
동아시아 기후 파트너십(EACP): East Asia Climate Partnership
미국 에너지 전략 계획: U.S. Energy Strategy Plan
미국 우선 에너지 계획: America First Energy Plan
미국청정에너지·안보법(기후변화법안): American Clean Energy and Security Act
배출권거래제(ETS): Emissions Trading System
북동부 온실가스 이니셔티브(RGGI): Regional Greenhouse Gas Initiative
세계기상기구(WMO): World Meteorological Organization
세계기후연맹(GCC): Global Climate Coalition
세계무역기구(WTO): World Trade Organization
아시아-태평양 파트너십: Asia-Pacific Partnership on Clean Development & Climate
아태경제협력체(APEC): Asia-Pacific Economic Cooperation
에너지 환경 10년 협력을 위한 프레임워크(TYF): Ten Year Framework for Energy and Environment Cooperation
에너지특별위원회: Energy Task Force
자발적 국가기여(INDC): Intended Nationally Determined Contributions
지구 기후변화 이니셔티브: Global Climate Change Initiative
청정개발체제(CDM): Clean Development Mechanism
청정전력계획(CPP): Clean Power Plan
환경건전성그룹(EIG): Environmental Integrity Group
UN기후변화협약(UNFCCC): United Nations Framework Convention on Climate Change
UN환경개발회의(UNCED): United Nations Conference on Environment and Development
UN환경계획(UNEP): United Nations Environment Programme
2020 기후·에너지 패키지: 2020 Climate and Energy Package
2030 기후·에너지정책 프레임워크: 2030 Climate and Energy Policy Framework

책을 펴내며

2015년 12월 197개 UN기후변화협약 당사국은 제21차 당사국총회(COP21)를 개최하고 역사적인 파리협정을 채택했다. 협약 당사국의 보편적인 참여를 기반으로 하는 파리협정은 신기후체제의 도래를 알리는 신호탄이었다. 비록 선진국과 개도국 간의 구분과 이에 따른 '공동의 그러나 차별화된 책임(common but differentiated responsibility: CBDR)' 원칙은 파리협정에서도 원용되었지만, 교토의정서 체제하에서 부속서 I 국가와 비부속서 I 국가로 이분법적으로 구분해 일부 선진국 국가에만 적용했던 배출감축 의무조항은 효력을 상실했다. 바야흐로 모든 국가가 자발적인 결정과 책임하에 글로벌 기후변화 대응에 나서도록 요청받는 체제가 탄생한 것이다.

국제사회는 파리협정을 체결한 이후 이를 충실하게 이행하기 위해 기후변화 대응 국제 모멘텀을 이어나가면서 이 모멘텀의 조기 발효를 위해 신속하게 움직였다. 하지만 마라케시 기후총회 개막 다음날 미국에서는 반기후론자로 알려진 트럼프 대통령이 당선되었고, 이로써 기후변화체제는 커다란 도전을 받게 되었다.

마라케시에서 각국 정상이 서명한 기후변화 성명에 따르면 각국은 기후변화에 긴급히 대응해야 할 의무가 있다. 또한 파리협정은 불가역적이며 파리협정을 이행하기 위해 전 세계적으로 기후행동 실천에 나서야 한다. 하지만 새로운 미국 행정부의 정책방향은 반오바마 노선을 명확히 했다. 트럼프 대통령은 결국 미국은 2017년 6월 1일부로 파리협정을 탈퇴할 것이라고 밝히면서 미국 정부가 파리협정에서 약속한 자발적 감축공약을 이행하지 않을 것이며 녹색기후기금(GCF)에 대한 재정 공여도 중단하겠다고 선언했다.

비록 EU가 미국이 빠진 빈자리를 메우려 노력하고 중국도 파리협정 준수를 강조했지만 당분간 국제적인 기후변화 리더십이 약화되는 것은 불가피해 보인다. 2017년 7월 독일 함부르크에서 개최된 G20 정상회의는 1 대 19의 구도로 나뉘면서 단합된 공조를 끌어내지 못했다. 다만 미국 내에서는 뉴욕, LA, 시카고 등 기후 시장(Climate Mayors)에 소속된 187개 도시의 시장이 파리협정 이행의지를 표명하는 등 각 주정부와 도시의 비국가행위자들은 파리협정의 동력을 살리려는 움직임을 활발히 전개하고 있다.

신기후체제의 파고를 어떻게 극복할 것인지는 우리나라의 에너지 전환 및 에너지 믹스 구성과 밀접히 관련된 주제이다. 한국은 95%의 에너지를 수입하고 있어 에너지 안보가 매우 취약하다. 따라서 중동과 아시아 위주인 천연가스 도입처를 다변화하는 등 에너지 안보 차원에서의 노력을 지속해야 한다. 또한 원유 수입의 60% 이상을 중동이 차지하고 천연가스 수입의 25% 내외를 동남아시아가 차지하는 등 수입의존도가 높고 편중된 현실을 시급히 개선해야 한다.

우리는 4차 산업혁명과 신기후체제하에서의 한국형 모델을 발굴하고 이 모델에 지속적으로 적응해나가야 한다. 이를 위해서는 일회성이 아닌 지속적인 노력이 필요하다. 이 책은 에너지 전환의 갈림길에서 우리가 처한 현실을 돌파할 방법은 무엇인지 모색하려는 문제의식에서 출발했다.

이 책에서 우리는 최근의 신기후체제 동향과 국가별 기후대응 연구를 살펴봄으로써 에너지 전환과 저탄소 사회로 가는 긴 여정에서 우리가 부딪칠 도전은을 탐색하는 한편 우리 시대의 중대한 과제를 해결하기 위한 실마리를 찾아보고자 했다.

필진을 대표해서

김연규

차례

글로벌 기후변화 거버넌스의 형성과 특징

김연규·류하늬·김성진

문제 제기

2017년 6월 트럼프 미 대통령은 파리협정에서 탈퇴한다고 선언했다. 사실상 미국의 주도적 참여로 가능했던 신기후체제의 출범에 기대를 표했던 국제사회는 이로 인해 큰 충격을 받았다. 파리체제 자체에 대한 우려에 더해 미국의 이탈은 국제사회와 한국의 기후변화 대응 체계에 큰 변화를 가져오고 있다. 미국의 탈퇴에도 불구하고 기후변화협약으로서의 파리체제가 지속될 수 있을 것인지에 대한 의문이 일고 있으며 미·중의 협력으로 가까스로 비준된 파리협정이 중국의 동반 이탈로 인해 제3의 포스트 교토체제로 추락할지도 모른다는 비관적인 시각도 제기되었다. 자발적 온실가스 감축 이행을 기반으로 한 파리체제의 실효성에 대한 회의도 이어지고 있다. 미국에 대한 정책 의존성이 높은 한국 역시 미국발 충격의 여파를 맞았다. 파리체제에서 부과한 자발적 감축 의무를 이행하기 위해 파리협정에 대한 대응 체계 구축이 논의되기 시작한 시점에 협약을 약화시키는 미국의 결정이 내려지자 한국의 대응에는 큰 혼란이 야기되었다. 한국은 녹색기후기금(Green Climate Fund, 이하 GCF) 사무국을 유치한 국가로서 급변하는 기후 거버넌스에서 어떠한 입장을 견지할 것인지에 관한 중요한 결정에 직면했다. 그뿐만 아니라 미국·일본과의 공조와 중국과의 협력 체계에서 한국의 전략적인 행보가 더욱 중요해졌다.

국제 기후체제에 대한 논쟁

파리체제는 국제 기후변화협약의 구조와 메커니즘에 대한 논쟁이 여전한 가운데 출범했다. 가장 상위의 논쟁은 UN기후변화협약(United Nations Framework Convention on Climate Change: UNFCCC)이 기후변화에 대응해 국제사회의 규범을 갖는 효율적인 체제로서 작동하는가에 관한 것이었다. UN기후변화협약 자체의 효율성에 대한 회의는 크게 UN기후변화협약 외의 다자 체제로 접근하는 것을 옹호하는 시각과 다자 체제의 대안으로서 양자 또는 소규모 협의체를 제안하는 형태로 나타났다. 다자 체제를 옹호하는 시각에서는 범UN체제의 형태를 견지하면서 UN기후변화협약 외의 UN안전보장이사회 등의 UN 의사결정 기구를 활용하거나 세계무역기구(World Trade Organization, 이하 WTO)와 같은 다양한 형태의 다자 체제로 접근하자는 시각이 제시되었다. 반면 코헤인과 빅토르는 최근 일련의 연구에서 기후변화 레짐에서의 다자 체제의 효율성에 대해서 지적했다(Keohane, 2015; Keohane and Victor, 2011, 2016). 그들은 최소의 기준에 대한 합의에 그치는 다자 체제보다는 합의를 이끌어내는 데 효과적이고 감축목표를 달성하는 데 효율적인 협의체로서 기후변화 레짐복합체(regime complex)[1]가 이점이 있을 수 있다고 제시했다.

UN기후변화협약의 실효성을 두고 논쟁이 일어난 가장 큰 이유는 교토 체제의 하향식(top-down) 의무 부과 방식이 실패했기 때문이다. 강제력의 기제로는 온실가스 감축을 효율적으로 달성할 수 없다는 평가로 인해 파리 체제에서는 자발적인 상향식(bottom-up)의 감축 기여로 전환되었다. 그러나 이행의 강제력이 없는 구조에서 각 국가의 자발적 국가기여(Intended Nationally Determined Contributions, 이하 INDC)에 대한 측정(monitoring), 보고(reporting), 검증(verification)의 거버넌스가 효과적으로 작동할 수 있을 것인지에 대한 논의는 지속되고 있다. 또한 리젠 등은 기업의 탄소 배출량 공개와 탄소 배출량 기록이 이루어진다 하더라도 이것이 자산 가격에 반영되지 않아 투자자의 의사결정이 기업의 개별적 탄소 배출량을 고려하지 않고 이루어지고 있음을 지적한 바 있다(Liesen et al., 2016). 현재 국가 내에서 INDC를 달성하는 메커니즘을 구성할 때 가격을 신호로 하는 시장 메커니즘을 활용하는 방안 및 미시적 의사결정의 변화를 가져올 수 있는 실천적 방식에 대한 논의는 미미한 실정이다.

파리체제의 출범과 함께 재정 메커니즘으로의 GCF의 역할이 기대되면서 기후 금융(Climate Finance)에 대한 논의가 부각되었다. 기후 금융의 범위가 '저탄소 또는 기후 회복력 있는 개발(Climate-resilient development)을 목표로 하는 직접적인 민간과 공공의 재정 투자 흐름'으로 이해되면서 선진국이 재원 마련에 동의한 대규모의 기후 재원으로서 GCF 모금을 이행하고 활용하는 방안에 관심이 모아졌다(Buchner and Wilkinson, 2015). 그러나 재

---

1 "느슨하게 연결되어 있는 일단의 레짐들(loosely coupled sets of specific regimes)"로 정의된다(Keohane and Victor, 2011). 레짐 복합체는 포괄적이며 위계적인 규칙을 통해 규제를 부과하는 완전 통합형 제도와 명시적인 중심부가 없고 레짐 구성 부분 간의 연계성이 거의 존재하지 않는 파편화된 제도 집합체의 중간 성격을 띤다. 레짐 복합체는 통합형 제도와 분산형 제도 간의 중간 형식으로서, 식별 가능한 중심부가 존재하며 제도들이 비위계적이고 느슨하게 연결되어 있는 체제이다(Raustiala and Victor, 2004).

원 마련에 합의한 국가가 부담금의 납부를 연기하거나 규모를 축소시키면서 재정 메커니즘의 이행에 대한 우려가 높아지기도 했다. 더욱이 미국이 파리협정에서 탈퇴하기로 결정함에 따라 신기후체제의 재정 메커니즘에 대한 지원 여부 역시 불투명해졌다. 미국 트럼프 행정부에서는 환경보호청(Energy Protection Agency: EPA)의 2018 회계연도 예산을 작년보다 31% 삭감하면서 미국이 GCF에 대한 잔여 부담금(20억 달러)을 지원할 가능성이 낮아졌다.

한국의 기후 전략

한국은 2015년 6월 INDC로 2030년까지 BAU 대비 37%를 감축하겠다는 목표를 제출한 바 있다. 그러나 이러한 목표를 달성하기 위한 단계적 감축의 실제적인 방안이나 실행 전략에 대한 논의는 부재한 상황이다. 이에 신기후체제하에서 저탄소 환경친화적 에너지로 전환하기 위한 실천적인 대응 전략에 관한 논의가 시작되고 있다. 에너지원 구성의 변화, 즉 에너지 전환이 추진되면서 원전과 석탄화력발전의 역할이 축소되고 가스 공급 및 신재생에너지 보급이 확대될 것으로 전망된다. 이러한 에너지원 간 대체와 전환은 장기적인 관점에서 기후변화 대응 정책과 연계해 수립되어야 한다. 또한 기후 - 에너지 결합을 포괄할 정책 체계 및 운영 방식을 시급히 논의해야 한다. 지금은 국가에너지기본계획, 전력수급계획, 신재생에너지기본계획, 장기천연가스수급계획 같은 에너지 수요 전망에 대응하는 부문별 및 원별 수급계획을 체계적으로 구성하고 연계하는 작업이 매우 중요한 시점이다.

비부속서 국가에 속했던 교토체제와 달리 INDC를 제출한 파리체제하의 한국은 온실가스 감축 압력과 경제성장의 타격에 대응할 전략을 수립할 필요성이 더욱 커졌다. 따라서 과거 이명박 정부에서 최우선 순위의 과제로 다루었던 녹색성장 정책의 유산을 검토하고 이를 활용할 방안을 논의해야 한다. 컨트롤타워로서의 녹색성장위원회의 지위와 권한을 평가하고 이를 바탕으로 국내 기후 거버넌스에 대한 논의를 시작하는 것은 이러한 접근의 일환이다. 과거 '기후변화 대응 선도 국가'라는 기치 아래 글로벌녹색성장연구소(Global Green Growth Insitute, 이하 GGGI)의 국제기구화, GCF 사무국의 송도 유치, 녹색기술센터(Green Technology Center, 이하 GTC)의 설립이 우선적으로 추진되었고, 신기후체제하에서 이른바 그린트라이앵글의 연계를 강화함에 따라 이들 기구의 중요성이 더욱 높아졌다. 따라서 국내의 기후 거버넌스가 국제 기후 거버넌스에 어떠한 방식으로 대응할 것인지에 대한 구조적 접근과 연계 전략 또한 필요하다.

한국은 교토체제하에서는 선진국과 개도국 간의 중립적 입장을 지닌 환경건전성그룹(Environmental Integrity Group, 이하 EIG)을 결성하고 활동했다. 하지만 모든 참여 국가의 자발적 의무 부담을 기반으로 하는 파리체제하에서는 기후외교의 방향을 달리할 필요가 있다. UN기후변화협약에서 구체적인 사안의 다양한 이해관계에 따라 협상그룹이 재조직되면서 한국에서는 이에 대응해 기후 협상 전략을 수립하는 것이 중요한 문제가 되었다. 따라서 한국은 UN기후변화협약뿐만 아니라 보완적인 국제 협의체하에서 논의되는 사안별 각국의 이해관계를 파악하고 외교 관계의 연계를 기반으로 한 협상 전략을 모색해야 한다. 또한 한국 – ASEAN 같은 전통적인 역내 협력체 및 동아시아 기후 파트너십(East Asia Climate Partnership: EACP) 같은 지역 기후 협력체와의 동맹 강화 전략을 논의해야 할 것이다.

연구의 목적

이 책에서는 신기후체제 거버넌스의 구조와 메커니즘에 대한 논쟁을 검토하고 이를 재평가하고자 한다. 이는 기존의 글로벌 기후 거버넌스의 연구가 파리협정 초기의 논의라는 시기상의 한계로 인해 국가의 실천적 대응 방안에서 나타난 공백을 메우기 위한 것이다. 궁극적으로는 미국의 탈퇴로 인해 약화된 파리체제하에서 한국의 대응 전략을 모색하는 데 목적이 있다. 이 책은 국제 기후변화 레짐에 대한 한국적 시각을 제시하면서 한국의 실천적 전략에 대한 연구의 부재를 메우기 위한 시도라 할 수 있다.

한국이 급변하는 국제 기후체제에 대응하는 전략을 수립하기 위해서는 한국의 방향 설정에 영향을 미칠 수 있는 주요 강대국을 전략을 이해하는 것이 중요하다. 이에 이 책에서는 주요 국가의 내부에서 나타나는 파리체제에 대한 논쟁과 대응 방향 및 실행 전략을 검토했다. 주요 강대국의 기후 전략 검토와 파리체제 메커니즘의 재점검을 바탕으로 한국의 대응 방안을 제시하는 것은 이 책에서 주요하게 다루는 부분이다. 문재인 정부의 출범과 함께 결정된 원전 신설 중지, 석탄화력 가동 중지는 기후변화 대응의 일환으로서 에너지 전환의 시작이며, 이는 파리협정에 제출한 INDC에 관한 구체적인 대응 전략을 논의하는 것으로 이어져야 한다. 이를 위해 주요 강대국 및 주변 국가와의 공조와 협력은 필수적이며 이 국가들을 대상으로 한국의 기후외교 전략을 논의하는 일은 매우 적실성이 높다. 이와 더불어 한국의 기후·에너지 문제에 대한 정책 조정 체계의 중요성이 다시금 부각되는 가운데 특히 기후에너지부와 같은 전담 부처 신설을 현실적인 대안으로 논의할 필요가 있다. 전담 부서가 신설되면 온실가스 배출 감축의 압력에 능동적으로 대응하고 효율적인 에너지 수급 구조를 형성하기 위해 필요한 기후 거버넌스에 관한 실천적인 대안을 제시할 것이다.

이 책은 미국의 파리협정 탈퇴가 결정된 이후 발간되는 연구 결과물로서 파리체제를 재평가하는 최신 연구 중 하나가 될 것으로 기대된다. 급변하는 환경에 대응하는 연구 결과의 발간을 통해 신기후체제의 위기에 대한 이해를 높이고 한국의 전략적인 방향 설정에 기여하고자 한다.

기후변화의 가속화와 국제사회의 대응

많은 환경 사안 중에서도 기후변화 문제는 상대적으로 가장 최근에 부각된 것이라 할 수 있다. 대기 중의 이산화탄소 농도가 균형을 잃고 급증하고 있으며 이것이 지구 평균온도의 상승과 비례한다는 사실이 밝혀진 것은 20세기 초·중반이었지만, 이러한 인식은 소수의 과학자 집단 내부를 벗어나지 못했다(Stoeva, 2010: 126~129). 기후변화에 대한 전 지구적 인식은 1972년 스웨덴 스톡홀름에서 열린 국제연합인간환경회의(United Nations Conference on the Human Environment: UNCHE)를 시발점으로 볼 수 있다. 이곳에서 처음으로 환경오염과 기후변화가 국제회의의 의제로 다루어졌고, 이는 UN환경계획(United Nations Environment Programme, 이하 UNEP) 수립이라는 성과를 이루었다. 이후 UN이 주최하는 기후변화 관련 대규모 회의들이 지속적으로 열리게 되었다(Sjostedt, 1998: 233).

세계가 기후변화의 심각성에 더욱 주목하고 국제사회가 힘을 합쳐 정치적으로 이를 해결해야 한다는 당위성이 높아진 것은 1980년대 중·후반부터였다. 기후변화는 실재하며 그 주요 원인이 인간의 온실가스 배출이라는 증거가 점차 과학적으로 규명되자 전 지구적 차원에서 이에 대해 정치적으로 대응할 필요성이 부각되었다. 세계기상기구(World Meteorological Organization, 이하 WMO)와 UNEP가 1988년 공동으로 설립한 기후변화에 관한 정부 간 패널(Intergovernmental Panel on Climate Change, 이하 IPCC)은 기후변화의 실재성·위협성과, 인간 활동과 기후변화의 인과관계를 입증하는 데 중대한 공헌을 해왔다. 특히 1995년 말에 나온 IPCC 제2차 평가보고서는 기후변화의 주된 원인 중 하나가 인간의 활동이며, 관찰된 지구온난화의 추세가 자연적으로 발생한 것이 아니라고 명시했다. 또한 온실가스가 현 추세대로 증가할 경우 생태적 지속성에 심각한 위협이 될 것이라고 발표해서 전 세계에 각성을 불러일으켰다. 1997년 채택된 교토의정서(Kyoto Protocol)의 과학적 기반 역시 IPCC 제2차 보고서에 두고 있다.

1992년 5월 UN기후변화협약이 제정되었고 같은 해 6월 브라질 리우데자네이루에서 열린 UN환경개발회의(United Nations Conference on Environment and Development: UNCED)에서 154개국이 이 협약에 서명함으로써 향후 전 지구적 기후변화 사안을 총괄하는 가장 중요한 조직적 기반이 마련되었다. UN기후변화협약이 제정되자 1995년 3월 베를린에서 제1차 당사국총회(Conference of the Parties, 이하 COP)가 열렸다. COP1의 가장 큰 관심사는 UN기후변화협약이 향후 각국의 온실가스 감축에 제대로 영향력을 행사할 수 있을지 여부였다. 논의 결과 '베를린 위임사항(Berlin Mandate)'이 도출되어 2년 뒤 COP3에서 온실가스의 감축 목표와 기한을 규정하도록 합의되었다.

1997년 12월 교토에서 COP3이 개최되었고, 그 결과 교토의정서가 채택되어 감축 대상, 감축 시기, 감축량, 감축 방법, 의무대상국 등이 구체적으로 확정되었다. 교토의정서는 '공동의 그러나 차별화된 책임(common but differentiated responsibilities: CBDR)' 원칙에 따라 부속서B에 속한 39개 선진국들에 대해서만 온실가스 감축 목표와 기한을 의무화했다. 이에 따라 선진국은 교토의정서 1차 공약 기간(2008~2012년) 중 1990년 수준의 평균 5.2% 이하로 온실가스 배출량을 감축할 것을 공약해야 했다. 하지만 선진국에만 감축 의무를 부여하고 개도국에는 의무를 유예시킨 것, 특히 중국, 인도 등 다량의 온실가스를 배출하는 선발 개도국에조차 아무런 감축 의무를 부과하지 않은 것은 교토의정서가 지닌 가장 큰 문제였다. 이는 처음부터 미국, 호주 등 선진국들의 거센 저항을 야기했으며, 미국이 교토의정서의 비준을 거부하고 이를 탈퇴하는 가장 큰 이유가 되었다.

미국의 부재라는 위기를 극복하고 EU의 리더십에 힘입어 2005년 교토의정서가 발효되었지만, 선진국만의 의무 감축이라는 근본적인 문제는 해결되지 않았다. 이에 더해 약한 강제 기제, 낮은 탈퇴 비용, 국가경쟁력의 훼손, 국내 이익집단의 저항, 이행 능력의 부족 등 다양한 차원에서 교토의정서는 문제를 드러냈다(Thompson, 2006: 16). 결국 국제 공동체가 장기적으로 이행해야 할 기후협정의 필요성이 2007년 발리 COP13 때부터 강하게 대두되었고, 특히 교토의정서 1차 공약 기간이 종료되는 2012년 이후부터는 더 강화된 버전의 규칙이 필요하다는 인식이 확대되었다. 발리 총회는 2009년까지 감축 목표를 포함해 장기적인 협력 행동에 대한 공유 비전을 확정하고, 감축·적응·재정·기술 면에서 실천을 강화하는 로드맵을 채택했다. 2009년에 이르러 국제사회의 주목 속에 열린 코펜하겐 COP15에서는 교토의정서보다 진전된 다양한 규칙이 논의되었지만, 결국 새로운 제도 창출에 실패함으로써 교토체제의 붕괴 가능성마저 우려되었다. 2011년 남아프리카공화국 더반에서 열린 COP17에서는 모든 당사국이 온실가스 감축에 참여하는 새로운 제도를 수립한다고 결정되었으나, 캐나다, 일본, 러시아, 뉴질랜드 등 주요 온실가스 배출국이 교토의정서 탈퇴를 선언하면서 교토체제는 오직 EU의 힘으로 간신히 지탱되며 존폐 위기에 놓였다.

이러한 상황 속에서 파리협정 채택의 결정적인 변수로 작용한 것은 세계의 두 리더인 미국과 중국의 전향적·협력적 태도였다(김성진, 2016). 온실가스 배출량 세계 1, 2위이자 각각 개도국과 선진국 진영에서 교토체제의 존속을 위협할 정도로 서로 대립하던 중국과 미국은 2014년 11월 베이징에서 열린 아태경제협력체(Asia-Pacific Economic Cooperation, 이하 APEC) 회의에서 기존의 입장을 바꿔 국제사회의 기후변화 대응을 공동으로 이끌 것을 선언했다. 미국의 버락 오바마(Barack H. Obama) 대통령과 중국의 시진핑(習近平) 주석은 각각 자국의 온실가스 감축 목표를 발표하고 이를 성실히 이행하겠다는 의사를 표명했으며, 긴밀한 협력을 통해 새로이 체결될 기후협약의 성공을 이끌겠다고 선언했다. 이에 따라 교토체제는 새로운 기후체제로 변모할 수 있는 강력한 추진력을 얻었고, 결국 파리협정(Paris Agreement)이라는 결실을 맺었다(UNFCCC, 2015.10.23).

파리기후체제의 출범

2015년 12월 12일, 프랑스 파리에서 열린 UN기후변화협약 COP21에서는 파리협정이 채택되었다. 선진국들로 이루어진 특정 국가군에만 감축 의무를 부여했던 교토의정서가 2005년 발효된 이후 오랜 갈등과 협상이 타결되어 전 지구적인 합의가 이루어진 역사적인 순간이었다. 파리협정은 모든 당사국이 온실가스 감축에 기여하는 '보편성', 개별 국가는 스스로 작성한 감축 목표를 달성하기 위해 노력하고 그 실적을 정기적으로 평가받아야 하는 '책임성', 그리고 명확한 산정 기준과 절차에 의한 감축 실적 보고를 의무화하는 '투명성' 등으로 이루어진 독특한 기후변화 대응 기제를 창출했다. 또한 협정 2조에서는 감축("지구 평균기온의 상승을 산업화 이전 수준 대비 2도 이하로 유지하며, 1.5도 이하로 상승을 제한하기 위한 노력 추구"), 적응("기후변화의 부정적인 영향에 적응하고 기후 회복력과 온실가스 배출이 적은 개발을 제고하기 위한 능력의 증진"), 재정("온실가스 저배출과 기후 회복력 발전에 부합되는 자금 흐름")을 규정하면서, 파리기후체제의 목표를 구성하는 3개의 기둥을 세웠다.

먼저 감축 면에서 보면 파리체제의 핵심은 '국가별 기여방안(Nationally Determined Contributions, 이하 NDC)'이라 불리는 개별 국가들의 자발적 기후변화 대응 전략이다. 모든 당사국은 자국의 특별한 상황에 비춰 기후변화의 당면 문제를 규정하고 이에 대응하기 위한 계획을 자발적인 방식으로 수립해야 한다. 그리고 자국의 기후변화 대응 실적을 투명한 방식으로 산정해 국제사회에 5년 단위로 보고해야 하는 의무를 지닌다. 각 주권 국가들의 자발성에 의존하는 구상인 만큼 NDC가 신뢰를 확보하고 효과를 발휘하기 위해서는 책임성과 투명성이 관건이다. 국가의 NDC 이행과 관련된 책임성은 결국 각 당사국의 국내 정치가 기후 전략을 수용하고 지지하는 정도에 달려 있으며, 온실가스 감축 실적의 국제적 보고 방식과 연관되는 투명성은 추후 COP 협상을 통해 수립될 투명성 프레임워크에 따라 시행·평가될 예정이다. 교토체제에서 의무 감축 여부를 두고 이루어졌던 선진국 대 개도국의 갈등 구도는 이제 책임성 및 투명성을 둘러싼 대립으로 전선이 이동한 셈이다. 따라서 선진국과 개도국이 서로 신뢰할 수 있는 행동과 규칙을 반복해야만 파리체제의 성공이 보장될 수 있다.

국내 정책과 더불어 중요한 감축의 도구인 국제 탄소시장에 대해 파리협정은 일반적인 규정만 정해놓았다. 6조 2항에서는 "NDC에 대해 국제적으로 이전되는 감축결과물(internationally transferred mitigation outcomes: ITMO)의 활용을 포함하는 협력적 접근 내의 자발적 기반하에서 당사국은 지속가능한 개발을 촉진시키고 환경 건전성과 투명성을 보장해야 한다. 그리고 이중 계산을 피하기 위해 COP가 채택한 지침에 따라 엄격한 회계방식을 적용해야 한다"라고 규정함으로써 '국제적으로 이전되는 감축결과물'이라고 명명된 '탄소배출권 형식'의 활용 가능성을 열어두고 있다. 또한 6조 3항에서는 "본 협약하에서 NDC를 달성하기 위해 국제적으로 이전되는 감축결과물의 활용은 자발적이어야 하며 참여 당사국들의 승인을 받아야 한다"라고 명시해 국제 탄소시장의 국가별 활용 여부를 신축성 있게 규정하고 있다. 이는 배출권거래제(Emissions Trading System: ETS), 공동이행(Joint Implementation: JI), 청정개발체제(Clean Development Mechanism: CDM)라는 독특한 신축성 기제를 마련했던 교토체제와는 다른 방식이다. 파리협정에서는 구속력 있는 감축 목표를 하향식으로 부여하지 않았으므로 협정이 관할하는 전 지구적 배출권거래제가 존재할 수 없으며, 감축 의무를 지닌 선진국 간의 사업을 통한 배출권 사안을 규정했던 공동이행 역시 모든 당사국이 감축에 참여하는 체제에서는 효과를 잃게 되었다. 따라서 교토의정서의 신축성 기제 중 선진국과 개도국을 망라하고 모든 당사국 간 사업을 통한 배출권 발생을 규정한 청정개발체제 형태만 파리체제에서도 그 방식이 이어지게 되었다.

파리체제의 둘째 기둥인 적응은 그동안 감축에 비해 상대적으로 간과되거나 외면되어온 영역이다. 온실가스 감축과 더불어 기후변화에 취약한 국가들의 적응을 돕는 일은 필연적으로 선진국의 '역사적 책임'과 관련될 수밖에 없기 때문이었다. 특히 기후정의(climate justice)의 관점에서 선진국이 기후변화에 대한 책임을 지고 현재 손실과 피해를 가장 많이 입는 국가들에게 합당한 '보상'을 의무적으로 해야 한다는 주장은 선진국으로서는 결코 받아들일 수 없는 것이었다. 결국 선진국의 개도국 지원 및 이를 위한 비용 지출과 직결되는 적응 사안은 파리협정의 3대 목적 중 하나라는 명분만 획득한 채 구체적인 행동 규정으로 연결되지는 못했다. 예컨대 파리협정 7조 10항에서는 정기적인 국가적응보고서의 제출을 권고하고 있을 뿐, 적응과 관련된 구체적인 의무는 부여하고 있지 않다.

셋째 기둥인 재정은 감축과 적응을 아우르는 부문이다. 기후체제에서 재정 기제의 수립은 '공동의 그러나 차별화된 책임' 원칙과 연계되어 발전해왔으며, 기후변화에 상대적으로 책임이 더 큰 선진국이 기후 재원을 마련해 상대적으로 책임이 덜한 개도국의 온실가스 감축과 기후변화 적응을 지원하는 것이 형평성에 부합된다는 논의에 대한 합의가 어느 정도 이루어졌다. 하지만 구체적인 금액과 국가분담금 납부의 구속력에 대한 부분은 선진국과 개도국 간 의견차를 좁히지 못해 합의에 실패했으며, 이는 파리협정에서도 해결되지 못한 채 그대로 이어지고 있다. 협정 9조 3항에서는 "선진국인 당사국은 다양한 원천, 도구, 경로로부터의 기후 재원 조달을 지속적으로 이끌어야 한다. ······ 이러한 기후 재원 조달은 이전 노력을 뛰어넘는 진전을 드러내야 한다"라고 규정하고 있으나, 이행 의무를 지니는 'shall'이 아니라 이행 의무가 없는 'should'라는 표현을 사용하고 있어 구속력을 지니지 못한다. "2025년 이전에 COP는 개도국의 필요와 우선순위를 고려해 매년 1000억 달러를 바탕으로 하는 집단화된 수량적 목표를 새로 정해야 한다(shall)"라고 구체적인 금액과 납부 의무를 부여한 조항이 존재하지만, 이는 파리협정이 아니라 '협정 이행에 관한 결정'인 III장의 54조라서 역시 법적 구속력을 지니지 않는다.

협정 차원에서 목표와 기한을 정하고 이를 달성하기 위한 당사국들의 의무를 규정했던 교토의정서의 하향식 체제에서 탈피해 상향식 체제로 변화했다는 면에서 파리체제는 기대와 우려를 동시에 자아내고 있다. 파리에서의 전 지구적 합의는 괄목할 만한 성과이지만, 이를 효과적으로 이행하기 위해서는 모든 구성원의 꾸준하고도 진정성 있는 노력이 필요하다. 지구 평균기온의 상승으로 상징되는 기후변화의 위협은 지금도 계속 높아지고 있으며, 이에 따른 전 지구적 취약성과 불안정성의 증대는 국제사회 구성원 전체의 즉각적이고도 강도 높은 온실가스 감축 조치를 필요로 하고 있다. 또한 기후변화 취약국들의 적응과, 이를 돕기 위한 재정 확보 및 기술 이전은 몇몇 국가 또는 국제기구의 노력만으로는 해결이 불가능한 사안이다. 결국 기후변화의 위험성에 대한 과학적 이해, 주요 온실가스 배출국들의 자발적 노력, 기후변화 취약국들에 대한 신뢰성 있는 지원, 기후 대응 기술의 혁신과 확산 등이 파리기후체제의 성패를 가르는 요인이라고 할 수 있다.

그런 면에서 2016년 말 미국 대통령 선거에서 공화당의 도널드 트럼프(Donald J. Trump)가 당선된 점은 파리협정의 효과적인 추진에 암운을 드리우는 결과이다. 오바마 대통령 시기, 미국은 국제사회의 기후변화 대응과 청정에너지 확산을 이끈 지도국의 역할을 수행했다. 오바마는 두 번째 임기의 대표적인 정책이라고 할 수 있는 청정전력계획(Clean Power Plan: CPP)을 통해 자국 화력발전소에 대한 높은 강도의 온실가스 배출량 규제에 들어갔으며, 재생에너지에 대한 투자를 증진시켜 기후기술의 향상을 이끌었다. 또한 셰일혁명으로 인해 자국 천연가스 생산량이 급증하고 가스의 가격경쟁력이 상승하면서 미국은 기존의 석탄화력발전을 가스발전으로 대체할 수 있는 경제적 기반을 확보하게 되었다. 정부의 정치적 의지와 외생적 요인이 결합되어 이룬 자국 내에서의 온실가스 감축 성과를 바탕으로, 국제사회에서도 중국과 협력해 적극적인 지도력을 발휘했던 것이 오바마의 미국이었다(김성진, 2016: 376~377).

하지만 2017년 출범한 트럼프 정부에서 미국이 대내외적으로 이러한 지도력을 계속 발휘할 수 있을지에 대해서는 부정적인 시각이 지배적이다. 트럼프는 기후변화가 중국이 미국의 제조업 경쟁력을 떨어뜨리기 위해 만든 거짓말이며, 자신이 대통령이 된다면 청정전력계획을 중단하고 화석연료 업계의 부흥을 다시금 이끌 것과, 파리협정에서 탈퇴하고 대개도국 재정 지원도 끊겠다는 의사를 분명히 표명한 바 있다. 트럼프는 환경보호청 청장에 대표적인 반환경주의자인 스콧 프루잇(Scott Pruitt) 전 오클라호마 검찰총장을, 에너지부 장관에 화석연료 옹호자인 릭 페리(Rick Perry) 전 텍사스 주지사를, 그리고 국무부 장관에 미국 최대의 석유회사인 엑슨모빌의 최고경영자를 지낸 렉스 틸러슨(Rex Tillerson)을 임명함으로써 환경·에너지 관련 정부 요직을 기후부정론자들로 채웠다. 그 결과 오바마 대통령 당시 공화당이 다수인 의회의 견제를 피해 대통령의 권한 내에서 이루어진 청정전력계획은 기후변화 부정론자인 대통령이 취임하고 공화당이 여전히 의회를 장악한 상황 속에서 철회가 확정된 상태이며,[2] 오바마 행정부가 이끈 미국의 파리협정 가입 역시 트럼프 대통령에 의해 거부되어 2017년 6월 1일 파리협정 탈퇴가 공식 선언되었다.

미국의 행동으로 인해 교토의정서 체제 당시로 회귀하고 파리협정의 근간인 지도력에 공백이 생긴다면 국가들의 자발적 의지에 전적으로 의존하는 파리체제 역시 큰 타격을 입을 수밖에 없을 것으로 예상된다. 그럼에도 불구하고 난항을 겪던 교토체제가 다시금 파리체제로 이어질 수밖에 없는 근본적인 부분, 즉 기후변화의 실재성과 가속화에 대한 과학적 증거의 증가, 기후변화를 막기 위한 국제적 공조의 증대, 그리고 지방정부와 시민사회 차원에서의 꾸준한 행동 등은 미국의 행동에 부정적인 변화가 나타난다고 해도 국제사회의 큰 흐름에 언제까지 역행할 수만은 없다는 점을 상기시켜준다.

---

2 2017년 3월 28일 트럼프 대통령은 대통령명령을 통해 청정전력계획을 철회하고 화석연료에 대한 규제를 대부분 해제했다. The White House, "President Trump's Energy Independence Policy," https://www.whitehouse.gov/the-press-office/2017/03/28/president-trumps-energy-independence-policy(2017년 5월 15일 검색).

연구의 구성

이 책의 구성은 다음과 같다. 1부에서는 미국, 중국, EU, 일본, 한국의 기후변화 정책과 거버넌스를 논의한다. 2부에서는 기후변화 거버넌스와 협력의 메커니즘으로 미·중 기후변화 협력, 한·중·일 원자력 협력에 대해 살펴보고 트럼프 행정부의 파리협정 탈퇴 이후를 전망한다. 3부에서는 기후 경제의 측면에서 기후변화와 에너지 기업, 탄소시장과 배출권거래제를 분석한다. 마지막으로 4부에서는 이러한 논의를 바탕으로 한 한국의 기후외교 전략을 제시한다. 각 장에서 논의하는 개요는 다음과 같다.

먼저 1장에서는 미국의 기후변화 정책을 다룬다. 미국은 세계 최대의 경제 대국이자 기후변화의 원인인 온실가스의 최대 배출 국가라는 점에서 미국의 기후변화 정책은 전 세계 기후변화 문제 대응의 핵심이다. 그러나 그동안 미국은 국제 기후변화 규범을 창출하는 과정에서 주저하거나 거부하거나 외부자의 입장을 보여왔다. 미국의 기후변화에 대한 국제 입장과 기후변화 정책은 국제 수준에서 이루어진 방향과는 다른 경로를 나타냈는데, 이는 미국 내 이해 당사자들의 상호작용에 따른 결과라고 볼 수 있다. 미국과 같이 거부권 행사자(veto players)의 수와 거부권 행사 지점이 다수인 정치제도를 지닌 국가에서는 국내의 이익 결집 과정이 국제 입장을 형성하는 데 영향을 미치기 때문이다.

미국 행정부의 입장은 대통령의 소속 정당에 따라 변화해왔다. 1990년대 민주당 클린턴 행정부는 친기후변화 어젠다와 정책을 추진했지만 실패했고, 2000년대 공화당 부시 행정부는 교토의정서에서 탈퇴하면서 개도국이 불참한 강제적인 온실가스 감축을 지속적으로 반대했다. 2009년 등장한 민주당 오바마 행정부는 행정권한을 통해 자체적인 기후변화 정책을 추진했지만, 2017년 공화당 트럼프 대통령은 기후변화 대응을 비롯한 환경 규제 폐지를 공약한 실정이다. 미국 국내의 이해 당사자들 역시 기후변화와 관련해 다양한 입장을 나타냈다. 의회는 1997년 상원 결의안을 통해 미국이 기후변화와 관련된 국제협약에 가입하지 못하도록 사전에 차단한 이래 기후변화 대응과 관련된 어떠한 법제화도 이루지 못했다. 미국의 환경단체는 기후변화 이슈를 공론화해 어젠다로 설정하는 데는 성공했지만 여론의 지속적인 관심을 이끌어내는 데는 실패했다. 산업 및 사업 단체들은 초기에는 정부의 기업에 대한 강제적인 온실가스 배출 규제에 반대했지만, 점차 신재생에너지 개발 등 기술을 통한 문제 해결과 시장 기반의 기후 조치는 수용했다. 미국 연방 차원의 통합된 기후변화 정책은 부재했지만 주들은 활발하게 기후변화 정책을 실험하면서 정책 주도자 또는 혁신가 역할을 담당했다. 캘리포니아를 비롯한 동북부 주들은 자체적인 배출량 감축 목표를 설정했으며, 배출총량거래제에 기반을 둔 '북동부 온실가스 이니셔티브(Regional Greenhouse Gas Initiative: RGGI)'를 운영하고 있다.

기후변화에 대한 미국의 국제 입장은 행정부에 따라 변화했지만 미국 내에서 선진국과 개도국 공동의 책임, 시장 기반 방식 및 기술 개발을 통한 자발적 감축이라는 정책 기조는 유지되었다. 국제 수준의 신기후체제가 미국 내 기후변화 정책 기조와 다르지 않다는 점에서 향후 미국의 참여와 정책 대응을 기대할 수 있지만, 트럼프 행정부의 기후변화 대응 거부, 연방 차원의 통합된 입법 부재는 걸림돌로 작용할 가능성이 있다. 다만 정책 이행 주체인 미국 주들의 기후변화 대응은 미국 내 정책 진전의 가능성을 높이는 요인이 될 것으로 예상된다.

2장에서는 중국의 기후변화 정책을 다룬다. 후진타오(胡錦濤), 원자바오(溫家寶) 중심의 중국공산당 4세대 지도부는 기후변화 대응에서 EU의 대기오염 물질 배출량 감소 의무 부과에 반대하는 입장을 유지했다. 또한 중국이 중앙정부 차원에서 기후변화 대응에 대한 국제 협력에 참여하지 않도록 했는데, 이는 2001년 조지 W. 부시 행정부가 결정한 미국의 교토의정서 탈퇴와 함께 기후변화 문제에 대한 국제적 합의 도출을 방해하는 요인으로 작용했다. 그러나 2012년 11월에 출범한 시진핑 국가주석 중심의 중국공산당 5세대 지도부에서는 4세대 지도부와 달리 기후변화 문제에 대한 국제 협력과 국내 기후변화 정책의 변화를 적극적으로 추진하고 있다. 따라서 2장에서는 시진핑의 5세대 지도부가 중국의 기후변화 정책 방향을 바꾸게 된 원인을 설명했다. 또한 기후변화 정책의 변화를 추진하는 과정에서 나타나는 정책과 거버넌스의 문제점들을 분석하고 이를 해결하기 위한 방안들을 제시했다.

3장에서는 EU의 기후변화 거버넌스를 다룬다. EU는 글로벌 기후변화 문제와 관련된 어젠다를 선도하고 있으며, 탄소 배출 감축에도 다른 선진국에 비해 적극적으로 대응하고 있다. 1997년 12월 11일 일본 교토에서 열린 COP3에서 채택된 교토의정서에서는 온실효과를 나타내는 이산화탄소를 비롯해 모두 여섯 종류의 감축 대상 가스(온실기체)에 대해 법적 구속력을 가진 배출 감소 목표가 지정되었고, 교토의정서 3조는 2008~2012년의 기간 중에 UN기후변화협약 부속서 I 국가의 온실가스 배출량을 1990년 수준보다 적어도 5.2% 이하로 감축할 것을 목표로 삼았다. 이에 따라 EU 회원국과 EU 가입 후보국이 다수를 차지하는 부속서 I 국가에서 EU의 역할은 더욱 중요해졌다. 특히 교토의정서에 따라 온실가스 감축 의무를 효과적이고 경제적으로 달성하기 위해 공동이행, 청정개발체제, 배출권거래제 등 3개의 교토메커니즘(Kyoto Mechanism)이 도입되었다(교토의정서 6조, 12조, 17조). EU는 2005년에 배출권거래시장인 EU-ETS(EU emissions trading system)를 설립했는데, 현재 EU-ETS는 세계 최대의 배출권 거래시장이 되었다.

EU는 2008년 '2020 기후·에너지 패키지(2020 Climate and Energy Package)'를 채택했는데, 이 계획에서는 2020년까지 1990년 대비 온실가스 배출 20% 감축, 최종 에너지 소비에서 신재생에너지 비중 20%로 확대, 에너지 효율 20% 증대 등 세 가지 '20-20-20 목표'를 설정했다. 실제로 EU는 2014년에 1990년 대비 온실가스 배출을 22.9% 감축했으며, 일부 회원국은 이미 최종 에너지 소비에서 신재생에너지 비중을 20% 이상으로 확대했다. 이와 같이 EU는 기후변화와 관련된 대응에서 전 세계 국가에 모범을 보이고 있다.

EU는 2014년 개최된 EU 정상회의에서 '2030 기후·에너지정책 프레임워크(2030 Climate and Energy Policy Framework)'를 채택하면서 과거 시행되었던 에너지 정책을 평가하고 향후 정책 방향을 제시했다. 이 계획에서는 2030년까지 1990년 대비 온실가스 배출 최소 40% 감축, 1990년 대비 신재생에너지 소비 비중 최소 27% 확대 등의 목표가 설정되었다. 그러나 화석연료의 사용이 EU 전력 생산에서 지속적으로 감소하는 가운데 EU 내에서 천연가스를 활용한 전력 생산이 1990년 8.6%에서 2010년 22.3%까지 확대되었는데, 이는 온실가스를 감축하면서 신재생에너지를 활용한 고비용의 전력 생산 비용을 감소시키기 위한 조치라고 볼 수 있다. 실제로 신재생에너지는 유럽에서도 다른 에너지원에 비해 전력 생산에서 높은 비용이 발생하고 있다. 특히 신재생에너지 산업에 대한 정부 보조금 축소는 해당 산업에 심각한 영향을 초래하기도 한다. 대표적인 사례로는 독일정부가 태양광발전에 대한 보조금을 축소하자 태양광 산업에 대한 설비 투자가 감소했고 이로 인해 한때 세계 최대의 태양광 모듈기업이던 큐셀이 파산해 한국의 한화그룹에 인수된 사례를 들 수 있다.

또한 장거리 항공 운송에서 배출권거래제를 도입하는 과정에서 중국, 미국, 일본 등과 마찰을 초래했고, 심지어 자국의 항공기 제작사들도 역외국 정부와 역외국 항공사에 동조해 EU의 장거리 항공 운송에서는 역외국에서 도착하거나 역외국으로 출발하는 항공권에 대한 배출권거래제 도입이 연기되었다. 이는 항공 산업에서의 배출권거래제 도입에 따른 운송 비용 증가에 반발한 역외국 항공사들이 해당국 정부와 함께 지속적으로 이의를 제기한 데서 비롯되었다. 따라서 EU 차원에서는 기후변화 문제에 능동적으로 대응하는 과정에서 이에 따른 부정적인 외부 효과가 발생하지 않도록 하는 데 더욱 주의가 필요하다.

4장에서는 첨단 기술을 보유한 경제 강국인 일본이 국제무대에서 어떻게 글로벌 기후변화 거버넌스에 기여해왔으며 기후변화가 미치는 직간접적인 영향이 증가하는 상황에서 어떠한 기후변화 정책들을 입안 및 집행해왔는가를 고찰한다. 이를 위해 글로벌 기후변화 문제에 근대화 및 산업화의 선발 주자인 일본은 어떠한 책임이 있으며, 역으로 기후변화가 일본의 경제, 정치, 사회, 환경 등 제반 분야에 어떠한 영향을 가져왔는지 간단히 논의한다. 이러한 배경을 바탕으로 선진국으로서 일본이 국제무대에서 기후변화 문제의 전 지구적 대응을 위해 어떠한 역할을 수행해왔는지 논의하고 일본은 어떠한 법적·제도적·정책적 대응과 전략을 통해 기후변화 문제의 해결을 모색해왔는지 분석한다. 특히 2011년 3월에 발생한 후쿠시마 원전 사고 이후 일본 기후변화 정책이 이전과 어떤 변화를 보여왔는지 살펴본다.

파리협정은 한국에서도 기후변화와 에너지 문제에 획기적인 전환점이 되었다. 파리협정 이후 UN기후변화협약의 재정 메커니즘으로서의 GCF 역할이 더욱 중요하게 부각되면서 국내에서도 GCF 자금의 활용에 대한 논의가 활발해졌다. 5장에서는 이러한 논의와 함께 이명박 정부에서 대통령의 의지로 강력하게 추진되었던 GCF의 유치, GGGI의 국제기구화, GTC를 통한 국내 녹색 기술의 해외 진출 같은 '그린트라이앵글'의 맥락을 살펴보았다. 또한 그린트라이앵글의 회복, 정부 부처 간 연계 강화, 동아시아 역내 기구와의 협력 강화를 통해 확대되는 기후변화 거버넌스를 확인했다. 5장에서는 비록 박근혜 정부 당시 기후변화 정책에 공백이 있긴 했으나 기존 녹색성장 정책의 소산이라 할 수 있는 국제기구로 구성된 네트워크를 어떻게 활용할 것인가에 대한 실천적인 방안을 제시했다. 또한 기존의 다자개발은행의 프로젝트 참여를 통한 국내 기업의 해외 진출 전략을 살펴보고, 확대된 기후변화 거버넌스의 맥락에서 GCF의 자금 활용 방안을 제시했다.

6장에서는 미국과 중국의 기후변화 협력 추진 과정과 장애 요인을 다룬다. 2008년 3월 14일 양국의 정부 관계자들이 서명한 '에너지 환경 10년 협력을 위한 프레임워크(Ten Year Framework for Energy and Environment Cooperation: TYF)'는 미국과 중국이 기후변화 대응을 위한 협력을 시작한 계기가 되었다. 그 이후 기후변화 대응과 국제 협력에 적극적인 오바마 대통령이 2009년부터 8년 동안 집권하고 중국의 시진핑 국가주석을 중심으로 하는 5세대 지도부가 등장한 것은 미국과 중국이 기후변화 대응 협력을 더욱 구체적으로 추진하고 2015년 12월 열린 파리 COP21에서 지구 온도 상승 억제를 포함한 국제적 합의를 이끌어내는 데 도움이 되었다.

그러나 2017년 1월 임기를 시작한 미국의 트럼프 대통령이 동년 6월 기후변화협약 탈퇴를 선언한 반면 중국은 EU와 함께 기후변화 대응을 위한 국제 협력을 지속하면서 미국 연방정부와 중국 중앙정부 간의 기후변화 협력은 기대하기 어렵게 되었다. 이러한 상황에서 미국과 중국의 전문가들과 지방정부, 기후변화 관련 프로젝트에 참여할 기업들이 배출권거래제, 에코시티 건설, 전기 자동차 충전 규격 표준 마련 등에서 구체적인 협력을 추진할 수 있을지가 향후 양국의 기후변화 협력 지속 여부를 좌우할 것이다.

7장에서는 한·중·일 원자력 협력과 한국의 역할을 분석한다. 후쿠시마 사고에도 불구하고 동북아시아는 가동 중인 원자로가 세계에서 가장 많은 원자력발전소 초밀집 지역이 될 전망이다. 따라서 원자력 부문에서 역내 주요 3국인 한국, 중국, 일본 사이에 다자간 협력의 제도적인 틀을 마련해야 할 필요성이 점점 절실해지고 있다고 할 수 있다. 그렇다면 과연 이 지역에서 원자력 문제와 관련된 다자간 협력은 그동안 얼마나 진전되었을까? 협력의 수준이 기대나 필요에 미치지 못하고 있다면 이를 더욱 진전시키기 위해 어떠한 조건들이 충족되어야 할까? 7장에서는 이와 같은 문제의식에서 다자간 협력 및 지역 거버넌스에 관련된 국제관계론 분야의 기존 이론들을 개괄한 뒤, 한·중·일 삼자 간 및 이들 사이의 양자 간 원자력 협력의 성과를 평가한다. 아울러 한국은 한·중·일 3국 간의 협력을 더욱 이끌어내고 3국 간의 협력이 아시아의 원자력 협력 레짐의 탄생에 이바지할 수 있도록 중견 국가로서의 역할을 다해야 한다고 제안한다.

트럼프 대통령의 파리협정 탈퇴 선언은 세계에 큰 충격을 주었지만 다른 한편 미국의 불확실성은 사라졌다. 이제 세계는 미국의 협조 없이 파리협정을 이행해야 할 숙제를 안게 되었다. 이에 8장에서는 트럼프 행정부의 기후변화 정책을 살펴보고 기후협상을 전망한다.

미국은 파리협정 탈퇴를 선언한 이후 오바마 행정부의 기후변화 대응에 역행하는 화석연료 개발 및 이용을 우선시하는 에너지 정책을 추진하고 있다. 환경보호청의 역할이 감소하고 기후변화와 관련된 연구 개발 투자가 큰 폭으로 줄어들며 청정전력계획 같은 온실가스 감축 조치가 폐기될 것이다. 그럼에도 불구하고 일자리 창출과 지역경제 활성화, 에너지 자립에 기여하는 재생에너지의 확대 추세를 무리하게 방해하지는 않을 것으로 보인다. 트럼프의 파리협정 탈퇴 선언에도 불구하고 미국의 주정부들과 도시들의 기후행동은 지속될 전망이며 이런 흐름 속에서 경쟁력과 규모를 키워온 재생에너지 산업은 투자를 지속할 것이다.

　미국의 파리협정 탈퇴 방침은 파리협정의 이행에 상당한 영향을 미칠 것이다. 미국이 기후 재정의 조성에 책임을 다하지 않는다면 파리협정의 이행력이 약화될 수 있으며 미국의 태도는 불량 국가들의 동조 행동을 유발해 기후협상을 지연시키고 국제적 기후행동을 약화시킬 수 있다. 중국과 EU가 미국의 공백을 어떻게 메울 것인지가 국제 기후행동 전개에 중요한 요소가 될 것이다.

　9장은 기후변화와 에너지 기업 거버넌스를 다룬다. 기후체제는 전 세계 국가들의 에너지 사용 구조에서부터 변화를 가져오고 있다. 전 세계 에너지 소비량의 가장 큰 비중을 차지하고 있는 석탄과 원유 등 화석연료의 사용량은 줄어드는 반면, 천연가스, 태양광, 풍력 등 청정에너지원의 사용 비중은 증가하고 있다. 신기후체제와 함께 4차 산업혁명, 셰일혁명 등은 국제 에너지 시장에 큰 영향을 주고 있으며, 글로벌 에너지 기업들은 거버넌스 변화로 급변하는 에너지 시장에서 주도권을 잡기 위해 노력하고 있다. 엑슨모빌, 셰브론, 로열더치셸 등은 기존 화석연료 중에도 셰일가스 등 청정 연료의 개발 비중을 높이고 있으며, 주요 석유 메이저 기업도 내부에 신재생 사업을 위한 사업부를 신설하거나 신재생 관련 기업 또는 사업을 인수하면서 다가오는 에너지 믹스 시대를 대비하고 있다.

　한국의 경우 신기후체제에 대응해 개별 에너지원을 통합한 의사결정이나 전략 구축이 아직 이루어지지 못하고 있는 실정이다. 이제는 자원 개발 기업, 신재생에너지 기업, 발전사 등 해당 주체들이 이기주의적 발상을 뛰어넘어 통합 의사결정 체제를 구축하고 융합 기술의 개발 및 해외 에너지 믹스 시장 진출, 청정에너지 기술 개발 등 적극적인 거버넌스 변화를 모색해야 할 때이다.

　10장에서는 탄소시장과 배출권거래제에 대해 자세히 살펴본다. 온실가스 저감을 위한 경제적 접근 방식의 하나인 배출권거래제는 온실가스 배출 시 소요되는 외부 비용을 내부화할 수 있는 효과적인 제도이다. 거래가 가지는 특성으로 인해 배출권거래가 전 세계적으로 시행될 경우 각 나라는 자연스럽게 동일한 탄소 가격을 마주하게 되며 국가 간 거래 가격이 시장 청산 조건을 만족하는 균형 가격이기 때문에 상호 이득이 되는 거래가 가능하다. 교토의정서 17조를 근거로 출범한 EU-ETS는 대표적인 배출권거래제 운영 사례로, 많은 국가가 EU-ETS를 참고해 배출권거래제를 설계했다. 가격 기구로서 온실가스 저감을 위해 효율적으로 자원을 배분하는 역할을 수행하는 배출권거래제는 EU-ETS 외에도 미국, 중국, 일본, 뉴질랜드, 한국 등 39개국이 시행 중이며, 파리협정 체결 시 제출된 NDC에 따르면 195개국 중에서 81개국이 국제 배출권거래시장을 활용할 것이라고 언급하고 있어 지속적으로 시장이 확대될 것으로 보인다. 한국도 2015년부터 배출권거래를 시작했는데, 아직 초기 단계인 만큼 높은 거래 비용이나 시장 지배적 사업자의 존재, 배출권 이외의 규제, 가격 불확실성과 같이 배출권거래시장을 왜곡할 수 있는 요인을 통제하고 벤치마크 방식을 지속적으로 개발하며 배출권거래를 위한 전문 인력과 인프라를 적극적으로 확보할 필요가 있다. 한국은 세계 12위 온실가스 배출국으로, 아직까지는 동북아에서 국가 단위로 배출권거래를 시행하는 유일한 국가이기 때문에 성공적인 배출권거래제 운영을 바탕으로 동북아 탄소시장을 주도적으로 이끌어나가야 할 것이다.

기후변화 문제는 1980년대 중·후반까지만 해도 일부 과학자 집단 이외에서는 주목을 받지 못했다. 하지만 1990년대에 이르러 UN 차원의 협약이 마련되고 그 시행령이라고 할 수 있는 교토의정서가 채택되면서 국제사회가 공동으로 대처해야 할 정치·외교적 사안으로 부상하게 되었다. 교토의정서는 형평성의 원칙에 따라 회원국 중 선진국만을 대상으로 온실가스 감축 의무를 부여했으나, 이는 미국, 호주 등 여러 선진국의 반발을 야기해 실질적인 효과를 거두지 못했고, 주요 온실가스 배출국이자 강대국인 국가들이 대부분 탈퇴 의사를 표명하는 상황에 이르자 포스트 교토 체제 논의는 난항을 거듭했다. 하지만 2015년 12월, 교토체제를 대체할 파리기후체제가 수립되는 역사적인 사건이 일어났다. 파리체제는 하향식으로 감축 의무를 부여한 교토체제와 달리 국가들의 자발적 감축 의지에 전적으로 의존하는 상향식 제도를 설계함으로써 결국 저탄소 사회를 향한 주요 온실가스 배출국들의 의지와 협조 여부가 목표 달성의 관건이 되었다.

국제적 지형이 급격하는 가운데 한국 역시 시급한 대응이 필요한 상황이다. 이에 11장에서는 파리기후체제하에서의 한국의 기후외교 전략을 모색한다. 한국은 이산화탄소 배출량 세계 7위의 다배출국이자 1인당 이산화탄소 배출량 증가율이 OECD 회원국 중 가장 높은 국가이다. 또한 해외로부터 거의 전량 수입한 화석연료에 의존하고 있으며 이렇게 확보한 자원을 통한 에너지 집약적 제조업이 발달해 있다. 이 같은 수출 중심의 산업구조를 기반으로 세계 무역 순위 6위를 차지한 무역 강국이다. 전 지구적 기후변화 대응의 방향에 부합된다고 보기 어려운 현재의 에너지 안보 및 산업구조 속에서 한국은 저탄소 녹색성장을 국가의 최우선 전략으로 삼는 등 국제사회가 주목할 만한 대내외적 노력을 기울인 바 있으나, 현재는 많은 부분에서 더 지속적이고 성의 있는 행동이 필요한 상태이다.

이러한 상황 속에서 향후 한국이 추진해야 할 기후외교 전략으로 ① 약속 지키기, ② 동지 만들기, ③ 취약국 돕기, ④ 교역 살피기의 네 가지를 제안한다. 첫째, NDC 달성을 위해 최선의 노력을 기울여 국제사회와의 약속을 지키는 것이 한국 기후외교의 핵심이 되어야 한다. 둘째, 한국 주도로 녹색성장동맹을 새로 결성해 이해관계를 함께하는 동지국을 확보하고 국제협상 무대 및 국제 탄소시장 등에서 이니셔티브를 쥐어야 한다. 셋째, 교토체제 당시 취했던 개도국으로서의 수동적 입장에서 벗어나 선진국 진영의 일원으로서 대개도국 재정 지원과 녹색 규범 전파에 힘써야 한다. 마지막으로 넷째, 자유무역 규범과 탄소장벽이 충돌하는 지점을 정확히 인지하고 수출 대국으로서 이에 따른 피해를 최소화하기 위한 준비에 돌입해야 한다.

이상 이 책의 내용을 개략적으로 살펴보았다. 이 책이 기후변화 대응 체제가 변화하는 양상을 포착하고 이러한 변화에 대한 한국의 전략적 대응 방안을 모색하는 데 도움이 되기를 기대한다.

참고문헌

김성진. 2016. 「파리기후체제는 효과적으로 작동할 것인가?」, ≪국제정치논총≫, 제56집 2호.

Buchner, B. and J. Wilkinson. 2015. "33 Pros and cons of alternative sources of climate change financing and prospects for 'unconventional finance'." *Towards a Workable and Effective Climate Regime*, Vol.483.

Keohane, R. O. 2015. "The global politics of climate change: Challenge for political science." *Political Science & Politics*, 48(1), pp.19~26.

Keohane, R. O. and D. G. Victor. 2011. "The Regime Complex for Climate Change." *Perspectives on Politics*, 9(1), pp.7~23. doi:10.1017/S1537592710004068.

_____. 2016. "Cooperation and discord in global climate policy." *Nature Climate Change*, 6(6), pp.570~575.

Liesen, A., F. Figge, A. Hoepner and D. M. Patten. 2017. "Climate change and asset prices: are corporate carbon disclosure and performance priced appropriately?" *Journal of Business Finance & Accounting*, 44(1-2), pp.35~62.

Raustiala, K. and D. G. Victor. 2004. "The regime complex for plant genetic resources." *International organization*, 58(2), pp.277~309.

Sjostedt, Gunnar. 1998. "The EU Negotiates Climate Change: External Performance and Internal Structural Change." *Cooperation and Conflict*, 33-3(September 1998).

Stoeva, Preslava. 2010. *New Norms and Knowledge in World Politics: Protecting People, Intellectual Property and the Environment*. London and New York: Routledge.

Thompson, Alexander. 2006. "Management under Anarchy: The International Politics of Climate Change." *Climatic Change*, 78-7.

UNFCCC. 2015.12.12. "Adoption of the Paris Agreement." FCCC/CP/2015/L.9/Rev.1.

1부

글로벌 기후변화 거버넌스와 국가

01

미국 기후변화 정책과 거버넌스[*]

정하윤

1. 문제 제기

1980년대 말부터 기후변화 문제가 전 지구적 쟁점으로 등장한 이후 국가들은 협상을 통해 공동의 해결책을 모색해왔다. 이산화탄소 배출로 인해 지구 평균온도가 상승했다는 과학적 증거에 따라 국제 환경 쟁점으로 등장한 기후변화 문제를 해결하는 데 국가들은 상이한 입장 차이를 보였다. 특히 미국은 전 세계 최대 경제대국이며, 기후변화의 원인이 되는 이산화탄소의 최대 배출국 중 하나이다. 미국은 석탄 사용량 세계 1위, 석유 및 천연가스 생산량 세계 2위인 에너지 보유국으로서 화석연료 의존도가 높으며, 이산화탄소 인구 1인당 배출량에서도 세계 1위를 점하고 있다. 이 점에서 미국의 입장과 대응 방식은 기후변화 문제 해결의 핵심이라 할

---

[*] 이 글은 정하윤, 「미국과 EU의 기후변화 정치」, 안병억 외, 『미국과 유럽연합의 관계』(서울대학교 출판문화원, 2014); 김의영·정하윤, 『국제화에 따른 환경정책 입법의 특징과 국회의 대응과제』, 국회입법조사처 정책연구용역보고서(2012)를 발췌·수정·보완한 것이다.

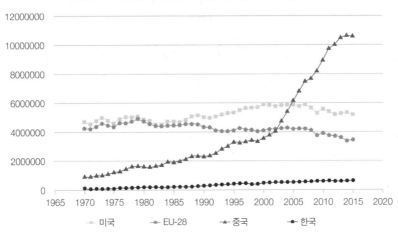

〈그림 1-1〉 국가별 이산화탄소 배출량 추이(1970~2015)(단위: 톤)

———— 미국 ——●—— EU-28 ——▲—— 중국 ——●—— 한국

자료: EDGARv4.3.2, European Commission, JRC(Joint Research Centre)에서 발췌 및 재작성.

수 있다. 미국이 기후변화 국제 협력을 주도한다면 다른 국가들은 여기에
따를 가능성이 높고 다른 국가들에 모범이 되어 리더십을 발휘할 수 있기
때문이다.

　그러나 미국은 국제 기후변화 규범 또는 레짐을 창출하는 데 오히려 주
저하거나(laggard) 거부하거나(veto) 외부자적(outlier) 입장을 보여왔다. 오
히려 그동안 기후변화 국제협상은 EU가 주도했다. 1990년대 미국은 기후
변화 대응이라는 공동의 목표에 합의하면서 기후변화협약에는 동의했지
만, 세부 이행 방안인 교토의정서는 거부했다. 미국은 경제에 피해를 줄
수 있고 개도국의 책임 부담이 면제되었다는 이유로 국제 협력 과정에서
스스로를 제외시켰다. 2010년 이후 미국은 포스트 교토체제 협상에 다시
참여했고 2015년 신기후체제 성립 과정에서 역할을 담당했지만, 2017년
트럼프 대통령이 파리협정 탈퇴를 선언하면서 기후변화 레짐 창출 경로
에서 또 다시 이탈했다.

이 글은 기후변화 국제협상에서의 미국의 입장 변화와 미국 국내 기후변화 정책 대응을 이해 당사자를 중심으로 살펴보는 데 중점을 둔다. 국가가 국제 수준에서 보여주는 입장은 국내의 이해관계를 반영하기 마련이다. 국제협약을 비준할 것인가, 기후변화 저감 또는 적응 정책을 선택할 것인가, 기후변화 정책을 선택한다면 구속력 있는 방식으로 할 것인가 아니면 시장 기반의 방식으로 할 것인가 등은 국내 정치적 결정의 결과이며, 국내 이해 결정자들의 상호작용에 따라 이루어지기 때문이다. 따라서 이 글에서는 미국이 기후변화 국제협상에서 보인 입장과 태도, 미국 내 기후변화 정책 및 결정 과정을 포괄적으로 살펴봄으로써 향후 미국의 기후변화 대응을 예측하려 한다.

2. 기후변화 국제협상과 미국의 입장 변화

현재 기후변화에 영향을 미치는 이산화탄소를 가장 많이 배출하는 국가는 중국이며, 미국은 두 번째로 이산화탄소를 많이 배출하는 국가이다. 하지만 인구 1인당 이산화탄소 배출량은 여전히 미국이 세계 1위이며, 그 수준은 전 세계 평균의 약 3배에 이른다. 게다가 산업 발달로 인한 역사적 배출량 역시 미국이 1위이다.

이 점에서 볼 때 미국의 기후변화에 대한 국제적 입장은 이익 기반의 설명에 근거할 때 오염자(polluter)의 입장과 강력한 지연자(dragger)의 입장을 지닐 것으로 예측할 수 있다. 탄소 집약적 산업이 발달하고 관련 산업계 로비가 활성화된 미국에서는 정책결정자들이 산업계 이익뿐만 아니라 소비자이자 유권자의 이해관계를 반영할 수밖에 없다. 따라서 국내 유권자들이 약한(weak) 조약을 선호한다면 배출량 감축을 위한 강한(strong) 국제

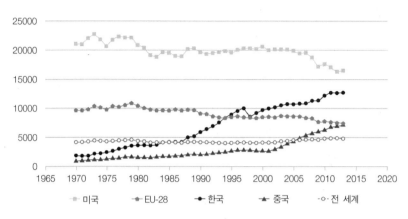

〈그림 1-2〉 국가별 인구 1인당 이산화탄소 배출량 추이(1970~2013)[단위: 톤(Mg)]

자료: EDGARv4.2, European Commission, JRC에서 발췌 및 재작성.

조약의 책임 부담을 거부할 가능성이 높다(Sprinz and Weiβ, 2001).

　　실제로 기후변화 국제협상에서 미국의 입장은 이러한 예측에서 크게 벗어나지 않았다. 1990년대 초반에 기후변화 이슈가 논의되기 시작했을 때 미국 조지 H. W. 부시 대통령(1989~1993년)은 이산화탄소 배출 통제에 신중한 태도를 보였다. 미국은 국가들이 어떠한 구속력 있는 목표 및 일정 표 구축의 의무를 부담해야만 하기 전에 추가적인 과학과 기술 연구가 필 요함을 주장했다. 또한 개도국의 역할과 선진국에서 개도국으로의 재정 적 이전에 관한 가능성도 우려했다.[1] 미국의 주장에 따라 UN기후변화협 약에는 구속력 있는 배출량 감축 목표가 설정되지 않았고, 대신 단순히 국 가들에게 자연 기후체계에 지장을 주지 않는 수준에서 온실가스 집약도 를 안정화시키도록 노력할 것이 요청되었다. 당시 부시 대통령은 UN기후

1　반면 EU는 온실가스 배출량에 대해 구속력 있는 저감 목표 및 일정표를 설정하고 선진국들 이 이를 먼저 행동에 옮겨야 한다고 주장했다.

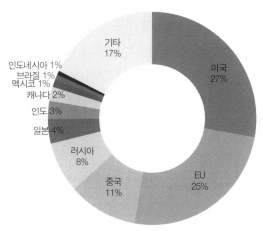

〈그림 1-3〉 1850~2011년 국가별 누적 온실가스 배출 비중

자료: World Resources Institute.

변화협약의 내용이 의무적인 배출량 감축이라기보다는 배출량 감축 장려라는 판단에 따라 이에 서명했다.

1992년에는 빌 클린턴(Bill Clinton) 대통령과 앨 고어(Al Gore) 부통령이 국제협상에 참여하면서 EU의 입장에 가까운 태도를 보였다. 그러나 클린턴 대통령의 일련의 시도는 잇따른 의회의 반대로 실패했다. 미국 의회는 버드-하겔 결의안(Byrd-Hagel Resolution)을 만장일치로 통과시킴으로써 미국이 기후변화에 대해 어느 정도 국제적 책임을 부담하려는 시도를 제약했다.[2] 1997년 교토의정서가 협상될 당시 미국과 EU는 포함될 온실가스의 종류, 달성해야 할 배출량 목표, 선진국과 개도국의 참여 범위의 차별성, 신축성 메커니즘(flexible mechanism)의 정도를 두고 논쟁을 벌였다. 교

---

2 교토 COP3 직전에 미국 상원에서 통과된 결의안에는 미국 경제에 심각한 피해를 입히거나 개도국의 의무 부담을 포함하지 않는 조약에는 권고와 동의(advice and consent)를 할 수 없다는 내용이 포함되었다. 이 결의안은 상원에서 95 대 0 만장일치로 통과되었다.

토의정서를 둘러싼 논쟁은 고어 부통령이 마지막 순간에 협상에 등장하면서 극적으로 타협되었고 의정서 제정이 가능해졌다. 그러나 미국 의회의 반대가 예측 가능했기 때문에 클린턴 행정부는 교토의정서의 국내 비준을 시도하지도 않았다.

교토의정서를 도출한 이후 온실가스 배출량을 저감시킬 구체적인 방식에 대한 문제가 후속 협상들의 주제로 등장했다. 그 사이 미국의 43대 대통령으로 당선된 조지 W. 부시 대통령은 교토의정서가 미국의 이익에 적합하지 않다는 이유로 교토의정서 체제에서 탈퇴했다. 이후 미국은 기후변화 국제협상에 대표단을 참석시켰지만 협상 외부에 위치한 방관자로 존재했다. 부시 대통령은 교토체제와는 다른 시장 기반의 독자적인 온실가스 배출량 감축 계획과 자발적 정책을 제시하면서, 아시아－태평양 파트너십(Asia-Pacific Partnership on Clean Development & Climate)과 같은 소규모 협의 프로세스를 따로 진행했다. 결국 미국이 빠진 상태로 2004년 교토의정서가 비준되었고, 2005년 공식 발효되기에 이르렀다.

포스트 교토체제를 구축하기 위한 협상에서 EU를 비롯한 당사국들은 공식 과정 내에서 가능한 후속 단계를 탐색한다는 기본 원칙을 제시한 반면, 미국 대표단은 개도국의 포스트 교토체제 참여를 전제조건으로 하고 구속력 있는 감축 목표 설정에는 신중한 모습을 보였으며, 기존 교토체제와는 단절된 체제를 선호했다.

2009년 오바마 대통령은 기후변화에 대한 미국의 리더십을 다시 한 번 강조하면서, 기후변화 저감에 대한 미국의 건설적인 참여를 약속했다. 미국은 중국 등 개도국을 압박해 포스트 교토체제에 공헌하도록 촉구했고, 미국 주도의 자발적·비구속적 체제를 추진하기 위해 국가들과의 연대를 모색했다. 특히 오바마 대통령은 2015년 신기후체제를 규정하는 파리협정 채택에 결정적인 역할을 했다. 그러나 2017년에 취임한 트럼프 대통령은 파리협정에서의 탈퇴를 언급하면서 이전 오바마 행정부의 기후변화 대응 정책 및 규제를 폐지할 것을 공약했다는 점에서 향후 미국의 기후변화 리더십에 의문이 제기되고 있다.

기후변화 국제협상에서 미국의 입장은 행정부에 따라 변화해왔다. 기후변화에 대한 미국의 수사학이 리더와 거부자를 오가면서 전환한 듯 보이지만, 실제 정책 방향과 기조가 미국의 기존 환경 정책의 방향에서 크게 벗어난 것은 아니라고 볼 수 있다.

3. 미국 국내 기후변화 정책의 형성 과정

국내 거부권 행사자 및 거부권 행사 지점이 다수인 정치제도를 지닌 미국과 같은 국가에서는 국내 이익 결집 과정이 국제 입장을 형성하는 데 중요한 역할을 담당한다. 국가 정부는 국제 환경 협상에서 그들의 국가를 대표하지만, 정책 입장을 공식화하는 데는 유권자층의 선호, 의회 비준과 같은 국내 제약으로부터 자유롭지 못하다. 민주국가의 대표자들이 협상 이전 단계에서는 국내 제약요소를 무시할 가능성이 있지만, 협상 과정 및 협정 비준 단계에서는 국내 입법과정, 국민투표를 고려할 수밖에 없다. 게다가 국제 환경 협정의 비준조차 성공적으로 이행될지 보증할 수 없는데, 이는 산업, 법원, 이익단체 등이 때로 국내 수준에서 국제적 의무 이행을 지연시킬 수 있기 때문이다(Sprinz and Weiβ, 2001). 미국은 국제 레짐의 구속력으로 인한 압력과 국내 정치 과정의 복잡함이 상호작용하는 가운데, 한편으로는 "의회가 대통령에게 특정 조약에 서명하거나 서명하지 말 것을 강요할 수 없고 …… 다른 한편으로는 행정부가 이미 서명된 조약을 비준하도록 상원을 강요할 수 없는"(Agrawala and Andresen, 1999) 제도를 지니고 있다고 할 수 있다. 따라서 미국 국내 이해 당사자들의 입장을 살펴봄으로써 미국의 국제적 입장을 설명할 수 있을 것이다.

1) 대통령과 행정부

미국의 국내 및 국제 환경 입법을 위한 제안들은 행정부에서 비롯되는데, 특히 대통령과 국무부 등은 정책 이행의 책임을 지닌다.[3] 대통령은 국제 환경보호 노력을 제안하거나 레짐 형성에 미국의 참여를 증진시키는데 주도권을 행사한다. 그러나 미국 대통령은 국제 수준에서 리더십을 발휘하기 전에 국내에서 합의를 이루어야만 한다.

UN기후변화협약에 서명했던 조지 H. W. 부시 대통령은 공화당의 반환경 이미지를 근절하려 했지만 국제 환경 외교에 활발하게 참여하지는 않았다. 1992년 클린턴 대통령과 고어 부통령은 친환경 이미지로 환경주의자들의 기대를 받았다. 대통령 당선 초기인 1993년 클린턴 행정부는 예산안의 일부로 연료의 에너지 용량에 BTU(british thermal unit) 세금을 부과하는 제안을 발표했고, 이후 미국의 온실가스 배출량 감축을 달성할 계획을 제시하기 위한 제1차 기후행동계획(Climate Action Plan)을 공개하면서 친환경적 어젠다를 추진하고자 했다. 이 계획은 미국의 온실가스 배출량 감축 목표를 명시했고, 기존 프로그램들의 개선과 자발적인 신규 이니셔티브를 모두 포함했다. 그러나 클린턴 대통령의 환경 정책은 대부분 중단되었는데, 대통령이 제안했던 에너지세(일명 BTU세)의 도입은 상원의 반대에 직면하면

---

3 환경 및 기후 정책의 광범위한 윤곽을 구상하는 책임은 대통령과 백악관에 있지만, 국제적인 환경 협상을 책임지는 부서는 국무부이다. 다른 국가에서는 대개 환경부가 기후 정책을 담당하지만, 미국에서는 국무부가 국제 환경 외교를 주도한다. 미국 환경보호청이 외교와 연관되어 있지만, 사실상 국무부가 모든 환경 외교를 책임진다.

서 실패했고, 기후행동계획 역시 미국의 경제성장으로 인해 온실가스 배출량이 오히려 증가하자 실현 불가능한 목표가 되었다.[4] 게다가 클린턴 정부는 환경 외교에의 참여를 재개하기 위해 교토의정서에 서명함으로써 레짐 창출에 협력하려 했지만 상원 결의안의 제한을 받아 교토의정서를 상원에 제출하는 것도 포기했다. 임기 마지막까지 클린턴 행정부는 계속해서 온실가스 감축을 시도하기 위해 청정에너지 기술 및 사발적 프로그램을 개발할 인센티브 등을 제안했다. 하지만 다수는 의회에서 적대적인 반응에 직면했고 대통령과 부통령도 이를 적극적으로 추진하지는 않았다.

2000년 대통령 선거에서는 석유 및 가스 등의 산업과 연계되어 있던 조지 W. 부시 대통령과 딕 체니(Dick Cheney) 부통령이 당선되었다. 대통령 당선 직후 부시 행정부는 캘리포니아 전력 위기에 대처하기 위한 에너지 특별위원회(Energy Task Force)를 구성하면서, 향후 미국의 에너지 수요를 더 많이 충족하기 위해 석탄, 석유, 원자력 등의 에너지 자원을 개발해야 한다고 주장했다. 이후 부시 대통령은 캘리포니아 에너지 위기가 국가 전체의 에너지 위기가 될 수 있으며, 따라서 석유 및 가스 생산의 확대가 올바른 대응이고 교토의정서는 미국의 이익에 맞지 않는다고 주장하면서 교토의정서에서 탈퇴했다.

부시 행정부는 교토의정서에 불참한 데 대한 국제적 비판에 대응해서 과학에 초점을 맞추고 시장 기반 인센티브를 사용하는 유연성 있는 새로운 접근법을 제시했다. 2002년 발표된 '지구 기후변화 이니셔티브(Global

---

4   1993년 클린턴 행정부의 계획하에 온실가스 총 배출량은 2000년까지 1990년 수준으로 회복할 것으로 예측되었지만 이산화탄소 배출량은 오히려 2% 증가했다. 이후 1990년에서 2000년 사이 미국은 에너지 효율성을 개선했음에도 불구하고 2000년 미국인은 1980년 대비 일인당 10% 더 많은 에너지를 소비했다. 2000년까지 미국의 온실가스 배출은 안정화되지 않았고, 실제로는 10년간 거의 15%까지 증가했다(Rabe, 2004).

Climate Change Initiative)'에서는 자발적인 보존 조치를 통한 국내 기후변화 대응 계획을 수립함으로써 재생에너지 기술에 대한 지원과 기후변화 과학 및 저감 기술의 추가적인 연구 일부를 포함시켰다. 우선 GDP 대비 온실가스 배출량 비율로 측정되는 온실가스 집약도(GHG intensity)를 향후 10년 동안 18% 개선할 것을 목표를 제시하면서 미국 경제의 온실가스 집약도를 점진적으로 감축하는 것을 목표로 내세웠다.[5] 이러한 이니셔티브는 자발적 프로그램, 연구, 기술 개발 등에 초점을 맞추었지만, 강제적인 온실가스 감축에는 지속적으로 반대 입장을 고수했다. 2003년 조지 W. 부시 대통령은 '미국 에너지 전략 계획(U.S. Energy Strategy Plan)'을 의회에 제출했고, 미국 온실가스 배출량 저감을 위해 비용 효율적이고 자발적인 민관 협력 체제 '기후비전(Climate VISION)' 구상을 발표했다. 이들 정책은 기후변화에 대응하기 위한 탄소 제거 기술뿐 아니라 수소에너지, 청정석탄, 원자력 등의 에너지 기술 개발과 재생에너지 증산, 에너지 절약 및 효율성 향상을 목표로 했는데, 이는 행정부의 기존 방침과 거의 일관되었다.

그런데 2006년부터 부시 행정부의 기후변화에 대한 입장에 변화가 나타났다. 2007년 부시 대통령은 "기술 혁신을 통해 지구 문제인 기후변화에 대처해야 한다"라고 주장하면서 연두교서 내용에 최초로 기후변화 대책을 언급했고, 2008년에는 "2025년까지 온실가스 배출량 증가율을 0%로 한다"라는 구체적인 시한 및 수치 목표를 최초로 제시했다. 이러한 행정부의 수사학적 변화와 더불어 UN기후변화협약하에 제출된 국가행동계획

---

[5] 온실가스 집약도 방식은 국가당 배출 목표치를 경제활동의 단위당 배출량 기준으로 설정함으로써 경제 규모와 온실가스 강도를 연계시켜 나타내는 것이다. 이는 이산화탄소 배출량은 규제하되 기업이 자발적으로 온실가스 감축에 참여하도록 만들기 위한 방식이다. 이 방식은 배출한도를 기업에 자율적으로 맡김으로써 규제로 인한 영향을 최소화하는 데 초점을 둔다(환경부, 2002).

(National Action Plan)에서는 기후변화 정책을 구성하는 원칙들로 온실가스 집약도 안정화, 신규 과학 데이터 측정 및 구축, 지속적인 경제성장과 번영 보장, 시장 기반 인센티브와 기술 혁신 추구, 새로운 정보의 유연한 조정과 신규 기술의 이용, 개도국을 포함한 전 지구 참여 증진 등의 목표를 열거하면서 경제성장을 방해하지 않고 온실가스를 감축하는 계획을 제시했다(Department of State, 2007).

2008년 대통령 선거 기간에 오바마 대통령 후보자는 이전 행정부의 기후변화에 대한 소극적 대응을 비판하면서 "미국 리더십의 새로운 장을 열겠다"라고 선언했다. 당시 오바마 후보자는 기후변화 국제협상에 적극적으로 참여할 필요성을 주장했고, 국내 차원에서는 국내 중장기 온실가스 감축 목표의 설정, 연방 차원의 배출권거래제 도입 등을 공약했다. 그는 '미국의 신에너지 정책(New Energy Policy for America)'을 통해 배출총량거래제를 도입해 2050년까지 1990년 온실가스 배출량의 80%를 줄이는 국내정책을 이행하고 UN기후변화협약과의 관계를 복원해 기후변화에 주도적인 역할을 하겠다는 의지를 표명했다. 그러나 오바마 행정부 집권 1기 기간에 의회에서 기후변화 대응을 위한 입법 시도가 실패함에 따라 오바마 대통령은 기후변화에 대한 적극적 대응에서 규제보다 기술 개발을 강조하는 방향으로 입장을 전환했다.

2013년 오바마 대통령은 집권 2기를 시작하면서, 기후변화는 '되돌릴 수 없는 재앙'이며 만약 의회가 기후변화 대응 조치를 취하지 않는다면 행정부가 직접 나설 것이라는 정책 방향을 제시했다. 즉, 의회에 기후변화 대응을 위한 법안 통과를 요청하는 한편 의회에서 법안이 통과되지 못할 경우 행정권한을 통해 기후변화에 대응할 것임을 명시했다. 2013년 6월에 발표한 기후행동계획은 기후변화 문제를 우선순위로 삼을 것이라는 행정부의 정치적 의지를 반영한 것이었다. 기후행동계획에서는 2020년까지

2005년 이산화탄소 배출량의 17%로 배출량을 감축하는 것을 목표로 온실가스 배출량 감축, 기후변화 영향에 대한 준비 강화, 국제사회에서의 기후변화 대응 주도 등의 주요 방침이 제시되었다. 2013년 9월 연방 환경보호청은 기후행동계획 이후 첫 세부 프로그램인 탄소배출량규제안(Carbon Pollution Standard)을 발표했는데, 이 규제를 통해 신규 발전소에서 발생하는 탄소 배출량을 제한하고자 했다. 이는 미국 역사상 최초로 연방 차원에서 신규 발전소가 배출할 수 있는 탄소량의 한계를 설정한 조치로서 의회의 동의가 필요 없는 행정명령의 사례라고 할 수 있다.

2014년 6월 환경보호청은 기후행동계획의 일환이자 후속 작업인 청정발전계획을 발표했다. 이 계획에서는 석탄발전 의존도를 낮추고 배출량이 적은 에너지 비중을 높여 지속 가능하고 안정적인 전력 공급 체제로 전환하면서 2030년까지 온실가스 배출량을 2005년 대비 30%로 감축한다는 목표가 제시되었다. 이에 따라 환경보호청은 각 주의 배출량, 에너지 믹스, 정책 환경을 고려해 각 주마다 차별적인 감축 목표를 할당했으며, 주 정부에 자율적으로 정책을 선택해서 구체적인 감축안을 제출하게 했다. 청정발전계획의 세부 감축 활동에는 수요 차원의 에너지 효율 개선, 재생에너지 및 원전 확대, 발전소 효율 개선, 천연가스 병행 사용 또는 전환, 신규 천연가스 복합발전소 건설, 전력 전송 효율 개선, 에너지 저장 기술 개발, 노후 발전소 폐쇄, 시장 기반의 배출량 거래제 도입 등이 포함되었다.

한편 2016년 대통령 선거 당시 도널드 트럼프 후보자는 이전 오바마 행정부의 기후변화 대응 정책을 모두 뒤집겠다는 공약을 제시했다. 트럼프 당시 후보자는 미국 내 석유와 가스, 석탄 개발 및 생산 확대를 통한 에너지 안보 강화와 일자리 창출을 공약으로 내세운 '미국 우선 에너지 계획(America First Energy Plan)'을 제시했다. 이러한 트럼프의 입장은 대통령 당선 후에도 이어졌는데, 기후변화 대응을 비롯한 환경 관련 규제의 폐지,

자원 개발, 시장 기반 에너지원 개발 및 공급, 화석연료 친화 정책 등을 우선순위로 내세웠다. 2017년 6월 트럼프 대통령은 미국의 파리협정 탈퇴를 공식 선언하기에 이르렀다. 트럼프 대통령은 파리협정이 다른 국가에 불공정한 이익을 주는 반면, 미국인의 일자리를 파괴할 것이라고 주장하면서 파리협정의 탈퇴와 새로운 협정을 위한 협상의 필요성을 밝혔다. 트럼프 행정부에서는 기후변화 대응이 정책 우선순위가 아닐 뿐만 아니라 기존의 정책에서도 후퇴한 것으로 볼 수 있다.

2) 의회

미국 헌법하에서 의회는 국내 환경과 관련된 정책을 결정하는 과정에서 대통령과 권한을 공유하고 있을 뿐만 아니라 국제 환경 정책을 형성하는 데에도 영향력을 행사한다. 환경 이슈에서 가장 기본적인 의회의 책임은 환경법을 제정하는 것이다. 그러나 미국의 각 부서 간 견제와 균형을 강조하는 헌법하에서 통일적인 정책 합의에 도달하기는 쉽지 않다. 지역주의, 의회 내 위원회의 분산, 그리고 대통령과의 권한 공유 및 서로 간의 견제 등으로 인해 의회는 주로 '아무것도 하지 않은 의회(doing-nothing Congress)'로 간주되는 정책 교착(policy gridlock) 상태가 되기 때문이다. 특히 대부분의 중요한 정책이 결정되는 하원과 상원의 상임위원회 시스템은 정책이 교착되는 주된 원인이며, 그 결과 환경 입법은 대체로 다수의 위원회 사이에 오래 끈 거래와 타협을 통해서만 서서히 전개된다. 이러한 과정은 때로 막연하고 조화되지 않는 입법으로 종결되기도 한다.

게다가 대통령이 환경 외교에 특권을 가지고 있다고 할지라도 대통령과 행정부가 의회의 권한과 정치에 의해 직간접적으로 영향을 받지 않는 경우는 거의 없다. 특히 상원의 권한은 국제적 이슈로까지 연결되는데, 상원은 조약 심사 권한을 이용해 국제 협약의 승인 여부를 결정하고 국제조약이 미국 법의 일부가 되기 전에 이를 비준할 권한을 가지고 있다.

환경문제에 대한 정책 논쟁은 대통령과 의회 간 ─ 특히 클린턴 대통령 시기 ─ 분열되어 있을 뿐만 아니라 공화당과 민주당이라는 정파에 따라서도 분열되어 있다. 일부에서는 양당 간 정책에 대한 견해 차이가 거의 없다고 주장하지만, 환경 이슈의 경우 양당 간에는 간격이 존재한다. 대체로 공화당 의원들은 반환경적이고 반규제적인 접근으로 기울어 있다고 할 수 있다. 그들은 특히 산업계의 관심사에 민감하며, 이는 새로운 환경 규제에 대한 반대로 나타난다. 반대로 민주당 의원들은 환경 규제에 대해 조금 더 단정적이거나 호의적인 경향을 보인다. 환경주의자들은 일반적으로 그들의 유권자층 중 하나이다. 따라서 의회의 다수당이 공화당일 때와 민주당일 때 각각 다른 입법 경향을 보일 수 있다. 자연보전유권자연대(League of Conservation Voters: LCV)에 따르면 환경 이슈에 대한 공화당과 민주당의 투표 입장은 점차 양극화되고 있는 것으로 나타났다. 〈그림 1-4〉는 자연보전유권자연대가 설정한 점수에 의거해 미국 의회 상원 및 하원 공화당과 민주당 의원들의 친환경투표 경향을 비교한 것인데, 2016년에는 공화당과 민주당 간에 85%의 간극이 발생할 정도로 환경 이슈에 대한 입장이 양극화되었음을 알 수 있다(Inside Climate News, 2017.2.23).

기후변화 이슈의 경우 의회에서는 UN기후변화협약의 비준에서 나타나듯이 기후변화를 저감시키기 위해 조치를 취해야 한다는 점에서는 합의를 이루었지만, 기후과학의 중요성 및 신뢰성, 기후 정책의 경제적 영향력, 온실가스 배출량 저감을 위한 기술의 잠재력 등에 대해서는 다양한 견해를 보였다. 특히 교토의정서 수립 이후에는 개도국과 선진국 의무부담의 형평성 문제와 구속력 있는 배출량 감축 문제를 둘러싸고 의정서에 대한 찬반양론에 논의가 집중되었다. 공화당 의원이 다수를 점한 의회에서

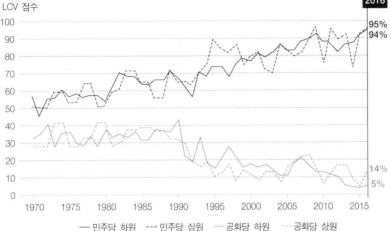

〈그림 1-4〉미국 공화당 의원과 민주당 의원의 친환경투표 경향 추이(1970~2016년)

주: 자연보전유권자연대(LCV)의 환경투표 점수를 기준으로 함. 환경투표점수(national environmental scorecard)는 자연보전유권자연대가 1970년부터 미국 의회 의원들의 친환경법안, 반환경법안의 찬반 여부를 분석해 점수화한 것임.
자료: Inside Climate News(https://insideclimatenews.org) 재인용.

교토의정서에 대한 의회의 입장은 버드-하겔 결의안과 놀렌버그 용어 (Knollenberg language)라고 알려진 수정안에서 드러난다.

1997년 교토에서 UN기후변화협약 COP3이 개최되기 이전에 상원에서 95 대 0으로 통과된 버드-하겔 결의안에는 개도국들의 온실가스 배출을 규제하고 의무적 참여를 규정하지 않는다면 미국은 '미국 경제에 심각한 피해'를 입힐 어떠한 조약에도 동의할 수 없다는 내용이 포함되었다.

공화당 조 놀렌버그(Joe Knollenberg) 하원의원이 회계연도 2000~2001년 세출예산안에 삽입했던 다음과 같은 문안은 교토의정서의 '우회적 이행 (back-door implementation)'을 방지할 목적에서 고안된 것이었다. 바로 "이 법안에 의해 지출이 승인된 어떠한 자금도 교토의정서를 이행하거나 이 행을 준비할 목적의 규칙, 규제, 법령, 또는 명령을 제안하거나 발표하는 데 이용되지 않을 것이다"라는 문안이었는데, 그는 이를 통해 연방기관들이 비준 이전에 교토의정서의 목표를 충족시키는 데 기여할 수 있는 모든 시도를 추진하는 것을 금지했다. 세출예산안에 문안을 첨부시키고자 했던 그의 시도는 결국 실패했지만, 이러한 시도는 온실가스 저감을 위한 교육 세미나에 대한 연방 지출을 방해할 수도 있었고 에너지 효율 기준을 설정하기 위한 노력을 저지할 수도 있었다(Anderson, 2002: 6).

이러한 입법 시도는 개도국들이 자신들의 배출량을 제한할 의무 부담을 지지 않는다면 협약을 무효로 만들 것이고 어떠한 기관이든 교토의정서의 목표를 달성하기 위해 단독으로 계획된 프로그램을 이행하지 못하도록 방지할 것을 주장했다는 점에서 공통점이 있다.

1990년대 이후 기후변화와 관련된 과학이 발전했음에도 기후변화에 대한 미국 의회의 논의는 완만하게 전개되었다. 기후변화와 같은 환경 이슈들은 광범위한 조치를 자극할 만한 긴급성이 부족했고 입법자들은 기후변화 입법을 옹호함으로써 정치적으로 획득할 이익이 부족했다. 기후변화 이슈에 대한 정치적 견인차가 부족했다는 것은 온실가스 배출을 저감하려는 정책 선택사항들이 존재함에도 불구하고 정치적으로 실행 가능한 선택사항의 범위가 한정되어 있음을 증명한다.

그러나 1990년대 후반부터 기후변화 저감을 위해 입법이 시도되었다. 기후변화 관련 입법안은 105차 의회(1997~1998년)에서는 7개에 불과했으나 106차 의회(1999~2000년)에서는 25개로, 107차 의회(2001~2002년) 이후로는 70개 이상으로 증가했으며, 109차 의회(2005~2006년)에서는 100개 이상, 그리고 110차 의회(2007~2008년)에서는 230개 이상으로 증가했다. 이후 111차 의회(2009~2010년)에서는 263개로 증가했으나, 112차(2011~2012년)에서는 기후변화 관련 법안이 113개만 소개되었다.

2003년 공화당의 존 매케인(John McCain)과 민주당의 조지프 리버먼

(Joseph Lieberman) 상원의원이 제출했던 '기후책임법(The Climate Stewardship Act: S139)'은 온실가스 제한 조치를 포함한 법안으로는 최초로 상원에서 표결이 이루어졌으며, 온실가스 배출을 제한하면서 구체적인 최고 한도를 정하고 배출권거래를 허용하는 내용을 담고 있었다. 이 법안을 둘러싼 논쟁 직후 상원 투표가 이루어졌지만 표결 결과 찬성 43표, 반대 55표로 부결되었다. 상원의원들 간 자발적 감축 대 강제적 감축이라는 입장 차이는 정치적 갈등을 야기시켰다. 결국 법안의 주창자들이 추가적인 배출량 감축을 요구하는 조항을 제거함에 따라 법안의 목표를 완화했음에도 불구하고 이 법안은 실패했다(Layzer, 2006: 115). 법안의 발의자였던 매케인과 리버먼 의원은 재투표를 시도했는데, 두 번째 시도였던 2005년 6월 '기후책임·혁신법(Climate Stewardship and Innovation Act of 2005: S1151)' 역시 찬성 38표, 반대 60표라는 더 큰 투표차로 법제화에 실패했다(Layzer, 2006: 304).

2009년 6월 미국 하원 에너지통상위원회 위원장인 헨리 왁스먼(Henry Waxman)과 에너지·환경분과위원회 위원장 에드워드 마키(Edward Markey)가 공동으로 발의했던 '미국청정에너지·안보법(American Clean Energy and Security Act)', 일명 '기후변화법안'은 기후변화 관련 법안으로는 최초로 하원에서 찬성 219표, 반대 212표로 통과되었다.[6] 이 법안은 청정에너지와 에너지 효율 증진, 온실가스 배출량 감축 프로그램을 핵심 내용으로 하고 있다. 청정에너지를 개발하기 위해 전력 사업자들은 2012년 전체 전력 중 6%를 신재생에너지원으로부터 확보하고 2020년에는 이를 20%까지 상향 조정해야 한다. 또한 국가 수준에서 온실가스 배출량 감축 목표를 2005년 기준으로 2020년까지 17%, 2050년까지 83%로 설정해 단계적으로 감축하

6　하원에서의 투표 결과, 민주당 211명과 공화당 8명이 찬성표를, 민주당 44명과 공화당 168명이 반대표를 행사한 것으로 나타났다.

<표 1-1> 기후변화와 관련된 대표적인 입법 시도

의회	법안	내용
105차	자발적 초기 조치 크레디트 법(Credit for Voluntary Early Action Act)	온실가스 감축에 산업계의 사전 참여를 장려
106차	에너지·기후정책법(Energy and Climate Policy Act of 1999)	기후기술 연구개발 및 증명 프로그램을 위한 자금 지원, 장기적인 연구 개발에 초점
107차	기후변화전략·기술혁신법(Climate Change Strategy & Technology Innovation Act)	온실가스 집중도를 안정시키기 위한 국가 기후변화 전략을 개발할 것을 제안
	청정전력법(The Clean Power Act)	수은, 질소, 황, 탄소의 배출량을 일제히 통제하기 위한 초당적 법안
108차	기후책임법(The Climate Stewardship Act)	미국 온실가스 배출량의 구체적인 최고한도 설정, 온실가스 배출권거래 허용 등
109차	기후변화에 대한 상원 성명 결의(Sense of the Senate on Climate Change)	비구속적 결의안. 온실가스에 대해 시장 기반의 제한과 인센티브를 동시에 부여하는 강제성을 띤 국가 프로그램의 법제화
110차	미국청정에너지·안보법(American Clean Energy and Climate Security Act)	청정에너지 및 에너지 효율 증진, 온실가스 배출량 감축 프로그램

며, 이를 위해 에너지 집약 산업과 제조업에 배출총량거래제와 배출권 할당(emission allowances)을 도입한다는 계획도 설정했다. 탄소 감축 비용 부담으로 인한 제조 기업들의 가격경쟁력 상실에 대비해 온실가스를 다량 배출하는 기업에 리베이트를 지원하고, 재생에너지, 에너지 효율성, 기후변화와 관련된 부문에서 일자리를 창출시킨다는 내용도 포함되었다(고희채 외, 2011).

이 외에도 제프 빙거먼(Jeff Bingaman) 의원이 발의했던 '미국청정에너지리더십법(The American Clean Energy Leadership Act)', 존 케리(John Kerry)와 바바라 복서(Barbara Boxer) 의원이 발의한 '청정에너지일자리 및 미국전력법(The Clean Energy Jobs and American Power Act)' 등이 상원의 위원회를 통과했다. 그러나 이들 법안은 대부분 입법의 발의, 의장의 법안 소개나 위원회 단계에 머물렀고 실제로 표결에 부쳐지지는 못했다. 기후변화 관련 법안으로는 최초로 하원에서 통과된 미국청정에너지·안보법 역시 상원으로 제출되지 못했고, 회기가 종결되어 법제화가 이루어지지 않았다.

3) 주

미국 연방 차원에서는 통합된 기후변화 정책이 존재하지 않지만, 주 차원에서는 오히려 활발한 기후변화 정책 실험이 실시되면서 주들이 미국 기후변화 정책의 주도자 또는 혁신가 역할을 담당하고 있다. 또한 미국 연방 차원에서는 통합적인 기후변화 입법이 이루어지지 않았지만, 일부 주 정부는 정당과 지역 노선을 가로지르는 이니셔티브를 통해 연방의 빈 공간을 선점했다. 1960~1970년대 미국의 전통적인 지식으로는 환경보호에서 주와 지방정부가 연방 규제의 대상으로만 간주되었고, 이들은 연방정부로부터 엄격한 명령과 이행을 위한 자금을 지원받지 않을 경우 적극적으로 행동할 가능성이 거의 없다고 예측되었다. 그러나 기후변화 이슈에서 특정 주와 지방정부는 환경보호에 상당한 의식을 지닌 것으로 볼 수 있으며, 지방 분권화된 단위들이 중앙 또는 연방정부보다 더욱 능력 있고 혁신적임이 증명되고 있다. 특히 온실가스 배출과 직접적으로 관련된 다수의 정책 영역이 이제는 주정부의 권한 범위 내에 포함되어 있으며, 다수의 연방 환경법을 이행하고 있다.

미국의 일부 주가 일부 주요 선진국보다 더 많은 온실가스를 배출하고 있다는 점에서 이러한 기후변화 정책의 개발 및 이행은 중요하다고 볼 수 있다. 예를 들어, 텍사스는 영국과 캐나다보다 더 많은 온실가스를 배출하며, 캘리포니아의 배출량은 브라질과 스페인보다 높다. 미국의 중소 규모 주들도 유럽 국가들과 다수의 개도국만큼 온실가스를 배출한다. 예를 들어, 매사추세츠는 오스트리아, 그리스, 또는 이집트와 거의 비슷한 양의 온실가스를 배출한다. 주의 정책 결정자들은 에너지와 전력 생산 및 이용,

운송, 토지 계획 및 이용, 농업 및 임업, 쓰레기 처리 등을 포함한 다수의 영역을 가로지르는 온실가스 발생에 영향력을 행사할 수 있다.

다수의 주 지도자들은 연방 정책 결정이 지체됨에 따라 주들이 환경 정책을 주도해야 한다고 주장했다. 주 관료들은 기후변화 이면의 과학, 지역별 기후변화 정보에 근거해 정책을 개발하기 시작했다. 여기에는 북동부, 오대호 지역, 태평양 연안 등 환경정책 개발에 적극적인 주들이 포함되었다.

그러나 주 수준의 기후변화 정책들은 환경 정책 리더십과 관련되지 않았던 주들에서도 발견된다. 여기에는 2005년 주의 온실가스 인벤토리를 발표했던 미시건주와 재생에너지 개발을 지지한 텍사스가 포함된다. 2006년 6월까지 28개 주는 기후변화 조치 계획을 발표했고, 9개 주는 주 전역 온실가스 감축 목표를 설정했으며, 22개 주와 컬럼비아 특별구는 신재생에너지의무할당제(Renewable Portfolio Standards: RPS)를 명령했고, 약 절반 정도의 주는 에너지 효율성 향상 또는 재생에너지 개발 지원을 위한 공공 펀드를 구축했다. 게다가 다수의 주는 건물과 상품 기준을 개발했고, 에너지 이용 및 이산화탄소 배출량을 감축하기 위해 고안된 공공 부문 구매를 위한 규칙을 발표했다.

정책 개발에 적극적인 일부 주는 또한 온실가스 감축 목표를 설정 및 이행하고 있으며 에너지 효율성과 재생에너지 개발을 지원하는 데에도 협력하고 있다. 각각 다른 8개의 지역 그룹이 이러한 시도를 진행 중인데, 그중 가장 적극적인 곳은 동북부 지역 주들이다. 2001년 6개의 뉴잉글랜드주는 2010년까지 1990년 수준으로, 2020년까지 1990년 수준의 10% 이하로 온실가스를 감축할 것을 공약했다. 게다가 이들은 결국 기후에 위협되지 않는 수준까지 배출량을 감축하기로 서약했는데, 이는 2001년 배출량 수준에서 약 75~85%의 감축을 필요로 한다. 또한 뉴저지주는 1998년에 1990년 수준의 3.5% 이하로 온실가스 배출량을 감축할 것을 공약했으며, 캘리포니아주는 2005년에 2050년까지 1990년 수준 이하 80%까지 배출량을 감축할 장기적인 목표를 가지고 2010년까지 2000년 수준으로 온실가스 배출량을 감축하고 2020년까지 1990년 수준에 도달하는 목표를 설정했다.

또한 2005년 미국에서는 최초로 배출총량거래제에 기반을 둔 온실가스 규제 프로그램인 북동부 온실가스 이니셔티브가 가동되기 시작했다. 여기에는 북동부 9개 주 — 코네티컷, 메인, 델라웨어, 뉴햄프셔, 뉴저지, 뉴욕, 버몬트, 로드아일랜드, 매사추세츠 — 가 참여했으며, 2005년 12월에는 가입 주들 간에 MOU가 체결되었다. 2006년에는 캘리포니아주가 주지사의 집행 명령으로 북동부 온실가스 이니셔티브의 교역 파트너로 참여하고 있다. 북동부 온실가스 이니셔티브는 2020년까지 2005년 대비 이산화탄소 배출량을 50% 감축할 것을 목표로 2009년 작동을 시작한 이후 4기에 걸쳐 시행된다. 이는 현재 전 세계에서 시행 중인 배출권거래제 중 유일하게 역내 화력발전소(25MW 이상)에서 배출되는 이산화탄소를 대상으로 하는 거래시장이다. 2008~2014년 제2기를 이행한 결과, 화력발전에서 가스 및 신재생에너지 발전으로 에너지 발전부문의 구조적 전환이 이루어졌고, 석탄 발전량 비중이 감소함으로써 이산화탄소 배출량도 감축되는 효과가 나타났다.

주가 주도하는 온실가스 저감 시도와 더불어, 일부 주는 이산화탄소 배출에 강제적인 규제 도입을 거부하는 미국 연방정부에 대해 반대하는 법적 과정에 착수했다. 2003년 2월 캘리포니아주, 코네티컷주, 일리노이주, 메인주, 매사추세츠주, 뉴저지주, 뉴멕시코주, 뉴욕주, 오리건주, 로드아일랜드주, 버몬트주, 워싱턴주의 검찰은 1990년 부시 행정부의 청정대기법 수정(Clean Air Act Amendments)하에서 규제될 오염 물질로 이산화탄소를 배제한 결정에 도전하면서 연방 법원에 소송을 제기했다. 다수의 주 규제 기관, 도시 관료, 환경 단체들이 이러한 이니셔티브를 공개적으로 지지했다. 2006년 6월 미국 대법원은 매사추세츠주와 기타 28개 당사자 주의 검토 요청에 근거해 자동차로부터 이산화탄소 배출을 통제할 연방정부의 책무에 대해 향후 판결하는 데 합의했다.

기후변화 정책 대응에 가장 적극적이라 할 수 있는 캘리포니아주는 서부 주정부 중 최초로 2002년 신규 자동차에 대한 탄소 배출 기준을 부과했는데, 이 법은 향후 10년간 약 30%에 이르는 탄소 배출량을 감축하도록 고안되었고, 이후 11개의 다른 주에서도 공식적으로 도입되었다. 또한 캘리포니아주는 2006년 캘리포니아 '지구온난화 해소법(Global Warming Solution Act)'을 제정해 온실가스 배출 수준을 2020년까지 1990년 수준으로 감축하는 것을 목표로 배출 허용량을 규정하고, 배출 기업의 배출 보고 의무화와 배출권거래제 이행을 위한 법적 근거를 마련했다. 또한 2006년에는 영국의 토니 블레어(Tony Blair) 전 총리가 캘리포니아를 방문해 아널드 슈워제네거(Arnold Schwarzenegger) 주지사와 영국과 캘리포니아주가 기후변화 대응에서 온실가스를 감축하기 위한 다양한 방식에 협력하기로 합의하기도 했다.

다수의 주는 이 같은 조치를 통해 기후변화 문제에 직접적으로 대응한 반면, 온실가스 배출량을 감축하는 일부 주의 조치는 기후변화와 명백하게 연계되지 않았다. 실제로 일부 관료는 기후변화 이슈와 연계될 경우 자신들이 원하는 정책의 개발에 피해를 줄 것이라고 믿었다. 예를 들어, 텍사스주의 정책 결정자들은 재생에너지원의 증진과 투자를 통해 에너지 발생을 다양화함으로써 경제적 경쟁력을 강화하고 경제를 발전시키는 데 초점을 맞추었다. 경제성장의 장기적 기반을 창출하려는 네브래스카주는 이산화탄소 포집(carbon sequestration)에 이익이 되는 토지 이용 및 농업 정책을 개발하면서, 이것이 향후 이루어질 온실가스 배출권거래 계획하에서 네브래스카주에 이익이 될 것이라고 기대했다.

미국 주들의 기후변화 정책에는 온실가스 감축뿐만 아니라 기존 대기오염 물질의 감소, 화석연료 수입에 대한 의존도 감소, 전기 설비 및 기타 규제 기업들에 대한 장기적 규제 예측 가능, 그리고 경제 발전 기회 등의 경제적 목표 달성을 위한 계산도 포함되었다. 따라서 주 차원에서 시행되는 기후변화 정책의 상당 부분은 환경보호를 추구하는 동시에 경제성장 및 안정에 잠재적으로 기여한다고 볼 수 있으며, "현명한 실행은 저렴한 것에서 가치를 창출함으로써 잠재적인 기회를 이용하는 방식"이라고 할 수 있다(Bardach, 1998).

4) 이익단체와 환경단체

기후변화 문제가 국제 쟁점으로 등장한 이후 산업 및 비즈니스를 대표하는 이익단체와 환경단체 역시 미국 기후변화 정책에 대해 목소리를 내기 시작했다. 산업 및 비즈니스 단체들은 기업의 기후변화 정책에 대해 반대 입장을 표명한 반면, 환경단체는 기후변화 국제 규범을 국내에서 수용하도록 정부에 압력을 가했다.

기후변화 문제가 등장한 이후 산업 및 비즈니스를 대표하는 단체들에서는 온실가스 배출을 줄이는 조치가 화석연료 산업의 활동 방식에 근본적으로 영향을 미칠 잠재력이 있다는 점에서 바람직하지 않다는 데 대해 광범위한 합의가 이루어졌다. 예를 들어, 이들은 세계기후연맹(Global Climate Coalition, 이하 GCC)과 같이 석탄 및 석유 산업을 비롯해 중공업, 자동차 산업 등을 포괄하는 산업 단체를 구성해 이들 산업의 광범위한 이익을 대변하기 위한 로비 활동을 전개했다.[7]

일부 주요 에너지 기업은 자신들의 포트폴리오 대상을 확대하고 재생가능 에너지 산업에 투자했지만, 대부분의 에너지 기업은 온실가스 배출량 통제로 인해 피해를 입을 수 있는 사업으로부터 수익을 창출했다. 이들은 과학적 불확실성, 경제에 대한 손실 등을 근거로 정책 조치에서 다른 온실가스는 포함시키되 이산화탄소는 제외시킬 것을 주장했다. 이러한 주장들은 기후변화 국제협상에서 미국의 입장에 다수 반영되었는데, 특히 미국이 주장했던 이산화탄소 외의 모든 온실가스를 포함시키는 포괄적 접근법, 공동이행, 배출권거래제 등과 같은 신축성 메커니즘 등은 실제 교토의정서에도 반영되었다.

영향력 있는 산업 단체는 정책 결정 과정 전반에 걸쳐 자신들의 입장을 정책에 반영시키기 위해 로비 활동을 전개했다. 우선 어젠다 설정 과정에서 정부는 이해 당사자들과 전문가들의 의견을 구하는데, 이때 산업 단체의 로비스트들은 기존에 구축된 관계를 이용해 국내 정부에 압력을 가함으로써 기후 정책에 영향력을 행사했다. 특히 국제협상이 시작되기 이전, 정책 개발의 가장 초기 단계에서 활동의 범위가 고려되는 시기에 이슈의 내용을 선점하고 어젠다 설정을 원조함으로써 국가 입장을 공식화하는 데 영향력을 발휘했다. 또한 미국의 산업 단체들은 국제 수준에서도 미국 대표단에 국내 입법 과정을 주지시키면서 압력을 유지하고, 다국적인 연

---

7   GCC는 기후변화 및 지구온난화 이슈에 대한 국제 정책 논쟁에 산업계의 참여를 조정하기 위해 1989년에 설립된 연합 조직이다. GCC 회원 기업에는 전기 설비, 철도, 운송, 제조업, 중소기업, 광업, 석유 및 석탄 등이 포함되었으며, GCC는 미국 산업, 농업, 임업 등 실질적으로 거의 모든 부문에서 600만 개 이상의 기업을 집합적으로 대표했다. GCC는 국제적으로 산업계를 주도하는 대변자였으며, GCC 직원들은 모든 국제 기후변화 협상에 참여하면서 IPCC의 활동을 감시하고 IPCC의 과학평가 문서를 작성했다. 미국 내에서는 입법부와 정책 결정자들에게 회원들의 견해를 대변하는 동시에 입법안 및 정부 프로그램을 검토하거나 제시하는 역할을 했다. 그러나 1997년에서 2001년 사이 듀퐁, BP, 셸, 포드, 크라이슬러, GM 등이 탈퇴했고, 결국 2002년 초반에 해산되었다.

합 단체를 결성하며, OPEC 국가 같은 거부권 행사 국가들과 연합을 형성하는 등 국제협상에도 직접 참여했다. 예를 들어 GCC는 제네바 COP2에서 미국 대표단이 협상을 추진한 과정에 대해 미국 의회와 상원의 관심사를 표명하는 서신들을 유포했다. 교토 COP3과 후속으로 부에노스아이레스에서 열린 COP4의 기자회견에서도 GCC는 교토의정서가 비부속서 I 당사국들에게 배출량 감축 의무를 명시하지 않았다는 점을 비판하면서, 미국 대표단에게 합의를 거부하도록 압력을 행사했다.

그러나 1990년대 말부터 2000년대 초반 산업 공동체는 점차 분열되기 시작했다. 예를 들어, 대체 에너지원인 원자력에너지협회(Nuclear Energy Institute) 같은 비화석연료 에너지 제공자들과 그들의 거래 조합, 지속 가능한 에너지를 위한 기업협의회(Business Council for Sustainable Energy) 같은 다양한 재생 가능 에너지원 조직은 화석연료의 대체로서 자신들의 산업을 지속적으로 옹호했다. 또한 1990년대 후반부터 GCC가 호전적인 로비 태도를 보이자 그 역효과로 유럽의 BP, 셸 등의 기업이 연속해서 GCC에서 탈퇴했다. 이후 GCC에서 탈퇴한 기업은 ― 미국의 중도파 환경 NGO라고 할 수 있는 ― 퓨 센터(Pew Center)의 기업환경리더십협의회(Business Environmental Leadership Council, 이하 BELC)에 가입했다. BELC에는 미국전력(American Electric Power), BP, 듀퐁, 엔터지, 도요타, 보잉 등의 기업이 포함되었다. 이 기업들은 GCC의 구속력 있는 기후변화 저감 조치에 대한 반대 입장과는 다르게 온실가스 배출 감축 목표를 설정하고, 에너지 효율성을 개선하고, 재생 가능 에너지의 생산 및 이용을 증진시키고, 폐기물 관리를 향상시키고, 탄소 분리 기술에 투자하고, 에너지 절약 상품을 개발하는 등 기후 저감 조치를 수용했다.

1999년 미국과 캐나다의 일부 기업은 동북부 주들 및 환경단체와 협력해 200만 톤의 온실가스 배출을 방지할 것으로 예상되는 '온실가스 거래

증명 프로젝트(Greenhouse Gas Trading Demonstration Project)'를 개발했다. 또한 2000년 10월 듀퐁, BP, 셸, 온타리오발전(Ontario Power Generation) 등의 기업은 '기후조치협력(Partnership for Climate Action)'을 창설하기 위해 환경단체인 환경보호기금(Environmental Defense Fund)과 협력했다. 자동차 산업 역시 클린턴 행정부의 '자동차의 새로운 세대를 위한 협력(Partnership for a New Generation of Vehicles)'을 통해 온실가스 배출량을 감축하기 위한 자발적인 시도를 추진했다.

미국 산업계는 GCC 중심의 기후변화 조치 반대라는 획일적 노선에서 벗어나 점차 일부 기업을 중심으로 기후변화 대응에 나서게 되었다. 즉, 산업계에서도 기후변화 현상을 인정하고, 온실가스 배출량 저감을 위한 조치의 필요성에 대한 합의가 증가하면서, 환경단체 또는 행정부와의 협력이 시도되었다고 볼 수 있다.

한편 사업 단체와 같이 정치 제도권 외부에서 활동하는 환경 단체들은 기후변화 규범 수용의 가장 적극적인 옹호자였다. 특히 미국에서 시작된 환경운동은 다른 국가들에 자극이 되었고, 미국의 환경운동가들은 국제 환경 포럼에서 가장 적극적인 편이다. 미국의 기후변화 이슈에서 두드러진 환경 단체로는 환경보호기금, 천연자원수호위원회(Natural Resources Defense Council), 세계자연보호기금(World Wildlife Fund), 시에라클럽(Sierra Club), 그린피스(Greenpeace) 등이 있다. 기타 주요 행위자로는 세계자원연구소(World Resources Institute: WRI), 미래자원연구소(Resources for the Future: RFF)가 있는데, 이 정책 연구소들이 주창하는 어젠다는 부족하지만 좀 더 학문적이고 시장 지향적이라고 할 수 있다.

미국 환경 옹호자들의 활동은 저항 정치 성격을 띤 권익 주창 운동의 범위를 넘어 과학자, 경제학자, 변호사 등 교육받은 다양한 유형의 정책 전문가를 고용하면서 점차 전문화되었다. 1990년대 환경단체 대표자들은 국제 환경을 협의하기 위한 미국 대표단에 참여하면서 미국 외교관들과 나란히 착석했다. 또한 환경 단체의 이전 회원들은 때로는 고위직으로 국제 환경 이슈들을 다루는 행정부 기관에 임명되기도 했다.

기후변화 이슈 영역에서 환경단체들은 초기 몇 년 동안 문제점의 정당화에 초점을 맞추면서, 기후변화에 대처하는 데 어떠한 정책과 조치가 환경 친화적이고 적절한 조치인가를 규정하고자 했다. 1980년대 후반 이후 더운 여름이 지속되자 환경단체들은 지구온난화 이슈를 정책 결정자들에게 강요하고 대중의 관심을 불러일으키고자 이를 환기시키는 언어를 사용해 문제를 규정했다. 국제적으로는 국가들이 온실가스 배출량을 감축하도록 압력을 가하기 위해 기후변화 이슈와 관련된 환경단체들은 1989년 기후행동네트워크(Climate Action Network, 이하 CAN)를 창설했다. 이 네트워크는 국제 환경 단체들 간의 일반적 입장을 조직화하고 기후 정책 논의의 최신 전개 과정에서 지속적으로 정보를 제공함으로써 전략 조정 및 활동에서 주된 역할을 담당했다.[8]

미국에서 기후변화 이슈에 대한 환경 단체들의 영향력은 행정부의 변화에 따라 불규칙하게 전개되었다. 클린턴 행정부 시기에는 친환경문제들에 공개적이었기 때문에 환경 이익은 어느 정도의 접근성을 가질 수 있었지만, W. 부시 행정부 시기에는 최소한도의 접근성과 영향력만 가질 수 있었다. 이 시기 전반에 걸쳐 CAN을 중심으로 하는 환경단체들은 국가들

---

8 CAN은 제2차 세계기후회의(the Second World Climate Conference: SWCC)가 개최되기 이전인 1989년 환경보호기금, 그린피스 같은 단체의 지도에 따라 22개 국가의 63개 환경 단체로 구성되어 창설되었다. 기후변화 이슈에서 활동하는 다양한 단체의 견해를 조절하기 위해 CAN은 지역별 기후 네트워크를 창설했는데, 이 네트워크는 풍부하고 다양한 전문성을 지니고 있다. 예를 들어, 세계자연보호기금의 기후변화 캠페인은 생물 다양성의 부정적인 효과에 초점을 맞추었고, 그린피스는 기후변화가 인간에게 미치는 영향을 강조했으며, 환경보호기금의 전 지구적 대기 프로그램은 기후변화 관련 과학자, 경제학자, 법률가 등이 참여하는 등 전문성이 높았다.

이 지정된 시일까지 의미 있는 규모로 구속력 있는 배출량 감축의 목표와 시한을 채택하도록 일정한 선호를 유지하면서 지속적인 압력을 가했다. CAN의 경우, 1994년부터 1997년까지는 단기적이고 구속력 있는 배출량 감축 패러다임을 주장했으며, 1998년에는 교토의정서가 첫 번째 조치이지만 교토의정서만으로는 부족하다고 제시했다. 2001년 부시 대통령이 교토의정서에서 탈퇴한 이후에는 강력하고 공정한 실행 조치의 지지를 받는 수량적 배출량 목표가 교토의정서의 중추를 형성한다는 점을 주장하기도 했다. 또한 이 환경단체들은 미국이 교토의정서의 일부로 주장한 신축성 메커니즘 체제에 대해서는 대부분 적대적이었는데, 공동이행, 배출권거래, 청정개발체제가 배출량을 감축하거나 제한하기 위한 국내 조치의 대체(substitute)가 아니라 보충(supplement)으로 이용되어야 한다는 입장을 유지했다.

그러나 환경단체의 의사결정자들에 대한 접근성이 영향력과 언제나 비례한 것은 아니었다. 국제협상에서 환경단체 대표자들은 회의 진행 상황에 관해 때로 국가 대표단에 의존할 수 있지만, 임원들에 대한 직접적인 접근 경로는 부재하기 때문에 회의 기간에 그들이 할 수 있는 일은 거의 없다. 이는 다수의 실제 활동이 환경 단체 또는 NGO들이 아직 접근할 수 없는 부속적인 비공개회의에서 이루어지거나 더욱 비공식적으로 이들을 포함하지 않는 의사결정자들의 배타적인 집단에서 이루어지기 때문이다. 또한 국제협상에 환경단체들은 옵서버로 참여할 수 있었지만, 그중에서도 조직화나 영향력이 부족한 개도국 및 저개발국 단체들은 협상 과정에서 거의 차단되고 제외되었다. 국내 정치 과정에서도 정책 심의에 참여하는 것이 언제나 환경단체들의 영향력 행사를 의미하는 것은 아니었다. 한편 유럽에서는 환경단체들이 녹색당을 통해 직접적인 영향력을 행사하는데 반해, 미국의 환경단체들의 영향력 행사는 대부분 민주당 일부 정치가

에게 한정되어 있다. 결국 환경단체가 기후변화 정치 과정에 광범위하게 참여함에도 불구하고 미국이 선진국 중에서 기후변화 저감 조치에 가장 역행한 채로 남아 있음을 볼 때 정치 과정에 대한 접근성과 영향력은 비례하지 않음을 알 수 있다.

기후변화 규범의 가장 강력한 후원자인 환경단체 간의 의견 불일치 역시 그들의 영향력을 감소시켰다. GCC 같은 산업 단체와 다르게 CAN은 네트워크이므로 상설기구 기반을 가지고 있지 않다. 또한 기후변화에 대해서만 전문적으로 활동하는 단체는 극소수이며, 대부분은 자원이 불충분하다. 미국 기반 단체와 유럽 기반 단체는 기후변화 저감 방식에 대해서 – 그중에서도 신축성 메커니즘 주장에서 – 서로 다른 의견을 지니고 있었다. 미국의 중도파 단체인 환경보호기금, 천연자원수호위원회 등과 유럽의 행동 중심 단체인 그린피스, 지구의 친구들 등은 모두 구속력 있는 배출량 감축을 지지했지만, 미국의 환경 단체는 유럽 단체에 비해 일반적으로 시장 기반의 수단을 수용했다. 특히 아황산가스에 대한 미국의 경험을 기초로 해서 배출권거래를 찬성하는 환경보호기금 같은 단체는 대부분의 환경단체가 반대했던 배출권거래 시스템이 혁신을 가져올 것이라고 주장했다.

결국 미국의 환경단체는 기후변화 이슈의 어젠다를 설정하는 단계에서 이슈를 공론화시키고 의사결정자들이 이슈를 논의하도록 하는 데는 성공했지만, 기후변화 규범을 수용하도록 반향을 일으키는 데는 제한적인 영향력만 행사했다고 평가할 수 있다.

5) 여론

퓨 리서치 센터(Pew Research Center)의 여론조사 결과에 따르면, 국가들

<표 1-2> '기후변화는 매우 심각한 문제'라고 응답한 비율의 변화

	2010년	2015년	증감률
미국	37%	45%	+8%
프랑스	46%	56%	+10%
중국	41%	18%	-23%
한국	68%	48%	-20%

자료: Pew Research Center 2015 Global Attitudes Survey.

은 1인당 이산화탄소 배출량이 높을수록 대체로 기후변화 대응에 관심을 덜 갖는 것으로 나타났다. 이익 기반 설명에 따르면 미국은 세계 최대 온실가스 배출 국가인 동시에 석탄, 석유, 가스 등 에너지원의 최대 생산자이자 소비자이기 때문에 소비자이자 유권자인 대중 역시 기후변화에 대한 관심이 다른 국가들에 비해 낮다고 볼 수 있다.

퓨 리서치 센터의 여론조사 결과를 보면, 유럽인들에 비해 미국인들은 대체로 기후변화에 대한 관심이 높지 않고 조치에도 찬성하지 않는 것으로 나타난다. 2001년 미국 부시 대통령이 교토의정서에서 탈퇴했을 당시 여론조사 결과를 보면 유럽 국가들에서는 영국 83%, 이탈리아 80%, 독일 87%, 프랑스 85%의 응답자가 이에 대한 반대 의사를 나타냈던 반면, 미국에서는 오직 44%의 응답자만 부시 행정부의 탈퇴 결정에 반대했다.

2006년 퓨 리서치 센터의 여론조사에서도 프랑스 87%, 독일 64%, 일본 97%의 응답자가 '개인적으로 기후변화에 대한 관심이 있다'고 응답한 반면, 미국인들은 53%(매우 관심 19%, 어느 정도 관심 34%)만 관심이 있다고 응답했다. 그런데 2015년 조사에 따르면 미국에서도 기후변화에 대한 관심도가 점차 증가하고 있는 것으로 나타나고 있다.

4. 결론

국제 차원의 기후변화 대응에서 미국은 리더십 발휘를 주저하거나 거부했으며 때로는 외부자적 입장을 보여왔다. 이러한 미국의 국제적 입장은 국내 이해당사자들의 선호가 반영된 결과라고 할 수 있다. 특히 국제 차원에서 기후변화에 대한 미국 정부의 입장은 대통령의 소속 정당에 따라 변화가 있었다. 클린턴, 오바마 등 민주당 대통령은 기후변화에 대응하고자 조치를 취했던 반면, 부시, 트럼프 등 공화당 대통령은 대응에 소극적이거나 거부하는 입장을 보였다. 행정부 변화에 따라 국제적 입장이 달라진 것으로 보이지만, 미국 내 기후변화 정책 기조까지 변화한 것은 아니었다.

파리협정을 통한 신기후체제에서는 협약 당사국인 선진국과 개도국의 참여 및 공동책임, 기후변화 대응을 위한 적응, 기술 개발, 역량 강화, 자발적 감축 등이 강조되었다. 이러한 파리협정의 내용이 미국의 기후변화에 대한 기존의 정책 기조와 크게 다르지 않다는 점에서 향후 미국이 기후변화 국제협상에 참여 및 정책 대응할 것으로 기대할 수 있다. 그러나 현재 미국의 신기후체제 참여 여부는 불투명하다. 현 트럼프 행정부는 전 지구적 기후변화 공동 대응 경로에서 이탈했고, 국내 기후변화 정책 대응도 거부했다. 또한 미국 연방 차원에서 통합된 기후변화 입법도 존재하지 않는다. 다만 미국 주들이 기후변화 정책 개발에 적극적인 상황은 연방정부 또는 의회의 입장과는 별도로 미국 내 기후변화 대응과 주 차원 정책 이행의 가능성을 높이는 요인이 될 수 있을 것이다.

참고문헌

고희채 외. 2011. 『미국, 캐나다의 녹색성장 전략과 시사점』. 연구보고서 11-01. 대외경제정책연구원.

김의영·정하윤. 2012. 『국제화에 따른 환경정책 입법의 특징과 국회의 대응과제』. 국회입법조사처 정책연구용역보고서.

전의찬·이상훈. 2009. 『미국의 기후변화, 녹색성장 관련 입법 동향 분석』. 국회입법조사처 연구용역보고서.

정서용. 2008. 「기후변화대응을 위한 아시아 태평양 파트너십의 유용성에 대한 국제법적 검토」. ≪서울국제법연구≫, 15(2).

정하윤. 2014. 「미국과 EU의 기후변화 정치」. 안병억 외. 『미국과 유럽연합의 관계』. 서울대학교 출판문화원.

정하윤·이재승. 2012. 「미국의 기후변화 및 신재생에너지 정책의 전개과정 분석: 행정부별 특징을 중심으로」. ≪국제관계연구≫, 17(2).

체벨리스, 조지(George Tsebelis). 2009. 『거부권 행사자: 정치제도는 어떻게 작동하는가』. 문우진 옮김. 후마니타스.

환경부. 2002. 『국제환경동향과 우리의 대응』. 환경부.

Agrawala, Shardul and Steinar Andresen. 1999. *Evolution of the Negotiating Position of the United States in the Global Climate Change Regime*. Lysaker: The Fridtj of Nansen Institute, FNI-Report No. 14/99.

Alesina, Alnerto and H. Rosenthal. 1995. *Partisan Politics, Divided Government and the Economy*. Cambridge. MA: Cambridge Univ. Press.

Anderson, Kai. 2002. "The Climate Policy Debate in the US Congress." in S. H. Schneider, A. Rosencranz and J. O. Niles. *Climate Change Policy: A Survey*. Washington DC: Island Press.

Bardach, E. 1998. *Getting Agencies to Work Together: The Practice and Theory of Managerial Craftsmanship*. Washington DC: Brookings Institution Press.

Busby, Joshua. 2007. "Bono Made Jesse Helms Cry: Jublee 2000, Debt Relief and Moral Action in International Politics." *International Studies Quarterly*, 51.

Cass, Loren R. 2006. *The Failure of American and European Climate Policy*. Albany, NY: State University of New York.

_____. 2007. "Measuring the Domestic Salience of International Environmental Norms." M. E. Pettenger(ed.). *The Social Construction of Climate Change*. Burlington, VT: Ashgate.

Department of State. 2007. *U. S. Climate Action Report 2006*. Washington DC: Department of State.

Harrison, Kathryn and L. M. Sundstrom. 2007. "The Comparative Politics of Climate Change." *Global Environmental Politics*, 7(4).

Harrison, Kathryn and L. M. Sundstrom(eds.). 2010. *Global Commons, Domestic Decisions: The Comparative Politics of Climate Change*. Cambridge: MIT Press.

Inside Climate News. 2017.2.23. https://insideclimatenews.org/news/23022017/congress-environmental-climate-change-league-conservation-voters

Jabobson, Harold K. 2002. "Climate Change: Unilateralism, Realism and Two-Level Games." S. Patrick and Shepard Forman(eds.). *Multilateralism and US Foreign Policy*. Boulder: Lynne Rienner.

Katzenstein, Peter. 1976. "International Relations and Domestic Structures." *International Organization*, Winter.

Layzer, Judith A. 2006. *The Environmental Case: Translating Values into Policy*. 2nd ed. Washington DC: CQ Press.

Lisowski, Michael. 2002. "Playing Two-Level Game: US President Bush's Decision To Repudiate the Kyoto Protocol." *Environmental Politics*, 11(4).

Parker, Larry and John Blodgett. 2009. *US Global Climate Change Policy: Evolving Views on Cost, Competitiveness and Comprehensiveness*. CRS Report for Congress. Washington DC: Library of Congress.

Pettenger, Mary E.(ed.) 2007. *The Social Construction of Climate Change*. Burlington, VA.: Ashgate.

Pew Research Center for the People and the Press. 2001.8.15. *Bush Unpopular in Europe, Seen As Unilateralist*.

_____. 2006.7.12. *Little Consensus On Global Warming*.

_____. 2008.9.24. *Declining Public Support for Global Engagement*.

Pew Research Center. 2015. *Global Concern about Climate Change, Broad Support for Limiting Emissions*. Research Report.

Rabe, Barry. 2004. *Statehouse and Greenhouse: The Emerging Politics of American Climate Change Policy*. Washington DC: Brookings Institution Press.

_____. 2010. "Introduction: The Challenges of U.S. Climate Governance." Barry Rabe(ed.). *Greenhouse Governance: Addressing Climate Change in America*. Washington DC:

Brookings Institution Press.

Schreurs, Miranda. A. 2004. "The Climate Change Divide: The European Union, the United States and the Future of the Kyoto Protocol." N. J. Vig and M. G. Faure(eds.). *Green Giants? Environmental Policies of the US and the EU.* Cambridge, Massachusetts: MIT Press.

Selin, Henrik and S. D. VanDeveer. 2007. "Political Science and Prediction: What's Next for U.S. Climate Change Policy?" *Review of Policy Research*, 24(1).

Sprinz, Detlef and Martin Weiß. 2001. "Domestic Politics and Global Climate Policy." Luterbacher, U. and D. F. Sprinz. *International Relations and Global Climate Change.* Cambridge, MA: MIT Press.

Stewart, Richard B. and J. B. Wiener. 2003. *Reconstructing Climate Policy.* Washington DC: AEI Press.

미국 의회 의사록. https://www.congress.gov/congressional-record
온실가스 배출량. http://unfccc.int/ghg_data/ghg_data_unfccc/items/4146.php
유럽연합 집행위원회. http://ec.europa.eu/clima/policies/eccp/index_en.htm
파리협정. http://unfccc.int/resource/docs/2015/cop21/eng/l09r01.pdf
Center for Climate and Energy Solutions. http://www.c2es.org/
EU 집행위원회. Joint Research Center EDGAR. http://edgar.jrc.ec.europa.eu/
IISD(International Institute for Sustainable Development). Earth Negotiation Bulletin. http://www.iisd.ca/enb/vol12/
UNFCCC COP(Conference of the Parties). http://unfccc.int/bodies/body/6383.php
World Resources Institute. https://wri.org/

02

중국의 기후변화 정책과 거버넌스
시진핑의 5세대 지도부를 중심으로

조정원

1. 들어가는 말

후진타오 국가주석, 원자바오 국무원 총리 중심의 중국 4세대 지도부는 국내 환경 규제 강화를 통해 환경문제 개선의 의지를 보여주었다. 또한 2008년 베이징올림픽의 성공을 위해 올림픽 개최 기간 동안 베이징과 주변 지역의 차량 운행과 공장 가동을 통제함으로써 대기오염 배출량을 줄여 베이징의 대기 환경 개선을 이루어내기도 했다. 그러나 2008년 베이징 올림픽이 끝난 이후 제조업과 자동차의 오염 물질 배출에 대한 관리가 소홀해지면서 2012년 1월과 2월 베이징과 화베이 지역을 중심으로 스모그가 발생했다. 그로 인해 중앙정부 차원에서 환경 정책의 근본적인 개선이 요구되었다. 또한 기후변화 대응에서는 EU의 대기오염 물질 배출량 감소 의무 부과에 반대하는 입장을 유지했다. 이는 자국의 자원소모형 제조업과 자가용 증가로 인한 대기오염 물질 배출량 감소가 중국의 경제성장과 자동차 산업의 발전에 부정적인 영향을 미칠 가능성을 우려해서였다. 이러한 4세대 지도부의 자국 산업 보호 중시로 인해 중국의 환경 정책은 환경문제를 실질적으로 개선시키지 못했다. 또한 기후변화 대응에 대한 국제 협력에 참여하지 않음으로써 2001년 조지 W. 부시 행정부가 결정한 미국의 교토의정서 탈퇴와 함께 기후변화 문제에 대한 국제적 합의 도출을 방해하는 요인으로 작용했다.

2012년 11월에 출범한 시진핑 중심의 중국공산당 5세대 지도부는 이러한 요구를 반영하고자 했다. 특히 2015년 하반기에는 중국의 이전 지도부에서는 상상하기 어려웠던 변화를 추진했다. 우선 동년 9월 시진핑 국가주석은 미국 방문 기간 중에 가진 오바마 대통령과의 정상회담에서 글로벌 차원에서의 저탄소 경제 전환을 위해 노력하며 21세기 중엽에는 지구 평균기온 상승을 2도 이내로 억제하는 데 협력하기로 했다. 또한 2017년 중국의 배출권거래제 전면 시행을 약속함으로써 온실가스와 대기오염 물질 배출량 감소에 더욱 적극적으로 임하는 모습을 보여주었다. 아울러 동년 11월 30일부터 12월 12일까지 파리에서 진행된 UN기후변화협약 COP21 합의문에서는 지구 온도 상승을 1.5도 이내로 억제하고 5년마다 당사국들이 감축 의무를 이행하는지 검토하기로 했다. 또한 2020년부터는 선진국이 개발도상국과 후진국의 기후변화 대응을 돕기 위해 매년 1000억 달러를 지원하기로 했다. 이러한 국제적 합의 도출은 시진핑 국가주석을 중심으로 하는 중국공산당 5세대 지도부의 기후변화 정책에 변화가 있었기에 가능했다.

그렇다면 중국공산당 5세대 지도부의 기후변화 정책과 거버넌스는 어떻게 변화해왔을까? 정책의 주요 내용과 특성은 무엇이며 정책 변화를 이끌어낸 요인은 무엇일까? 이 글에서는 이 두 가지 질문에 대한 해답을 모색하려 한다. 기존의 연구에서는 1978년 개혁개방 이후부터 2006년까지 중국의 에너지 사용량 증가와 배출량 감소 의무 기피로 인한 문제점을 국가발전개혁위원회의 정책 주도와 청정개발체제 참여를 통한 부분적인 대응으로 넘어가려 하고 있다고 주장했다(Heggelund, 2007: 155~191). 그리고 중국의 권위주의적 환경보호주의가 기후변화 정책의 생산과 국가와 내부의 행위자들을 정책의 수단으로 동원하는 데는 도움이 되었지만 민주적인 대의정치와 시민사회의 배제로 인해 그 결과는 그다지 이상적이지 않았다고 지적하기도 했다(Gilley, 2012: 287~307). 또한 중국의 제3세대 지도부와 4세대 지도부 초기의 기후변화 정책과(서운석, 2007: 213~251), 4세대 지도부가 국제 기후변화 담판에서 보인 특성을 분석한 연구도 있다(원동욱, 2011: 47~74). 아울러 2000년대 초반부터 2014년까지 미국과 중국의 기후변화 협력을 분석하는 과정에서 5세대 지도부의 기후변화 정책 중 하나인 대기오염 방지 행동계획에 대해 소개한 연구 성과도 있다.[1] 그러나 시진핑을 중심으로 한 5세대 지도부의 기후변화 정책을 종합적으로 분석함으로써 현 지도부와 이전 지도부 간 기후변화 정책의 차이를 파악하거나, 2015년 하반기에 이루어진 미·중 정상의 합의와 파리 COP21에서의 합의 도출이 가능했던 원인을 이해하는 데 도움을 주는 논문이나 연구 보고서는 찾아보기 어렵다.

이 글은 이러한 선행 연구의 한계를 보완하고 중국 5세대 지도부의 환

---

1 "중국 국무원이 2013년 9월 10일에 발표한 대기오염 방지 행동계획은 동년 1월 중국의 화북 지역과 동북 지역을 중심으로 스모그가 발생한 이후 대기오염이 다시 심각한 문제로 대두된 데서 비롯되었다. 대기오염 방지 행동계획은 2017년까지 2012년 대비 전국 도시의 대기 환경을 개선하는 것을 목표로 하는 단기 정책이다. 우선 전국 도시의 미세먼지 농도는 2012년 대비 10% 이상 낮추고 겨울철 대기오염이 심각한 수도권(베이징, 허베이성, 톈진)은 2012년의 25%까지 감축하기로 했다. 또한 제조업이 발달한 화동 지역의 장강 삼각주 미세먼지 농도는 20%, 광둥성의 주강 삼각주 미세먼지 농도는 15% 낮추기로 했다. 산업구조와 에너지 소비 구조의 조정, 기업의 기술 능력 제고, 투자 사업에 대한 환경 기준 강화, 국민 참여를 유도하기 위해 전국에서 공기 질이 가장 좋은 도시 10곳, 가장 나쁜 도시 10곳을 매월 발표하기로 했다"(오경택, 2014: 67~68).

경 및 기후변화 정책을 분석하는 데 초점을 맞추려 한다. 이를 통해 2015
년 하반기 이루어진 미·중 간 기후변화 관계 진전, 파리 COP21에서의 합
의 도출이 현 지도부의 기후변화 정책의 변화에 기인했음을 보여주고자
한다. 그리고 현 정부의 환경 및 기후변화 정책의 문제점을 분석하고 향후
정책에서 이러한 문제점이 개선될 가능성이 있는지도 전망하려 한다.

이를 위해 이 글은 다음과 같이 구성된다. 2절에서는 5세대 지도부가
추진하는 환경 및 기후변화 정책의 주요 내용과 특성을 설명하고 과거의
지도부에 비해 진전된 모습을 보이게 된 배경을 소개한다. 3절에서는 5세
대 지도부가 기후변화 정책 기조를 바꾸게 된 요인을 분석한다. 4절에서
는 현재 중국의 기후변화 거버넌스의 구조와 특성에 대해 설명한다. 5절
에서는 중국의 기후변화 정책과 거버넌스의 문제점에 대해 분석한다. 6절
에서는 글을 마무리하면서 현 지도부의 정책에서 나타나고 있는 문제점
을 살펴보고 성과 창출을 어렵게 만드는 장애 요인이 개선될 가능성이 있
는지 전망한다.

2. 5세대 지도부가 추진하는 기후변화 정책의 주요 내용과 특성

5세대 지도부가 추진하는 기후변화 정책의 주요 내용과 특성은 이전 지
도부에 비해 행정권한을 강화하고 경제성장 방식의 전환을 통해 환경문
제를 완화하기 위한 방안을 내놓고 있다는 것이다.

1) 에너지 발전 전략 행동계획(2014~2020)

'신환경보호법'이 전국인민대표대회 상무위원회를 통과한 지 2개월 후

인 2014년 6월에 중국 중앙정부는 에너지발전전략행동계획(2014~2020)(能源發展戰略行動計划 2014~2020年, 이하 행동계획)을 제정했고 5개월 후인 동년 11월에 중앙정부 각 부처와 각 지역의 지방정부에 이를 하달했다. 이 계획에서는 중국이 석탄, 석유를 대체할 천연가스와 신재생에너지의 사용 비중을 어떻게 늘려나갈지 설명하고 있다.

행동계획에 따르면 석탄을 대체할 수 있는 가장 현실적인 대안인 천연가스는 생산을 늘리는 방향으로 정책을 추진하기로 했다. 2020년까지 중국은 연간 천연가스 생산량은 1850억m³, 셰일가스 생산량은 300억m³까지 늘릴 계획이다. 또한 친쉐이분지(沁水盆地)와 어얼둬스분지(鄂爾多斯盆地) 둥엔(東緣)을 중심으로 하이드레이트를 개발해 생산량을 300억m³까지 끌어올려서 천연가스가 1차 에너지에서 차지하는 비중을 최소한 10% 이상으로 높이고자 한다. 또한 천연가스 공급 인프라 건설을 늘리고 천연가스 수입을 늘려서 2020년까지 도시 주민들이 기본적으로 천연가스를 모두 사용할 수 있게 하고 천연가스가 중국의 1차 에너지 소비에서 차지하는 비중을 10% 이상으로 늘릴 계획이다.

수력발전 분야에 대한 행동계획의 내용을 살펴보면 서남 지역의 진샤강(金沙江), 야룽강(雅砻江), 다두허(大渡河), 란창강(瀾滄江) 등에 대형 수력발전소를 건설하기로 했다(王爾德, 2015.10.29). 서남 지역에 수력발전소 건설을 추진하는 이유는 중국에서 기술적으로 개발 가능한 수자원의 약 67%가 서남 지역에 집중되어 있어 전력 생산과 공급이 용이하기 때문이다(盧小兵, 2011.4.4). 서남 지역의 수력발전소 건설 외에도 중국 중앙정부는 지형 조건에 적합한 중소형 수력발전소와 펌핑 스토리지 발전소 건설을 병행함으로써 수력발전소의 설치 용량을 3억 5000만kW까지 늘리는 것을 목표로 하고 있다(中國能源网, 2015).

연해 지역 중심으로 발전소 건설과 전력 생산을 해왔던 원자력은 행동계획과 원자력발전 중장기 발전 규획(核電中長期發展規划)에서 2020년까지 용량을 5800만kW까지 늘리고 3000만kW를 추가로 건설할 것으로 언급되어 있다(國家發展和改革委員會, 2007: 1~16). 중국은 이를 위해 내륙 지역을 중심으로 새로운 원자력발전소의 건설을 준비하고 있다.

행동계획에서는 태양광과 풍력발전 분야에 대해서도 태양광발전은 13차 5개년 계획 기간에 설비발전용량 1억kW, 풍력발전은 2억kW까지 늘리는 것을 목표로 했다(國務院, 2014: 6). 최근에는 중국 중앙정부 차원에서 이러한 목표를 상향하려는 움직임도 나타나고 있다. 국가에너지국 신재생에너지사는 13차 5개년 계획 기간 동안 태양광발전기의 설비 발전용량을 매년 2000만kW씩 늘려서 2020년에는 1억 5000만kW로 중국의 전체 전력량의 7%에서 8%를 차지하게 할 계획이고 풍력발전의 설치 발전 용량도 2억 5000만kW까지 늘리는 것을 검토하고 있다(王爾德, 2015.10.29).

2) 2015년 '신환경보호법' 시행

5세대 지도부는 2013년 9월에 내놓은 대기오염 방지 계획만으로는 온실가스와 각종 대기오염 물질의 배출량 감소와 대기 환경문제 개선에 성과가 나지 않음을 확인했다. 실제로 2014년 1월과 2월에 중국의 화북 지역과 동북 지역에 스모그로 인한 대기오염의 폐해가 다시 나타났다. 대기 환경문제의 재발로 인해 중국 중앙정부는 1989년부터 시행되어왔던 '환경보호법'을 개정해 새로운 환경보호법을 내놓았다. '신환경보호법'을 내놓은 것은 2013년부터 중국에 산업 현장의 오염 물질 배출과 자동차 증가로 인한 배기가스 배출로 인해 스모그가 재발하고 산업 현장에서의 폐수 유출로 인해 수질오염 문제가 계속 제기되는 것을 완화하기 위함이었다.

'신환경보호법'은 2014년 4월 전국인민대표대회 상무위원회에서 통과되어 2015년 1월 1일부터 시행되고 있다. 법 시행 이후의 몇 가지 변화를 살펴보면, 우선 각급 정부의 환경오염과 관련된 행정권한이 강화되었다. 중앙정부나 사업장 소재지 지방정부가 환경오염 유발 기업들에 사업장 폐쇄와 생산 제한 중단을 명령할 수 있게 되었기 때문이다. 그리고 환경오염 기업들의 오염 배출 설비에 대해 중국 각지의 환경보호청이 압류를 하도록 했다. 이로 인해 기업들이 오염 문제로 적발된 후에도 기존의 설비로 공장을 운영하면서 수질오염이나 대기오염을 다시 유발하는 일이 발생하지 않게 되었다.

또한 법을 위반한 기업은 위법 일수에 따라 벌금이 누적되는데, 처벌 시 기업의 오염 방지 설비 운영 비용을 감안하고 위법 행위에 따른 결과와 위법으로 얻은 소득 등 여러 가지 요인을 고려해 벌금 규모를 결정하기로 했다(≪주간무역≫, 2014.12.12). 이로 인해 기업들이 법을 위반하고 대기오염이나 수질오염을 유발할 경우 부담해야 할 비용이 늘어나게 되었다. 아울러 환경오염에 대한 공익 소송이 허용되었다. '신환경보호법'에 따르면 전문적으로 환경보호 활동에 종사해 연속 5년 이상의 신용을 가지고 있는 사회단체, 시나 직할시의 지방정부 민정기관에 등록된 단체는 중국 각지의 인민법원에 환경문제에 대한 공익 소송을 제기할 수 있다.

3) 기후변화 대응규획(2014~2020)

기후변화 대응규획(2014~2020)(國家應對气候變化規划 2014~2020年, 이하 대응규획)은 국가발전개혁위원회가 만들었으며 2014년 9월에 중앙정부의 각 부처와 지방으로 하달되었다. 대응규획은 2014년부터 2020년까지 분야별로 기후변화 대응 방안과 중국에 필요한 자본과 기술 도입, 기후변화 협력에 필요한 국제 협력의 필요성을 정리한 것이다. 그러나 중국의 에너지 믹스 변화와 석탄 의존을 낮추는 계획을 비롯해 기존의 정책 문건과 중복되는 내용도 적지 않다. 상술한 정책 문건에서는 중국의 신형 도시화와 생태도시 개발, 도농 간의 환경 보존 계획, 중점적으로 추진해야 할 기술 개발에 대한 내용이 잘 다루어지지 않았다. 이에 대응규획에서는 우선, 저탄소 성(低碳省)과 저탄소 도시 시범 프로젝트(低碳城市示范項目), 저탄소 공단, 저탄소 커뮤니티, 저탄소 관광지 등의 시범 지역 건설을 통해 도시화 과정과 경제 활동, 일상생활에서 발생하는 오염 물질을 줄이고자 했다. 특히 산둥성 칭다오 중독생태원과 광둥성 선전시 국제 저탄소 도시를 중심으로 하는 생태도시 건설을 통해 도시 내 거주 공간과 산업의 공생을 추구하고자 했다.

둘째, 경제 발전과 신형 도시화 추진 과정에서 나타나는 각 지역의 변화를 감안해 도시화 지역(우등 개발구, 중점 개발 구역 포함)과 농산품 생산 지역, 중점 생태 기능 지역, 개발 금지 구역으로 구분하고 지역의 특성에 맞게 현실적인 배출량 감소 계획을 실행하도록 했다. 도시화 지역 중 우등 개발구에는 자원 소모형 고오염 산업의 유치와 투자를 금지하고 저탄소 커뮤니티를 건설해 환경 개선에 초점을 맞추기로 했다. 중점 개발 구역에서는 저탄소 산업의 육성을 통해 새로운 산업 건설을 추진하기로 했다. 농산품 생산 지역에서는 바이오매스와 생물에너지 개발을 통해 온실가스 배출을 줄이고 중소 규모의 농촌을 새로 건설해 특정 지역에 인구가 집중됨으로 인해 나타나는 대기오염과 수질오염을 예방하도록 했다(國家發展和改革委員會, 2014a: 1~47). 중점 생태 기능 지역에서는 자원 소모형 산업을 타 지역으로 이전하는 작업을 추진하고 각종 시설의 건설, 개발을 제한하며 바이오매스와 풍력, 태양열, 지열 등의 발전을 통해 농촌의 에너지 수요를 해결하기로 했다. 개발 금지 구역은 자연환경의 보존을 통해 탄소 배출을 하지 않는 방향으로 관리하기로 했다.

셋째, 오염 물질 감소를 위한 패시브 하우스[2] 건축 기술과 이산화탄소 포집 및 저장 기술(Carbon Capture and Storage: CCS)을 중심으로 하는 중점 발전 저탄소 기술, 인공 날씨 기술, 극단적인 날씨 변화 예보 기술, 생명 다양성 보호와 자원 이용 기술을 중심으로 하는 기후변화 적응 중점 발전 기술의 개발도 추진하기로 했다.

넷째, 기후변화 대응과 환경 개선에 필요하다고 판단되는 산업의 발전을 추진하기로 했다. 특히 전기 자동차와 하이브리드 자동차를 포함한 신에너지 자동차는 2015년 3월 중국 중앙정부 공업신식부가 내놓은 '중국제조 2025'의 10대 중점 분야에 포함되어 환경 개선과 내수 진작을 동시에 이루는 산업으로 육성할 계획이다.

4) INDC 제출과 2017년 배출권거래제 시행

중국은 2015년 6월 UN기후변화협약에 2030년에 2005년의 탄소 집약도 대비 60~65% 감축하는 INDC를 제출했다.[3] 또한 신에너지와 재생에너지를 포함한 비화석연료가 1차 에너지 소비에서 차지하는 비중을 20%까지 끌어올리고 삼림 축적량도 2005년에 비해 45억m^{3}까지 늘리기로 했다. 그동안 중국이 배출량 감소 의무 부담 자체를 거부했었다는 사실을 상기하면 이와 같은 국가별 자발적 감축 목표를 UN기후변화협약에 제출한 것은 의미 있는 변화라 할 수 있다. 그리고 이를 뒷받침하기 위해 비화석연료와 삼림 녹화의 확산 목표를 국제사회에 제시한 것도 과거에 비해 진전

---

2 패시브 하우스는 태양광을 사용해 온실가스를 배출하지 않고 최소한의 냉난방으로 적정 온도(평균 20도)를 유지할 수 있게 설계된 가옥이다.

3 2030년을 목표치를 달성하는 해로 정한 것은 이산화탄소 배출량의 정점을 2030년으로 예상했기 때문이다.

된 모습이다.

INDC의 제출과 함께 중국은 2017년에 전국적인 배출권거래제를 실시하기로 했다. 배출권거래제 실시 제안은 2015년 9월 미국과 중국이 정상회담 이후 발표한 미·중 정상의 기후변화 협력에 대한 공동성명을 통해 이루어졌다. 이러한 중국의 제안은 중국의 국내외적 환경을 고려할 때 의외인 면이 없지 않다. 우선 중국 내 배출권거래시장이 활성화되지 않았고 시범 운영에서 좋은 성과를 내지도 못했다. 또한 대외적으로는 가장 먼저 시장을 구축했던 EU-ETS조차 배출권거래 가격의 폭락으로 어려움을 겪고 있는 상황이다. 중국이 2017년 배출권거래제를 어떻게 전국적으로 실시할지에 대해서도 아직까지 구체적이고 상세한 내용이 나와 있지 않다. 그렇기 때문에 2017년 중국의 배출권거래제 전면 실시는 현 지도부의 기후변화 정책에서 가장 눈에 띄는 변화이지만 성공 여부는 예측하기 어렵다.

5) 13차 5개년 규획(2016~2020)

2015년 10월 29일 중국공산당 제18차 중앙위원회 제5차 전체 회의를 통과한 13차 5개년 규획에서도 기후변화 관련 정책에 대한 내용이 삽입되었다. 우선, 저탄소 순환 발전과 관련해서는 에너지 기술 혁신과 에너지 혁명을 추진하고 안전하고 효율성 높은 저탄소 청결 에너지 시스템을 건설하는 것을 목표로 했다. 이를 위해 풍력과 태양열, 생물 에너지와 수력, 지열과 원자력발전소 산업을 강화하고 스마트 그리드 건설과 분포식 에너지, 저탄소 전력 조도를 추진하기로 했다. 둘째, 저탄소 교통 발전을 추진하기로 했다. 이를 위해 탄소 배출량이 적은 교통수단의 발전을 대중교통을 중심으로 실행하고 궤도 교통의 건설을 늘리며 시민들의 자전거 이용을 유도하기로 했다. 또한 신에너지 자동차 보급 계획을 실시해 신에너지 자동차의 산업화 수준을 높이기로 했다. 아울러 건설 부문의 에너지 절약 기준을 높이고 녹색 건축과 친환경 건축 자재를 보급하기로 했다. 셋째, 탄소 배출량을 통제하기 위해 자원 소모형 산업의 에너지 사용 관리를 강화하고 전력, 철강, 건축 자재와 화공 등의 탄소 배출을 통제하기로 했다. 넷째, 순환 발전 계획을 실시하기로 했다. 이를 위해 생활 폐기물과 재생에너지 회수의 연계를 강화하는 한편, 재생에너지 생산과 생활의 리사이클을 강화하기로 했다. 다섯째, 에너지 사용권과 용수권, 오염 물질 배출권과 탄소배출권 등의 거래 제도를 건설하기로 했다. 이를 위해 금융권의 자금 지원 체계와 예산 체계를 구축하기로 했다.

상술한 13차 5개년 규획의 기후변화 관련 내용은 행동계획과 기후변화 대응규획에 기재된 사항이 대부분이며, 에너지 사용권과 용수권, 오염 물질 배출권거래 제도 건설이 13차 5개년 규획에서 새로 추가된 내용이다. 탄소배출권거래는 일정 기간 시범적으로 운영하기는 했지만 다른 배출권 거래들이 기업이나 개인의 참여를 어떻게 유도할 것인지에 대해서는 더 많은 준비가 필요하다.

중국 5세대 지도부의 기후변화 정책이 과거에 비해 획기적인 변화를 시도했다고 볼 수는 없다. 그렇지만 이전 지도부의 정책과 비교할 때 적극적인 모습을 보이고 있는 것은 사실이다. 우선 '신환경보호법'을 전인대 상무위원회에 통과시킨 후부터 행동계획과 저탄소 기술 보급 목록을 준비했으며, 기후변화 대응규획을 통해 각 분야에서 기후변화 및 환경문제 개선을 위해 어떤 준비를 해야 할지를 중앙정부의 각 부처와 지방에 하달했다. 대외 협력에서도 선진국의 무조건적인 정책적·재정적 지원을 요구하지 않고 중국부터 기후변화 대외 원조에 거액을 내놓는 성의를 보였다. 특히 7개 도시 배출권거래제 시범 사업, 톈진이나 칭다오 등 생태도시 추진을 통해 선진국과의 기후변화 대응에서 협력과 환경문제 개선을 시도하고 있다. 또한 2014년 8월 국가발전개혁위원회가 제작·공개한 국가 중점 보급 저탄소 기술 목록(國家重点推广的低碳技術目彔)에서는 온실가스 저감과 대기 환경 개선에 도움이 될 것으로 기대되는 33개의 기술을 각 지역으로 보급하는 작업을 시행 기준으로 적용하고 있다.[4] 아울러 2014년 9월에는 '상업용 석탄 품질관리 잠정조치(商品煤質量管理暫行辦法)'를 내놓고 2015년부터 시행하면서 오염 물질을 다량 함유한 석탄의 수입을 금지했다(中華人民共和國國家發展和改革委員會·中華人民共和國环境保護部·中華人民共和國商務部·中華人民共和國海關總署·國家工商行政管理總局·國家質量監督檢驗檢疫總局, 2014). 그로 인해 동년 2월 말 산둥성 르자오(日照)항, 동년 3월 하순 산둥성 룽커우(龍口)항에서는 북한산 무연탄이 수은 함량 기준치 초과로 본국으로 반송되기도 했다. 3절에서는 5세대 지도부의 기후변화 정책 기조가 변화한 원인을 살펴보자.

3. 5세대 지도부의 기후변화 정책이 변화한 이유

1) 국내적 요인

(1) 대기오염으로 인한 여론 악화

2008년 베이징올림픽 기간 중 중국은 맑은 하늘과 깨끗한 공기를 자랑

---

4 국가 중점 보급 저탄소 기술 목록에는 태양열, 풍력 등의 신재생에너지를 중심으로 한 비화석에너지 기술 12개, 연료 및 원재료 대체 기술 11개, 산업 제조 과정에서 이산화탄소를 제거하는 기술 5개, 식물이나 삼림에서 이산화탄소를 흡수하는 기술 3개, 이산화탄소 포집 및 저장 기술 2개가 포함되었다(國家發展和改革委員會, 2014b: 1~11).

하며 중국에서 대기오염은 더 이상 걱정하지 않아도 되는 문제임을 대내외에 보여주었다. 그러나 2013년 1월 중국의 수도권인 베이징과 톈진, 허베이성, 동북 지역을 중심으로 스모그가 발생하면서부터 스모그와 대기오염 문제는 중국의 대표적인 환경문제로 다시 자리 잡게 되었다. 그리고 현재까지 중국의 대기오염 문제는 개선되기 어려운 상황에 직면해 있다. 특히 베이징에서는 2015년 평균 8일에 한 번 대기오염이 발생했다. 베이징에서 차량으로 3시간 거리에 위치한 허베이성의 바오딩시도 대기오염이 해소되지 않으면서 주민들의 여론이 악화되자 동년 2월 5일에 마위펑(馬譽峰) 시장이 시민들에게 정중하게 사과하기도 했다(搜狐网, 2015.2.26). 그러나 시장이 사과한 후에도 바오딩시의 대기오염 문제는 시장과 시의 당 간부들에게 여전히 해결되지 않은 숙제로 남아 있다. 2016년 1월에는 수도권과 동북 지역 외에 상하이에서도 스모그가 발생해 겨울의 대기오염이 화동 지역으로 확산되는 모습을 보이기도 했다.

이와 같이 대기오염으로 인한 여론 악화는 중국 중앙정부에 환경문제 해결 가능성과 능력을 보여주어야 하는 부담으로 작용했다. 특히 현재 중국의 인터넷과 스마트폰의 사회관계망서비스(SNS)에서는 대기오염 상황이 실시간 채팅과 영상으로 전해지고 이와 관련된 토론이 활발하게 진행되기 때문에 대기오염과 관련된 팩트와 정보의 유통, 이에 따른 정부 비판을 차단하기란 불가능하다. 이로 인해 중국 중앙정부는 대기오염 문제를 해결하기 위해 노력하는 모습을 보이지 않을 수 없게 되었다. 특히 대기오염 문제는 지구온난화와 기후변화를 유발하는 온실가스 및 각종 대기오염 물질의 배출과 밀접한 관계가 있는데, 중국은 세계에서 가장 많은 온실가스 배출량을 기록하고 있다. 이러한 상황에서 중국의 대기오염 문제가 해결되지 않으면 기후변화에 대응하기 위한 UN과 회원국들의 노력도 성과를 거두기 어렵다. 그렇기 때문에 5세대 지도부는 이전 지도부에 비해 다소 전향적인 기후변화 정책과 대기 환경오염에 대해 강화된 처벌 규정을 공개하면서 국내 여론을 관리하고 있다.

(2) 새로운 산업 발전을 통한 지속 가능한 경제성장으로의 전환

중국은 1978년 개혁개방 이후 선진국보다 임금 수준이 낮고 수적으로 풍부한 노동력을 활용해 경공업과 중화학공업 등을 중심으로 경제 발전을 추진해왔다. 그러나 인민폐 환율의 절상으로 기존 제조업체 중에는 수출을 통한 수익성 확보가 어려워서 도산하는 곳도 나오고 있다. 또한 영세한 제조업체들은 환경 설비를 설치·운영하기 어려워 대기오염 물질과 폐수를 배출하고 있어 대기오염과 수질오염이 발생하는 폐해가 근절되지 않고 있다. 또한 석탄 난방과 자동차의 보급 및 확산으로 배기가스 배출량이 증가해 스모그와 대기오염 문제를 해결하기도 여전히 쉽지 않다. 물론 태양광발전과 풍력발전같이 규모와 경쟁력을 갖춰나가면서 파리협정 이후의 신기후체제에 대응하고 있는 산업도 있다. 중국은 태양광을 중심으로 신재생에너지 분야에 투자를 지속하면서 발전 설비 용량을 빠른 속도로 늘리고 있다. 중국의 태양광발전 설비 설치 규모는 2010년 500MW에 불과했으나 2014년 10.4GW, 2015년에는 18.43GW에 도달했는데, 이는 2015년 일본의 설치 용량(10GW)과 미국의 설치 용량(6.2GW)을 초과한 기록이다(안희민, 2016.1.14). 중국 내 태양광 기업의 증가로 인한 과열 경쟁과 미국의 중국 제품에 대한 반덤핑, 2008년 뉴욕발 금융위기 이후 세계 경제 침체의 여파로 중국 태양광 기업 중 잉리솔라(英利太陽能)와 선테크는 디폴트에 직면하기도 했다. 그러나 중국 중앙정부는 태양광 산업에 지속적으로 지원해 로컬 태양광 기업 중 30%는 2015년 1월부터 9월까지의 순이익이 전년 동기 대비 100% 이상 증가했다(심민관, 2015.11.11). 또한 태양광발전 모듈 제조 부문에서 징코솔라(晶科能源)와 트리나솔라(天合光能), 풍력발전 분야에서 진펑과기(金鳳科技) 등의 우량 기업이 출현해 새로운 활력을 불어넣고 있다. 그러나 환경 설비, 신에너지 자동차를 비롯한 친환경 산업은 미국, 독일, 일본에 비해 아직 기술과 품질에서 열세를 보이고 있다. 아울러 농촌 지역에서의 오물 분리수거, 주택과 산업 현장에서 고체 폐기물의 효과적인 처리와 자원 재활용, 환경 친화적인 주거 공간과 산업 생산 설비의 공존에서도 여전히 개선이 필요하다. 그렇기 때문에 환경 친화적인 새로운 산업을 육성해 지속 가능한 경제성장으로 전환해야 할 상황에 직면해 있다. 현 지도부의 기후변화 정책은 이러한 상황을 인식하고 새로운 산업의 발전을 통해 경제성장 방식을 전환하는 데 초점을 맞추고 있다.

2) 대외적 요인: 강대국으로서의 책임과 위상 강화

개혁개방 초기에 중국은 해외 직접 투자와 선진국의 지원을 바탕으로 제조업 중심의 경제 개발을 해야 하는 문제에 직면해 있었다. 그 과정에서 환경문제에 대한 고려는 국정의 우선순위에 들지 못했다. 그러나 현재 중국은 국가별 GDP 총액 세계 2위, 외환보유고 세계 1위의 경제 대국이 되었다. 동부 연해 지역에 비해 낙후된 동북 지역과 중부·서부 지역 간 균형 발전, 극빈 계층과 농촌 경제에 대한 배려는 여전히 단기간에 해결하기 어려운 과제이지만 세계 각국에 과감한 투자와 금융 지원을 함으로써 대국으로서의 달라진 모습을 보여주고 있다. 그리고 풍력발전에서는 진펑과기처럼 신재생에너지 분야에서 두각을 나타내는 기업도 등장했다. 파리협정 이후 도래할 신기후체제를 두려워하지 않고 이를 적극적으로 주도할 수 있는 능력을 갖추게 된 것이다. 이러한 중국의 발전으로 인해 EU는 교토의정서 체제 때부터 중국에 대해 역할 분담을 요구해왔다. 한편 미국은 조지 W. 부시 2기 행정부의 국무부 차관이던 로버트 졸릭이 비약적인 경제 발전을 기록한 중국에 대해 국제사회에서 책임지는 이해 당사자로서의 역할을 해야 한다고 주장한 바 있으며, 오바마 행정부는 기후변화와 환경문제에서 중국의 더욱 적극적인 대응과 참여를 요구한 바 있다. 이러한 국제사회의 요구에 대해 중국이 변화한 모습을 보이지 않고 개발도상국으로서의 대우와 외부의 지원만 바라며 기후변화 대응에 대한 국제 협력은 도외시한다면 중국은 미국과 EU로부터 새로운 산업의 발전에 필요한 자본과 기술 지원을 요구하기 어려울 것이다. 또한 후진타오, 원자바오 중심의 4세대 지도부 임기 중에 중국 중앙정부 차원에서 얘기했던 "책임지는 국가(負責任的國家)"의 모습에도 부합하지 않을 것이다. 그렇기 때문에 중국은 현 지도부 체제하에서 이전 지도부보다 전향적인 태도로 전환할 수밖에 없었다.

4. 중국 기후변화 거버넌스의 구조와 특성

중국은 집권당인 공산당과 중앙정부 국무원 산하의 정부 조직을 중심으로 하향식 통치를 하는 국가이다. 각 지역의 성, 자치구, 직할시와 지급시의 지방정부는 공산당 중앙과 중앙정부 국무원 산하 부처의 정책과 방침을 중심으로 정책을 수행하는 것을 기본으로 하고 있다. 당, 중앙정부, 각 지방정부의 수장과 공산당 서기는 국민들의 직접선거로 선출되지 않으므로 시민사회의 정책 참여와 역할에 제약이 있다. 중국의 과학기술 정책과 전기 자동차 정책의 수립 및 실행에서 중요한 역할을 담당한 완강(万鋼) 과학기술부 장관이 속한 치공당(致公党)을 비롯해 몇 개의 정당이 있지만 이들 정당은 공산당과 중앙정부, 각급 지방정부의 통치를 뒷받침하기 위한 위성 정당에 불과하다. 그렇기 때문에 거버넌스의 표면적인 구조로 볼 때 국민들의 직접선거와 다당제, 지방 자치로 운영되는 국가와는 정책 수립 및 실행 과정에서 분명한 차이가 있다.

1) 중앙정부

중국 중앙정부의 기후변화 정책 업무 관할은 분산되어 있지만 컨트롤 타워 역할을 하는 부처는 존재한다. 기후변화 정책의 총괄 역할은 국무원 산하 국가발전개혁위원회(國家發展和改革委員會, 이하 발개위)가 맡고 있다.[5] 발개위는 중국 중앙정부의 경제사회발전 5개년 규획을 입안·실행하면서 국가의 경제·산업·에너지 정책과 이에 연계되는 주요 정책을 전반적으로 관할하는 역할을 한다. 발개위가 기후변화 정책 업무에서도 총괄 부처의 역할을 하는 이유는 기후변화 대응 정책을 추진하는 과정에서 태양광, 풍력을 비롯한 신재생에너지 산업 발전과 보급, 온실가스 배출량 감소와 대기 환경 개선에 필요한 기술 발전과 보급이 중국의 국가 경제·산업·에너지 정책과 연계되어서 진행될 수밖에 없기 때문이다. 발개위의 주임(장관급)은 국가 경제·산업·에너지 정책을 종합적으로 다룰 수 있는 전문성이 요구되기 때문에 경제학을 전공한 박사급 관료가 맡아왔다. 현재 발개위의 주임을 맡고 있는 허리펑(何立峰)은 재정금융을 전공한 경제학 박사 출신이며 중국의 기후변화 대응에 도움이 될 수 있는 프로젝트인 생태도시 건설에서 유일한 성공 사례인 톈진시 빈하이신구(濱海新區)의 중신생태성(中新生態城) 건설에 관여한 바 있다.[6]

---

5   발개위의 모태는 1952년에 만들어진 중국 중앙정부의 국가계획위원회이다. 국가계획위원회는 1998년 국가발전계획위원회로 명칭이 바뀐 이후 2003년 국무원 산하 체제개혁판공실과 국가경제무역위원회의 기능이 합쳐져 현재의 발개위가 되었다.

상술한 바와 같이 발개위는 기후변화 정책의 총괄 부처로서 오염 물질 배출량 감소, 에너지 효율 제고 관련 업무까지 담당하고 있지만 기후변화 정책과 연결되는 정책 및 실무는 국무원 산하 다른 부처와의 협조가 필요하다. 우선 환경 정책의 전반적인 업무는 환경보호부(环境保護部)가 맡고 있다. 중국 중앙정부의 환경보호부는 2008년 환경보호국에서 국무원 산하의 장관급 정부 조직인 환경보호부로 승격되었다. 장관급 조직으로 승격된 지 9년이 되어가지만 예산과 환경 관련 행정 인력, 독립적인 환경 행정 수행 능력에서는 미국의 환경보호청과 여전히 큰 차이가 있다.[7]

또한 환경보호부가 관여해야 할 폐기물 처리 시설 건설 업무는 건설부가 관할하며, 수자원 정책은 수리부가 맡고 있다. 이로 인해 중국의 기후변화 거버넌스는 중앙정부 내에서 발개위를 중심으로 환경보호부, 건설부, 수리부와 협치·조정함으로써 기후변화 정책을 실행해야 하는 구조적 특성을 보여주고 있다.

2) 지방정부

지방정부도 기후변화 관련 정책에서는 기본적으로 중앙정부 발개위를 비롯한 관련 부처의 정책과 방침에 따라야 한다. 그러나 지방정부 내에서

---

6   허리펑은 푸젠성의 샤먼대학교에서 재정금융 학사, 석사를 취득한 후 샤먼시에서 장기간 근무하며 부시장까지 역임했고, 푸젠성의 취안저우시, 푸저우시의 공산당 서기, 샤먼시의 공산당 서기를 거쳐 2009년 5월부터 2012년 12월까지 빈하이신구의 건설에 관여해 성과를 거두었다. 그 후 톈진시의 공산당 부서기, 톈진시 정치협상회의 주석, 톈진시 공산당 서기를 역임한 후 2014년 6월 발개위 부주임을 거쳐 2017년 2월부터 발개위 주임을 맡고 있다 (國家發展和改革委員會, 2017).

7   "미국의 환경보호청은 각 지역의 환경보호 활동과 환경오염 여부 감시에도 많은 인력과 예산을 투입한다. 중국의 환경보호부와 각지 지방정부 산하의 환경보호청이 예산 및 인력 부족으로 어려움을 겪는 것과는 대조적인 모습을 보이고 있다"(조정원, 2012).

도 총괄 부처 역할을 하는 각 지방정부의 발개위와 관련 국, 위원회 간의 협조가 필요하다. 각 지방정부의 발개위는 중앙정부 발개위의 정책과 방침에 따라 관할 지역의 기후변화 정책 전반을 관할한다. 그러나 온실가스와 각종 오염 물질 배출량 감소, 에너지 효율 제고 외에 환경 정책과 관련된 전반적인 사항은 각 지역의 환경보호청이 중앙정부 환경보호부의 정책과 방침에 따라 정책을 수립·실행한다. 수리국은 중앙정부 수리부의 정책과 방침에 따라 관할 지역의 수자원 정책을 입안·실행하며, 건설국은 관할 지역에 폐기물·폐수 처리장을 건설할 경우 중앙정부 건설부의 허가와 협조를 받는 업무를 맡고 있다. 전기 자동차 관련 정책은 기후변화 대응에서 온실가스와 오염 물질 배출을 줄이는 데 기여할 것으로 기대되는데, 전기 자동차 보조금을 비롯한 전반적인 실무, 전기 자동차 정책과 관련된 시민들의 질의응답은 직할시의 경우 경제와정보화위원회(經濟和信息化委員會)가 맡는다.[8] 그리고 기후변화 관련 재정 지출 업무는 각 지방정부의 재정국이 담당한다. 이와 같이 발개위를 중심으로 부처별로 분산되어 입안된 정책의 실행 여부는 성 정부의 경우 성장과 각 성의 공산당 서기, 자치구 정부는 자치구 주석과 자치구 공산당 서기, 직할시는 시장과 직할시의 공산당 서기의 방침에 따라 추진 여부가 결정된다. 지방정부에서는 대체로 지방정부의 수장과 공산당 서기를 한 사람이 겸직하지 않기 때문에 각지의 기후변화 거버넌스와 정책 실행에서 가장 중요한 영향력을 행사하는 사람은 각 지방정부의 수장과 각지의 공산당 서기라 할 수 있다.

---

[8] 상하이시에서는 경제와정보화위원회가 전기 자동차 구입 보조금을 비롯해 전기 자동차와 관련된 전반적인 실무를 담당하고 있다. 상하이시의 공산당위원회 서기는 전기 자동차 정책과 관련된 시민들의 질의에 직접 응답하면서 정책 시행 상황을 체크하고 있다.

5. 중국 기후변화 정책과 거버넌스의 문제점

1) INDC의 문제점과 화석연료 의존의 지속

중국이 제출한 INDC는 기준 연도인 2005년 대비 탄소 배출 강도를 낮추는 것을 계획으로 삼고 있다. 하지만 이것이 실질적인 탄소 배출량의 감소로 연결되기는 쉽지 않다. 우선 현 지도부의 기후변화 정책 중에서 행동계획을 살펴보면, 대기오염의 원인을 제공하고 있는 석탄의 사용 비중이 크게 낮아지지 않을 것으로 보인다. 행동계획에 따르면 중국은 2020년까지 석탄 소비량은 42억 톤, 석탄이 중국의 1차 에너지에서 차지하는 비율은 62% 이내로 관리하는 것을 목표로 하고 있다(國務院辦公廳, 2014). 2014년에는 중국의 1차 에너지에서 석탄이 차지하는 비율이 65%였던 점을 감안하면 13차 5개년 규획 기간 동안 3% 감소를 목표로 하는 것이다. 석탄의 사용을 큰 폭으로 줄이기 어려운 이유는 화력발전소보다 더 저렴하게 전력을 생산·공급할 수 있는 대안이 없기 때문이다. 그리고 화력발전소에서 생산하던 전기를 신재생에너지를 이용해 생산할 경우 전기를 공급하는 과정에서 나타날 수 있는 문제도 중국의 중앙정부와 지방정부에 부담이 될 수 있다. 예컨대 기존의 화력발전소를 폐쇄하고 덴마크에서 운영하고 있는 바이오매스 발전소로 전환할 경우 바이오매스 발전소는 운영 인력이 2명 정도만 필요하기 때문에 화력발전소에서 일했던 인원의 고용 승계가 보장되지 않는다. 환경문제를 해결하기 위해 화력발전소를 없애고 석탄 사용을 줄이려다 실업자를 늘릴 수도 있는 것이다. 그렇기 때문에 중국공산당과 중앙정부는 석탄이 1차 에너지에서 차지하는 비중을 큰 폭으로 줄이기 어렵다.

석유도 행동계획에 따르면 중국의 자동차 수요 증가와 석유화학 산업의 발전으로 인해 13차 5개년 규획 기간에 국내에서의 생산을 늘릴 것으로 보인다. 이를 위해 중국은 헤이룽장성의 다칭(大慶), 랴오허(遼河), 서부 지역의 신장(新疆), 타리무(塔里木), 성리(胜利), 창칭(長慶), 보하이(渤海), 난하이(南海), 옌창(延長)에 1000만 톤 규모의 유전 개발과 건설을 추진할 계획이다. 그리고 중국의 석유 수입도 큰 폭으로 줄어들지 않을 것으로 보인다. 국무원 발전연구중심 자원환경정책연구소(發展硏究中心 資源环境政策硏究所)의 궈지아오펑(郭焦鋒) 연구원은 ≪21세기 경제보도≫와의 인터뷰에서 중국 내 석유의 수요 공급이 12차 5개년 규획 기간(2011~ 2015년)에 비해 큰 변화가 없을 것으로 보이며 2020년까지 중국의 원유 생산 능력은 약 2억 2000만 톤, 소비 수요는 6억 톤 정도일 것으로 예상되기 때문에 석유의 대외 의존이 지속될 것이라고 전망했다(國務院辦公廳, 2014).

또한 신에너지 자동차가 보급된다 해도 중국의 국유 전력 공급 업체인 국가전력망(中國國家電網)은 화력발전과 초고압 송전망을 통한 전력 공급을 선호하기 때문에 전기 자동차 보급에 필요한 스마트 그리드로의 전환이 빠르게 진행되지 않을 가능성이 있다(≪뉴스위크≫, 2015.12.12). 그렇게 되면 전기 자동차가 늘어난다고 해도 석탄 중심의 화력발전으로 인해 탄소 배출량이 늘어나는 문제가 발생할 수 있다. 이와 같이 화석연료에 대한 의존이 지속되면 탄소 배출량의 절대량에서 의미 있는 변화가 발생하기 어렵다.

2) 배출권거래시장의 제도적 결함

중국의 배출권거래시장은 시범적으로 운영되는 과정에서 거래 참여로 인한 경제적 인센티브가 불확실해 로컬 기업이 자발적이고 활발하게 참여하지 않았다. 외국 기업의 참여도 청정개발체제 사업을 중심으로 진행되어 중국 기업과의 탄소배출권거래가 활성화되지 못했다. 또한 중국의 배출권거래시장이 EU-ETS를 비롯한 해외의 배출권거래시장과 연계되어 있지 않기 때문에 해외에서 더 많은 참여를 유도하기도 쉽지 않은 상황이다.

3) 원자력발전의 확대와 원전 폐기물 처리 문제

중국의 현 지도부는 원자력발전소의 수를 늘리는 것을 기후변화 대응의 효과적인 정책 수단으로 인식하고 있다. 중국 중앙정부는 13차 5개년 규획 기간의 마지막 해인 2020년까지 중국 내 원자력발전소의 발전 능력을 5800만kW까지 끌어올릴 계획이다(中國能源网, 2013.9.22). 그러나 중국이 늘어나는 원자력발전소에서 나오는 폐기물을 어떻게 처리할지에 대한 관련 정보는 충분히 공개되지 않고 있다. 현재 중국의 원자력발전소 건설·관리를 담당하고 있는 중광핵집단(中广核集團)은 방사능 폐기물을 처리하기 위해 베이룽 처리장을 건설하고 있으며 다른 핵폐기물은 국제 기준에 부합하는 방향으로 처리하고 있다고 밝힌 바 있다. 그렇지만 중국의 각급 정부나 관련 기업은 현재 늘어나는 원자력발전소의 폐기물 처리가 어떻게 진행되고 있고 어디에서 폐기물 처리 시설을 운영하는지 종합적으로 정리해서 공개하고 있지 않다. 또한 중국은 고체 폐기물 처리와 재활용에서 선진국보다 낙후되어 있다.[9] 그렇기 때문에 원자력발전소에서 나오는 고체 폐기물을 처리하는 과정에서 폐기물 처리장과 주변 지역의 토양오염 또는 대기오염을 방지하고 있는지 여부에 대해 안심하기 어려운 상황이다.

---

9   2015년 3월 27일 톈진생태공업원 담당자와 나눈 이메일 인터뷰 내용이다.

4) 생태도시 건설에서의 문제점

상술한 바와 같이 생태도시 개발은 중국의 기후변화 정책 관련 문건에서 추진되는 사항 중 하나이다. 그러나 싱가포르의 중앙정부와 국유 기업들 간의 협력을 통해 성과를 거둔 톈진을 제외하고는 구체적인 성과를 내는 곳을 찾기 어렵다. 현재 생태도시 건설 계획이 진행 중인 곳 가운데 칭다오 서해안신구의 중독생태원만 칭다오시 정부와 서해안신구 정부, 중국 기업과 독일의 정부 및 기업 간의 협력을 통해 계획대로 공사를 진행하고 있다. 반면에 선전의 경우 선전시 정부가 네덜란드에 자금과 기술을 지나치게 의존하려 해서 어려움을 겪고 있다. 허베이성 탕산(唐山)시의 차오페이뎬(曹妃甸), 상하이시의 둥탄(東灘)은 중앙정부의 강력한 지원 부재와 지방정부의 재정 부족, 국내외 투자 유치의 어려움, 해외 투자 파트너와의 소통 미비로 인해 생태도시 건설이 중단되기도 했다.[10] 칭다오 서해안신구의 중독생태원도 생태산업단지 조성이 아직 진행 중이며 생태산업단지 내부의 태양광을 활용한 분산형 전원 공급 시스템 구축과 활용에서 아직 분명한 성과를 내지 못하고 있다. 그렇기 때문에 중국 각지에서 생태도시를 건설하려는 계획은 많지만 실질적으로는 이를 추진하고 성과를 내기가 쉽지 않은 실정이다.

---

10 생태도시에 대한 인식과 국가 간의 기준에는 각각 차이가 있는데, 차오페이뎬은 지방정부와 스웨덴의 SWECO 간에, 둥탄은 상하이시 정부와 영국의 건축설계 회사 ARUP 간에 이러한 차이를 극복하지 못했다. ARUP는 중국 측 관료들의 요구에 따라 원래 계획했던 설계를 변형해야 했으며 생태도시 건설에서 실질적인 역할이 아닌 자문 역할에 만족해야 했다. 이상의 내용은 차오페이뎬과 관련해 베이징 D설계사무소 건축설계사와 나눈 인터뷰를 바탕으로 한 것이다(신상범·조정원, 2015).

5) 경제발전 격차에 따른 정책 실행 차이 및 시민사회의 참여와 역할 제한

중국은 각 지역의 경제발전 단계에 따라 기후변화 정책과 환경 정책에 대한 실제 집행에서 차이가 나타날 가능성도 존재한다. 수도 베이징과 상하이, 광둥성의 경제 중심 광저우, 중국 창업의 새로운 허브로 각광받는 선전과 같은 대도시는 기후변화 대응에 적극적으로 참여할 수 있는 시 정부 차원의 충분한 재정 능력을 보유하고 있으며, 중국 국내뿐만 아니라 해외에서도 기후변화 대응 정책을 실행하는 데 필요한 인재를 확보하기가 상대적으로 용이하다. 그러나 중부와 서부 내륙 지역 대다수는 기후변화 대응보다는 제조업과 신도시 건설을 바탕으로 하는 경제 발전과 고용 창출이 가장 시급한 과제이며, 기후변화 대응과 환경오염 문제 개선은 지방정부의 정책 우선순위에 들지 않는다. 특히 중국 중앙정부는 2014년 3월부터 농사를 통해 충분한 수익이 나지 않는 농촌 주민의 도시 이주와 일자리 제공을 위해 신도시를 건설하는 신형 도시화를 추진하고 있는데 이 과정에서 중소 도시를 중심으로 각종 오염 물질 배출이 불가피한 제조업 생산 설비가 늘어날 경우 기후변화 대응 및 대기오염 문제 해결이 어려워질 가능성이 있다. 또한 각급 정부가 기후변화 정책을 수립·실행하는 과정에서 시민사회의 역할과 기능이 제한적인 상황에는 변화가 없다. 그렇기 때문에 중앙정부뿐만 아니라 각 지역의 지방정부 차원에서도 기후변화 정책의 수립·실행을 감시하고 개선하는 데 주민들의 의견이 반영되기 어렵다.

6. 결론 및 전망

2009년 12월 17일, 중국 국가부주석 자격으로 한국을 방문했던 시진핑은 이명박 대통령과의 청와대 조찬 때 자신이 저장성과 상하이시 당 서기로 근무했을 때 재생에너지와 에너지 절약, 온실가스 감축에 역점을 두다가 중국공산당 중앙으로부터 경고를 받은 적이 있다고 밝힌 바 있다(서승욱·추인영, 2016.2.6). 시진핑이 저장성과 상하이시의 당 서기로 일했던 2003년부터 2007년까지는 저장성, 상하이시의 지역 총생산과 주민들의 소득 수준이 개혁개방 이후 경제발전으로 중진국 수준에 진입하기 시작한 시기였다. 그러나 경제발전 과정에서 화석연료 의존과 온실가스와 각종 오염 물질의 배출 문제가 심각했다. 그렇기 때문에 시진핑은 기후변화 정책에 대해 당시 당 중앙을 이끌던 후진타오 중심의 4세대 지도부보다 빨리 관심을 갖게 되었을 것으로 보인다. 이러한 그의 기후변화 정책 중시는 당 중앙의 최고 지도자가 된 이후에도 계속되고 있다. 시진핑을 중심으로 한 중국 5세대 지도부의 기후변화 정책을 살펴보면 표면적으로는 환경 친화적 도시 개발, 환경보호, 온실가스 배출량 감소, 대기오염·수질오염 문제 개선을 위한 정책을 내놓고 있다. 신에너지 자동차를 비롯한 파리협정 이후의 신기후체제에 대응할 수 있는 산업과 기술 발전에 대한 방안을 제시한 것도 긍정적인 변화이다. 산업과 기술 발전에서는 중국 중앙정부의 투자와 정책 지원, 로컬 기업과의 연구 개발 투자, 외국 기업과의 협력을 통해 성과를 내는 분야도 나올 것이다. 그러나 정책 문건의 구체적인 내용과 이 글에서 지적한 문제점을 근거로 다음과 같은 사항을 근본적으로 개선해야 한다.

우선 기존과 같은 화석연료 중심의 에너지 소비 구조와 에너지원 개발 및 확산 과정에서 발생할 수 있는 환경문제를 근본적으로 개선하려는 노력이 부족하다. 석탄과 원유에 대한 의존이 지속된다면 탄소 배출량과 오염 물질 배출량의 획기적인 감소를 5년이나 10년 이내에 기대하기 어렵고 환경문제도 개선하기 어려울 것이다. 또한 원자력발전과 셰일가스같이 환경에 부담이 될 수 있는 에너지원을 기후변화 정책의 내용에 포함시키고 있으며 개발 과정에서의 폐기물·폐수 처리 관련 정보도 충분히 공개하고 있지 않다. 정보 공개가 투명하게 이루어지지 않으면 폐기물·폐수 처리 과정에서 문제가 발생할 경우 주민들과 소재지 지방정부가 효과적으로 대응하기 어렵다. 그렇게 되면 더 큰 피해를 초래할 수도 있다. 2015년 7월 톈진에서 발생한 폭발과 유독물질 유출 사고는 발생 이후 정보 공개가 늦어지면서 국민들의 정보 공개 요구에 신속하게 대응하지 못했다(陸俠, 2015.8.17). 이로 인해 SNS를 통해 사고 관련 괴담이 퍼지는 것을 막는 데도 실패했다.

그리고 '신환경보호법'을 통해 환경문제에 대한 공익 소송을 허용했지만 여전히 자격을 제한하고 있고 중국의 법원이 공산당과 소재지 지방정부의 관할하에 있기 때문에 지방정부와 지방정부가 운영하는 기업이 환경문제를 유발할 경우 소송을 제기한 단체가 승소할 확률은 높지 않다.

이러한 문제점이 실질적으로 개선되려면 먼저 각급 정부의 정책 담당 관료들의 기후변화 정책에 대한 인식부터 전환되어야 한다. 현 지도부에서도 대기오염 물질 배출량이 감소하는 내용은 무조건 기후변화 정책에 반영하는 경향을 벗어나지 못하고 있다. 반면에 정책 추진 및 운영 과정에서 나타나는 환경오염 문제에 어떻게 대응할 것인지에 대해 정책을 제시하는 노력은 여전히 부족하다. 상술한 바와 같이 원자력발전 확산과 셰일가스 개발 과정에서 발생하는 환경문제를 중시하지 않고 전기 자동차 확산을 위해 스마트 그리드가 아닌 화력발전과 초고압 송전망으로 전력 공급을 늘리는 방식으로 편의적 접근을 해서는 대기오염과 토양오염 문제를 해결하기 어렵다. 국가발전개혁위원회를 비롯한 중국 각급 정부에서 관련 정보를 모니터링하고 셰일가스 개발이나 원전 개발을 먼저 추진한 미국과 프랑스와 협력함으로써 정책 추진 과정에서 발생할 수 있는 환경

문제를 예방하거나 최소화할 수 있는 정책을 개발·실행해야 할 것이다.

그리고 생태도시와 같이 재정과 행정 능력이 부족한 지방정부에 사업 추진을 무분별하게 허용해서는 성과를 기대하기 어렵다. 중앙정부의 관련 부처 가운데 담당 부처를 하나로 지정하고 담당 부처에서 관련 서류를 심사해 성과를 낼 수 있는 지역에 생태도시나 기후변화 관련 프로젝트 추진을 허용하는 작업이 필요하다.

또한 법원을 통한 공익 소송은 중국이 법원 판결의 독립성을 근본적으로 보장해주지 않으면 성과를 기대하기 어렵다. 중앙정부는 중국의 현재 체제에서 가능한 주민 참여와 환경 거버넌스 확대를 유도하는 것이 더 효과적일 수 있다. 이를 위해 각지의 주민이 속해 있는 당 조직인 주민위원회를 중심으로 현지 기업에 대한 환경오염 감시를 자발적으로 이끌어내야 한다. 지방에는 환경을 감시하는 행정 인력이 부족하기 때문에 주민들이 적극적으로 참여해야 기업의 불법적인 환경오염을 예방할 수 있다. 그리고 지방에서는 지방정부의 일방적인 행정만으로는 기후변화에 대응하거나 환경문제를 개선하기가 쉽지 않다. 예컨대 상하이시 경제와정보화위원회는 2015년 지역의 관리사무소와 업주위원회, 주민들과의 협의 없이 전기 자동차를 구입한 소비자에게 충전시설 설치 증명을 제출하도록 의무화함으로써 전기 자동차의 확산을 어렵게 만들고 있다(馬松, 2015.2.10). 이러한 하향식의 행정 폐해를 예방하고 기후변화와 환경문제에서 성과를 내려면 중앙정부 차원에서 각지의 지방정부와 이해 당사자가 지역의 환경문제를 공개적으로 논의할 수 있는 장을 활성화하고 이를 정책에 반영하는 거버넌스 체계를 구축해야 한다.

참고문헌

≪뉴스위크≫. 2015.12.12. "'기후전쟁' 느리지만 진전은 있다". 한국판 1203호. http://news. jtbc.joins.com/article/article.aspx?news_id=NB11120097(2017년 2월 21일 검색).

서승욱·추인영. 2016.2.6. "6년 전 시진핑 '중국판 녹색성장' 강한 의지". ≪중앙SUNDAY≫.

서운석. 2007. 「중국의 기후변화 대응정책 분석」. ≪현대중국연구≫, 9권 1호.

신상범·조정원. 2015. 「생태도시 건설의 정치: 중국 상하이 둥탄 생태성 건설 실패 사례」. ≪아세아연구≫, 58권 4호.

심민관. 2015.11.11. "中태양광기업 30%… 순이익 100% 급증". ≪에너지경제≫.

안희민. 2016.1.14. "중국, 작년 태양광 18.43GW 설치, 2020년까지 150GW 목표". ≪에너지경제≫.

오경택. 2014. 「중국의 기후변화 외교: 미·중 협력을 중심으로」. ≪중소연구≫, 38권 1호.

원동욱. 2011. 「국제기후담판에서 중국의 입장 변화 분석: 과정과 동인을 중심으로」. ≪중소연구≫, 35권 3호.

조정원. 2012. 「바오딩시(保定市)의 환경 거버넌스와 기후변화 정책」. ≪아세아연구≫, 제55권 1호.

≪주간무역≫. 2014.12.12. "역사상 가장 엄격한 신환경보호법". http://weeklytrade.co.kr/ news/view.html?section=1&category=136&item=&no=2788(2017년 4월 23일 검색).

Gilley, Bruce. 2012. "Authoritarian environmentalism and China's response to climate change." *Environmental Politics*, Vol.21, No.2.

Heggelund, Gørild. 2007. "China's Climate Change Policy: Domestic And International Developments." *Asian Perspective*, Vol.31, No.2.

IEA. 2015. "Energy and Climate Change World Energy Outlook Special Report."

U.S.-China Clean Energy Research Center. 2014. "Advanced Coal Technology." http://www. us-china-cerc.org/Advanced_Coal_Technology.html(2017년 4월 12일 검색).

國家發展和改革委員會. 2007. "核電中長期發展規划".

_____. 2014a. "國家應對气候變化規划(2014-2020年)".

_____. 2014b. "國家重点推广的低碳技術目彔".

_____. 2017. "國家發展和改革委員會 主任 何立峰 个人簡歷". http://helifeng.ndrc.gov.cn/ grjl/(2017년 4월 21일 검색).

國務院. 2013. "大气污染防治行動計划".

＿＿＿＿. 2014. "能源發展戰略行動計划(2014-2020年)".

國務院辦公廳. 2014. "國務院辦公廳關于印發能源發展戰略行動計划(2014~2020年)的通知". 中華人民共和國 中央人民政府 网站. http://www.gov.cn/zhengce/content/2014-11/19/content_9222.htm(2017년 3월 23일 검색).

盧小兵. 2011.4.4. "水電是能源發展主攻方向之一". ≪中國能源報≫.

陸俠. 2015.8.17. "人民時評: 應對突發事件, "信任共同体"很重要". ≪人民日報≫.

馬松. 2015.2.10. "新能源車滬牌新規出台: "充電椿安裝証明"成必須". 東方网. http://sh.eastday.com/m/20150210/u1ai8576362.html(2017년 3월 16일 검색).

美國駐華大使館. 2015.9.29. "情況說明書: 美國和中國就气候變化, 新國内政策承諾和在巴黎達成富于雄心的气候協議的共同愿景發表元首聯合聲明". http://chinese.usembassy-china.org.cn/fact-sheet-united-states-and-china-issue-joint-presidential-statement-2015.html(2015년 10월 17일 검색).

搜狐网. 2015.2.26. "保定空气質量全國墊底 市長兩會向代表道歉". http://news.sohu.com/20150226/n409178273.shtml(2017년 4월 21일 검색).

王爾德. 2015.10.29. "十三五能源規划淸單: 煤炭過剩仍嚴重". 21世紀經濟報道. http://energy.southcn.com/e/2015-10/29/content_135788720.htm(2017년 2월 21일 검색).

中國能源网. 2013.9.22. "中國2020年核電裝机容量5800万千瓦". http://cnenergy.org/dl/hd_1/201702/t20170220_412692.html(2017년 5월 3일 검색).

＿＿＿＿. 2015. "我國水力發電現狀和發展". 上海市老科學技術工作者協會. http://www.shlkx.net/html/201404/22/20140422170855.htm(2015.11.21일 검색).

中美能源和环境十年合作框架. 2014. "共創綠色未來之路: 十年合作框架下中美能源和环境合作". http://tyf.ndrc.gov.cn/Article_List1.aspx?columnID=134(2015년 10월 20일 검색).

中華人民共和國國家發展和改革委員會·中華人民共和國环境保護部·中華人民共和國商務部·中華人民共和國海關總署·國家工商行政管理總局·國家質量監督檢驗檢疫總局. 2014. "商品煤質量管理暫行辦法". http://www.mofcom.gov.cn/article/b/g/201411/20141100797876.shtml(2017년 2월 19일 검색).

03

글로벌 기후변화 거버넌스와 EU*

안상욱

1. 서론

EU는 글로벌 기후변화 문제와 관련된 어젠다를 선도하고 있으며, 탄소 배출 감축에도 다른 선진 국가에 비해 적극적으로 대응하고 있다.

지구온난화에 따른 기후변화에 적극 대처하기 위해 국제사회는 1988년 UN총회 결의에 따라 WMO와 UNEP에 IPCC를 설치했다. 1992년 6월 3일 부터 6월 14일까지 브라질 리우데자네이루에서 열린 UN환경개발회의에 서는 185개국 정부 대표단과 114개국 국가 원수 및 정부 수반이 참석해 지 구 환경문제를 논의했다. 회의 결과 지구 헌장으로서 '환경과 개발에 관한 리우 선언(Rio Declaration on Environment and Development)', 환경보전 행동계 획으로서 '어젠다 21(Agenda 21)', 지구온난화 방지를 위한 'UN기후변화협

---

* 이 글은 안상욱, 「기후변화문제에 대한 에너지정책 대응: EU 사례」, 『EU, 미국, 동아시아 의 에너지 정책』(한국학술정보, 2018)을 재구성한 것이다.

약', 종의 보전을 위한 '생물학적 다양성 보전조약(Convention on Biological Diversity)', '삼림보전을 위한 원칙(Forest Principles)', 'UN사막화방지협약(The United Nations Convention to Combat Desertification: UNCCD)' 등이 채택되었다.

UN기후변화협약에 따라 회원국에 대한 의무사항은 모든 당사국이 부담하는 공통의무사항과 일부 회원국만 부담하는 특정의무사항으로 구분되었다. 공통의무사항은 모든 당사국이 온실가스 배출량을 감축하기 위한 국가 전략을 자체적으로 수립·시행하고 이를 공개해야 함과 동시에 온실가스 배출량 및 흡수량에 대한 국가 통계와 정책 이행에 관한 국가 보고서를 작성해 COP에 제출하도록 규정(제4조 1항)한 것이다. 특정의무사항은 협약 당사국을 부속서 I(Annex I), 부속서 II(Annex II) 및 비부속서 I(Non-Annex I) 국가로 구분, 서로 다른 의무를 부담토록 규정(제4조)한 것이다.

부속서 I 국가[1]는 온실가스 배출량을 1990년 수준으로 감축하기 위해 노력토록 규정했으나 강제성은 부여하지 않았다. 부속서 II 국가[2]는 개발도상국에 대한 재정 및 기술 이전의 의무를 가지게 되었다. 당시 EU 회원국이던 15개 국가가 부속서 I 국가의 상당수와 부속서 II 국가의 대부분을 차지했다.

1997년 12월 11일 일본 교토 COP3에서 채택된 교토의정서에서는 온실

---

1 부속서 I 국가는 호주, 오스트리아, 벨라루스, 벨기에, 불가리아, 캐나다, 체코슬로바키아, 덴마크, EU, 에스토니아, 핀란드, 프랑스, 독일, 그리스, 헝가리, 아이슬란드, 아일랜드, 이탈리아, 일본, 라트비아, 리투아니아, 룩셈부르크, 네덜란드, 뉴질랜드, 노르웨이, 폴란드, 포르투갈, 루마니아, 러시아, 스페인, 스웨덴, 스위스, 터키, 우크라이나, 영국, 미국이다(미국이 UN기후변화협약에 대한 비준을 거부하자 호주도 비준을 거부했으나 2007년 호주에서 정권이 교체됨에 따라 UN기후변화협약이 비준되었다). 당시 EU 회원국은 15개 국가로, 오스트리아, 벨기에, 덴마크, 핀란드, 프랑스, 독일, 그리스, 아일랜드, 이탈리아, 룩셈부르크, 네덜란드, 포르투갈, 스페인, 스웨덴, 영국이었다.
2 부속서 II 국가는 호주, 오스트리아, 벨기에, 캐나다, 덴마크, EU, 핀란드, 프랑스, 독일, 그리스, 아이슬란드, 아일랜드, 이탈리아, 일본, 룩셈부르크, 네덜란드, 뉴질랜드, 노르웨이, 포르투갈, 스페인, 스웨덴, 스위스, 터키, 영국, 미국이다.

효과를 나타내는 이산화탄소를 비롯해 모두 여섯 종류의 감축 대상 가스(이산화탄소, 메탄, 이산화질소, 수소불화탄소, 과불화탄소, 육불화황)에 대해 법적 구속력을 가진 배출 감소 목표가 지정되었고, 교토의정서 제3조는 2008~2012년 기간 중에 UN기후변화협약 부속서 I 국가의 온실가스 배출량을 1990년 수준보다 적어도 5.2% 이하로 감축할 것을 목표로 규정했다. 이에 따라 EU 회원국과 EU 가입 후보국[3]이 다수를 차지하는 부속서 I 국가에서 EU의 역할은 더욱 중요해졌다. 특히 교토의정서에 따라 온실가스 감축 의무를 효과적이고 경제적으로 달성하기 위해 공동이행,[4] 청정개발체제,[5] 배출권거래제[6] 등 3개의 교토메커니즘(Kyoto Mechanism)이 도입되었다(교토의정서 제6조, 제12조, 제17조).[7] 2005년에 EU는 2005년에 배출권거래시장인 EU-ETS를 설립했고 현재 세계 최대의 배출권거래시장이 되었다.

교토의정서는 미국과 호주가 비준을 거부하면서 발효가 불투명한 상황을 맞이하기도 했다. 이와 같은 상황에서 EU의 리더십과 러시아의 참여를 통해 교토의정서는 발효될 수 있었고, 이에 근거해 EU 차원의 기후변화 정책이 확대될 수 있었다.

---

[3] EU는 냉전이 붕괴된 이후 중동부 유럽 국가들과 EU 가입 협상을 진행해 2004년 10개국(에스토니아, 리투아니아, 라트비아, 폴란드, 체코, 슬로바키아, 헝가리, 슬로베니아, 몰타, 키프로스), 2007년 2개국(루마니아, 불가리아)을 신규 회원국으로 받아들였다.

[4] 공동이행(Joint Implementation: JI)은 부속서 I 국가(선진국) 사이에서 온실가스 감축 사업을 공동으로 수행하는 것을 허용하는 제도를 뜻한다.

[5] 청정개발체제(Clean Development Mechanism: CDM)는 선진국이 개발도상국에서 온실가스 감축 사업을 수행해 달성한 실적 가운데 일부를 선진국의 감축량으로 허용하는 것을 뜻한다.

[6] 배출권거래제(Emission Trading: ET)는 의무 감축량을 초과 달성한 선진국이 이 초과분을 다른 선진국과 거래할 수 있도록 허용하는 것을 뜻한다.

[7] 한국전력, "교토의정서", https://home.kepco.co.kr/kepco/KE/D/htmlView/KEDBHP009.do?menuCd=FN0103030202(2017년 4월 25일 검색); 국토환경정보센터, "기후변화협약", http://www.neins.go.kr/etr/climatechange/doc06a.asp(2017년 4월 25일 검색).

〈표 3-1〉 2020 기후·에너지 패키지 목표의 내용 및 함의

적용 부문	2020 목표 내용	2020 목표 함의
재생에너지	최종 에너지 소비에서 재생에너지 비중을 20%로 확대	EU 전체 목표 20% 설정하에 각 회원국별 국가 목표를 차등 제시
	운송 부문에서 재생에너지 비중을 10%로 확대	운송 부문 에너지 소비의 10%를 바이오연료 등 재생에너지로 충당
온실가스	1990년 대비 온실가스 배출을 20% 감축	2020년 온실가스 배출을 4501.1백만tCO_2e 미만으로 감축
에너지 효율	2020년까지 EU의 1차 에너지 소비를 20% 절감	2020년까지 최종 에너지 소비를 1078백만toe 미만으로 절감

자료: 윤영주(2015: 15).

또한 EU는 2008년에 '2020 기후·에너지 패키지'를 채택했는데, 이 계획에서 2020년까지 1990년 대비 온실가스 배출 20% 감축, 최종 에너지 소비에서 신재생에너지 비중 20%로 확대, 에너지 효율 20% 증대 등 세 가지 '20-20-20 목표'를 설정했다. 실제로 일부 회원국은 이미 최종 에너지 소비에서 신재생에너지 비중을 20% 이상으로 확대했다.[8] 또한 2014년에 EU는 온실가스 배출을 1990년 대비 22.9% 감축했다. 이와 같이 EU는 기후변화와 관련된 대응에서 전 세계 국가에 모범을 보이고 있다.

EU 2020 계획의 목표가 비교적 성공적으로 달성되었지만, 기후변화에 대응하는 공동체 차원의 정책과 국가적 차원을 고려하는 각국의 정책에서 이해가 상충되는 상황이 발생되기도 했다.

이에 따라 EU는 2014년 개최된 EU 정상회의에서 2030 기후·에너지정책 프레임워크(2030 Climate and Energy Policy Framework)를 채택하면서 과거 시행되었던 에너지 정책을 평가하고 향후 정책 방향을 제시했다. 이 계획

---

8   European Commission, http://ec.europa.eu/eurostat/statistics-explained/index.php/Renewable_energy_statistics(2017년 4월 25일 검색).

에서는 2030년까지 1990년 대비 온실가스 배출 최소 40% 감축, 1990년 대비 신재생에너지 소비 비중 최소 27% 확대 등의 목표가 설정되었다.

그러나 세계 최대의 배출권거래시장인 ETS에서 배출권가격은 ETS 출범 이후 최고 20~30유로에 거래되기도 했으나 2008년 세계 금융위기 및 이후 일부 EU 회원국의 재정 위기로 경기가 둔화됨에 따라 배출권 가격은 2013년에 3.1유로까지 폭락했다. 최근 다시 회복하고 있는 추세이긴 하지만 이전 수준을 회복하기는 어려울 것으로 전망되는 등 기후변화 대응에 EU가 직면한 도전 역시 무시할 수 없다.

2. 기후변화 문제에 대한 EU 차원의 노력과 성과

EU는 유럽을 비롯한 전 세계가 직면해 있는 에너지 및 환경문제에 대한 위기의식 속에 2007년 3월 유럽이사회를 통해 새로운 'EU 에너지정책(An Energy Policy for Europe)'[9]을 구상하고 각 회원국 정상의 합의하에 이를 채택했다. 또한 각 회원국 정상은 공동 기후변화 대책에 대해 논의를 진행했다.

1) 2020 기후·에너지 패키지

EU는 2008년 '2020 기후·에너지 패키지'[10]를 채택하고, 2020년까지

---

9   Communication from the Commission to the European Council and the European Parliament of 10 January 2007, "An energy policy for Europe," http://eur-lex.europa.eu/legal-content/EN/TXT/?uri=uriserv:l27067(2017년 3월 21일 검색).

10   2020 climate & energy package, https://ec.europa.eu/clima/policies/strategies/2020_en (2017년 3월 21일 검색).

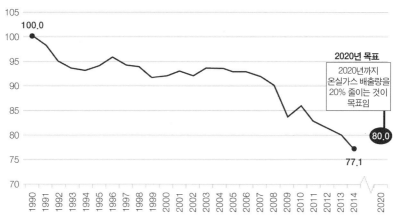

〈그림 3-1〉 EU 내 온실가스 배출량 추이

주: 1990년을 100으로 잡았을 때의 수치임.
자료: European Commission, "Europe 2020 indicators," http://ec.europa.eu/eurostat/statistics-expl
ained/index.php/Europe_2020_indicators_-_climate_change_and_energy(2017년 4월 27일 검색).

1990년 대비 온실가스 배출 20% 감축, 최종 에너지 소비에서 재생에너지
비중 20%로 확대, 에너지 효율 20% 증대 등 세 가지 '20-20-20 목표'를 설
정했다.

2020 기후·에너지 패키지에 따라 EU 내의 온실가스 배출은 큰 폭으로
감소했다. EU는 1990년 대비 20% 온실가스 감축을 2020년까지 달성한다
는 목표를 2014년에 이미 달성했다. 2014년 EU의 온실가스 배출은 1990
년 대비 77.1% 수준까지 감소했다.

European Commission[11] 자료인 〈그림 3-1〉에 따르면 EU 내 온실가스
배출 감소는 1990년대에 발생했다. European Commission에 따르면,
1990년과 1994년 사이에 온실가스 배출은 6.8% 감소되었다. 원인으로는

---

11 European Commission은 흔히 'EU집행위원회'라고 번역되는데, 학계에서는 '유럽위원회'
    라고 번역하는 것이 타당하다는 주장도 있다. 이 글에서는 European Commission이라는
    영어 표기를 사용한다.

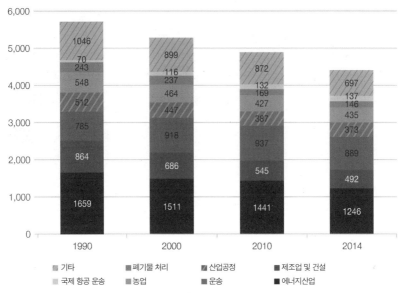

〈그림 3-2〉 EU 회원국의 분야별 온실가스 배출량(단위: CO_2백만 톤)

	1990	2000	2010	2014
기타	1046	899	872	697
	70	116	132	137
	243	237	169	146
	548	464	427	435
	512	447	387	373
	785	918	937	889
	864	686	545	492
에너지산업	1659	1511	1441	1246

범례: 기타 / 폐기물 처리 / 산업공정 / 제조업 및 건설 / 국제 항공 운송 / 농업 / 운송 / 에너지산업

자료: European Commission, " Europe 2020 indicators," http://ec.europa.eu/eurostat/statistics-explained/index.php/Europe_2020_indicators_-_climate_change_and_energy(2017년 4월 27일 검색).

중공업에서 서비스산업 위주로의 산업 변화, 산업 시설 현대화 및 석탄에서 천연가스로의 연료 소비 전환 등을 들 수 있다. 온실가스 배출은 1995년에 증가했다가 1997년부터 다시 감소했다. 1998년부터 2007년 사이에 온실가스 배출은 1990년 대비 92~94% 수준으로 안정화되었다.

〈그림 3-2〉는 EU 28개 회원국의 1990년, 2000년, 2010년, 2014년 분야별 온실가스 배출량을 비교한 자료이다. 이 자료에 따르면, 에너지산업에서 온실가스 배출량이 큰 폭으로 감소했다. 1990년 16억 5900만 톤의 온실가스를 배출했던 에너지산업은 2014년 12억 4600만 톤으로 온실가스 배출량이 큰 폭으로 감소했다. 제조업 및 건설 분야의 온실가스 배출량 역시 큰 폭으로 감소했다. 1990년 8억 6400만 톤의 온실가스를 배출했던 산

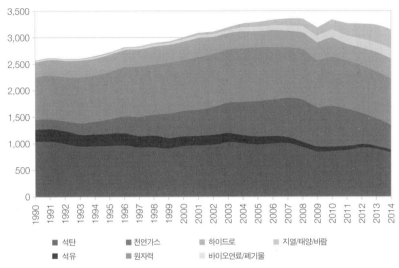

〈그림 3-3〉 EU 회원국의 에너지원별 전력 생산량(단위: TWh)

■ 석탄　　　■ 천연가스　　　■ 하이드로　　　■ 지열/태양/바람
■ 석유　　　■ 원자력　　　　바이오연료/폐기물

자료: IEA, "발전원별 전력 생산," http://www.iea.org/stats/WebGraphs/EU282.pdf(2017년 4월 27일 검색).

업과 건설 분야는 2014년 4억 9200만 톤으로 큰 폭으로 감소했다. 운송 분야에서는 온실가스 배출량이 1990년부터 2010년까지 증가 추세였다. 1990년 7억 8500만 톤의 온실가스를 배출했던 운송 분야는 2010년 온실가스 배출량이 9억 3700만 톤으로 증가했다. 그러나 2014년에는 8억 8900만 톤으로 감소했다. 농업 분야 및 폐기물 처리 분야의 온실가스 배출량도 1990년 이후 지속적으로 감소했다. 이와 같은 온실가스 배출 감소 경향은 EU 내 국제 항공 운송에서도 같은 경향을 보였다.

〈그림 3-3〉에서 볼 수 있듯 EU 전력 생산 분야에서 석탄과 석유 사용은 감소 추세이며, 바이오매스, 태양광, 지열, 풍력 에너지를 활용한 전력 생산이 확대되고 있다.

〈표 3-2〉는 EU 전력 생산에서 화석연료 사용 감소와 신재생에너지 이용 확대에 대한 더욱 구체적인 자료를 제시하고 있다. 1990년 전체 전력

〈표 3-2〉 EU 전력 생산에서 에너지원별 사용 비중(단위: %)

연도	석탄	원자력	신재생에너지	천연가스	석유
1990	39.3	30.6	12.6	8.6	8.6
1991	38.7	31.1	12.9	8.2	8.8
1992	37.2	31.5	13.6	8.1	9.2
1993	35.5	32.8	13.9	9.1	8.3
1994	35.1	32.2	14.1	10.1	8.1
1995	34.5	32.1	13.9	10.7	8.4
1996	33.6	32.5	13.5	12.0	8.0
1997	31.6	32.8	13.9	13.8	7.5
1998	31.2	31.9	14.3	14.6	7.5
1999	29.8	31.9	14.4	16.6	6.9
2000	30.8	31.1	14.8	16.9	6.0
2001	30.2	31.4	15.3	17.0	5.6
2002	30.4	31.5	13.9	17.7	5.9
2003	31.1	30.8	13.6	18.7	5.3
2004	29.8	30.5	14.8	19.8	4.5
2005	28.9	30.0	14.9	21.2	4.3
2006	29.2	29.4	15.5	21.3	4.0
2007	29.1	27.6	16.2	23.0	3.4
2008	26.6	27.7	17.6	24.4	3.2
2009	25.5	27.8	19.5	23.5	3.1
2010	24.7	27.2	21.1	23.7	2.6
2011	25.8	27.5	21.4	22.3	2.2
2012	27.4	26.8	24.2	18.7	2.2
2013	26.7	26.9	27.2	16.6	1.9

자료: European Commission(2015: 92), 안상욱(2016: 225) 재인용.

생산의 12.6%를 차지했던 신재생에너지는 2013년에 27.2%까지 확대되었다. 반면 1990년 EU 전력 생산에서 39.3%를 차지했던 석탄은 2013년에 26.7%까지 감소했다. 1990년 EU 전력 생산에서 8.6%를 차지했던 석유는 2013년에 1.9%까지 감소했다. 또한 EU 내에서 천연가스를 활용한 전력 생산이 1990년 8.6%에서 2010년 22.3%까지 확대되었는데, 이는 온실가스를 감축하면서 신재생에너지를 활용한 고비용의 전력 생산 비용을 감소시키기 위한 조치라고 볼 수 있다.

EU 차원에서 신재생에너지 사용이 증가한 데에는 2009년 채택된 '신재생에너지법(The Renewable Energy Directive)'이 기여했다. '신재생에너지법'에서는 2020년까지 EU의 신재생에너지 사용 비율을 20% 향상시키는 것을 목표로 하고 있다. 또한 EU 회원국은 '신재생에너지법'에 따라 2020년까지 교통수단에서 소비되는 에너지자원 중 최소 10% 이상을 신재생에너지에서 조달하도록 하고 있다. 그리고 목표를 달성하기 위해 EU 회원국은 개별 국가 각각의 목표치를 설정하고 이를 실행할 것을 규정하고 있다. 이를 위해 각국은 '국가 신재생에너지 행동계획(National Renewable Energy Action plan)'을 수립해 European Commission에 제출해야 한다. 또한 EU 회원국은 2년마다 경과 보고서(Progress Report)를 제출해야 한다.[12]

EU 차원의 노력으로 〈그림 3-4〉에서 볼 수 있듯 지구온난화의 주범인 탄소를 가장 많이 배출하는 에너지원인 석탄과 석유의 소비도 감소했다. 석유는 전체 에너지 소비에서 차지하는 비중이 1995년 39%에서 2013년 33%로, 석탄은 1995년 22%에서 2013년 17%로 감소했다. 〈그림 3-4〉와 〈그림 3-5〉에서 볼 수 있듯, 전체 에너지 소비에서 차지하는 신재생에너지 비중도 전체 1995년 5%에서 2004년에는 8.5%, 2014년에는 16%로 확대되었다.

이와 같이 신재생에너지 비중이 확대된 중요한 원인은 신재생에너지 분야에 대한 재정 지원과 신재생에너지 설비 가격의 하락이었다. 발전차액지원제도(Feed in Tariffs: FIT), 정부 보조금, 세금 환급, 쿼터 시스템 등의 신재생에너지 관련 지원책은 신재생에너지를 통한 전력 생산 및 난방, 신

---

12 Directorate General Energy, European Commission, "Renewable Energy Directive," https://ec.europa.eu/energy/en/topics/renewable-energy/renewable-energy-directive (2017년 4월 25일 검색)(안상욱, 2016: 223 재인용).

〈그림 3-4〉 EU의 에너지 소비 변화(총 내수 기준)

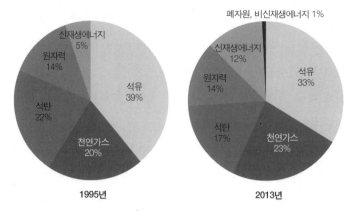

자료: European Commission(2015: 22). 안상욱(2016: 225) 재인용.

〈그림 3-5〉 EU의 최종 에너지 소비에서 신재생에너지가 차지하는 비중(단위: %)

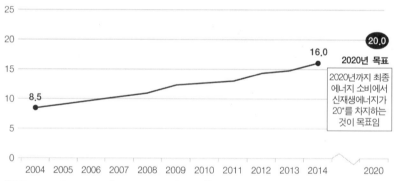

자료: European Commission, "Europe 2020 indicators," http://ec.europa.eu/eurostat/statistics-explained /index.php/Europe_2020_indicators_-_climate_change_and_energy(2017년 4월 27일 검색).

재생에너지를 이용하는 운송수단 발달에 기여했다. 신재생에너지의 산업 규모가 확대되고 기술이 발전함에 따라 신재생에너지의 생산 설비 가격 은 점차 하락해 결정질 실리콘 태양광 모듈의 가격이 2009년부터 2015년 사이에 61% 하락했고, 같은 기간 육상 풍력터빈의 가격은 14% 하락했다.

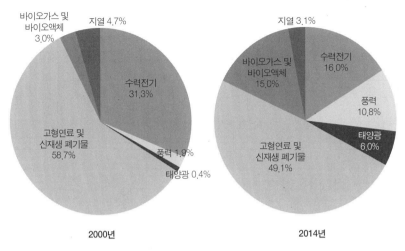

〈그림 3-6〉 EU의 신재생에너지 구성 비중 변화

2000년

2014년

자료: European Commission(2017년 4월 27일 검색).

신재생에너지 설비 가격이 하락함에 따라 독일과 이탈리아 같은 국가에서는 신재생에너지 프로젝트에 대한 재정 지원이 축소되었다. 이와 같은 재정 지원 축소는 신재생에너지 투자자의 이익을 감소시켰다. 이에 따라 신재생에너지 설비는 2011년 35.8GW 규모로 확대되어 정점에 이른 이후 신규 설비 확충이 줄어들고 있다. 2014년에는 19.9GW 규모로 신재생에너지 신규 설비가 확충되었다.

EU의 신재생에너지 구성을 보면 바이오연료가 가장 높은 비중을 차지하고 있다. 이는 바이오연료가 전력 생산, 운송수단, 냉난방 등 모든 에너지원으로 전환 가능하기 때문이다. 2014년에는 바이오연료, 재생 가능 폐기물 등이 전체 신재생에너지 소비에서 64.1%를 차지하고 있다. 다른 주목할 만한 점은 2000년과 2014년 사이에 태양광에너지 및 풍력에너지가 신재생에너지 소비에서 차지하는 비중이 크게 확대되었다는 것이다. 2000년 전체 에너지 소비에서 1.9%를 차지했던 풍력에너지는 2014년에 10.8%

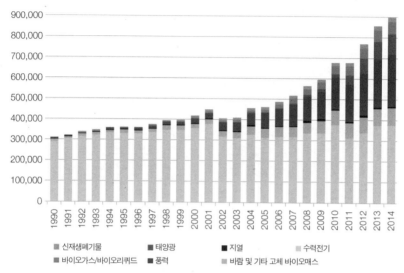

〈그림 3-7〉 신재생에너지를 이용한 전력 생산의 에너지원별 비중(단위: GWh)

범례: 신재생폐기물 / 태양광 / 지열 / 수력전기 / 바이오가스/바이오리퀴드 / 풍력 / 바람 및 기타 고체 바이오매스

자료: European Commission, "Europe 2020 indicators," http://ec.europa.eu/eurostat/statistics-explained/index.php/Europe_2020_indicators_-_climate_change_and_energy(2017년 4월 27일 검색).

로 확대되었고, 2000년 전체 에너지 소비에서 0.4%를 차지했던 태양광에 너지는 2014년에 6%로 확대되었다.

2014년 EU에서는 풍력에너지를 통해 2180만 석유환산톤의 에너지가 생산되었으며, 태양광을 통한 에너지 생산은 1200만 석유환산톤이었다. 그러나 앞서 언급한 바와 같이 태양광 및 풍력을 이용한 에너지 생산 확대 는 정부 보조금의 영향이 크게 작용하고 있다. 이 때문에 향후 태양광과 풍력을 이용한 에너지 생산이 확대되기 위해서는 EU 회원국의 보조금 정 책이 중요한 변수로 작용할 것으로 예상된다.

전체 에너지 소비에 비해 EU 전력 생산에서 풍력과 태양광에너지가 차 지하는 비중은 더욱 두드러졌다.

2014년 EU 전력 생산에서 신재생에너지가 차지하는 비중은 27.5%로

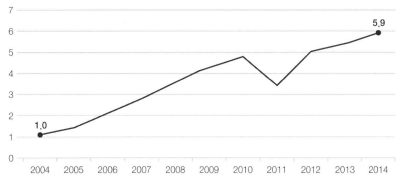

〈그림 3-8〉 EU의 운송수단 사용 연료 중 신재생에너지가 차지하는 비중(단위: %)

주: 2011년 자료는 이전 자료와 차이가 있음. 2011년 이후부터는 Directive2009/28/EC에 따라 규정에 적합한 바이오연료만 자료에 포함됨.
자료: European Commission, "Europe 2020 indicators," http://ec.europa.eu/eurostat/statistics-explai ned/index.php/Europe_2020_indicators_-_climate_change_and_energy(2017년 4월 27일 검색).

확대되었다. 이와 같은 수치는 2004년 신재생에너지를 이용한 전력 생산 비중이 14.4%였다는 사실을 감안하면 매우 큰 폭으로 확대된 것이다.

수력에너지가 변함없이 가장 큰 비중을 차지하고 있지만, 수력에너지가 전체 전력 생산에서 차지하는 비중은 풍력, 태양광, 바이오가스 등에 비해 상대적으로 감소했다. 또한 EU 전체 냉난방에서 신재생에너지가 차지하는 비중은 17.7%로 확대되었다. 2004년에는 신재생에너지가 전체 냉난방에서 차지하는 비중이 10.2%였다.

EU의 2020 기후·에너지 패키지에는 운송 부문에서 소비되는 에너지의 10%를 신재생에너지로 확충할 계획이 포함되어 있다. 하지만 2014년에는 EU 내 운송수단에 사용되는 연료에서 신재생에너지가 차지하는 비중이 5.9%에 불과했다. 게다가 신재생에너지에 이용되는 바이오연료를 생산하기 위해 토지 사용이 변화되고 이는 궁극적으로 탄소 배출을 더욱 증가시킨다는 지적이 있어왔다. 2015년 연료품질지침(Fuel Quality Directive)

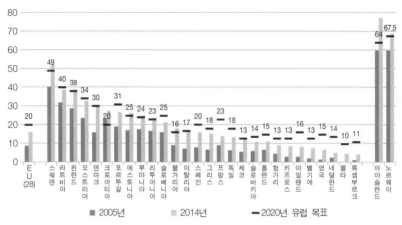

〈그림 3-9〉 회원국별 신재생에너지 사용 비중 및 2020 기후·에너지 패키지 목표(단위: %)

■ 2005년   ▨ 2014년   ━ 2020년 유럽 목표

자료: European Commission(2017년 4월 27일 검색).

과 신재생에너지 지침(Renewable Energy Directive)을 통해서는 비식용 곡물이나 곡물의 찌꺼기를 활용하는 방안이 강조되었다. 또한 EU 차원에서 농업용지에서 재배된 작물을 활용한 바이오연료 비중의 상한선을 7%로 제한하고 있다. 그러나 시장에는 아직 EU의 새로운 지침을 충족시킨 바이오연료가 많지 않은 상황이기 때문에 EU 운송수단에서 신재생에너지 이용이 큰 폭으로 확대되기는 어려울 전망이다.

EU의 2020 기후·에너지 패키지를 실행하기 이전과 비교해 EU 내에서 신재생에너지 사용 비중은 모든 회원국에서 확대되었다. 각 회원국은 2020 기후·에너지 패키지의 신재생에너지 확대 정책과 관련해 각국의 목표를 정했고, 모든 EU 회원국에서 신재생에너지 사용 비중이 확대되었다. 특히 EU 회원국 중 12개국은 2005년과 2014년 기간 동안 신재생에너지 사용 비중을 2배로 증가시켰고, 9개국은 각 회원국의 2020 목표를 이미 달성했다. 반면 네덜란드, 영국, 아일랜드, 프랑스는 각국의 신재생에너지 확대 목표에 훨씬 못 미치는 결과를 보이고 있다. EU 회원국의 신재생

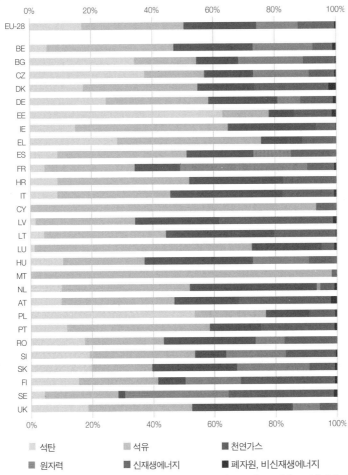

〈그림 3-10〉 2013년 EU 회원국의 에너지 소비 구조(총 내수 기준)

■ 석탄	■ 석유	■ 천연가스
■ 원자력	■ 신재생에너지	■ 폐자원, 비신재생에너지

BE(벨기에), BG(불가리아), CZ(체코), DK(덴마크), DE(독일), EE(에스토니아), IE(아일랜드), EL(그리스), ES(스페인), FR(프랑스), HR(크로아티아), IT(이탈리아), CY(키프로스), LV(라트비아), LT(리투아니아), LU(룩셈부르크), HU(헝가리), MT(몰타), NL(네덜란드), AT(오스트리아), PL(폴란드), PT(포르투갈), RO(루마니아), SI(슬로베니아), SK(슬로바키아), FI(핀란드), SE(스웨덴), UK(영국)
자료: European Commission(2015: 23). 안상욱(2016: 224) 재인용.

에너지 이용 비중은 신재생에너지가 전체 에너지 소비에서 52.6%를 차지하고 있는 스웨덴과 4.5%에 불과한 룩셈부르크처럼 회원국 간 상황이 매

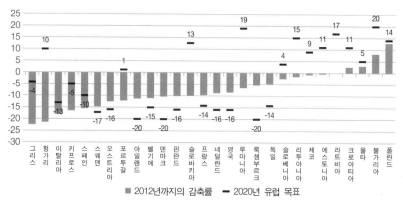

〈그림 3-11〉 비ETS 부문에서 EU 회원국의 온실가스 감축 목표와 실제 감축률(단위: %)

■ 2012년까지의 감축률 ─ 2020년 유럽 목표

자료: European Commission(2017년 4월 27일 검색).

우 상이하다.

각국의 자연환경, 산업 환경 차이 및 에너지 정책의 차이로 EU 회원국에서 에너지 소비는 회원국마다 다른 특성을 보이고 있다. 키프로스, 룩셈부르크, 몰타는 에너지 소비를 대부분 석유자원에 의존하고 있고, 프랑스는 원자력에너지 의존도가 높으며, 헝가리와 네덜란드는 천연가스 의존도가 높고, 에스토니아와 폴란드는 석탄에 크게 의존하고 있다.

EU 회원국 내에서 에너지원별 소비 규모가 차이 나는 이유는 EU 차원에서 신재생에너지 이용 확대와 탄소 배출 감소라는 큰 틀만을 규정했기 때문이다. 각국이 당면하고 있는 정치·경제 상황 및 자연환경이 다르기 때문에 향후에도 에너지 운용에서는 EU 회원국 간에 격차가 발생할 수밖에 없다. 특히 몰타, 키프로스, 룩셈부르크같이 국토가 협소한 국가는 신재생에너지 운용을 확대하는 데 많은 제약이 따른다.

배출권거래제 예외(non-ETS, 이하 비ETS)(예를 들어, 농업, 주거, 상업, 비에너지 집중 산업, 폐기물) 부문에서는 12개 회원국이 2020 목표를 달성했다. 5개 회원국에서는 탄소 배출이 증가했지만 각국의 2020 목표 범위 내에서 증가했다. 11개 회원국에서는 탄소 배출이 2012년까지 감소했지만 자국의 감축 목표를 달성하지 못했다. 룩셈부르크, 덴마크, 독일, 아일랜드 등의 국가는 자국의 감축 목표를 달성하기 위해 많은 노력을 기울여야 한다.

2) 2050 저탄소 경제 로드맵과 2030 기후·에너지정책 프레임워크

European Commission은 EU가 2050년까지 경쟁력 있는 저탄소 경제로 나아가기 위한 로드맵(A Roadmap for moving to a competitive low carbon economy in 2050)을 2011년 3월 8일 발표했다.

2050 저탄소 경제 로드맵에서는 저탄소 경제로 이행하기 위해 EU가 2050년까지 온실가스 배출량을 1990년 대비 80% 감축할 것을 제시하면서, 중간 목표로 2020년 25%, 2030년 40%, 2040년 60% 감축할 것을 제시했다. 또한 현재의 정책 수단으로는 2020년까지 20% 감축이 가능하나, 25%를 감축하기 위해서는 '에너지 효율성 계획(Energy Efficiency Plan)'의 이행을 통해 에너지 효율성을 제고해야 한다고 주장했다.

2050년까지 온실가스를 1990년 수준 대비 80% 감축하기 위해서는 전력 부문에서 온실가스 배출이 발생하지 않도록 하고, 교통 부문에서 연료 효율성을 제고하고 저탄소 차량의 보급을 확대해야 하며, 건물의 에너지 효율성을 높여야 하고, 산업 부문에서 공정을 개선하고 이산화탄소 포집 및 저장 기술을 적용해야 하며, 농업 부문에서 생산성을 제고해야 한다.

그리고 저탄소 경제를 구축하기 위해서는 향후 40년간 민간·공공 부문에서 EU GDP의 1.5%에 해당하는 연간 2700억 유로를 추가 투자해야 하는데, 이는 결과적으로 에너지 수입 의존도를 낮추는 한편 일자리 창출과 성장을 촉진하고, 대기질 개선 및 건강 증진의 효과를 가져올 것으로 예상

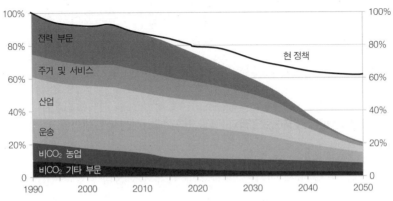

〈그림 3-12〉 2050 저탄소 경제 로드맵

주: 1990년을 100으로 잡았을 때의 수치임.
자료: European Commission(2017년 4월 27일 검색).

된다.

2050년까지 온실가스 배출량을 1990년 대비 80%로 낮춰야 한다는 주장은 IPCC에서 지구온도 상승을 2도 이내로 억제하기 위해 EU를 포함한 선진국들이 2050년까지 온실가스 배출량을 1990년 대비 80~95% 감축해야 한다고 제시한 데서 비롯되었다. 그리고 코펜하겐 COP15와 칸쿤 COP16에서도 이에 대한 합의가 이루어졌다.

저탄소 경제에서 중심적인 역할은 전력 생산 부문이 할 것으로 예상되고 있다. 실제로 전력 생산 부문에서 화석연료 사용 억제는 EU 차원에서 이미 큰 진전을 이루었다. 또한 전력 생산 부문에서 생산된 저탄소 전력이 교통 부문과 난방 부문의 화석연료를 일부 대체할 수 있을 것으로 예상되고 있다. 전력 부문에서 저탄소 기술의 비중은 현재 45%에서 2020년 60%, 2030년 75~80%, 2050년에는 거의 100%에 이를 것으로 추정된다.

EU 2020 기후·에너지 패키지를 실행하는 과정에서 운송 부문의 실적은 다른 부문에 비해 탄소 배출 억제 목표가 잘 달성되지 않고 있다. 운송 부문에서 탄소 배출을 억제하기 위해서는 차량에 관련된 탄소 배출 기준 및 세제 개편 등의 제도적 장치가 마련되어야 한다. 기술적으로도 새로운 엔진·소재·설계를 통해 연료 소비의 효율성을 증대하고, 새로운 연료·추진 체계를 개발해 청정에너지 이용을 확대하며, 정보통신 시스템을 활용해 연료 사용을 최적화해야 한다. 이와 관련된 사례가 각 회원국별로 확대 실시되고 있는 하이브리드 차량 확대에 관한 인센티브이다. 또한 플러그인 하이브리드(plug-in hybrid) 차량을 위한 충전 인프라를 구축해 하이브리드 차량에 대한 소비 확대를 유도하고 있다.

또한 운송부문에서의 탄소 배출을 억제하기 위해 항공기와 중형트럭의 에너지원으로 사용되는 바이오연료를 환경파괴를 억제한 지속가능한 방식으로 생산해 공급하는 방안을 계획하고 있다.

냉난방으로 온실가스를 배출하는 건축물의 경우에도 '건축물의 에너지 효율성 제고 관련 개정 지침(Directive 2020/31/EU)'을 통해 2021년부터 신규 건축물은 거의 제로 에너지 건축물로 건축하는 것을 목표로 하고 있다.

산업 부문에서도 에너지 효율적인 산업공정 및 장비를 도입하고 재활용 기술을 적용하며 비이산화탄소(아산화질소, 메탄) 감축기술을 적용함으로써 에너지 집약도가 높은 산업부문에서 탄소 배출을 절반 이상 감축할 수 있다고 2050 저탄소 경제 로드맵은 예상하고 있다. 이를 위해 이산화탄소 포집 및 저장 기술은 2035년 이후 산업 공정(예를 들어, 시멘트 및 철강 부문)에 대규모로 적용될 필요가 있으며, 이에 소요되는 투자비용을 연간 100억 유로 이상으로 예상하고 있다.

농업 부문에서도 탄소 배출을 억제하기 위해 생산성 향상, 효율적인 비료 사용, 축산 분뇨를 이용한 바이오가스 생산(biogasification), 축산 분뇨의 관리 개선, 양질의 사료, 생산의 지역적 다양화 및 상업화, 가축 생산성 향상, 조방농업(extensive farming)의 이점 최대화 등의 정책적 대안에 초점을 맞추고 있다. 농업 분야에서 탄소 배출 억제 대책과 함께 농업·임업 방식을 개선함으로써 토양과 산림의 탄소 저장 능력을 증가시키는 방법 또한 검토되고 있다.

또한 2050 저탄소 경제 로드맵에서는 저탄소 기술에 대한 투자 증대의 필요성을 강조하고 있다. 저탄소 경제를 구축하기 위해서는 향후 40년 동안 현재 투자 규모(GDP의 19%, 2009년 기준)에 추가적으로 1.5%(2700억 유로)를 투자해야 하는 것으로 예상하고 있다. 저탄소 경제에 대한 투자를 확대하기 위해서는 민간 투자를 유도하는 것이 중요한 과제로 부상하고 있다.

European Commission은 2020 기후·에너지 패키지 이후의 기후변화 및 에너지 정책으로 2030 기후·에너지정책 프레임워크를 2014년 1월 22일 발표했다. EU는 2030 기후·에너지정책 프레임워크에서 2030년까지 온실가스 배출량을 1990년 대비 40% 감축하고 재생에너지 소비 비중을 최소 27%로 확대하는 목표를 제시했다.

회원국들은 2020 기후·에너지 패키지에서처럼 자국의 목표를 설정해 이를 이행해야 한다. 현재 2020 기후·에너지 패키지의 이행 속도로 볼 때 2030년에 감축될 것으로 예상되는 온실가스 배출량은 1990년 대비 32% 이기 때문에 회원국들이 1990년 대비 40%의 온실가스 배출량 감축을 목표로 하는 2030 기후·에너지정책 프레임워크를 달성하기 위해서는 온실가스 배출량을 감축하기 위해 더욱 노력을 기울여야 한다.

EU는 2030년까지 1990년 대비 온실가스 배출량을 40% 감축하기 위해 배출권거래제 부문에서 2005년 대비 43% 감축, 비ETS 부문에서 2005년 대비 30% 감축을 목표로 했다. 또한 신재생에너지 보급을 위해 EU 전체적으로는 27%의 구속적 목표를 설정하지만, 회원국별 목표와 교통 등 부문별 목표는 설정하지 않았다.

또한 2008년 글로벌 금융위기 이후 경기 침체에 따른 산업 생산 감소로

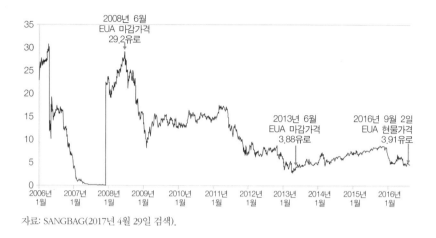

〈그림 3-13〉 EU-ETS 배출권(EUA) 가격 동향(단위: 유로)

자료: SANGBAG(2017년 4월 29일 검색).

배출권거래가 급격하게 축소되었는데, 배출권 과다 공급을 조절해서 시장을 안정시키기 위해 European Commission은 2021년부터 시작되는 제4기부터 배출권 비축 시스템(market stabilization reserve)을 도입하기 위해 2030 기후·에너지정책 프레임워크를 개정하자는 제안을 하고 있다.

실제로 EU-ETS 배출권(European Emission Allowance: EUA)의 가격 동향에 따르면 2008년 글로벌 금융위기 이후 가격이 급격하게 폭락했다. EU 탄소 배출 감소의 큰 축이 배출권거래제를 통해 이루어지는 만큼 배출권 시장의 침체는 향후 EU의 저탄소 경제로의 이행에도 지장을 초래할 수 있다.

2020 기후·에너지 패키지와 마찬가지로 2030 기후·에너지정책 프레임워크에서도 회원국은 온실가스 감축 목표, 신재생에너지 보급, 에너지 효율 개선 및 안보 등 관련 모든 측면을 통합한 국가 에너지 계획을 수립하고 European Commmission이 거버넌스 프로세스를 통해 회원국 에너지 계획을 분석하고 필요할 경우 보완하도록 기획하고 있다.

3. 글로벌 기후변화 거버넌스에서 EU의 당면 과제

온실가스 배출을 감소하기 위한 EU 차원의 노력에 힘입어 1990년과 2013년 사이에 전 세계 탄소 배출은 56.1% 증가했지만 EU에서의 탄소 배출은 꾸준히 감소했다. 반면 미국에서의 탄소 배출은 2000년까지 증가하다가 이후 감소했다. 1990년부터 2013년 사이 아시아에서의 탄소 배출은 197.4% 증가했고, 특히 중국에서의 탄소 배출은 4배 이상 증가해 중국은 미국을 능가하는 세계 1위의 탄소 배출국이 되었다. 이를 1인당 탄소 배출로 환산했을 경우 EU는 6.57톤이지만, 중국은 6.60톤이다. 이와 같은 EU의 노력에 힘입어 EU에서의 탄소 배출은 1990년에는 전 세계 탄소 배출의 1/5 정도를 차지했지만 2013년에는 전 세계 탄소 배출의 10.4% 규모로 축소되었다.

EU의 탄소 배출 억제를 위한 계획과 회원국의 정책 실행으로 EU 차원의 온실가스 배출은 크게 감소했다. 이 같은 상황 변화는 역설적으로 EU 차원의 노력만으로는 더 이상 전 세계 탄소 배출을 억제하는 데 중요한 영향을 발휘할 수 없게 되었음을 뜻한다. 기후변화 문제에 대한 논의가 본격화되었던 1990년 EU의 탄소 배출은 중국의 2배에 가까웠지만, 2013년 중국의 탄소 배출은 EU의 2.7배의 규모로 확대되었다. 또한 중국을 제외한 아시아에서의 탄소 배출도 1990년부터 2013년 사이에 3배로 증가해 이제 중국을 제외한 아시아 지역의 탄소 배출이 EU를 능가하고 있다. 이와 같은 상황은 기후변화문제를 해결하려는 EU의 노력을 무력화하고 있다. 전 세계 탄소 배출에서 가장 중요한 비중을 차지하고 있는 중국을 포함한 아시아의 노력 없이는 기후변화 문제를 해결하기가 쉽지 않을 것으로 전망된다.

기후변화 문제를 해결하려는 EU 차원의 노력에도 불구하고 기후변화

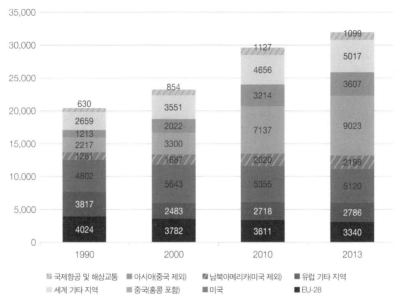

〈그림 3-14〉 연료 연소를 통한 전 세계 탄소 배출량 변화(단위: CO_2백만 톤)

자료: European Commission(2017년 4월 27일 검색).

문제는 더욱 심각해지고 있다. 이는 기후변화 문제에서 EU가 차지하는 비중이 아시아 지역이나 미국에 비해 이제 더 이상 크지 않기 때문이다. 따라서 이들 국가가 동참하지 않고는 기후변화 문제를 해결할 수 없는 상황이다.

이러한 시각에서 볼 때 2015년 신기후체제의 출범은 큰 의미를 가진다. 2015년 파리 COP21에서는 2020년부터 선진국과 개발도상국 구별 없이 모든 국가가 온실가스 감축에 참여하는 파리협정이 채택되어 신기후체제가 출범했다. 파리협정은 지구 평균기온 상승을 산업화 이전 대비 2도보다 낮은 수준으로 유지하고 1.5도로 제한하기 위해 노력한다는 목표 아래 각국이 2020년부터 온실가스 감축을 위한 기후행동에 참여하며 5년 주기의 이행 점검을 통해 온실가스 감축 노력을 강화하도록 규정하고 있다.

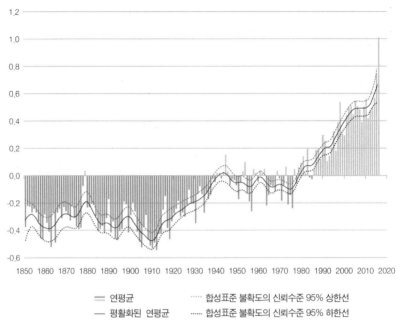

〈그림 3-15〉 전 세계 평균기온 변화(단위: ℃)

══ 연평균	‥‥‥ 합성표준 불확도의 신뢰수준 95% 상한선
── 평활화된 연평균	‥‥‥ 합성표준 불확도의 신뢰수준 95% 하한선

주: 1961년부터 1990년까지의 평균을 기준으로 잡아 0으로 설정함.
자료: European Commission(2017년 4월 27일 검색).

또한 국제조약(Treaty)이 아닌 협정(Agreement)으로 귀결되어 미국에서 의회 비준의 부담을 덜게 되었고, 오바마 대통령은 이를 대통령령으로 실행할 수 있었다.

그러나 2017년 1월 트럼프 행정부가 출범한 이후 기후변화 문제에 대한 미국정부의 입장이 변화하고 있다. 특히 트럼프 행정부는 지구온난화의 주범인 석탄 및 석유 등 화석연료 개발에 적극적인 입장을 보이고 있다. 이와 같은 상황 변화에 따라 2000년 이후 탄소 배출이 감소된 미국에서 다른 상황이 발생할 수 있다. 특히 2017년 5월 G7회의에서 신기후체제에 대한 미국 트럼프 대통령 및 다른 정상 간에 입장 차이가 드러남에 따라 향후 기후변화 문제 해결이 쉽지 않을 것임을 예고했다.

4. 결론

기후변화 문제에 대한 EU의 발 빠른 대처에 힘입어 EU에서 신재생에너지 사용의 확대는 훨씬 분명하게 드러나고 있다. EU 내에서 전체 전력 생산의 12.6%를 차지했던 신재생에너지는 2013년에 27.2%까지 확대되었다. 반면 1990년 EU 전력 생산에서 39.3%를 차지했던 석탄은 2013년에 26.7%까지 감소했다. 1990년 EU 전력 생산에서 8.6%를 차지했던 석유는 2013년에 1.9%까지 감소했다.

그러나 화석연료의 사용이 EU 전력 생산에서 지속적으로 감소하는 가운데 EU 내에서 천연가스를 활용한 전력 생산이 1990년 8.6%에서 2010년 22.3%까지 확대되었는데, 이는 온실가스를 감축하면서 신재생에너지를 활용한 고비용의 전력 생산 비용을 감소시키기 위한 조치라고 볼 수 있다. 실제로 신재생에너지는 유럽에서도 다른 에너지원에 비해 전력 생산에서 비용이 높게 발생하고 있다. 특히 신재생에너지 산업에 대한 정부 보조금 축소는 해당 산업에 심각한 영향을 초래하기도 한다. 대표적인 사례로는 독일정부가 태양광발전에 대한 보조금을 축소하자 태양광 산업에 대한 설비 투자가 감소했고 이로 인해 한때 세계 최대의 태양광 모듈기업이던 큐셀이 파산해 한국의 한화그룹에 인수된 사례를 들 수 있다.

또한 장거리 항공 운송에 배출권거래제를 도입하는 과정에서 중국, 미국, 일본 등과 마찰을 초래했고, 심지어 자국의 항공기 제작사들도 역외국 정부와 역외국 항공사에 동조해 EU의 장거리 항공 운송에서는 역외국에서 도착하거나 역외국으로 출발하는 항공권에 대한 배출권거래제 도입이 연기되었다. 이는 항공 산업에서의 배출권거래제 도입에 따른 운송 비용 증가에 반발한 역외국 항공사들이 해당국 정부와 함께 지속적으로 이의를 제기한 데서 비롯되었다.

따라서 EU 차원에서는 기후변화 문제에 능동적으로 대응하는 과정에서 이에 따른 부정적인 외부효과가 발생하는 경우에 더욱 주의를 기울여야 한다.

EU 정책 간의 충돌로 혼선이 초래되기도 한다. EU의 2020 기후·에너지 패키지, 2030 기후·에너지정책 프레임워크, 2050 저탄소 경제 로드맵에서는 모두 운송 분야에서 화석연료 사용을 억제하는 것이 중요한 사안이다. 그리고 이에 대한 단기적인 대응이 바이오연료 사용의 확대이다. 그러나 EU에서 생산되는 대부분의 액체 바이오연료는 바이오디젤이다. 문제는 유럽의 주요 도시에서 환경오염을 이유로 디젤자동차가 점차 퇴출되고 있다는 것이다. 이와 같은 상황은 향후 유럽의 바이오연료 산업 활성화에 부정적인 효과를 초래할 수 있다.

다른 문제는 신재생에너지 사용이 확대되는 과정에서 태양광을 사용한 전력 생산이 확대되고 있는데, 태양광 모듈을 생산하는 주요 기업은 대부분 중국 기업이라는 점이다. 따라서 유럽 차원에서 신재생에너지 확대 정책은 유럽 기업보다는 중국 기업의 이익을 향상시킬 가능성이 존재한다.

또한 EU의 예상과 다르게 상황이 변화하는 경우도 발생하고 있다. EU-ETS를 도입하면서 EU는 탄소 배출 감소를 확대하는 과정에서 배출권 시장도 활성화될 것으로 기대했다. 그러나 예상과 달리 2008년 글로벌 금융위기 이후의 경기 침체 속에서 산업 생산이 감소했고 배출권에 대한 수요 역시 감소했다. 게다가 배출권 공급이 증가하면서 EU-ETS의 배출권 가격이 폭락했다. 문제는 EU의 탄소 배출 감소 계획에 배출권거래제를 통한 감축이 큰 축을 차지하고 있기 때문에 배출권 시장의 침체는 향후 EU의

〈표 3-3〉 전 세계 10대 태양광모듈 공급업체

순위	업체명
1	진코 솔라(Jinko Solar)
2	트리나 솔라(Trina Solar)
3	캐나디안 솔라(Canadian Solar)
4	한화 큐셀(Hanwha Q-Cells)
5	JA 솔라(JA Solar)
6	GCL
7	퍼스트 솔라(First Solar)
8	잉리 그린(Yingli Green)
9	테일선(Talesun)
10	리센(Risen)

자료: PV Tech(2017년 4월 30일 검색).

탄소 배출 감소 계획에도 차질을 초래할 수 있다는 것이다.

또 다른 문제는 EU가 기후변화 문제에 능동적으로 대응하는 데 미국의 트럼프 정부가 장애물로 작용하고 있다는 점이다. 오바마 전임 행정부는 신기후체제 출범을 가져온 파리협정을 승인했다. 또한 오바마는 대통령령을 통해 국내 후속 조치를 마련했다. 그러나 트럼프는 신기후체제에 매우 회의적인 시각을 가지고 있다. 실제로 2017년 5월 개최된 정상회의에서는 트럼프 대통령과의 견해 차이 때문에 G7 정상이 신기후체제에 대한 메시지를 공동성명에 담지 못했다.

게다가 EU 차원의 노력에 힘입어 이제는 EU의 탄소 배출이 전 세계 탄소 배출에서 10% 정도를 차지하고 있다. 1990년에는 전 세계 탄소 배출의 1/5이 EU에서 배출되었다. 반면 중국 등 아시아 국가에서의 탄소 배출은 급격하게 확대되었다. 중국의 탄소 배출은 이미 EU의 2.7배 수준이다. 이와 같은 EU의 노력에 따른 탄소 배출 감소로 역설적이게도 전 세계 기후변화 대응에서 EU의 정책이 미치는 영향 역시 축소되었다. 따라서 향후 EU가 기후변화 문제에 대해 담론을 제시하더라도 온실가스를 배출하는 국가들이 동참해야 기후변화 문제 해결에 의미 있는 결과가 발생하는 상황이 되었다. 따라서 향후 EU에서의 기후변화에 대한 논의가 전 세계 차원에서 의미를 갖기 위해서는 주요 온실가스 배출 국가들의 협조가 반드시 필요하다.

참고문헌

김정아. 2014. 「EU 2030 기후·에너지정책 프레임워크」. 에너지경제연구원. ≪세계 에너지시장 인사이트≫, 제14-5호.

김지훈·이병하. 2014. 「신재생에너지발전의 확률적인 특성과 탄소배출권을 고려한 마이크로그리드 최적 운용」. ≪전기학회논문지≫, 제63권 제1호.

배준희·최이중·이종수·신정우. 2014. 「신재생에너지 도입행태 분석: OECD국가들을 중심으로」. ≪에너지경제연구≫, 제13권 제1호.

산업자원부·에너지경제연구원. 2002. 『기후변화협약과 교토의정서』.

송용주. 2016. 「독일 에너지 전환정책 추이와 시사점」. 한국경제연구원. ≪KERI Brief≫, 16-04.

안상욱. 2016. 「신재생에너지 확대 정책과 문제점: 미국과 EU사례를 중심으로」. ≪유럽연구≫, 제34권 4호.

안상욱. 2018. 「기후변화문제에 대한 에너지정책 대응: EU 사례」. 『EU, 미국, 동아시아의 에너지정책』. 한국학술정보.

유동헌. 2013. 『주요국의 신정부 출범과 에너지정책 영향 전망』. 에너지경제연구원.

윤영주. 2015. 「EU 차원의 에너지정책 수립·추진과 과제」. 에너지경제연구원. ≪세계 에너지시장 인사이트≫, 제15-32호.

국토환경정보센터. "기후변화협약". http://www.neins.go.kr/etr/climatechange/doc06a.asp (2017년 4월 25일 검색).

외교부. "기후변화협상". http://www.mofa.go.kr/trade/greengrowth/climatechange/index.jsp?menu=m_30_150_20 Parthemore(2017년 5월 1일 검색).

한국수력원자력. "발전원별 이산화탄소 배출량". http://blog.khnp.co.kr/blog/archives/10695 (2017년 1월 20일 검색).

한국에너지공단. "신재생에너지공급의무화제도". http://www.knrec.or.kr/knrec/12/KNREC 120700_02.asp(2017년 4월 3일 검색).

한국전력. "교토의정서". https://home.kepco.co.kr/kepco/KE/D/htmlView/KEDBHP009.do?menuCd=FN0103030202(2017년 4월 25일 검색).

IEA. "영국의 에너지자원별 전력 생산 비중".

Communication from the Commission to the European Council and the European Parliament. 2007.1.10. "An energy policy for Europe." http://eur-lex.europa.eu/legal-content/EN/

TXT/?uri=uriserv:l27067(2017년 3월 21일 검색).

European Commission. 2014. "Communication From the Commission to the European Parliament, the Council, the European Economic and Social Committee of the Regions." *A policy framework for climate and energy in the period from 2020 to 2030.*

_____. 2015. *EU energy in figures.* Statistical Pocketbook.

IEA. 2015. *World Energy Outlook 2015.*

Wang, Ucilia. 2014.12.3. "Guess Who Are The Top 10 Solar Panel Makers In the World?" *Forbes.* http://www.forbes.com/sites/uciliawang/2014/12/03/guess-who-are-the-top-10-solar-panel-makers-in-the-world/(2017년 5월 3일 검색).

European Commission. "Renewable energy statistics." http://ec.europa.eu/eurostat/statistics-explained/index.php/Renewable_energy_statistics(2017년 4월 25일 검색).

_____. "2050 Low Carbon Economy." https://ec.europa.eu/clima/policies/strategies/2050 _en(2017년 4월 27일 검색).

_____. "Primary production of liquid biofuels." http://ec.europa.eu/eurostat/statistics-explained/index.php/Energy_from_renewable_sources(2017년 5월 1일 검색).

Directorate General Energy, European Commission. "Renewable Energy Directive." https://ec.europa.eu/energy/en/topics/renewable-energy/renewable-energy-directive(2017 년 4월 25일 검색).

EPA. "Climate Change Indicators in the United States." https://www3.epa.gov/climatechange/science/indicators/ghg/us-ghg-emissions.html(2017년 5월 1일 검색).

http://www.iea.org/stats/WebGraphs/UK2.pdf(2016년 5월 3일 검색).

PV Tech. "Top 10 Module Suppliers in 2016." https://www.pv-tech.org/editors-blog/top-10-solar-module-suppliers-in-2016(2017년 4월 30일 검색).

SANGBAG. "EUA closing prices." https://sandbag.org.uk/2016/09/02/eu-carbon-price-falls -below-e4-2/(2017년 4월 29일 검색).

04

일본의 기후변화 정책과 거버넌스

한희진

1. 서론

이 글은 크게 두 가지 문제의식에서 출발한다. 첫째, 일본은 첨단 기술을 보유한 경제 강국으로서 어떻게 글로벌 기후변화 거버넌스에 기여해왔는가? 둘째, 기후변화라는 전 지구적 도전 과제에 당면해 일본정부는 어떠한 기후변화 정책을 입안하고 집행해왔는가?

이 글은 이 문제들에 포괄적인 답을 제시하는 것을 목적으로 하며 다음과 같이 구성된다. 2절에서는 현재 인류가 당면한 글로벌 기후변화 문제에 경제 대국인 일본은 어떠한 책임이 있으며, 또한 글로벌 기후변화가 일본 경제, 정치, 사회, 환경 등 제반 분야에 어떠한 영향을 가져왔는지 간단히 논의한다. 이로써 일본이 기후변화 문제에 더 적극적으로 대응하게 된 국제적·국내적 동기와 요인을 설명한다. 3절에서는 기후변화 문제에 전 지구적으로 대응하는 데 있어 일본은 선진국으로서 국제무대에서 어떠한 역할을 수행해왔는지 논의한다. 4절에서는 일본이 국내 정치 및 정책 과정에서 어떠한 법적·제도적·정책적 대응과 전략을 통해서 기후변화 문제의 해결을 모색해왔는지 에너지 및 환경 정책을 중심으로 분석한다. 또한 2011년 3월에 발생한 후쿠시마 원전 사고를 기점으로 그 이전과 이후의 기후변화 정책에서의 변화를 살펴본다. 마지막으로 결론에서는 향후 기후변화 대응에서의 일본의 도전 과제를 고찰한다.

2. 기후변화와 일본

1980년대부터 기상이변 현상이 세계 각지에서 속출하면서 기후변화 문제에 대한 국제사회의 위기의식이 날로 확산되어왔다. UN을 필두로 한 국제사회는 1990년대 초반부터 현 세대와 미래 세대의 지속 가능한 발전과 인류의 생존과 번영을 위해서는 기후변화 체계의 보전과 이를 위한 온실가스 농도의 안정화가 필수 불가결한 과제임을 자각하기 시작했다. 1992년에 개최된 UN환경개발회의(리우 정상회의)에서 글로벌 기후변화가 인류의 당면 문제임이 공식 선포된 이래, 기후변화에 맞서 각 주권 국가와 다양한 경제·사회 주체들이 어떻게 합리적이고 효율적인 완화 및 적응 정책을 펼 것인가는 국제사회의 주요 화두였다. 이러한 추세를 반영하듯 2017년 개최된 다보스 세계경제포럼(World Economic Forum)의 참가자 750명을 설문 조사한 결과, 극심한 기후변화와 이로 인한 이주, 자연재해 등이 전 세계와 인류가 당면한 가장 큰 과제로 선정되었다. 또한 포스트 교토체제를 규정하는 파리협정의 발효로 지구온난화의 정도를 산업혁명 이전 대비 2도로 제한하자는 공통의 목표를 달성하기 위해 선진국과 개도국 모두에 온실가스 감축 의무가 부과되면서 2030년까지 총 13조 5000억 달러의 경제적 비용이 예상되고 있다(박경민, 2017.1.24). 이렇듯 기후변화는 단순히 지구 환경의 변화만이 아닌 국가들의 경제적 이익 및 국익과도 직결되면서 국제사회에서 가장 중요한 정책 의제로 부상하게 되었다.

일본은 여러 면에서 다른 선진국들과 마찬가지로 국제사회가 당면하고 있는 지구온난화와 기후변화 문제에 부정적으로 기여해왔다는 지적과 역사적 책임(historical responsibility)으로부터 자유로울 수 없다. 19세기 중반 산업혁명 이래 인류가 대기로 배출한 이산화탄소의 70%는 대부분 선진국에 그 책임이 있다. 1840년부터 2004년까지 누적 이산화탄소 배출 비중을 집계하면 일본의 배출량은 미국, 러시아, 중국, 독일, 영국 다음으로 비중이 높았다(조흥섭, 2007.12.4).

일본은 메이지유신을 통해 서구의 산업혁명과 근대화의 경로를 모방하며 아시아에서 산업화에 가장 먼저 진입했다. 제2차 세계대전에서의 패배와 그로 인한 일본 제국주의 정권의 몰락 후 일본은 전후 경제 및 사회의 재건 및 성장을 국내 정치경제의 최우선 순위로 채택했다. 그러나 1960년대와 1970년대의 급속한 경제성장은 에너지와 자원의 지속적 투입을 의미했고 점증하는 에너지 수요에 부응하기 위해 일본은 화석연료의 비율을 점차 늘려나갔다. 이로써 일본은 액화천연가스(LNG)의 가장 큰 수입국이 되었으며 석탄 수입에서는 세계 2위, 원유와 기타 석유 상품의 수입에서는 세계 3위의 수입 국가가 되었다. 이러한 화석연료를 바탕으로 한 가파른 고속 경제성장의 시기에 일본정부는 악화되는 대기 및 수질 환경의 오염에 대항하는 시민사회 및 지방자치단체들의 반공해운동에 대한 대응책으로 기초적인 환경보호 정책과 제도를 마련하기 시작했다. 공해방지 관계법령의 집행을 총괄하는 환경청의 신설과 1967년 환경오염통제를 위한 기본법(The Basic Law for Environmental Pollution Control)의 제정 등이 그 예이다(윤이숙, 2012: 10~11).

일본이 고도성장을 이루던 1973년 발생한 제1차 오일쇼크는 에너지원의 85% 이상을 해외 수입에 의존해오던 일본에 심각한 경제적 위기를 야기했으며 1979년 또 한 번의 오일쇼크로 인해 일본정부는 에너지 안보 문제에 더욱 경각심을 가지게 되었다. 국제 정치에서 발원된 에너지 안보 문제에 대한 불안감을 해소하기 위해 일본정부는 에너지 효율성의 제고 방안과 에너지 절약 방침을 마련해 전 산업계와 국민들에게 부과했다. 예를 들어 1979년에는 '에너지사용합리화에 관한 법률(에너지절약법)'을 공표하고 화석에너지의 대체 에너지로 신에너지 개발 및 도입에 필요한 조치를 강구하기 위해 비화석에너지 공급 목표를 포함해 총 12조로 구성된 '석유 대체에너지의 개발 및 도입 촉진에 관한 법률'을 1980년 시행했다(한국에너지기술연구원, 2016: 3). 또한 수급이 안정적이고 비교적 깨끗한 에너지원에 대한 사회적 요구가 증가하면서 원자력발전이 대안으로 부상했고, 정부는 향후 30년간 700억 달러를 원자력 연구에 투자하기로 결정했다(윤이숙, 2012: 12).

이렇듯 일본은 1970년대 후반부터 에너지 절약과 에너지 효율성 제고, 신재생에너지의 개발 등에 꾸준히 투자해오면서 에너지 및 환경 기술 선진국으로 발전해왔다. 그러나 일본은 전후부터 2010년까지 세계 2위의 경제 대국의 지위를 누려온 결과 여전히 온실가스 배출의 주범으로 남아 있으며 세계 총 배출량에서 중국, 미국, 러시아, 인도와 함께 5대 국가로 국제사회의 지탄을 받아왔다. 따라서 경제 및 기술 강국인 일본이 지구 기후변화 문제의 대응에서 강대국으로서의 책임감을 가지고 더욱 적극적인 역할을 담당하라는 국제사회의 기대감과 압력이 점차 증가하기 시작했다. 일본정부 또한 냉전이 종식된 1990년대 초부터는 제2차 세계대전에서의 패배 이후 자국의 경제 복구 및 성장에만 집중하며 소극적인 외교 태세를 지켜오던 기존 경로를 벗어나 강대국으로 부상하고자 하는 국제적 비전을 가지게 되었다. 이를 위해 다양한 비군사적·비안보적 영역에서 자국의 지위와 리더십 등 소프트파워를 강화하는 일에 더욱 주력하게 되었다(강혜자, 2009: 206). 이러한 내부적 동인이 앞에서 설명한 국제사회로부터의 요구와 맞물리면서, 일본 정계와 관료 사회 내부에서는 기후변화에 적극 대응하기 위해 온실가스 감축을 통한 저탄소 발전을 추구함으로써 국내 경제를 지속적으로 성장·발전시켰고 이와 더불어 일본의 국제적 위상을 제고하자는 목소리가 높아졌다. 다음 절에서 더 자세히 다루겠지만, 일본은 1997년 세 번째 COP 회의를 교토에서 유치하며 의장국으로서 교토의정서라는 기후변화 레짐을 형성하는 데 기여하는 등 글로벌 기후변화 거버넌스를 위한 다양한 역할을 수행해왔다(Jain, 2013: 250).

그러나 2010년 일본의 에너지 자급도는 핵연료를 포함해도 18%에 불과한데, 이는 OECD의 평균치인 70%와 극적으로 대비된다. 이러한 구조적 문제로 인해 에너지 안보는 여전히 일본정부가 가장 중점을 두는 목표이자 과제로 남아 있다. 1970년대 2차 오일쇼크를 경험한 이래 일본정부는 에너지 수입원의 다원화 정책을 여전히 고수하고 있으며, 국내에서는 원자력발전과 수력, 다양한 재생 가능 에너지 등을 포함한 폭넓은 에너지원으로부터 전력을 생산하는 데 정책적 지원과 기술적·재정적 자원을 투입해왔다. 그럼에도 불구하고 화석연료는 여전히 일본의 에너지 안보에서 중요한 역할을 담당하고 있다. 2011년 초 발생한 후쿠시마 원전 사고 이후에는 원자력발전량이 감소하고 화석연료의 비중이 상대적으로 더 커지면서 일본이 온실가스 감축 목표와 정책을 효과적으로 달성하고 이행할 수 있을지에 대한 국내적·국제적 우려가 점증하고 있다(윤이숙, 2012: 13). 이렇듯 에너지 문제와 기후변화 문제는 상호 의존적인 문제로서, 일본의 정책 결정자들에게 점차 중요한 이슈로 부상했다.

이와 더불어 일본이 기후변화 문제에 점차 주목해온 또 다른 배경으로는 기후변화가 일본 열도에 미치는 직간접적인 영향을 들 수 있다. 일본이

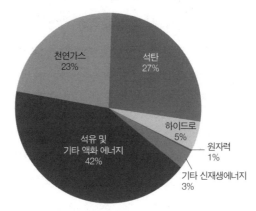

〈그림 4-1〉 2015년 일본의 에너지 소비 현황

자료: EIA International Energy Statistics(2016), https://www.eia.gov/beta/international/analysis.cfm?
iso=JPN(2018년 3월 22일 검색).

속한 아시아는 기후변화로 인한 부정적인 영향과 피해를 가장 크게 경험하고 있으며, 기후변화의 흐름을 되돌리는 근본적인 해결책이 부재하는 한 지속적으로 피해가 예상되는 대륙이기도 하다. 1980년대부터 2012년까지 아시아 지역에서는 기후변화로 야기된 다양한 자연재해로 인해서 수많은 사상자가 발생했으며 이 지역의 정부와 사회는 경제 및 인간 안보(human security) 분야에서 상당한 손실을 입어왔다. 1980년부터 보고된 전 세계 총 손실액은 4조 달러에 달하는데, 이 중 3/4이 급격한 기후변화와 직접적으로 연관이 있다. 이 손실액의 약 절반이 아시아에서 발생했는데, 이는 연평균으로 계산하면 약 530억 달러라는 막대한 비용이다(Dimsdale, Gallagher and Born, 2015: 5).

아시아 국가 중에서도 일본은 자원 부족 국가이자 도서 국가로 기후변화가 야기하는 다양한 영향에 직간접적으로 노출되어 있다. 2010년을 기준으로 일본은 이미 전 세계 4위의 자원 수입 국가였는데 기후변화는 일본의 자원 수입에 영향을 미치고 있다. 일례로 일본이 미국으로부터 수입하는 곡물 규모는 전 세계 모든 양자 간 무역 규모를 상회한다. 그러나 곡물 가격은 기후변화로 인해 지속적으로 상승해왔고 2030년까지 대표적 수입 곡물인 옥수수와 밀의 가격은 약 각각 177%와 120% 상승할 것으로 보인다(Dimsdale, Gallagher and Born, 2015: 5). 이렇듯 기후변화로 인한 세계 농업 경제 부문에서의 공급량 및 가격 변화로 인해 일본의 자원 및 물자 수입이 크게 영향을 받을 것으로 예상되며, 이는 곧 일본 국가 경제의 운영 및 사회의 생산 활동 등이 전면적인 타격을 입는다는 것을 의미한다.

또한 일본은 도서 국가로서 기후변화로부터 가장 큰 영향을 받는 고위험군 국가로 분류되어온 동시에 기후변화로 야기되는 자연재해에 취약한 도시의 수를 가장 많이 보유한 4개국 중 하나이다(Dimsdale, Gallagher and Born, 2015: 15). 일본 환경성은 2008년 14개 대학과 전문가 44명의 공동 연구를 통해 온난화로 인한 기온 상승이 자연환경과 건강, 농업 생산 등에 미칠 영향을 예측했는데, 당시 연구(온난화 영향 예측 프로젝트)에서는 강우량이 많고 국토의 70%가 산악 지대인 일본은 기후변화의 영향에 특히 취약한 것으로 드러났다. 이 보고서에 따르면 기온이 1990년 대비 2도 오를 것으로 예측되는 2030년 이후에는 일본의 태평양 연안과 산악 지역을 중심으로 집중 호우가 더욱 빈발할 것이며 이로 인한 2030년의 연간 홍수 피해액 규모는 2008년 대비 약 1조 엔(약 10조 원)이 증가할 것으로 예상된다. 태풍과 침수 피해 역시 점차 확대될 것이고, 해수면의 점진적 상승으로 도쿄와 오사카, 이세만 일대의 대도시 지역 주민 52만 명이 침수 피해를 입을 가능성이 있으며, 2000년에 비해 기온이 4.8도, 해수면이 38cm까지 오를 것으로 예상되는 2100년에는 137만 명이 침수 피해를 입을 수 있다는 전망도 나왔다(≪중앙일보≫, 2008.5.31). 〈그림 4-2〉는 일본의 평균기온 및 해수면 상승의 변화 전망을 보여준다. 이렇듯 기후변화로 인한 직간접적인 영향은 일본정부와 국민들에게 문제의 심각성을 상기시키고 있으며

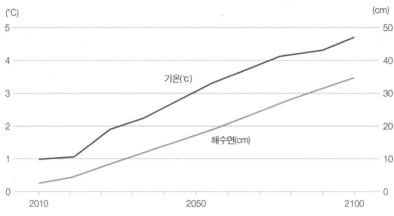

〈그림 4-2〉 일본의 평균기온 및 해수면 상승 전망

주: 기온은 1990년 대비, 해수면은 2000년 대비 수치임.
자료: ≪중앙일보≫(2008.5.31).

시민사회 역시 국가가 기후변화 대책 마련에 더욱 적극적인 노력을 기울일 것을 촉구하고 있다.

요약하면 아시아에서 산업혁명의 선발 주자인 일본은 미국과 유럽 여러 국가 등 서구 시장경제 선진국과 마찬가지로 기후변화를 초래한 역사적 주범이라는 국제사회의 비판으로부터 자유로울 수 없다. 또한 섬나라이자 에너지 자원 및 기타 부존자원이 빈약한 국가인 일본은 기후변화가 야기하는 여러 부정적 영향에 직간접적으로 노출되어 있다. 온실가스 대책은 지구온난화 문제뿐만 아니라 에너지 대책, 그리고 미래 국가 산업의 비전과도 밀접히 연관되어 있어 국가의 총체적 경쟁력이 걸려 있는 문제이다(이수철, 2010: 78). 이러한 배경하에서 일본은 국제무대에서뿐만 아니라 국내 정치 및 정책 과정에서도 기후변화에 대한 대응 및 적응을 점차 우선순위에 두며 다양한 해법을 모색하게 되었다. 다음 절에서는 글로벌 기후변화의 의제와 방향을 설정하고 기후변화 문제 해결의 협력적 거버넌스를 구축하기 위해 일본이 국제사회에 기여해온 여러 방면의 노력을 논의한다. 그다음으로는 기후변화와 관련된 도전 과제를 해결하기 위해 일본정부가 국내 제도적·법적 측면에서 어떠한 노력을 기울여왔으며 그 과정 속에서 어떠한 제약과 도전 과제에 봉착해왔는지를 논한다.

3. 글로벌 기후변화 거버넌스에서의 일본의 역할

1) 국제무대에서의 일본의 역할

1992년 5월 UN본부에서 작성한 협정서에서 참가국들은 현세대와 미래 세대를 위해 기후변화 체계를 보전하고 온실가스 농도를 안정화할 것을 결의했다. 한 달 이후 개최된 UN환경개발회의는 기후변화가 인류의 지속 가능한 성장과 미래에 중요한 화두임을 확인하고 각국 정부에 UN기후변화협약을 승인해줄 것을 요청했으며 1995년부터는 매년 정기적 모임을 통해 국가별 온실가스 배출량의 통제에 대해 협의하고 협의사항의 이행을 검토해왔다.

인간이 기후체계에 위험한 영향을 미치지 않을 수준으로 대기 중의 온실가스 농도를 안정화하자는 목표를 정한 이 기후변화협약의 작성을 준비하기 위해 1990년 UN이 설치한 정부 간 교섭위원회의에서 일본은 2개의 작업반(Working Group) 중 하나의 공동의장직을 맡아 협약 작성 과정을 주도했다(카노우 다케히로, 2016: 14). 또한 일본정부는 연이어 열린 리우 정상회의에서 생물다양성협약과 함께 이 기후변화협약에 서명했다. 더 나아가 일본은 기후협약하에서 지구온난화 대책을 강화하기 위해 당사자국 모임인 COP의 3번째 모임을 교토에서 주최했다. 이 COP3에서 일본은 하시

모토 류타로 내각의 오오키 히로시 장관이 의장을 맡아 기후변화협약에서 가장 중요한 문서가 된 교토의정서를 주도적으로 작성했다. 일본은 의장국으로서 사전 교섭에서부터 미국, 유럽, 일본 3강의 수치 목표 설정, 의정서 작성에 이르기까지 전 과정을 주도적으로 이끌며 국제무대에서 자국의 외교력과 지도력을 상당 부분 강화했다(카노우 다케히로, 2016: 18). 또한 교토의정서 논의 과정에서 우방인 미국이 2001년 부시 정권으로 정권이 교체된 후 의정서에 불참하겠다고 선언했음에도 불구하고 일본정부는 2001년 내내 의정서의 발효를 위해 총력을 기울였으며 감축 목표를 달성하기 위해 자국의 제도를 구비·보완하겠다는 의지를 대내외에 피력해 2002년 6월 교토의정서를 공식 체결하게 되었다(카노우 다케히로, 2016: 21).

1997년 12월 11일 교토에서 작성 채택되고 2005년 2월 16일 발효된 교토의정서는 부속서 I 국가에 2008년부터 5년간 1990년 대비 일정 목표치만큼 온실가스 배출 감축의 의무를 부과하는 부속서B의 내용을 골자로 한다. 일본은 192개 당사국 중 하나로 1990년 배출량 대비 6%의 감축 목표를 발표했다(미국은 7%, EU 15개국은 8%를 목표로 상정). 일본은 산림 흡수원을 통해 3.8%, 교토의정서에 명시된 메커니즘을 통해 1.6%, 실의무 감축량 0.6%를 통해 이 목표를 이행한다는 계획을 세웠다. 아울러 감축 목표를 이행하기 위한 체제 정비의 일환으로 1998년 '지구온난화 대책 추진에 관한 법률'(이하 '온대법')을 제정해 국내 경제·사회 각계각층이 노력할 것임을 선언했다.

일본은 또한 계속해서 제1차 아베 신조 내각에서 '쿨 어스 50(Cool Earth 50)', 후쿠다 야스오 내각에서 '쿨 어스 파트너십(Cool Earth Partnership)' 등 기후변화와 관련된 이니셔티브를 발표했으며, 2008년 홋카이도 도야코에서 열린 G8 정상회의에서는 후쿠다 내각 아래 2050년까지 전 세계 온실가스 배출량을 절반으로 줄여야 한다는 범지구적 목표를 제시했다. 일본은 기후변화 문제를 해결하기 위해 선진국이 앞장서서 온실가스 배출량의 80%를 감축해야 한다는 목표를 제시하면서 자국 역시 온실가스 배출량을 현재보다 60~80% 감축할 것을 약속했다.

이러한 목표를 달성하기 위한 저탄소 이행 계획으로 일본은 저탄소 기술 발전을 위한 혁신(Innovation), 기존 기술의 적용(Application), 다양한 이해 당사자 간의 협력 체제 구축(Partnership)이라는 세 가지의 구체적인 실천 계획을 제시했으며 온실가스 감축을 위해 일본이 좀 더 공격적인 외교 및 대외 정책을 펼칠 것이라고 밝혔다(한국에너지기술연구원, 2016: 11~13). 구체적으로는 혁신과 협력 체제의 구축이라는 목표와 관련해, 기술 개발을 추진해 미래 온실가스 감축을 보장하고 개발도상국의 개발 및 발전 요구에 부응해 현지 적용형의 기술 개발을 도모할 것임을 밝혔다. 또한 기초연구 분야에서 주요 강대국과의 협력을 추진하고 혁신을 가속화하기 위해 세계 산학연 및 세계 정상이 모이는 에너지 환경혁신 포럼 등의 아이디어를 주창하며 후자를 일본에서 매년 개최하겠다는 의사를 밝혔다. 또한 국내에서는 2020년까지 국가 및 지방의 기초적 재정수지가 흑자로 전환한다는 것을 전제로 민관이 협력해 5년간 1100억 달러를 국내 저탄소 기술에 투자한다는 목표를 제시했다. 또한 지속적인 기술 개발 및 보급을 위해 기술 로드맵을 포함한 '저탄소 기술 계획(low carbon technology plan)'을 개정했다. 이 계획에 포함된 구체적인 기술 분야로는 이산화탄소 포집 및 저장 기술(화력발전소 등에서 배출되는 이산화탄소를 회수해 지하에 저장·분리·회수하는 기술)의 고효율화, 자동차 등 수송 기기의 경량화와 연비 향상, 탄소섬유 분야 등이 있다. 적용 분야에서는 일본이 저탄소 기술과 노하우를 세계적으로 보급·이전함과 동시에 절감 효과를 효과적이고 정확히 검증할 수 있는 기술을 더욱 발전시킬 것이라는 계획을 밝혔다. 또한 세계 최첨단 온실가스 측정 위성을 2017년까지 발사해 아시아 중심으로 국가별·대도시 단위별 온실가스 배출량을 정확히 모니터링하겠다는 구체적인 계획 또한 제시했다.

이렇듯 일본은 기후변화에 대응하는 UN 등 국제기구의 논의 및 국제사회의 다양한 노력에 부응하면서 의제 형성 및 정책 입안 과정에 적극적으로 참여했다. 또한 책임 있는 강대국으로서의 외교력과 소프트파워를 제고하고 점증하는 국내외의 환경적 요구에 부응하기 위해 기후변화와 관련된 다양한 정책을 도입했다. 그러나 교토의정서 1차 공약 기간(2008~2012)이 종료된 이후 기후변화 체제 성립에 관해 어떤 정책을 취해야 할 것인가는 일본에 매우 중요한 문제를 제기했다. 이와 관련해 일본정부는 2009년 12월 코펜하겐 COP15 이후 신기후체제 구축을 적극적으로 모색하면서, 국제무대에서 자국이 의장국이 되어 설립에 기여했던 교토의정서의 연장과 유지에 반대한다는 다소 역설적인 입장을 채택했다. COP15 이후 일본 정부단의 교섭 방향은 2010년 11월 30일 총리 이하 관계 각료위원회의에서 최종적으로 확정되었는데, 그 방향은 세계 모든 주요국이 참가하는 포괄적 체제의 구축으로 이어지지 않는 한 일본은 현 교토의정서가 연장되는 것은 어떤 조건하에서도 반대한다는 것이었다. 한편 교토의정서를 대체할 신기후체제의 설립과 운영을 위해 자국의 기후변화 교섭대표들이 준비한 바람직한 설계도 및 지식과 경험을 국제사회와 공유하겠다고 제안했다(카노우 다케히로, 2016: 202). 일본의 이러한 입장은 미국, 중국 등과 같은 온실가스 최대 배출국이 불참하고 한국이나 싱가포르처럼 일본과 점차 기술 경쟁 관계에 돌입하고 있는 국가들이 유사 감축의 의무를 지지 않는 한 교토체제의 연장은 자국의 경쟁력을 약화시킬 수 있다는 우려를 반영한 것이었다(윤이숙, 2012: 32).

일본정부는 2010년 11월 멕시코 칸쿤에서 열리는 COP16에서 신기후체제의 설립을 주장하는 자국의 입장이 더욱 설득력을 갖기 위해서는 국내 정책의 정비가 선결되어야 한다는 판단하에 격렬한 내부 논의를 통해 '지구온난화 대책 기본 법안'을 의회에 제출했다. 이 법안은 1998년 제정된 '온대법'을 대체하는 것으로, 주요 내용으로는 다음을 포함했다. 첫째, 중기 감축 목표로 2020년까지 25%를, 장기 감축 목표로 2050년까지 80%를 설정한다. 둘째, 온난화 대책을 위해 지구온난화 대책세, 재생 가능 에너지의 전량 매수제, 국내 배출권거래제의 도입을 추진한다. 셋째, 정부 전체가 각종 시책을 동원해 목표를 달성하기 위한 체제 구축에 노력할 것이며, 구체적인 방안으로 기본계획의 책정, 지구온난화 대책본부 설치 등을 제시한다(카노우 다케히로, 2016: 41~42).

교토체제의 취약점을 보완하는 포괄적 신기후체제의 제안과 그 제안을 실천하기 위한 일본의 약속에도 불구하고 2010년 11월에 열린 COP16에서 교토의정서 연장에 반대하는 일본정부 대표단의 발언은 큰 파장과 비난을 불러일으켰다. 일본은 그러나 어떠한 상황이나 조건하에서도 교토의정서의 2차 공약 기간 설정을 위한 부속서B에 목표 수치를 기입하지 않을 것이라고 다시 한 번 밝혔다. 일본은 칸쿤 COP16에서 합의된 섭씨 2도의 목표를 위해 2050년까지 전 세계 배출량을 50% 감축해야 한다는 목표에는 동의하지만, 이를 위해서는 전 세계 모든 주요국이 참여하는 공평하고 실효성 있는 구체적인 체제를 구축하고 교토의정서를 대체하는 새로운 포괄적 법적 문서를 신속히 채택하는 것이 중요하다는 원칙론을 고수했다(카노우 다케히로, 2016: 58, 90). 이는 유럽이 교토의정서의 연장에 찬성하는 방향으로 선회하고 기후변화 외교 무대에서 중국을 포함한 신흥국들의 협상력과 존재감이 상승하는 상황에서 일본이 고립되는 결과로 귀결되었다.

이러한 국제사회의 비난 여론을 인식한 듯 일본은 2011년 11월 말 '세계 저탄소 성장'이라는 비전을 제시했다. 세계 저탄소 성장 비전은 세 가지 요소를 포함하는데, 선진국 간의 연대에 의한 저탄소 기술 혁신, 저탄소 기술 보급을 촉진하기 위한 시장경제체제 구축, 그리고 기후변화 취약 국가들에 대한 배려가 그 내용이었다.

국제사회는 2015년 파리에서 열린 COP21 회의 결과 미국, 중국 등을 포함한 전 세계 196개 국가가 12월 12일 파리협정을 체결하고 온도 상승 폭을 1.5도로 제한하기로 합의했다. 일본정부는 COP21에 대비해 2015년 7월 17일 온실가스 배출량을 2030년까지 2013년 대비 -26% 수준(2005년 대비 -25.4%)으로 감축하겠다는 약속 초안을 결정해 제출했다. 일본정부의 입장에서는 결과적으로 모든 주요 국가가 참여해 기후변화 제도와 법 집행에서의 투명성을 제고하자던 자국의 입장과 제안이 파리협정의 체결로 인해 일정 부분 받아들여졌다고도 볼 수 있다.

일본은 앞에서 논의한 바와 같이 교토의정서를 설립하는 데 중요한 역할을 담당했으며, 교토체제하에서 UN 등 국제기구 및 주요 당사국들과 협력하고 스스로 감축을 위한 자발적인 목표인 INDC를 제시함으로써 온실가스 감축을 위한 선진국으로서의 면모를 드러내고자 했다. 또한 교토체제를 계승하는 포괄적인 포스트 교토체제를 구축하기 위해 국제사회의 비난 여론에도 불구하고 신기후체제 구축을 주장하면서 기후변화 국제레짐의 형성과 의제 설정에서 목소리를 높여왔다.

2) 개발도상국을 대상으로 한 지원 및 협력 증진

일본은 기후변화와 관련된 국제레짐의 형성과 발전에서 외교력과 영향력을 발휘하기 위해 일련의 시도를 함과 동시에 개발도상국 및 기후변화 취약국을 대상으로 지원과 파트너십을 구축하는 측면에서도 리더십을 발휘해왔다. 일본은 교토체제의 공약 이행 기간 동안 국내에서 온실가스 감축 노력을 기울였을 뿐만 아니라 청정개발체제를 활용해 개발도상국의 온실가스 감축 노력을 지원함으로써 자국의 감축 실적을 쌓았다. 특히 산림 보전 분야에서 일본은 최대의 개도국 지원 실적을 쌓았는데, 개도국들의 산림 상태를 파악하는 위성 기술을 이용해 식림 프로젝트를 진행했다. 2010년 12월 말을 기준으로 일본은 청정개발체제를 통해 약 1억 300만 톤에 해당하는 탄소배출권(1톤에 해당하는 이산화탄소의 양)을 보유했는데, 이로써 일본은 세계 배출권 시장에서 가장 큰 구매자가 되었다(Le and Delbosc, 2012: 1).

일본은 2000년대 초부터 기후변화와 관련해 개발도상국의 지원과 협력에 관심을 기울여왔다. 2002년 요하네스버그에서 열린 지속 가능발전을 위한 세계정상회의(WSSD)에서 고이즈미 총리는 개도국에 대한 인적 자원 지원을 통한 지속 가능발전의 추구라는 목표를 담은 '고이즈미 이니셔티브'를 발표했으며, 2004년에는 11년 만에 공적개발원조(ODA) 헌장을 개정해 지속 가능발전, 인간 안보, 빈곤 퇴치 등의 문제를 강조하면서 일본의 민간 부문과 시민사회가 개발도상국의 환경문제 해결을 위한 파트너십에 참여할 것을 촉구하기도 했다(윤이숙, 2012: 13).

이후에도 일본은 다양한 정책을 통해 기후변화 부문에서 개발도상국을 원조하기 위해 힘썼다. 예를 들면 2008년 초 후쿠다 내각에서 제안된 '쿨어스 파트너십'은 개도국에 2012년까지 5년간 100억 달러를 지원할 것을 약속했다. 이는 2009년 민주당의 하토야마 유키오 총리로 정권이 교체되면서 2010년에서 2012년까지 개도국에 3년간 150억 달러를 지원하는 패키지인 '하토야마 이니셔티브'로 계승되었고, 이는 코펜하겐 COP15에서 발표되었다. 또한 일본은 2011년 말 세계 저탄소 성장 비전을 발표해 선진국뿐만 아니라 개도국 및 기후변화 취약국과의 협력과 교류를 증진하고 확대할 것이라고 밝혔다. 이는 일본이 2012년까지 개도국 지원 약속을 성실히 이행했음을 국제사회에 알리고 2013년 이후 일본의 협력 방침을 명시하는 선언이었다. 이러한 정책을 이행하기 위해 일본은 유상·무상 원조, 기술 협력, 민간 자금의 이용 등 다양한 방법을 모색했다. 일본은 개발도상국이 경제 발전과 배출 감축이라는 목표를 동시에 달성하는 방안으로 저탄소 성장을 실현할 수 있도록 자국을 포함한 선진국들이 민관의 협력을 통해 저탄소 기술과 제품을 보급·이전하는 체제를 구축해야 한다고 제안했다. 또한 교토의정서에 의해 설립된 청정개발체제 시스템을 개선하고 새로운 시장 체제를 구축하기 위해 개발도상국과의 양자 간 협력이나 지역 단위에서의 협력을 모색했다.

이 부문에서의 주요 성과를 살펴보면, 일본은 단기 재원을 통해 하토야마 이니셔티브에서 밝힌 약속을 충실히 이행했다. 일본정부는 2010년 9월 이미 2012년까지 3년간 150억 달러를 투자하겠다는 목표의 절반 정도에 해당하는 72억 달러를 지원했다. 또한 2012년 10월 말에는 하토야마 이니셔티브에서 명시한 지원 약속을 상회하는 174억 달러를 이미 투자했다. 구체적인 지원 내용을 보면, 신흥 개도국, 아프리카, 남태평양 소도서국 등에 재생 가능 에너지 기술 및 저탄소 기술, 에너지 절약 기술을 보급하고 방재, 수자원 관리, 산림 대책 등 적응 역량을 강화시키는 내용 등이 포함되었다. 일본은 2013~2015년 3년간 총 1조 6000억 엔을 기후변화 분야에 지원해 아시아 여러 국가와의 협력 체제를 강화하고자 계획했다(한국에너지기술연구원, 2016: 13).

또한 일본정부는 포스트 교토체제하에서의 새로운 시장 메커니즘으로 개도국과 자국에만 적용되는 이국간신용제도(Joint Crediting Mechanism, 이하 JCM)를 고안했다. 이 제도는 교토체제에 대한 일본 산업계의 오랜 불만이 분출한 데다 2011년 일본이 후쿠시마 원전 사고를 겪으면서 원자력발전량의 증대를 통해 온실가스 감축 목표를 달성하려 했던 계획에 차질이 생기면서 2013년 이후 온난화 대책 목표의 이행 가능성이 우려되자 고안된 측면이 있다(카노우 다케히로, 2016: 84). 또한 이 제도는 부분적으로는 신기후변화체제 교섭에서 개발도상국을 아군으로 포섭하고 이들 국가의 저탄소시장을 다른 선진국보다 선점하려는 일본정부의 전략적 의도를 반영한다는 해석도 있다(카노우 다케히로, 2016: 42; Le and Delbosc, 2012).

JCM 제도는 교토의정서하에서의 청정개발체제와 마찬가지로 선진국인 일본이 개발도상국의 배출 감축 노력을 지원하고 그 결과를 자국 감축 목표에 반영하는 체제를 말하는데, 차이점은 청정개발체제가 UN을 통한 다자주의의 틀에서 집행되는 것이라면 JCM 제도는 일본과 개발도상국 파트너 양자 간에 시스템이 구축되고 운영된다는 것이다. 이 제도는 기존 교토체제의 청정개발체제와 연계성을 가지면서 지역이나 개발도상국의 실정에 맞는 저탄소 투자를 실현할 수 있는 보완적 체제인 것이다. 즉, JCM 제도는 일본과 개발도상국 양자 간에 설립된 합동위원회를 중심으로 의사결정과 절차가 간소화됨으로써 다자주의 체제에서 더욱 낮은 거래비용으로 감축 목표를 신속히 이행할 수 있다는 장점을 지닌다(카노우 다케히로, 2016: 271). 또한 수송, 폐기물 처리, 에너지 효율, 재생 가능 에너지, 산림 프로젝트 등 폭넓은 저탄소 기술 분야를 적용 대상으로 한다. 일본정부는 개발도상국 협력국과의 양자 대화를 통해 감축 방향과 저탄소 성장의 구체적인 프로그램을 정하기 때문에 개별 개발도상국이 처한 상황과 조건에 더 민감하게 대응할 수 있다고 보았다.

JCM 제도를 개발하기 위해 일본 경제산업성과 환경성은 2010년부터 민간 기업과 협력해 개발도상국의 후보국과 적용 가능 부문을 대상으로 100회가 넘는 예비타당성 실증 검사를 진행해왔다. 2011년에만도 83억 엔을 예비타당성 조사 프로젝트에 투입했다(Le and Delbosc, 2012: 3). 이후 외무성이 가세해 일부 국가와 JCM의 체결을 공식적으로 추진하기 시작했다. 그 결과 인도, 베트남 등이 이 제도에 참여하기 위한 협상을 시작했다 (카노우 다케히로, 2016: 54). 2013년 1월에는 몽골과 양자 문서를 서명했고, 캄보디아, 인도네시아 등과 협의가 이루어졌다. 2014년 말에는 몽골, 방글라데시, 인도네시아를 포함한 12개국과 서명이 완료되었다.

이 프로그램은 개도국에 일본의 저탄소 기술과 기반 시설의 보급을 촉진함으로써 일본과 개발도상국 파트너 국가가 모두 이익을 보는 상생(원원) 전략으로 고안되었다. 또한 일본은 JCM 제도가 UN의 기후변화 협력 메커니즘을 약화시키지는 않더라도 세계 탄소시장의 분열을 가져올 수 있다는 유럽과 일부 환경단체의 우려를 감안해 UN과 긴밀한 협의하에 이 제도를 진행할 것을 약속했다. 그러나 청정개발체제 등 유사 제도 간에 이중계상(더블 카운트) 문제를 방지하고, 이행 상황의 투명도 등을 높여 일본과 개발도상국 간의 거래를 통해 추가적인 감축 효과가 실질적으로 발생하도록 하며, 국제적 차원에서 검증 가능한 탄소 크레디트의 선정 방법을 구축하는 등의 도전 과제가 여전히 남아 있다.

이렇듯 일본은 국제사회의 다양한 이해 당사자 국가와의 연계 및 협력 체제 구축을 강조해왔으며, 특히 개발도상국과 기후변화에 취약한 국가를 위한 저탄소 경제성장 및 온실가스 감축 기술의 지원에 노력을 기울여왔다. 또한 저탄소 기술의 혁신과 확산을 위해 아시아 각국과의 협력을 약속하는 한편, 개도국 기후변화 완화 및 적응을 지원하기 위해 공적개발원조, 공적자금, 민간 자원을 이용하는 방안을 마련해왔으며, JCM 제도처럼 자국의 이익 및 개발도상국의 상황과 요구에 부응하는 프로그램을 고안해왔다(한국에너지기술연구원, 2016: 13).

4. 기후변화와 일본의 법적·제도적·정책적 대응

1) 1980년대부터 2010년까지의 대응

일본의 기후변화 정책은 1980년대 후반부터 가시적인 변화를 보이기 시작했다. 1980년대 국제사회에서 기후변화에 대한 관심과 위기감이 고조되면서 일본도 이에 대한 반응의 일환으로 일련의 정책적 노력을 기울이기 시작한 것이다. 일례로 1988년 6월 일본은 환경청 내에 전담 본부인 지구환경보호 기획추진본부를 설치하고, 1989년 5월 지구 보존에 관한 각료회의에서 2000년 이후 온실가스의 배출을 1990년 수준으로 억제한다는 목표를 논의했다. 하지만 이는 명확한 배출 감축 목표 설정을 피하려는 일본 통산성(경제산업성의 전신)과 일본의 적극적 감축 노력을 요구하는 국제적 여론과 압력이 증가함에 따라 명확한 감축 목표를 설정해야 한다는 환경성 사이의 입장이 절충된 정책이었다(이기완, 2012: 97).

1997년 일본은 또한 교토에서 개최된 UN기후변화협약 COP3에 앞서 일본의 온실가스 배출량을 억제할 목적으로 신에너지 도입의 필요성을 강조하고 2010년까지 석유의 대체 에너지 공급 목표를 달성하기 위해 '신에너지법'을 발표했다. 이 특별 조치법은 신에너지 이용에 관한 기본 방침, 정부와 지자체의 에너지 공급자 및 이용자의 역할 규정, 신에너지 이용 관련 사업자에 대한 재정 지원 방안 등을 광범위하게 포괄하는 법안이다(한국에너지기술연구원, 2016: 4). 또한 일본정부는 기후변화협약과 교토의정서를 원활하게 집행하고 지구온난화 방지를 위한 실효성 있는 대책을 종합적으로 추진하기 위해 1997년 내각에 지구온난화 대책본부를 마련하고 이 본부를 통해 1998년 세계 최초로 '온대법'을 제정(2013년 최종 개정)했다. 총 8장 50조로 구성된 이 법률의 주요 내용은 교토의정서의 목표 달성

계획, 지구온난화 대책 추진본부의 설립, 온실가스 배출 억제를 위한 시책과 각계 행위자의 활동, 산림 등에 의한 흡수 작용의 보전, 할당량 구좌 장부 등이었다(한국에너지기술연구원, 2016: 8).

일본은 또한 교토의정서의 채택 과정에서부터 2002년 6월 이 의정서가 체결되기까지 정부 부서를 기후변화에 맞춰 재편했다. 2001년 환경청이 환경성으로 격상되었고 지구온난화 대책과 관련된 다양한 분야의 법률과 정책이 정비되었다. 2002년에 발표된 '에너지 정책 기본법'은 그동안 개별 입법을 통해 대응해오던 에너지 수급 정책을 종합적·계획적으로 추진하기 위해 의원 입법을 통해 제정된 것이었다. 이 법안은 총 14조로, 에너지 수급 시책에 대한 기본 방침을 정했으며, 국가, 지자체, 사업자의 상호 협력 및 에너지 수급의 기본계획을 수립했다(한국에너지기술연구원, 2016: 6). 또한 국제 협력 추진, 에너지 관련 지식 보급 같은 내용도 포함하고 있었다.

2003년부터 경제산업성은 3~4년을 주기로 '에너지기본계획(National Energy Strategy)'이라 불리는 국가 에너지 종합 계획을 세우기 시작했는데, 이는 주기적으로 변화하는 국내외의 상황에 발맞춰 정부가 에너지 생산과 소비에 대한 종합적인 계획을 세우고 계획 이행에 관한 검토를 거치는 과정을 내용으로 했다. 2003년의 제1차 에너지기본계획은 원자력 확대, 안정적 석유 공급, 에너지 절약, 기후변화 문제 해결을 위한 국제적 레짐 형성 등의 내용을 포함했는데, 이는 2006년 경제산업성이 별도로 만든 '신국가 에너지 전략(New National Energy Strategy)'에 의해 가려진 면이 있다. 신국가 에너지 전략은 에너지기본계획과 달리 에너지 안보를 더욱 강조하면서 2030년까지 에너지 효율 30% 증가, 석유 의존도 40% 감소, 원자력 비중을 2005년의 15%에서 2030년까지 30~40%로 확대 등의 내용을 포함해 기후변화 문제는 상대적으로 희석되었다(윤이숙, 2012: 18).

이러한 관련 법률적·정책적 조치와 더불어 일본은 에너지를 안정적·효율적으로 수급할 뿐만 아니라 환경 보존에도 기여하기 위해 2002년 전기사업자에 대해 신재생에너지 의무비율할당제를 도입했다. 이는 경제산업성의 주관하에 재생 가능 에너지를 안정적이고 적절하게 보급하기 위해 전기사업자가 직접 발전, 외부로부터의 구입 등을 통해 재생 가능 에너지원으로부터 얻은 전기를 할당된 일정 비율 이상 이용하도록 의무화하는 법안이다(한국에너지기술연구원, 2016: 5~6). 이 특별법은 기후변화에 대한 대응으로 환경 친화적 에너지 사용 및 에너지 사용의 환경 부가 저감 등의 방침을 추진하는 내용을 포함했다. 이러한 일련의 정책과 행정적 조치는 기후변화 시대에 저탄소 사회를 지향하는 일본정부의 의지를 반영했다.

1998년 '온대법'이 도입된 이후 일본은 사회 각계각층에서 온실가스를 감축하기 위한 노력을 경주해왔다. 이산화탄소가 90% 이상을 차지하는 일본의 온실가스 배출은 1990년 이래 계속해서 증가했는데, 이는 교토의정서의 공약 이행 기간 동안 상당량의 배출 감소를 달성해야 함을 의미했다. 일본의 1인당 이산화탄소 배출량은 이미 타국에 비해 낮은 상태였기에 특히 산업계의 많은 노력이 요구되었다. 그러나 앞에서 설명한 일련의 지구온난화 대책은 대부분 일본 경제단체연합회(이하 경단련)를 중심으로 한 산업계의 자발적인 노력에 맡겨졌고 탄소세나 배출권거래제 등 강제력이 수반되는 정책 수단은 의무적으로 부과되지 않았다(이수철, 2010: 78). 환경성은 탄소세 등을 통한 강력한 탄소 배출 규제를 주장했으나 재계와 밀접한 이해관계를 가진 경제산업성에 비해 조직적 권한이 약해 적극적으로 대책을 추진할 수 없었다(윤이숙, 2012: 16).

그러나 자국 내 경제에서 일본은 1990년대부터 시작된 침체를 여전히 극복하지 못하고 있었고 2000년부터 2008년까지는 연평균 경제성장률 1.3%를 기록해 OECD 평균치인 2%에 미달하는 등 제2차 세계대전 이후 가장 낮은 성장률을 기록하는 상황을 맞았다. 특히 2008년은 미국발 글로벌 금융위기가 닥쳐 일본의 경기 침체 문제가 더욱 악화되는 양상을 보였다. 이런 지속적인 경제 위기 상황에서 일본은 고유가, 지구온난화 등의 국제적인 환경 변화에 대응하고 국내 경제의 새로운 성장 동력을 창출하기 위한 방안의 일환으로 2008년 신경제성장 전략을 개정하고 저탄소 녹색성장이라는 새로운 패러다임을 채택했다. 그 중심 내용은 저탄소 환경 산업에 투자해 경기를 부양하고 추경 예산 편성 등을 통해 에너지, 환경 등 온실가스 감축 효과가 큰 산업 분야에 기술 개발을 집중한다는 것이었다. 대외적으로는 2008년 도야코 G8 정상회의에서 후쿠다 총리가 온실가스 배출량을 2050년까지 현재보다 60~80% 줄이겠다고 발표하면서 자발적 성격의 대책에서 정부 개입적 대책으로 전환할 필요성이 대두되었다. 이에 2008년부터 경제산업성과 환경성이 공동으로 운영하는 통합형 배출권거래제, 경제산업성의 국내 청정개발체제, 그리고 지방정부 차원에서는 도쿄의 배출권거래제(2010년 4월부터 시행된 세계 최초의 총량 제한 방식의 배출권거래제) 등이 연이어 도입되고 시행되었다(이수철, 2010: 78). 이러한 저탄소 성장 정책이 집행된 부분적인 결과로 일본의 2009년 온실가스 총 배출량은 1990년 대비 4.1% 감축되었다(이기완, 2012: 87). 물론 경제위기로 인한 경기 후퇴의 영향을 감안해야 하지만, 또 다른 연구 역시 일본이 2008년에서 2011년까지 산림 흡수원, 해외 탄소 크레디트의 취득 등을 통해 연평균 약 9.2%의 온실가스 감축을 기록했다고 보고했다(카노우 다케히로, 2016: 276).

2009년 중의원선거에서 적극적인 탄소 배출 감축을 약속한 민주당이 압승하면서 일본 기후변화 정책에서도 변화가 기대되었다. 하토야마 내각은 '온난화 완화 기본법'을 의회에 제출하고 국제사회가 강력한 배출 저감 협약에 동의한다면 일본 역시 2020년까지 1990년 대비 25%, 2050년까지 80%의 온실가스를 감축하겠다는 하토야마 구상을 발표했다. 감축 방안으로는 국내 탄소세 도입, 탄소 배출 상한과 거래제 도입, 모든 재생에너지에 대한 발전차액지원제도(FIT) 도입을 주장했다. 그러나 일본 산업계는 이러한 정책이 비현실적이며 국내 기업의 경쟁력을 약화시켜 기업의 국외 이전을 가속화할 것이라고 비판했다(윤이숙, 2012: 20). 하토야마의 뒤를 이은 간 나오토 총리도 하토야마 내각의 감축 목표를 계승하면서 가솔린, LPG, 석탄, 천연가스에 대해 배출량에 비례해서 과세하는 지구온난화세 도입을 추진했다. 그러나 이 역시 배출권거래제와 마찬가지로 산업계와 막강한 경제부처의 반발, 강력한 리더십의 부재, 경기 침체로 인한 재정 적자 상황 등의 요인으로 인해 도입이 연기되고 대신 석유석탄세의 세율을 높이는 환경세를 도입하는 방안이 추진되었다(윤이숙, 2012: 21).

이렇듯 국내적인 요인으로 인해 일본이 신재생에너지 정책 등을 과감하게 추진하지 못하고 있는 동안 일본의 태양전지 산업은 중국과 독일에 추월당했고 한국도 아랍에미리트(UAE)에 원전 4기를 수출하면서 일본에서는 에너지 산업 경쟁력에 대한 우려가 제기되었다(윤이숙, 2012: 22). 이런 상황에서 2010년 6월 내각은 경제산업성이 작성한 에너지기본계획을 승인했다. 이 계획은 세 가지 목표로 안정적 에너지 공급, 환경보호, 시장자유화를 통한 전력 회사 간의 경쟁 도모를 제시했다. 또한 2030년까지 원자력발전소를 현재의 54기에서 적어도 14개를 늘리고 전체 전기 생산에서 원자력이 차지하는 비율을 26%에서 적어도 50%까지 끌어올리는 방안을 제시하는 등 적극적인 원자력발전 증가 계획을 포함했는데, 이는 일본의 에너지 자급도를 40%에서 70%로 올리기 위한 방침이었다. 또한 석유가 일본의 주 에너지 공급원에서 차지하는 비율을 40%까지 내리고 에너지 효율을 30% 개선하는 내용도 포함되었다(Jain, 2013: 257). 전체 전기 생산에서 60% 이상을 담당해온 화석연료에의 의존도를 줄이고, 신에너지의 개발 및 확산을 위해 발전차액지원제도에 대한 재정 지원을 확대하며, 국내

에너지 시장의 규제 완화 등을 통해 태양열과 풍력 등 재생 가능한 에너지를 2030년까지 13%로 확대한다는 계획도 포함되었다(윤이숙, 2012: 23). 또한 일본은 환경성과 경제산업성 사이의 반목, 정치권력과 경제권력 간의 유착, 산업계의 막강한 영향력 때문에 도입이 지연되어왔던 환경세(2010년 지구온난화세)의 도입을 2011년부터 단계적으로 실시하기로 결정했다.

2010년 환경성 역시 '환경 연구 및 환경 기술 개발 추진 전략'을 발표했는데, 이 전략에서는 일본정부가 기후변화 문제와 직접적으로 관련해 더욱 적극적으로 추진해야 하는 다양한 영역에서의 정책 항목 — 지속 가능한 사회에 관한 연구, 저탄소 사회, 기후변화에 유연하게 대응하는 시나리오 개발, 지구온난화 현상 명확화 및 적응에 대한 연구 개발, 에너지 공급 시스템 구축을 위한 저탄소 기술 촉진, 순환형 사회, 절약(reduce)·재사용(reuse)·재활용(recycle)의 실행을 통한 최적 처리, 열 회수 효율 촉진, 희귀 금속 수집 및 재활용 시스템 구축, 생물 다양성 확보, 국토·물 등 천연자원의 지속적 확보, 화학적 유독성 및 취약성 등의 위험을 고려한 리스크 평가 관리, 물 대기의 건전한 순환에 관한 연구 등 — 을 제시했다(한국에너지기술연구원, 2016: 27).

2) 후쿠시마 사태 이후의 대응

그러나 2011년 3월 11일 발생한 동일본 대지진과 그로 인한 후쿠시마 제1원자력발전소의 원전 사고는 앞서 언급한 일본의 여러 기후변화 전략과 계획의 이행에 차질을 가져왔다. 전력의 약 30%를 담당하던 원전의 가동이 중단되는 사태를 경험하면서 에너지 안보에 대한 우려가 일본정부의 정책 순위에서 다시금 중요 의제가 되었고, 기후변화 의제는 상대적으로 중요성에서 밀리게 되었다. 후쿠시마 사태 이전에 원전은 일본의 탄소 배출을 연간 14% 감소시키는 효과가 있었다(윤이숙, 2012: 25). 그러나 1986

년 체르노빌 원전 사고 이후 가장 큰 규모였던 후쿠시마 원전 재해는 원자력발전의 위험성을 생생히 보여주었다. 또한 일본의 에너지 수급의 상당 부분을 차지하며 기후변화와 관련한 일본의 감축 목표 이행의 수단이 되어왔던 원자력발전 정책을 대폭 수정해야 한다는 것을 보여주었다. 우선 2030년까지 원전 가동률을 2010년의 60%에서 90%까지 끌어올려 전력 생산의 50%를 공급하면서 탄소 배출 없는 전력 생산과 에너지 자립을 이루겠다는 계획이 백지화되었다. 다시 말해 에너지 정책을 통해 적극적 기후변화 정책을 추구하려던 전 지구적 목표와 목전에 닥친 국내 재해 수습 및 에너지 정책의 방향 수정이라는 국내적 정책 목표 사이에서 일본은 딜레마에 봉착했다(Jain, 2013). 또한 원전의 위험성을 보여준 이 사태를 통해 일본정부는 신재생에너지 정책에 더 적극적으로 노력해야 함을 인식하게 되었다.

원전 사태가 발생한 이후 당시 민주당 출신의 간 나오토 총리는 원전 신설 계획을 포함하고 있는 기존의 에너지기본계획을 전면 재검토할 것이며 태양광발전 등 신재생에너지가 향후 일본 에너지 정책의 핵심 요소가 될 것이라고 언급했다. 그는 2020년까지 온실가스 배출을 1990년 대비 25% 감축하겠다는 기존 설정 목표를 수정 없이 달성하기 위해서는 원자력이 아닌 천연가스 및 신재생에너지의 확대 공급이 필요하다고 역설했다.

후쿠시마 사태가 일본의 에너지 수급에 미치는 영향에 대한 대응이자 신재생에너지를 확대하기 위한 대안으로 2012월 7월 민주당 정부는 기존에 도입되었으나 시행이 부진했던 재생 가능 에너지 발전차액지원제도를 다시 강조했다. 이 제도는 태양광, 풍력, 중소 규모의 수력, 지열, 바이오매스 등 다섯 가지 종류의 발전 방식에 의해 생산된 전기를 국가가 지정된 가격으로 매입하는 제도를 말한다. 이 정책은 전력 회사로 하여금 정해진 가격에 신재생에너지를 매입하도록 의무화함으로써 새로운 재생에너지 사업자의 시장 참여를 촉진하자는 취지에서 고안되었다. 이 제도의 도입으로 인해 태양열 등 청정에너지 회사들이 잠시 성장세를 보였고 중서부에 위치한 6개의 전력 회사도 2017년까지 풍력 발전 용량을 3배로 늘리겠다는 계획을 발표했다(윤이숙, 2012: 29). 그러나 일본 전역을 10개로 나눈 지역에서 각각 독점적 권력과 지위를 누리며 일본 정치 세력과 밀접한 유착 관계를 누려왔던 전력 회사들은 전력망(gird)의 안정성을 해친다는 이유를 들며 신에너지원에서 생산된 전기가 전력망에 접근하는 것을 차단하는 등 소극적인 태도로 일관했다.

이러한 신재생에너지 발전 대안 등의 대책과 추진에도 불구하고 일본이 단기적으로 에너지 절약이나 재생 가능 에너지원을 통해 전력 수요 충족의 문제를 해결하기에 역부족이었다. 일본은 1970년대부터 이미 에너지 절약이 경제 사회에 상당한 정도로 진행된 상태였고 재생 가능 에너지는 확산되기까지 시간이 더 걸리는 일이었으므로 석탄 등 기존 화석연료로 전환하는 것은 당분간 피할 수 없는 대안으로 다시 부각되었다. 결과적으로 일본이 도입한 지구온난화 정책의 효과적인 집행은 더욱 어려워졌다. 당분간 사용이 금지된 일본의 원자력발전소 전체가 화력으로 대체될 경우 이산화탄소 배출이 10% 이상 증가하는 결과를 가져올 것이기 때문이었다(카노우 다케히로, 2016: 81). 실질적으로 후쿠시마 사태에 따른 원전 가동 중지로 인해 전력 공급이 화력으로 상당 부분 대체되면서 2011년 일본의 이산화탄소 배출은 1990년 대비 3.6% 증가했다(카노우 다케히로, 2016: 276). 중앙정부 정책의 우선순위도 지진 및 원전 사고에 대한 피해 복구 등에 관심이 쏠리면서 지구온난화에 대한 대책은 정부 논의에서 멀어지는 듯했다. 결국 2012년 가을, 일본은 임시국회에서 2010년에 제정된 '지구온난화 대책 기본 법안'을 폐지하기에 이르렀다.

2012년 12월 아베 신조 총리가 취임하고 나서 일본은 '신경제성장 전략

(NGW-Mark II)'을 발표했다. 하지만 장기 불황 및 미국발 금융위기에 따른 국내 경제 침체 문제를 해결하기 위해 고안된 경기 부양책인 아베노믹스를 성공적으로 집행하는 데 정책적인 비중을 더 크게 두면서 기후변화에 대한 대책이나 저탄소 녹색성장에 대한 관심은 상대적으로 줄어들었다.

아베 정권하의 일본은 2013년 12월 6일 경제산업성 소속의 자원에너지청 기본정책분과 제9차 회의에서 '제3차 에너지기본계획 개정안'을 발표했는데, 핵심 내용은 크게 두 가지였다. 첫째, 기존 에너지기본계획에서 제시한 에너지 정책의 기본 방침인 3E+S(Energy security, Economic efficiency, Environment, and Safety)에 '국제적 관점'과 '경제성장'을 새롭게 추가하고, 둘째, 온난화 정책 추진과 에너지 비용 절감이라는 목표를 달성하기 위해 안전성을 전제로 원자력발전을 계속해서 활용한다는 것이었다(류권홍, 2014: 94~95). 즉, 일본의 제3차 에너지기본계획 개정안은 에너지 비용 절감, 온난화 대응 차원에서 원자력을 필수적인 기본 전원으로 규정하고 있다. 다만 정부는 에너지 절약, 신재생에너지 도입, 화력발전 기술의 고효율화 등을 통해 가능한 한 원전 의존도를 점차 낮추고, 이러한 방침하에 전력의 안정적인 공급, 에너지 비용 절감, 온난화 대책 등을 고려해서 충분한 검토를 거친 후에 적정한 원전 비중을 결정할 것이라 밝혔다. 또한 강력한 규제를 통해 원전의 안전을 최우선적으로 고려하며 국민의 우려를 해소하기 위해 최선을 다한다는 전제하에 원자력규제위원회가 안정성을 확인한 원전에 한해서만 재가동을 추진할 것이라고 명시했다(류권홍, 2014: 95).

2014년 아베 정부에서 발표한 제4차 에너지기본계획 역시 여전히 석탄과 원자력을 일본 에너지원의 근간이자 에너지 안보의 중요한 요소로 명시했다. 이에 따르면 일본은 기존의 3E+S 원칙을 전제로 글로벌 에너지 정책에 부응하고 자국의 국내 경쟁력 강화 및 에너지 시스템 혁신을 통해 에너지 시장을 활성화하는 에너지 정책을 강화할 것이라고 밝혔다(한국에너지기술연구원, 2016: 13). 이 기본계획은 일본의 에너지 수급 구조의 과제를 해외 자원에 대한 지나친 의존, 인구 감소 및 기술 혁신에 따른 에너지 수요 구조의 중장기적 변화, 신흥국 에너지 수요 확대 등에 따른 지원 가격의 불안정화, 지구 온실가스의 확대, 원전 사고 극복과 원자력의 안정성 확보 등으로 규정했다. 기후변화에 관해서는 태양광, 풍력 등의 재생 가능 에너지 발전량을 증가시킬 계획을 포함했는데, 수력을 포함한 재생에너지의 전력 비중을 현재의 10% 정도(수력을 제외한 재생 가능 에너지 비율은 전체의 약 2%)에서 2020년까지 13.5%(1414억kWh), 2030년까지 20%(2140억kWh) 이상으로 확대한다는 목표를 설정했다. 이러한 목표를 실천하고 재생에너지의 확대를 촉진하기 위해 정부는 사령탑 기능을 강화했으며, 관계 부처 간의 유기적인 협조 체제를 구축하기 위해 재생에너지 등 관계 각료회의를 신설했다. 단, 일본은 원전을 기저부하(base load) 전원으로 활용할 것이며 원자력규제위원회의 안전 심사를 통과한 원전에 한해서만 재가동을 추진하겠다는 기존의 방침을 고수했다.

일본의 경제산업성은 또한 2015년 발표한 장기 에너지 수급 전망에 따라 설정된 목표를 달성하고 관련 제도의 일체적 정비를 위해 종합적인 에너지 혁신 전략을 발표했는데, 여기에는 에너지 투자 촉진, 에너지 효율 개선, 지속적 성장과 더불어 온실가스 감축을 동시에 실현하려는 목표가 포함되었다. 철저한 에너지 절약, 재생에너지 확대, 새로운 에너지 시스템 구축, 에너지 산업의 해외 수출 등 4개의 분야에서 에너지 절약 의무화, 발전차액지원제도 개혁, 사물인터넷을 통한 원격 제어 기술 개발 등의 사안이 언급되었다. 이 전략을 실행함에 따라 2030년 에너지 관련 투자는 수소 관련 1조 엔을 포함해 28조 엔으로 늘 것으로 전망된다.

일본정부는 2015년 파리협정을 채택한 이후 일본의 온실가스 대책 지침으로 지구온난화 대책 계획을 발표하고 단기적으로는 2020년까지 2005

<표 4-1> 장기 에너지 수급 전망에 따른 일본의 분야별 주요 전략

분야	주요 전략
에너지 절약	• 산업, 가정, 상업, 수송 등 부문별 에너지 절약을 위한 설비 및 기기 고효율화 • 수요 반응에 따른 에너지 소비 행동 개선 • 에너지 관리를 통한 최적 이용
재생에너지	• 재생에너지 도입 • 국민 부담 최소화, 안정적으로 운용 가능한 지열, 수력, 바이오매스 등 적극 확대 • 태양광, 풍력 비용 저감
화석에너지	• 저탄소화를 위한 화력발전 고효율화 • 석유화력 최소 필요량 유지
원자력	• 안정성 확보를 위한 엄격한 규제 기준 적용
기타	• 에네팜(ENE FARM) 등 분산형 에너지 도입 추진 • 천연가스 등 연료 다양화 및 공급 체제 확보 • 지역에서 생산한 에너지의 지역 소비 추진 • 수소를 비롯한 다양한 기술 활용 추진

자료: 한국에너지기술연구원(2016: 16).

년 대비 3.8% 이상의 감축, 중기적으로는 2030년까지 2013년 대비 26% 감축, 장기적으로는 2050년까지 80%의 온실가스 감축을 목표로 명시했다(한국에너지기술연구원, 2016: 17). 또한 이러한 단계적 목표를 달성하기 위해 에너지 환경을 혁신하기 위한 유망 기술의 연구 개발 강화, 배출량을 감축하기 위한 차세대 지열 발전, 에너지 저장 등 8개 분야를 선정하면서 온난화 대책과 경제성장을 병행 추구할 것이라고 발표했다(한국에너지기술연구원, 2016: 18). 온실가스 감축을 위한 자발적 목표치인 2030년까지의 중기 목표를 달성하기 위해 일본은 2013년 대비 산업 6.6%, 상업 39.7%, 가정 39.2%, 수송 27.5%, 발전 27.7% 감축이라는 구체적인 부문별 감축 목표를 설정했다. 산업계에서는 자율 감축 계획을 설정하고 정부가 계획하에 지속적으로 진행을 점검할 것이며, 사무실 및 병원 등의 상업 시설은 제로 에너지 보급을 확대하고 2030년까지 에너지 절약형 조명으로 전환한다는 등의 방침을 발표했다. 가정 부문에 대해서는 2020년까지 제로 에너지 주택 확대와 신규 주택의 50% 주택 단열 성능 확대, LED 조명 확대,

가정용 연료 전지 530만 대 도입 등의 구체적인 실천 방안이 제시되었다. 철도, 자동차 등의 수송 분야에서는 2030년까지 신차 비율의 50~70%를 전기차 등 차세대 자동차로 보급하고, 하이브리드 보급률을 29%로 확대하며, 주행 거리를 연장하는 전지를 개발하겠다는 계획이 제시되었으며, 발전 분야에서는 화력발전소 효율 수치 목표 설정, 비효율 발전소 운영 중단, 석탄화력발전소에 이산화탄소 포집 및 저장 기술 도입, 역전력 거래 (가정 및 기업에서 전기를 절약해 다시 파는 제도) 시장의 구축, 판매 전력량의 44% 이상을 재생에너지 및 원자력을 통해 조달하는 정책, 전력 업계의 자율 감축 등의 방안이 제시되었다.

또한 일본은 2016년 4월 일본 종합과학기술혁신회의에서 향후 2050년까지 장기적 관점에서 전 세계적으로 온실가스 감축 잠재량이 큰 유망한 혁신 기술을 선정하고 장기적인 연구 개발 추진 체계를 구축하기 위한 에너지 환경 혁신 전략을 발표했다. 이 전략에서는 2030년까지 2013년 대비 26% 감축이라는 목표를 달성하기 위해 장기적으로 온실가스 배출을 급격히 감축하는 데 도움이 될 차세대 태양전지, 초경량 내열성 구조 소재, 수소 생산 저장 및 활용 등을 포함한 8개의 혁신 분야를 지정하고 이러한 분야에서의 R&D를 가속화할 것을 명시했다(한국에너지기술연구원, 2016: 30). 이 계획에 따라 일본은 초스마트 사회를 구축하기 위한 에너지 시스템의 최적화, 잠재적 배출 감축량이 높은 혁신 기술이 규모의 경제를 이루며 대규모로 상용화되기까지의 중장기적 목표 도입, 산학연 협동 연구, ICT 연계 및 인공 지능·빅데이터·사물인터넷 등의 기술 증진 같은 구체적인 방안을 마련했다. 일본은 이런 방안들이 일본의 경제 도약과 발전을 도모함은 물론 기후변화와 관련해 감축 노력에도 기여할 것으로 기대하고 있다(한국에너지기술연구원, 2016: 22).

이러한 노력과 더불어 최근 일본정부는 지구온난화에 대응하기 위한 예산 관리에 관심을 기울이기 시작했다. 2016년 이후 일본은 지구온난화에 대응하고자 중장기적인 저탄소 사회를 구축하기 위한 대책 및 시책을 종합적·계획적으로 추진했다. 이 과정에서 정부 전체의 대처 상황을 예산적 측면에서 파악하고 부처의 연계 강화를 도모하기 위해 부처별 지구온난화 대책과 관련한 예산 규모를 분석했는데, 2020년까지 온실가스 감축에 효과가 있을 것으로 예상되는 대책, 2030년까지 효과가 있을 것으로 예상되는 대책, 2030년 이후에 효과가 있을 것으로 예상되는 대책, 기타 결과적으로 온실가스 감축에 기여하는 대책 등으로 구분해 정부 예산을 관리하기 시작했다(한국에너지기술연구원, 2016: 29). 이러한 체계적인 예산 관리에 따라 청정에너지 R&D에 대한 투자를 향후 5년간 2배로 확대하기 위한 미션 이노베이션(mission innovation) 정책에 2016년 기준 총 450억 엔이, 5년 후에는 900억 엔이 배정될 예정이다(한국에너지기술연구원, 2016: 30).

후쿠시마 사태 이후 민주당의 집권 시기가 끝나고 자민당 아베 정권이 집권하면서 이처럼 기후변화에 직간접적인 영향을 미치는 다양한 정책이 도입되었다. 그러나 정작 아베 정권의 미온적인 기후변화 정책 집행으로 2013년에는 1990년 대비 일본의 온실가스가 3% 증가하는 결과가 발생했는데, 이는 일본 온실가스 배출량에서 두 번째로 높은 수준을 기록했다. 이산화탄소 배출 집약도 역시 1990년대에 비해 17% 상승했다. 또한 발전차액지원제도 등을 통해 2015년 5월을 기준으로 88G 이상의 재생 가능에너지(90% 이상이 태양열에너지)가 생산되었지만 23% 이하만 실제 전력망에 연결되었다(Littlecott, 2015: 2).

후쿠시마 원전 사고 이후 에너지 믹스에서 기후변화에 가장 부정적이고 직접적인 영향을 미친 변화로는 화석연료인 석탄발전이 확대된 것을 들 수 있다. 후쿠시마 사고 이후 일본의 산업계는 양분되었다. 기업은 원자력 안전 정책의 강화로 인해 에너지 수급에 더 많은 비용을 지불하게 되었고 에너지 절약과 효율 개선에 대한 정부의 압력도 거세졌다. 이런 상황에서 소프트뱅크의 손정의(마사요시 손) 회장은 이 위기를 일본이 녹색 국가로 전환할 기회로 보고 10개의 거대한 태양열 발전소를 건설하는 데에 약 800억 엔을 투자하기로 결정했다(Jain, 2013: 259). 도시바도 한국의 풍력 터빈 회사를 흡수하고 스마트 그리드에 필요한 전기미터를 생산하는 스위스 기업을 인수했으며, 미쓰비시는 풍력발전과 저장 배터리 등에 대한 투자를 늘림으로써 미래의 정책 전환에 대비하고자 했다. 이처럼 대기업은 투자를 통해 일본이 1980년대에 누렸던 태양열을 비롯한 신에너지 생산에서 주도국의 지위를 탈환하기를 원했다. 이미 에너지 효율성을 어느 정도 구비한 기업은 새로운 에너지 기술을 개발하기 위해 정부의 정책을 기다리지 않고 스스로 활로를 모색하기 시작했다.

그러나 산업계의 전반적인 분위기는 오랫동안 원자력에 의존해온 일본이 당장 재생 가능한 에너지로 전환하는 것은 실현 가능성이 낮다며 저항하는 분위기였다. 이런 산업계의 반발로 인해 후쿠시마 사태 이후 일본 전력 시장에서는 석탄발전의 양이 늘고 있다. 화력발전의 경제적·기술적 편익성, 정부의 적극적인 저탄소 정책 부재로 인해 새로운 시장 진입자들은 점차 석탄발전으로 기울고 있다. 심지어 112MW 이하의 석탄발전소에 대해 일본정부가 적용하는 환경 영향 평가의 기준과 과정은 풍력발전소보다도 까다롭지 않다(Dimsdale, Gallagher and Born, 2015: 10). 이미 2014년 전력의 33%가 석탄을 통해 생산되었고, 2015년을 기준으로 40년 이상의 수명을 가진 40개의 화력발전소가 건설 계획 단계에 있다. 여기에서 발생하는 온실가스는 일본이 2050년 온실가스 감축 목표치로 설정한 양의 절반에 해당한다(Dimsdale, Gallagher and Born, 2015: 4).

일본은 미국, 일본, 중국, 그리고 기타 OECD 국가를 통틀어서 공히 관찰되는 저탄소 경제로의 이행 및 석탄발전의 유보 및 폐기라는 국제사회의 추세를 거슬러 화석연료에 대한 에너지 의존도를 심화하고 있다. 아시아의 중국, 인도, 인도네시아, 베트남은 지난 5년간 가동 중인 수보다 1.5배 많은 수의 석탄발전소 계획(약 653GW에 해당)을 중단하거나 폐기해왔다 (Dimsdale, 2016: 5). 그러나 도시바, JGC, 미쓰비시중화학, 히타치 같은 일본 기업은 전 세계적으로 가장 큰 규모의 석탄 기술 기업이며 일본정부는 수출 지원금과 일본국제협력은행(Japan Bank for International Cooperation: JBIC) 등의 금융 기관을 통해 다양한 재정 수단을 동원해 자국 기업이 해외로 진출하는 것을 도와왔다. 2007년부터 2013년까지 일본은 해외 석탄 산업에 약 168억 달러를 투자해왔는데, 이는 OECD 회원국의 평균보다 두 배 이상 많은 재정 지원이다. 일본이 기후변화에 책정한 기금 중 일부도 이러한 해외 석탄 프로젝트에 투입되었다. 일본은 비효율적인 석탄발전을 개선함으로써 환경에 기여하는 측면이 있다고 주장하지만, 일본 투자의 대부분이 국제 기준에 미달하는 발전소에 투입되었다. 2003년과 2015년 사이 일본의 석탄에 대한 투자액 가운데 약 40%는 임계치 이하의 연소 기술 등 비효율적인 사업에 투자되었다(Dimsdale, Gallagher and Born, 2015: 9).

미국, 독일과 함께 일본은 풍력, 태양광발전, 태양광 집광 장치, 바이오 매스 등 에너지 기술 분야에서 혁신을 주도해온 국가이며, 풍력과 태양광 발전에서는 미국 다음으로 많은 특허를 보유하고 있다(Dimsdale, Gallagher and Born, 2015: 12). 2015년 말 일본에서는 태양광이 상업적으로 이윤을 낼 것이라는 기대도 제기되었다. 그러나 국제적인 탈화석에너지 추세에 역행함으로써 일본은 청정에너지 강국이라는 자국의 국제적 위상에 큰 타격을 받았고 국제사회에서 공언해온 온실가스 감축 목표의 달성 역시 요원해졌다. 일본이 화력의 비중을 늘림에 따라 유럽, 중국에 비교우위를 놓치게 될 가능성도 존재한다. 일본의 이 같은 추세는 이웃나라이자 경제 대국 순위에서 2010년 일본을 앞지른 중국보다도 후퇴한 면을 안고 있다.

중국은 에너지발전계획을 통해 석탄의 비중 증가량을 제한하고 있으며 새로 짓는 화력발전소에 대해서는 가장 최신의 청정 기술에 따라 건설하도록 규제하고 있다(Dimsdale, Gallagher and Born, 2015: 10). 2015년 중국의 재생에너지 부문 투자는 17% 상승한 1020억 달러였는데, 이는 이 부문에서 침체를 기록하고 있는 일본의 약 2배에 해당하는 규모이다. 같은 시기 미국의 재생에너지에 대한 투자도 19% 증가해 2011년 이래 최고치인 440억 달러를 기록했다(Dimsdale, 2016). 따라서 석탄발전을 추진하는 현 추세대로라면 에너지 기술 혁신 분야에서 일본이 누려왔던 선진국으로서의 입지가 위태로워질 수 있다.

5. 결론: 도전 과제를 중심으로

앞서 논의한 바와 같이 일본은 기후변화에 대응하기 위해 국내외적으로 여러 가지 정책 법안과 제도를 구비하고 점진적으로 이를 이행해왔다. 하지만 이런 정책이 효과적으로 집행되어 실질적인 온실가스 감축이라는 결과로 이어지고 글로벌 기후변화 문제를 해결하는 데 기여하기 위해서는 다양한 행위 주체 간에 정책의 목표와 집행 방향 및 수단에 대한 합의와 동의가 전제되어야 하며, 정책을 지속적으로 집행하기 위한 행위자 간의 협력이 뒷받침되어야 한다. 그러나 의회 민주주의 국가이자 다원주의 사회인 일본에는 정부 내외의 여러 행위 주체 사이에 기후변화 및 그 대응책에 대한 다양한 해석이 존재하며, 서로 상충되는 이해관계도 존재한다. 이러한 다양한 집단과 주체 간에 서로 다른 이해관계와 이념을 조정하고 사회적 합의를 이루는 것은 효과적인 기후변화 정책을 입안하고 집행하기 위해 근본적으로 요구되는 일이다.

앞에서도 언급했지만 일본정부 내에서는 크게 세 개의 부서가 기후변화와 관련된 정책을 담당해왔다. 경제산업성은 국가의 경제 산업 정책 및 에너지 정책을 담당하는 부서로서, 에너지 안보를 위해 에너지 효율성의 제고 및 절약을 상당 부분 강조하며 추진해왔다. 하지만 온실가스 배출 감축에서는 구체적인 목표치를 설정하기보다 감축량을 안정화하는 데 주안점을 두어왔다. 또한 일본 기업의 경쟁력 유지를 이유로 의무 감축 목표를 부과하기보다는 기업의 자발적인 감축 노력에 찬성하는 소극적인 입장을 보여왔다. 환경성은 환경 보전과 지속 가능한 발전을 목표로 하는 부서로서, 기후변화 대책의 주요 수단으로 탄소세, 배출권거래제 같은 시장 기제를 의무적으로 도입하고 배출 감축을 설정하는 데 적극적인 입장을 취해왔다. 외교성은 국제사회에서의 일본의 국익 추구 및 다른 국가들과의 친선 도모를 우선시하는 부서로, 글로벌 기후변화 레짐의 형성과 발전 및 국제사회와의 공조에서 일본이 외교적 전술을 적절히 구사해서 책임 있는 국제사회의 일원으로서 역할을 하면서 국제적 위상과 리더십을 제고하도록 도모해왔다. 이런 이유로 인해 외교성은 1997년 교토 COP3의 유치를 적극 지지하는 등 국제무대에서 기후변화 정책에 적극적인 입장을 취해왔다.

정당 간에도 기후변화에 대한 대응 방식과 정도에 차이를 보여왔다. 일본은 보수주의 정당인 자민당이 '55년 체제'라 불리는 강력한 장기 일당 지배 체제를 구축하며 전후 역사의 대부분을 집권해왔다. 자민당은 산업계를 전통적인 지지 기반으로 삼고 있다. 따라서 기후변화 정책을 집행하는 데서도 소극적인 편이다. 최근 들어 아베 총리는 장기 불황을 해결하고 경제를 회생시키겠다는 아베노믹스 정책을 도입했다. 이는 정부 지출을 통한 경기 부양 및 회복을 강조하는 경제성장에 초점을 맞춘 정책으로 탄소 배출을 엄격히 제한하는 것과는 배치될 수 있는 목표이다.

반면 민주당은 2009년 정권을 잡으면서 적극적으로 기후변화 정책을 추진해왔으나 당이 추진한 온실가스 배출 감축을 통한 녹색성장 정책은 산업계의 반발을 샀고, 에너지 정책에서 관료의 역할을 줄이는 것을 골자로 한 개혁안은 전통적으로 강력한 일본 관료 사회의 지지를 받지 못했다. 2009년 9월 신임 하토야마 총리 내각은 온실가스 배출량을 2020년까지 1990년 기준 25% 감축, 2050년까지 80% 감축이라는 야심찬 목표를 제시했다. 하지만 전력 산업을 포함한 산업계 및 친산업 관료 사회의 반발로 15개월 후 열린 칸쿤 COP16에서 일본은 교토의정서가 만기되는 2012년 이후에는 어떤 목표의 규제도 받지 않을 것이라고 선언했으며 심지어 교토의정서가 불공정하고 효과가 없다고 주장하기도 했다. 또한 민주당이 제안한 탄소세, 배출권거래제, 발전차액지원제도 등은 산업계의 반발에 부딪혀 의회 통과라는 벽을 넘지 못했다. 또한 후쿠시마 원전 사고와 2012년 12월 자민당으로의 정권 교체를 겪으며 일본은 민주당이 설정한 감축 목표를 폐기하고 2020년까지 2005년 대비 3.8% 감축을 국가 목표로 선언했다. 이는 1990년을 기준으로 볼 때 온실가스 배출량이 3.1% 증가하는 것을 의미하는 것이므로 후퇴한 감축 목표로 받아들여져 국제사회의 비난을 샀다.

또 하나의 중요한 기후변화 행위자는 기업이다. 대기업으로 구성된 경단련은 1997년부터 환경자주행동계획에 참가함으로써 온실가스 감축 노력을 기울여왔다. 경단련은 1999년 경제 단체로서는 세계 최초로 환경문제에 대한 대응이 기업의 존재와 활동에 필수적임을 경단련 지구환경헌장을 통해 발표했으며 2002년부터는 환경자주행동계획을 도입했다. 이 계획에는 제조업을 비롯한 유통, 수송, 금융, 건설, 무력 등 61개의 업종과 기업이 참가해 지구온난화 대책과 함께 폐기물 대책을 추진하고 31종의 산업 및 3종의 에너지 부문에서 이산화탄소 배출량을 2008~2012년까지

1990년대 수준으로 감축한다는 내용이 포함되었으며, 매년 달성도를 확인하는 방안도 제시되었다(이수철, 2010: 83). 일본 기업은 또한 일본산업환경관리협회를 통해 2001년부터 전기전자 업종을 중심으로 제품에 대한 환경 경제 효율 지표의 표준화 작업과 에코 라벨링 표시 제도 등을 도입해왔고 이를 자동차 부품 산업, ICT에도 확대해왔다(육근효, 2013: 346). 이러한 노력으로 인해 일본 기업들의 환경 효율은 2002년부터 2007년까지 점차 개선되었고 글로벌 금융위기 후인 2008~2009년을 제외하면 계속해서 개선되고 있다(육근효, 2013: 357).

그러나 일반적으로 일본 기업은 국제 경쟁력 절하를 이유로 탄소 저감을 위한 구체적인 감축 목표를 도입하는 데 반대 입장을 취해왔다. 물론 일본이 몇 십 년 사이 이룩한 탄소 배출 감축 효율성은 근본적인 경제 변화에 기인한다. 철강 등 에너지 집약적 산업은 생산 효율성이 더 높은 산업에 밀려 하향세를 걸어왔고 생산기지 해외 이전에 따라 제조업은 서비스업에 자리를 내주었다. 하지만 이런 조정은 더딘 속도로 진행되었다. 산업의 공동화를 둘러싼 논란은 일본 유권자들 또한 쉽게 제조업을 포기하려 하지 않는다는 사실을 보여준다. 또한 정부가 2009년 대폭적인 탄소 배출 감축을 공약했을 때 일본은 이미 세계 최고 수준의 에너지 효율성을 달성한 국가였다. 그런 일본이 파격적인 감축 목표치를 달성하기 위한 유일한 방법은 새롭지만 아직 증명되지 않은 기술에 막대한 투자를 하거나 경제활동을 줄이는 것이었다. 정부는 탄소 배출량을 대폭 감축하기 위해 탄소배출권거래제와 탄소세, 재생에너지 보조금 정책 등을 논의해왔다. 그러나 이러한 정책은 산업계와 기업, 그리고 최종적으로는 일본 소비자에게 필연적으로 에너지 비용 증가를 유발한다. 따라서 일본 기업은 경단련을 비롯한 이익집단을 통해 정부가 법적 구속력을 지니는 목표 설정 및 감축을 위해 의무적 제도를 도입하기보다는 기업의 자발적 차원에서 감축 목표를 달성하도록 만드는 합의를 이끌어냈다. 따라서 경단련에 속한 대기업은 환경자주행동계획에 참여한다는 이유로 환경성이 2005년 마련한 자발적 배출권거래제(Japanese Voluntary Emissions Trading Scheme)에도 소극적인 입장을 보였으며, 온실가스 감축에 대한 지식이나 노하우가 미비한 중소기업만 참여해 큰 효과를 거두지 못했다(이수철, 2010: 86~85).

또한 일본 기업은 에너지를 사용하는 사용자일 뿐 아니라 에너지 생산자이기도 하다. 일본에서는 1990년대부터 시작된 전력 시장의 규제 완화와 민영화에도 불구하고 텝코(TEPCO) 등 지역에 기반을 둔 10개의 전력 회사가 전력 생산과 송전을 독점해왔으며, 이들은 전력 생산 방식에서 여전히 원자력발전을 선호한다. 이들 전력 회사는 경제산업성과 의회에서 원자력발전을 선호하는 의원들과 함께 핵마을(nuclear village)이라는 거대한 권력연합체를 형성해 일본이 기후변화 시대에 신에너지로 빠르게 전환하는 것을 저지하고 있다. 기업의 이러한 현상 유지적인 태도는 일본 국민들의 탈원전 여론과 상충하는 면이 있다. 일본 국민들은 후쿠시마 원전 사고를 겪으며 원자력의 위험을 상기하게 되었고, 이는 신에너지를 통한 더욱 적극적인 기후변화 정책을 지지하는 여론이 상대적으로 상승하는 결과를 가져왔다. 원전 사고가 발생하고 약 한 달 후 일본 리서치센터와 갤럽이 공동 실시한 여론조사 결과에 따르면, 원전 찬성률이 사고 이전 62%에서 39%로 낮아졌고 반대는 28%에서 47%로 상대적으로 상승했다(Jain, 2013: 262). ≪아사히신문≫이 2011년 중반 행한 여론조사에서도 일본 유권자의 3/4가량이 원자력을 당장 철수하거나 점진적으로 축소하는 안에 동의했다. 후쿠시마 재해 3주년 기념행사에서는 130여 곳에서 항의 시위가 열리기도 했다. 이런 반원전 및 탈원전 여론은 향후 일본이 에너지 절약에 더 많은 힘을 기울이고 재생에너지의 비중을 늘려가는 데 중요한 역할을 할 것이라 기대된다. 실제로도 후쿠시마 사태 이후 시민단체와 지역 주민을 중심으로 친환경에너지 프로젝트를 통한 재생에너지 발전 계획이 제안되고 있으며, 장기적으로 각 지역의 환경에 맞는 소규모 친환경에너지 발전이 거대 전력 회사가 공급하는 원자력이나 화석연료를 대체할 가능성도 조금씩 나타나고 있다(윤이숙, 2012: 30).

앞에서 약술한 바와 같이 일본의 정치·경제·사회 내부에는 기후변화 정책을 둘러싼 다양한 이해관계가 존재한다. 이러한 갈등관계와 이해관계를 조정하면서 일본정부는 다양한 기후변화 정책을 국내외에서 입안하고 집행해왔다. 그러나 기후변화 정책을 더욱 효과적이고 실효성 있게 집행하기 위해서는 정부 부처 간 이해와 사회 각계각층의 이해를 조정하는 강력한 거버넌스 기구가 필요하다. 또한 중앙정부는 신재생에너지 확대 등의 저탄소 정책이 실효를 거두기 위해 배출권거래제 및 발전차액지원제도 등의 시장 메커니즘을 지속적으로 개선하는 한편 송전망 등의 인프라를 지역적으로 고르게 확충하고 보급해야 한다.

한편 기후변화의 시대에는 중앙정부뿐만 아니라 지방정부와 시민사회 역시 거버넌스의 주체로 참여해야 한다. 일본은 1990년대 중반 이래 지방정부 차원에서도 환경과 에너지 효율이라는 두 가지 목표를 동시에 추구하면서 저탄소 녹색 도시 정책 등의 기후변화 정책을 도입해왔다(김양태, 2012). 1998년 제정된 '온대법'도 47개 현 및 1800여 개에 달하는 시정부가 온실가스를 저감하기 위해 계획을 입안하고 집행하도록 명시하고 있다 (Sugiyama and Takeuchi, 2008: 424~441). 가장 적극적인 지방정부는 도쿄와 교토인데, 이들은 에너지, 교통, 그리고 다양한 관련 분야에서 지방 조례를 도입해 배출 감축 방안을 마련해왔다. 예를 들어 후쿠시마 원전 사태 이후 도쿄시는 전력 회사의 공급에 수동적으로 의존하던 관행에서 벗어나 비상시 자체 전력을 공급할 수 있는 가스발전소와 지능형 전력망을 구축했으며, 오사카, 고베, 교토는 삼자 파트너십을 통해 에너지 절약과 친환경에너지 발전을 기획중이다(윤이숙, 2012: 30).

지방정부들은 후쿠시마 원전 사고 이후 특히 재생 가능 에너지에도 관심을 기울이게 되었다. 예를 들어 소프트뱅크가 제안한 태양광발전 사업에 현(縣)정부 중 약 2/3가 지지를 표하면서 오래된 휴면 농지에 태양광발전소를 짓는 데 동의했으며, 전국지사회(National Governor's Association)를 통해 이러한 안건을 구체화·제도화하기로 합의했다(Jain, 2013: 264~265). 이처럼 지방정부 차원에서도 저탄소 사회로 이행하기 위한 노력을 하고 있는 것은 매우 고무적인 현상이다. 따라서 중앙정부는 시민사회 및 지방정부가 기후변화 거버넌스의 주체로 적극 참여할 수 있도록 법적·제도적 지원을 마련해야 할 것이다. 이미 스마트 그리드, 차세대 자동차, 도시 녹화, 리사이클 등을 이용해 환경 미래 도시를 구축하는 방안이 채택되고 있으나 아직 제한적임을 고려할 때 중앙정부의 더욱 적극적인 노력이 필요하다.

이 글에서는 일본의 온실가스 배출 감축 등 기후변화를 완화시키려는 노력에 초점을 두고 논의를 펼쳤다. 일본은 기후변화에 취약한 도서국이기 때문에 기후변화에 대처하고 사회적인 회복력을 강화하는 다양한 적응 정책 또한 이러한 완화 노력에 동반되어야 한다. 현재 일본의 적응 정책은 대부분 지방정부 단위에서 수립되고 집행되고 있다. 예를 들어 오키나와의 경우 해안선 보호와 수자원 관리에 중점을 두고 있다. 일본은 1990년대부터 분권화가 심화되었음에도 도쿄 등 대도시를 제외한 지방정부는 재정이나 행정적 자원 등에서 여전히 중앙에 상당 부분 의존하고 있다. 중앙정부는 이러한 구조적 특성을 감안해 국가적 차원에서 더 적극적으로 적응 대책을 마련하고 기후변화에 지방정부와 공동으로 대응할 필요가 있다(Takao, 2012: 767~788).

일본의 정책 과정은 개발 국가의 오랜 전통에 따라 중앙정부와 산업계 주도로 이루어져왔고 기후변화에 대한 대응에서도 관료 사회와 산업계는 시장 경제적·기술 지향적 마인드 또는 기업 경쟁력 제고라는 경제·산업적 마인드로 임해왔다(강혜자, 2009; Kondoh, 2009: 52~94). 그러나 복잡한 기후변화 현상을 효과적으로 완화 및 해결하기 위해서는 무엇보다 지방정부 및 시민사회의 다양한 구성원 간의 갈등을 원만히 조절하고 공론화의 과정을 거쳐 합의된 정책을 도출하는 것이 바탕이 되어야 할 것이다.

일본은 후쿠시마 원전 사고 이후 단기적으로는 재생에너지의 비율을 높이기 위한 노력을 계속하겠지만, 원자력의 공백을 메우기 위해 화석연료의 사용도 지속할 것이다. 또한 탈원전의 요구와 원자력 이익단체의 저항 속에서 점차 원전의 안전을 강화해가면서 원전이 에너지 믹스에서 차지하는 비중을 늘려 저탄소 발전을 추구할 가능성이 높다. 일본의 경제 위기가 조속히 극복되지 않는 한, 기업과 소비자는 화석연료의 가격 상승에 반대하면서 원전을 안전하게 관리하는 조건하에서 원전의 작동 재개가 불가피하다고 요구할 것이며, 기업도 국제 경쟁력을 이유로 다양한 온실가스 배출 완화 정책을 이행하는 데 미온적인 태도를 유지할 가능성이 높다.

이런 상황하에 일본정부는 기후변화 해결을 위한 저탄소 발전을 국가의 장기적 목표로 삼고 민간과 공공의 협력과 다양한 시장 메커니즘을 기반으로 저탄소 발전 방안을 마련함으로써 경제적 회복 및 일자리 창출을 도모하는 환경 경제 정책을 추구해야 한다. 또한 혁신적인 경제 비즈니스 모델을 통해 배출 감축 프로그램을 개발하고 민간과 사회의 라이프스타일 혁신과 전환을 꾀해야 한다. 일본정부는 경제성장과 화석에너지 간에 탈동조화(decoupling)가 가능하다는 신념하에 저탄소 경제 및 사회를 지향해야 하며 장기적인 시야와 비전을 가지고 산업 및 소비구조, 가치체계의 전환을 통해 기후변화에 대응해야 한다.

또한 국제정치에서도 기후변화 레짐을 발전시키기 위해 일본의 기술과 노하우를 보급·공유해야 하며 신재생에너지 등의 연구와 개발에 더 많이 투자해야 한다. 개발도상국과의 협력 역시 자국의 배출 감축 목표 달성을 위해서뿐만 아니라 지속 가능한 개발 전략과 기술 혁신을 위한 국제 연대 차원에서도 지속되어야 한다. 기후변화 문제는 전 지구적인 과제이기에 경제 강국이자 총 축적 배출량에서 큰 역사적 책임이 있는 일본으로서는 더욱 책임 있는 역할로 국제사회의 공조에 기여해야 할 것이다.

참고문헌

강혜자. 2009. 「기후변화레짐 수용의 국가간 차이 비교연구: 독일과 일본의 기후변화정책을 중심으로」. ≪한국정책학회 추계학술발표논문집≫, 제2009권 0호.

김양태. 2012. 「일본의 저탄소 녹색도시 정책 분석과 시사점: 제주국제 자유 도시에 대한 시사점을 중심으로」. ≪국제자유도시연구≫, 제3권 1호.

류권홍. 2014. 「후쿠시마 이후, 그 대응은? 국제사회 및 프랑스를 중심으로」. ≪환경법과 정책≫, 제12권.

박경민. 2017.1.24. "2017 다보스포럼에서도 기후변화가 '화두'". ≪전기신문≫. http://m. electimes.com/article.php?aid=1485232849141344002(2017 2월 20일 검색).

육근효. 2013. 「일본기업의 온실가스 감축 정책과 환경경제효율에 한 연구」. ≪한국일본근대학회≫, 39집.

윤이숙. 2012. 「후쿠시마 사태 이후 일본의 환경정책변화: 기후변화정책을 중심으로」. ≪아세아연구≫, 55권 2집.

이기완. 2012. 「일본의 기후변화정책을 둘러싼 정치동학: 국내 요인을 중심으로」. ≪아시아연구≫, 제15권 1호.

이수철. 2010. 「일본의 기후변화 정책과 배출권거래제도: 특징과 시사점」. ≪환경정책연구≫, 제9권 3호.

조홍섭. 2007.12.4. "미·중·러·일·인도 CO2 배출, 전세계의 절반". ≪한겨레≫. http://www. hani.co.kr/arti/society/environment/254784.html#csidx90e7737d6ff32aab491661d1e294dfa(2017년 2월 23일 검색).

≪중앙일보≫. 2008.5.31. "2100년 일본··· 해수면 38cm 높아져 137만 명 침수 피해". http:// news.joins.com/article/3165965(2017년 3월 26일 검색).

카노우 다케히로. 2016. 『일본의 환경외교: 기후변화교섭과 글로벌거버넌스』. 박덕영·박지은·이현정 옮김. 한국학술정보.

한국에너지기술연구원. 2016. 「기후변화 대응 기술정책 동향(II): 일본의 기후 및 에너지 법률, 정책, 투자 동향」. ≪기술정책 FOCUS≫, 10권 7호.

Dimsdale, Taylor, Liz Gallagher and Camilla Born. 2015. "Rising Sun, Striking Influence? Japan's Self-Marginalization from Global Climate Politics." EG3 Report. April.

Dimsdale, Taylor. 2016. "Against the Odds: As China and the U.S. Move Low Carbon, Japan Bets on Business as Usual." EG3 Briefing Paper. May.

Jain, Purnendra. 2013. "The Triple Disaster and Japan's Energy and Climate Change Policies." Purnendra Jain and Peng Er Lam(eds.). *Japan's Strategic Challenges in Changing Regional Environment*. Singapore: World Scientific Pub Co.

Kondoh, Kazumi. 2009. "The Challenge of Climate Change and Energy Politics for Building a Sustainable Society in Japan." *Organization & Environment*, 22-1.

Le, Hanh and Anaïs Delbosc. 2012. "Japan's Bilateral Offset Crediting Mechanism: A Bilateral Solution to a Global Issue?" CDC Climat Research Group Climate Brief. No.11. http://www.cdcclimat.com/IMG/pdf/12-01_climate_brief_11_-_japan_s_bilateral_offset_crediting_mechanism.pdf(2017년 4월 15일 검색).

Littlecott, Chris. 2015. "Japan Coal Phase Out: G7 Scoreboard Country Profile." EG3. October Summary. https://www.e3g.org/docs/Japan_country_profile_-_G7_coal_scorecard.pdf.

Sugiyama, Noriko and Tsuneo Takeuchi. 2008. "Local Policies for Climate Change in Japan." *The Journal of Environment & Development*, 17-4.

Takao, Yasuo. 2012. "Making Climate Change Policy Work at the Local Level: Capacity-building for Decentralized Policy Making in Japan." *Pacific Affairs*, 85-4.

05

한국 기후변화 거버넌스의 현황과 과제
GCF-GGGI-GTC를 중심으로

류하늬

1. 문제 제기

파리협정은 한국에서도 기후변화와 에너지 문제에 획기적인 전환점이 되었다. 기후변화로 인한 피해의 심각성 및 대응의 시급성에 국제사회가 공감하면서 신기후체제가 출범했고, 이는 자발적인 감축 목표를 제시하고 이행하는 방안으로 진행되었다. 한국은 교토의정서에서는 비부속서 국가라서 의무 감축국이 아니었으나 파리협정에서는 INDC로 37%의 감축 목표가 제시되자 이에 대한 이행 방안이 중요하게 논의되고 있다. 이에 녹색성장의 프레임으로 이해되었던 경제성장과 저탄소 사회를 동시에 추구한다는 국가 전략 역시 재조명되었다.

한국에서는 이명박 정부에서 녹색 이니셔티브가 강하게 추진되었으나 해외 자원 개발과 같은 에너지 자립을 위한 전략의 문제로 귀결되었다는 비판이 강하게 제기되었다. 녹색 기술 개발의 육성과 수출을 통한 성장 전략이 논의되었으나 신재생에너지 업체는 주로 중소기업인 데다 시장 규모가 작고 자금 확보가 쉽지 않아 지속적으로 어려움을 겪었다. 따라서 녹색성장 전략을 통해 경제성장과 기후변화 대응을 동시에 달성하고자 한 국가적 견인은 그 성과가 모호했다. 그러나 2009년부터 2012년까지 강력하게 추진된 녹색기후기금(Green Climate Fund, 이하 GCF)의 유치와 글로벌 녹색성장연구소(Global Green Growth Institute, 이하 GGGI)의 국제기구화, 녹색기술센터(Green Technology Center, 이하 GTC)의 설립이라는 '그린트라이앵글' 전략은 세 기관의 연계와 각각의 역할에 기대를 갖게 만들었다. 특히 개도국의 기후변화 대응을 지원하기 위한 재정 메커니즘으로서 2차 교토의정서에서부터 추진되어온 GCF 재정 지원이 파리협정에서 더욱 부각되면서 GCF의 사무국을 유치한 한국의 대응이 중요하게 논의되었다. GCF는 국내에서 신재생에너지를 비롯한 기후기술 시장의 부족한 자금 문제를 해소해줄 수 있는 재원으로서 그 활용에 대한 기대가 높아졌다.

이에 이 글에서는 GCF(재원) – GGGI(전략) – GTC(기술)이라는 그린트라이앵글의 설립 배경과 맥락을 살펴보고, 현황 진단을 통해 이를 어떻게 활용할 수 있는지 살펴보고자 한다. 따라서 이 논의는 비록 박근혜 정부 당시 기후변화 정책에 공백이 있긴 했으나 기존의 녹색성장 정책의 소산으로 볼 수 있는 국제기구로 구성된 네트워크를 어떻게 재건할 것인가의 문제에 대한 것이다. 또한 이는 산재해 있는 각 부처의 국별 이슈를 어떻게 조정하고 대응할 것인가 하는 국내 기후변화 거버넌스의 문제이기도 하다. 이러한 논의를 통해 한국이 글로벌 기후변화 거버넌스와 어떠한 방식으로 연계해 기후변화 대응을 추진할 수 있을 것인지에 대한 해법을 제시하려 한다.

2. 한국의 기후변화 대응 정책의 맥락

1) 녹색성장 정책과 세 기구의 설립 배경

2010년 칸쿤에서 개최된 UN기후변화협약 COP16에서는 개도국의 기후변화 대응을 위해 2020년까지 연간 1000억 달러 규모로 확대된 자금 지원을 제공하고, 기후변화 지원에 특화한 GCF을 설립하는 데 합의했다. 이는 선진국과 개도국 간 기후변화 문제에서 나타난 남북문제를 해결하는 방안 중 하나로, 선진국의 자금을 GCF를 통해 지원함으로써 개도국의 기후변화 대응책을 이행하고자 한 것이다. 한국은 2012년 말 도하 COP18에서 GCF 사무국 유치국으로 공식 승인되었다.

GGGI는 이명박 대통령의 취임 첫 해인 2008년의 8·15 경축사에서 '저탄소 녹색성장'이 새로운 국가 비전으로 천명되면서 설립된 상징적인 기관이었다. 2009년 12월 열린 코펜하겐 COP15에서 GGGI의 설립 계획이 발표되었고 2010년 상반기 중에 설립되도록 대통령이 지시한 바에 따라 2010년 5월 신성장동력으로서의 녹색성장을 글로벌 의제로 확산하고 개발도상국의 녹색성장을 촉진하기 위한 연구기관으로 설립되었다.[1] 설립 당시 기관의 지위는 외교통상부 산하의 한국국제협력단(이하 KOICA)으로부터 예산을 지원받는 비영리재단법인의 형태였으나 2012년까지 국제기구화를 추진할 계획을 갖고 있었다. 이후 GGGI에서는 국제기구화를 추진[2]해 2012년 6월 브라질의 리우데자네이루에서 개최된 UN지속가능발전

---

[1] 2010년 4월 19일 녹색성장위원회에서 KOICA의 산하기관으로 GGGI의 설립을 요청했고, 4월 20일 KOICA의 이사회에서 GGGI의 설립이 의결되었다. 5월 14일 외교통상부의 비영리재단법인으로 GGGI를 등록했으며, 6월 16일 '2010 동아시아 기후포럼'에서 GGGI 창립이 공식적으로 선포되었다.

회의(UN Conference on Sustainable Development)에서 한국, 덴마크, 영국, 호주 등 16개 국가의 참여로 'GGGI 국제기구화 설립 협정'이 체결되었다. 덴마크, 가이아나 및 키리바시가 비준 절차를 마침으로써 2012년 10월 18일에 협정이 발효되었고, 당월 23일 서울에서 국제기구로서 GGGI의 창립총회가 개최되었다. 당해 8월 29일에 이 협정에 대한 비준동의안이 국회에 제출되었는데, 국회의 요구에 의해 감사원의 감사[3]가 9월 동안 수행되어 비준이 지연되기는 했으나 11월 22일 'GGGI의 설립에 관한 협정 비준 동의안'은 국회 본회의를 통과해 의결되었다.

국제재생에너지기구(IRENA)의 경우 2004년 독일이 세계재생에너지총회에서 설립을 제안해 2008년 4월 베를린에서 창립위원회가 개최, 2011년 4월에 정식으로 출범한 것과 비교해볼 때, 2011년 후반기부터 본격적으로 추진해 1년여의 기간 동안 국제 기구화 작업이 마무리된 GGGI는 매우 이례적인 경우로 평가되었다. IRENA는 설립 제안 이후 7년, 준비위원회 구성 이후 3년이 소요되었고 당초 독일이 본에 유치를 희망했으나 최종 단계에서 아랍에미리트 아부다비로 소재지가 결정되었다(권세중, 2012). GGGI의 조속한 국제기구화와 GCF 사무국 유치 확정은 한국정부의 강력한 의지가 반영된 결과라 볼 수 있다. 반기문이 UN 사무총장으로 진출하

---

2 덴마크 코펜하겐(2011.5.11)과 아랍에미리트 아부다비(2011.7.7)에 지부를 개설했다.

3 2012년 9월 'GGGI에 대한 정부 지원 예산의 회계 집행 실태' 감사가 수행되었다. 기관 운영비 집행 분야(집행이사에 대한 주택보조금과 자녀학비 수당 지급 부적정, 파견수당 등 각종 수당 지급 부적정, 비상임이사에 대한 전용차량 및 법인카드 지원 부적정), 사업비 집행 분야(외주용역 계약 체결 및 관리 부적정, 에티오피아 소규모 관개기술 연구 용역 계약 및 관리 부적정, 산둥성 저탄소 개발계획 수립 연구 용역 계약 체결 및 관리 부적정, 전문가 파견 계약 체결 및 관리 부적정, 브라질 등 3개국 저탄소 녹색성장 개발 계획 수립 연구 용역 추진 부적정), 기타 경비 집행 및 지도 감독 분야(사무실 조성 공사 등 예산 집행 및 계약 관리 부적정, 내부 통제 시스템 구축 운영 부적정, GGGI에 대한 외교통상부의 지도 감독 부적정)에 대해 감사 결과가 보고되었다.

고 2011년 사무총장을 연임하는 시기와 맞물려 추진된 한국정부의 녹색성장 이니셔티브에는 국제기구를 통한 국격의 상승을 국제사회에서 드러내기 위한 정권 차원의 동력이 주요하게 작용했다.

GTC는 2011년 6월 '글로벌 녹색성장 서밋(GGGS) 2011'의 대통령 기조연설에서 설립을 선언하며 시작되었다. GTC는 2012년 3월 한국과학기술연구원(KIST)의 내부 조직으로 설치되었으며, 2013년 2월에 부설기관으로 자리 잡았다. GTC의 설립은 2012년 10월 GCF 사무국을 유치하고 GGGI의 국제기구화가 마무리되면서 국내에서 녹색기술 육성을 위한 재정(GCF) - 전략(GGGI) - 기술(GTC)의 연계 체계를 갖추고자 추진되었다. 글로벌 녹색 재정 - 전략 - 기술의 협력 체계에서 중소기업이 해외로 진출할 수 있는 정책과 플랫폼을 마련하겠다는 전략의 일환으로 시작되었다고 볼 수 있다.[4]

2) 녹색성장 정책의 평가

손주연·이장재·김시정(2015)은 녹색성장 정책을 평가하면서 거버넌스의 문제를 지적하고 있다. 대통령과 대통령 직속 기관이던 녹색성장위원회를 통해 정책이 추진됨에 따라 영향력이 집중될 수 있었고, 단시간 내에 관련 법·제도가 정비되고 관련 조직이 설립되는 결과를 가져왔다는 것이다. 대통령의 관심과 인식으로 녹색성장이 국정 최우선 과제로 설정되었으며, 정책의 원활한 추진을 위해 자원의 재분배와 전략 수립이 뒷받침되

---

[4] 2014년 5월 23일 연합뉴스에 따르면 글로벌 그린 허브 코리아 2014(Global Green Hub Korea 2014, 이하 GGHK2014)의 세미나에 GTC, GCF, GGGI의 주요 관계자들이 참석했는데, 이들은 GTC가 나아갈 방향이 중소기업의 해외 진출 플랫폼을 구축하는 것이라고 설명했다고 한다.

었고 관련 규범과 규칙도 빠르게 제정되었다는 평가가 있다.[5] 그러나 기후변화대책위원회, 국가에너지위원회, 지속가능발전위원회가 통합되어 운영된 대통령 직속의 위원회는 외관상으로는 강력한 정책 조정 기구의 형태를 지니고 있었으나 정책 조정은 효과적으로 이루어지지 못했고, 녹색성장 정책의 컨트롤타워인 녹색성장위원회 내부에 컨트롤타워가 없고 권위 있는 정책 조정 수단을 가지고 있지 않다는 것이 한계점으로 지적되었다.[6]

민간과 하위 정책 행위자의 참여가 부족한 상황에서 상위 정책 행위자인 정부 주도로 정책이 추진됨에 따라 정책의 지속성에서도 한계가 드러났다. 박근혜 정부 이후 대통령의 관심과 우선순위가 변경됨에 따라 녹색성장 정책은 국무총리 산하로 위상이 격하[7]되었고, 녹색성장 정책에 대한 정확한 평가와 연장 또는 확대에 대한 논의가 이어지지 못했다.

녹색성장 정책에 대한 핵심적인 평가 중 하나는 이 정책의 추진 목표와 방향이 기후변화 대응 정책으로서의 에너지 문제에 대한 접근이라기보다 에너지와 관련된 성장 정책에 초점을 두고 있었다는 것이다(기후변화정책연구소, 2012). IEA는 한국정부가 신재생에너지 개발 및 에너지 분야 연구 개발에서 이룬 성장에 대해 긍정적으로 평가하고 있는데(IEA, 2012),[8] 이 역시

---

5 2009년 대통령 직속 녹색성장위원회 설치, '녹색성장 5개년 계획' 발표, 2010년 '저탄소녹색성장기본법' 제정 등 행정 조직과 법 제도를 정비하는 작업이 정권 초기에 강력하게 추진되었다.

6 한국행정연구원은 녹색성장 정책을 추진하던 초기에 녹색성장위원회의 정책 조정 역할의 부족, 위원의 전문성 부족에 대해 지적한 바 있으나 정책의 조정 역할이나 조정 수단은 보완되지 못했다(김정해, 2009).

7 제4기 녹색성장위원회는 2013년 10월 말에 구성되는 등 공백이 발생했다.

8 이 보고서에서 IEA는 일부 에너지 관련 현안에 대한 권고사항도 추가적으로 발표했다. 배출권거래제 도입과 관련된 세부 사항 확립 및 실질적 활용을 위한 구체적인 방법 수립, 이 제도를 보완할 수 있는 통합적 에너지 효율 정책 수립을 권고했고, 전력 수급 문제를 해결하기 위해 시장을 경쟁 체제로 자유화할 것과 이를 위한 기본 정책을 수립할 것을 강력하게

에너지 산업을 성장시키기 위한 전략의 일부로 이해되고 있다. 이명박 정부에서 제시한 녹색성장의 3대 중심 분야는 ① 기후변화 대응 및 에너지 자립, ② 신성장 동력 확충, ③ 삶의 질 개선과 국가 위상 강화이다. 하지만 구체적인 사업 내용으로는 에너지 자원 확보와 에너지 효율 기술 등이 제시되었다(손주연·이장재·김시정, 2015). 이명박 정부에서 강도 높게 추진했던 에너지 자급을 위한 해외 자원 개발 사업은 녹색성장 정책에 근거를 두고 있다.

녹색성장 정책이 기후변화 대응과 유리되어 있다는 것은 배출량 측면의 성과에서도 나타난다. 온실가스 배출량이 증가했을 뿐만 아니라 신재생에너지 보급률과 녹색 R&D 비중이라는 측면에서 볼 때도 OECD 국가와 비교할 때 열악한 실정이다(손주연·이장재·김시정, 2015).

3. 각 기구의 현황과 연계 전략

1) 각 기구의 현황

2012년 10월, GGGI가 국제기구로 설립될 초기[9]에 제시된 5대 발전 방향은 '행동지향적 기구, 실제 결과를 만들어내는 기구, 민관 파트너십이 활성화되는 기구, 개방성을 지니고 여타 국제기구와 긴밀히 협력하는 기구, 탁월한 내부 역량을 지닌 기구'였다. 민관의 파트너십 및 국제기구와의 연계를 바탕으로 하는 실제 정책 이행기구로서의 역할을 강조한 것이

권고한 바 있다. 즉, IEA는 녹색성장 정책을 기후변화에 대응하는 정책으로 평가하기보다는 에너지 정책의 문제로 다루고 있다.

9 2012년 10월 18일 국제기구 요건을 충족했으며, 당월 23일 창립총회를 개최했다.

다. 이후 '2015~2020 중기 전략(Mid-term Strategic Plan)'을 통해 분야 선정 및 역할 설정을 좀 더 구체적으로 제시했다. 중기 전략은 '녹색 투자·사업 자문 등 이행 중심 기구로의 변화, 최빈국 및 회원국에 지원 집중, 에너지·녹색 도시·토지 이용·물의 4대 중점 분야 선정, 성과 중심 운영 및 인적 역량 강화'로 제시되었으며, 투자와 자문 역할은 최빈국과 회원국의 에너지 사용 및 토지와 수자원 활용에 대한 분야로 구체화되었다.

2013년 6월에는 OECD 개발원조위원회(Development Assistance Committee: DAC)로부터 공적개발원조(Official Development Assistance, 이하 ODA) 적격성을 획득하면서 개발 원조로서의 개도국 협력의 정체성을 강화하기도 했다. 그러나 2016년 상반기에 이보 더부르(Yvo De Boer) GGGI 사무총장(2014년 4월~2018년 4월 재임)과 힐라 샤이크루후(Hela Cheikhrouhou) GCF 사무총장(2013년 9월~2016년 9월 재임)이 모두 사의를 표명한 것으로 알려졌는데, 이는 박근혜 정부 출범 이후 기후변화 정책에 대한 한국정부의 관심도와 적극성이 떨어지자 이에 대한 불만을 표출한 것으로 평가되었다(≪서울신문≫, 2016.4.28).[10] 앞서 언급한 바와 같이 박근혜 정부에서 나타난 기후변화 정책의 공백은 국내 유치 국제기구로서 GCF와 GGGI가 설립되던 초기에 한국정부와 호혜적인 관계를 기대하던 것과는 다른 방향이었음을 짐작케 한다.

이후 GGGI는 2016년 10월 새 사무총장으로 프랑크 라이스베르만(Frank Rijsberman)을 임명했다. 신임 사무총장은 GGGI 중기 전략을 재검토하고 (2017년 2~9월) GCF와의 연계 강화, 국내외 네트워크 강화를 전략으로 제시한 바 있다. GGGI는 GCF의 이행기구 인증과 GCF의 개도국 역량 강화 프

10 이러한 보도에 대해 외교부의 입장으로 반박하는 기사(≪미디어펜≫, 2016.4.30) 역시 게재되었다. 그러나 박근혜 정권의 정책에 대한 최근의 평가는 당시에는 기후변화정책 어젠다가 부재했을 뿐만 아니라 GCF, GGGI 연계를 실질적으로 뒷받침할 수 있는 정책 역시 없었다는 것이다.

로그램의 시행 기관으로 활동을 준비하고 있으며, KOICA 등 국내 기관들의 해외 사업 수행에 참여하는 방안도 마련할 계획이다(외교부 보도자료, 2017.2.14). 즉, 중기 전략으로 GGGI가 중점적으로 추진하려는 방향은 설립 당시 의도했던 대로 그린트라이앵글을 강화하는 것이라고 해석할 수 있다.[11]

GCF는 2014년 11월 공여회의 등에서 43개국으로부터 총 103억 달러에 달하는 초기 재원을 약속받았다. 2015년 7월까지 28개국과 58억 달러에 대한 공여협정이 체결된 상태(연합뉴스, 2015.8.5)에서 초기 유효성 수준[12]은 넘겼으나 교토의정서에서 약속한 기준을 채우지 못한 데 대한 우려가 제기되었다. 그러나 2015년 말 체결된 파리협정을 전후로 공여협정이 계속 진행되어 40개국 약 101억 달러에 대한 공여협정이 완료되었고(2017년 4월 기준) 초기에 목표한 100억 달러 수준을 달성할 수 있게 되었다. 한국은 2014년 9월 UN 기후변화 정상회의에서 GCF에 대한 최대 1억 달러 공여를 발표한 뒤 2015년 6월 공약에 따라 1억 달러에 대한 협정을 완료했으며, 2016년 말까지 3550만 달러 납입을 마쳤다.

GCF의 운영 방식은 GCF가 직접 사업의 시행 주체가 되는 것이 아니라

---

11 2017년 10월 GCF는 GGGI의 이행기구 인증 신청을 철회했다. GGGI와 GCF 간 협의하에 GGGI가 GCF의 사업 이행기구로서 역할을 하는 것이 기관의 방향과 일치하는 것인지를 검토했던 것으로 보인다. 이에 대해서는 이후 상술하고자 한다.

12 GCF는 약정 금액 대비 공여 협정 체결률을 산정했는데, 기준으로 삼은 약정 금액은 2014년 11월 '초기 재원 조성에 대한 관심 공여자들의 고위급 약정회의(High-Level Pledging Conference of Interested Contributors to the Initial Resource Mobilization Process of the Green Climate Fund)' 시점까지 약정된 금액(93억 5000만 달러)이다. GCF는 이 비율이 50%를 초과해야 사업을 개시한다는 유효성 수준을 설정하고 그 시기를 2015년 4월 30일까지로 정했으나 실제 공여 협정 체결률은 42.5%(39억 7000만 달러)에 그쳤다. 그러나 2015년 5월 일본이 약정 금액 전액인 15억 달러에 대한 공여 협정을 체결하고 총액 54억 7000만 달러로 58.5%의 공여 협정 체결률을 달성함에 따라 유효성 수준을 넘길 수 있었다(환경부, 2016).

이사회를 통해 이행기구를 인증하고 그 이행기구가 사업을 추진하는 형태이다. 이행기구의 인증은 사업 수행 역량 평가를 통해 이루어지는데, 혁신적 기후변화 대응 사업을 개발하고 실행할 역량, 자금·사업 관리 능력, 환경 사회·양성 평등·부패 방지 등의 정책 및 실적 등을 종합적으로 평가하는 심사이다. 1차로 사무국 심사, 2차로 독립 인증 패널 심사 후 이사회의 승인을 통해 결정된다. 2015년 7월 10차 이사회까지 총 20개의 이행기구를 인증한 후 16차 이사회(2017년 4월)까지 총 48개 기구[13]를 인증하면서 사업 개발과 시행 주체 선정의 속도를 높였다.

UN 산하기관, 다자개발은행(MDBs) 등의 국제기구, 개발도상국의 국내 기관뿐만 아니라 공여국의 투자기관 등 다양한 이행기구가 추진 주체가 되어 사업을 발굴·개발하며, 개도국의 동의를 받으면 사업 제안서를 인천 송도에 위치한 GCF 사무국에 제출해 사업 시행에 대한 심사를 받는다. GCF의 자금 지원은 발굴·개발된 사업의 특성과 사업 대상 지역 등을 고려해 공여 또는 무이자·저리의 양허성 차관 방식으로 이루어진다. 대상은 온실가스 감축과 기후변화 적응 분야에 절반씩 배분된다.

최근 산업은행은 제15차 GCF 이사회[14]에서 GCF 이행기구로 인증되었다. 해당 이사회에서는 산업은행을 비롯한 7개 기관[15]을 이행기구로 인증해 GCF 이행기구는 총 48개가 되었다. 산업은행은 2015년 7월 인증 신청 이후 약 1년 반의 심사를 거쳐 국내 기관 중 처음으로 GCF 이행기구 인증

---

13 다자개발은행, UN 기구(WB, ADB, IDB, EBRD, UNEP, UNDP 등 총 25개), 개도국 기구 (한국산업은행, 세네갈개발기관 등 총 14개), 지역 기구(캐리비안기후변화센터, 태평양환경계획사무국 등 총 9개) 등이다.

14 2016년 12월 13~15일 사모아의 수도 아피아에서 개최되었다.

15 산업은행(한국), 환경보호대외협력센터(중국), 인프라투자공사(인도네시아), 중미경제통합은행(온두라스), 아비나재단(파나마), 프랑스 개발금융기관(프랑스), 세계야생동물기금(미국) 등이다.

을 받았다. 기획재정부는 산업은행의 인증을 위해 GCF와의 인적 네트워크를 활용한 바 있다.[16]

UN기후변화협약의 GCF로 대표되는 재정 메커니즘과 대응되는 기술 메커니즘은 기술 협력 정책을 구성하는 기술집행위원회(Technology Executive Committee, 이하 TEC)와 이행기구로서 세계 각국의 기관이 가입한 기후기술 센터·네트워크(Climate Technology Center and Network, 이하 CTCN)로 이루어져 있다. TEC는 기후변화 대응 기술을 개발 및 이전하는 데 정책의 컨트롤타워 역할을 수행하는 위원회로서, UN기후변화협약에 가입한 196개국 당사국 중 20개국의 전문가로 구성되어 있다. 2015년 5월 GTC는 CTCN에 가입해 기후변화 대응 기술의 협력을 담당하는 기관으로서의 역할을 맡았다. 동월에 녹색성장위원회는 국가 녹색기술 R&D 전담 기관으로 GTC를 선정하면서 녹색기후기술에 관한 국가 연구 개발 정보의 분석과 정부의 R&D 정책 수립을 지원하며 국내 출연연, 기업 등의 녹색기술 연구 및 개발 기관과의 연계를 강화하고자 했다.

한국정부는 GTC의 CTCN 가입과 동시에 TEC에 한국인이 선출되도록 꾸준히 노력해왔는데, 2015년 11월 파리에서 개최된 COP21에서 GTC의 성창모 소장이 피선되면서 2016년부터 2년의 임기를 시작했다. 이로써 GTC가 수행하는 녹색기후기술 정책 연구와 국가의 연구 개발 전략 간 연계, CTCN 가입 기관으로서 기후기술 개발 이전 등을 통한 해외 진출이 강화될 것으로 기대되고 있다.

UN기후변화협약의 기술 메커니즘에서는 각국 내에서의 기술협력의 우선순위를 결정하고 선진국과 개도국 간의 기술 협력을 총괄하는 기구

---

16 산업은행의 인증을 위해 GCF 이사진에 인증 지지를 요청하고 산업은행과 함께 사무국·인증 패널과 정보·의견을 교환하는 등 긴밀하게 협력해왔다(기획재정부 보도자료, 2016.12. 14).

로 국가지정기구(National Designated Entity, 이하 NDE)를 지정하고 있는데, 과학기술정보통신부(이하 과기정통부)는 한국의 NDE로 운영되고 있다. GTC는 국내 기술 협력 역량을 체계적으로 결집하기 위한 미래부의 NDE로서 실행 전략을 수립하고 있으며 과기정통부의 협력 네트워크 구축을 지원하고 있다.

2) 국내외 기후변화 거버넌스의 확대와 연계 강화

2009~2012년 동안 국내의 기후변화 거버넌스는 녹색성장위원회를 중심으로 해서 국내 에너지 산업 위주로 구성되었다. 이후 2012년 말을 기점으로 2015년 중반까지 이전 시기에 추진했던 GGGI의 국제기구화와 GCF 사무국의 송도 유치가 완료되어 기구가 운영되기 시작했으며 GTC의 녹색 기술 R&D 조정과 수립 기능을 강화하는 계획들이 추진되었다. 비록 기후변화 정책으로서 에너지 정책과의 결합이나 효과적인 산업 정책이 구현되지 못했고 정책의 공백이라 평가될 정도로 녹색성장 정책 이후에 주목할 만한 정책 대응이 나타나지 못했으나, 국제적 기구의 자체 운영 원리와 이전 시기에 구축했던 각 부처의 연계가 단절 없이 이어져온 시기라 할 수 있다. 2015년 말 체결된 파리협정을 전후로 GCF의 공여협정이 원활하게 진행되고 GCF에 대해 국제 기후 협력의 재원으로서의 역할이 다시금 중요하게 부각되면서 국내에서도 이에 대응하는 사업 모델과 참여 전략이 수립되기 시작했다.

이에 따라 '재원 - 전략 - 기술'이라는 GCF - GGGI - GTC의 연계 강화 전략이 '그린트라이앵글'로 다시 주목받았다. 국제 기후변화 거버넌스의 중요한 축을 담당하는 GCF의 역할이 기대되면서 개도국의 이행 전략을 수립할 수 있는 GGGI와 개도국에 적정한 기후기술의 매칭을 추진하는

〈그림 5-1〉 한국 기후변화 거버넌스의 형태

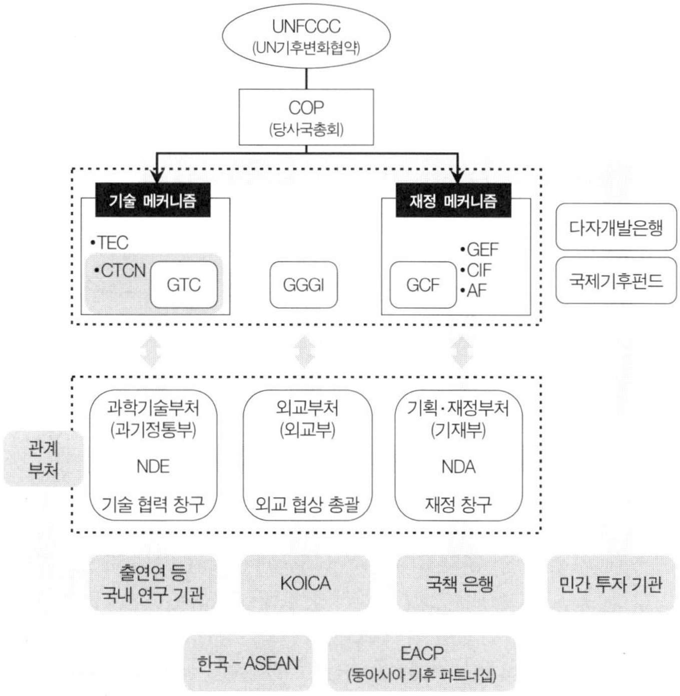

자료: UNFCCC, 미래부 보도자료를 바탕으로 필자 작성.

GTCN 가입 기구로서의 GTC의 거버넌스가 강조되었다.

국제적으로는 GCF뿐만 아니라 지구환경기금(Global Environment Facility: GEF), 기후투자기금(Climate Investment Fund: CIF), 적응기금(Adaptation Fund: AF) 같은 국제 기후 금융의 활용과 다자개발은행 재원의 투입과 같이 재정 메커니즘의 운영이 확대되는 형태가 나타났다. 국내적으로는 세 기구 각각에 대응하는 부처와의 연계도 강화되었는데, UN기후변화협약하에서 미래부가 NDE로, 기획재정부가 NDA로 지정되면서 〈그림 5-1〉과 같이 횡적으로나 종적으로 한국의 기후변화 거버넌스가 확대되는 현상이 나타났다.

2016년 10월 새로 인선된 하워드 뱀지(Howard Bamsy) GCF 사무총장은 GGGI의 사무총장을 역임했던 인물로, 그의 취임으로 인해 GGGI와 GCF의 인적 관계성이 높아졌다. 파리 체제의 시행과 함께 GGGI의 기능과 역할을 이해하고 있는 인물이 GCF의 수장이 된 만큼 두 기관의 연계가 강화될 것으로 기대되고 있다.

GGGI는 NDC 연대(Global NDC Alliance)와 같은 개도국의 NDC에 대해 종합적으로 컨설팅을 제공하는 프로그램을 통해 NDC를 수립하고 이를 개도국과 공유하는 협력을 확대하고 있다. 한편 다양한 형태의 국제 행사를 주관함으로써 녹색성장전략의 확산과 지식 플랫폼의 수출을 추진하고 있다. 2016년 9월, 글로벌 녹색성장 주간(Global Green Growth Week: GGGW)[17]에는 아시아 에너지 정책 대화를 개최함으로써 역내 에너지 협력체와 의제를 공유하고 협력을 강화했다. 특히 2016년 11월 마라케시에서 개최된 COP22의 부대행사로 GGGI와 중국 국가발전개혁위원회가 공동 주최한 행사에서는 한·중·일 3국의 환경장관이 참여해 '동아시아 NDC 이행 및 경험 공유'를 통해 3국이 기후변화에 공동 대응할 필요성을 강조했다(산업통상자원부 보도자료, 2016.11.21). 그린트라이앵글을 중심으로 동아시아의 역내 협력체와 관계를 강화함으로써 거버넌스를 확대하고 있음을 확인할 수 있다.

GGGI가 구축한 개도국 현지 네트워크를 통해 GTC의 기술 협력 프로젝트가 진행된 것은 두 기관의 연계를 보여준 중요한 사례이다. 2011년

---

17 GGGI가 국제기구로 출범한 후 4년간 이룬 성과를 집약하고 전 지구적 녹색성장 가속화에 기여하기 위해 녹색성장 분야의 최대 규모로 기획한 국제 행사로서, 전 세계에서 1200명 이상의 고위 인사와 전문가가 참석했다. 글로벌 녹색성장 서밋(GGGS), 글로벌 녹색성장 지식 플랫폼 컨퍼런스, 아시아 에너지 정책 대화, GGGI 총회·이사회 등 60여 개 행사가 진행되었다.

11월 GGGI와 몽골 정부 간의 양해 각서가 체결된 이후로 GGGI는 2013년 몽골의 에너지 시나리오에 대해 분석하는 작업을 한 바 있다. 이후 2015년 4월 GTC가 몽골 울란바토르의 그린 빌딩 타당성 평가를 시행하고자 했을 때 GGGI의 현지 네트워크는 이 프로젝트의 수립과 시행에 주요한 역할을 했다. 각 기구는 이 프로젝트를 통해 서로의 기능과 역할이 어떠한 협력 체계를 이룰 수 있는지 보여주었다.

2014년 12월 개최된 한국‐ASEAN 특별정상회의에서는 한국정부가 GCF 사업 모델 개발과 관련해서 '신재생에너지와 전력 저장 장치 결합, 친환경에너지타운, 전기차, 스마트팜'을 제안한 바 있다. 이를 통해서도 그린트라이앵글이 전통적인 역내 협력체로 거버넌스를 확대함에 따라 다음 절에서 제시하는 주요한 성과를 가져올 수 있다는 사실을 확인할 수 있다.

4. 국내 기업 참여 유형과 기후변화 거버넌스 확대에 따른 전략

1) 국내 기업의 국제 협력 프로젝트 참여 유형

앞서 언급한 바와 같이 국제적인 네트워크가 갖춰져 있지 않은 국내 기업이나 사업 수행 자금의 절대적인 규모가 작은 중소기업의 경우 다자개발은행의 프로젝트를 통해 자금을 유치하고 해외 진출의 경로를 마련하는 기회를 가질 수 있다(외교통상부, 2012). 이 절에서는 국내 기업이 다자개발은행의 프로젝트에 참여해 사업을 수행하는 방식을 세 가지로 분류하고, 그 사례를 통해 확대된 기후변화 거버넌스에서 국내의 기업이 해외에 진출할 수 있는 방안을 제시하려 한다. 주로 논의되는 에너지 부문의 사례들은 기후변화 대응 프로젝트에서 유사한 형태로 활용될 수 있다.

(1) 다자개발은행이 직접 조달하는 프로젝트의 국제 경쟁 입찰 방식

다자개발은행이 직접 조달하는 프로젝트의 국제 경쟁 입찰 방식에서는 발주한 프로젝트를 조달하는 전 과정에서 다자개발은행이 개입해 프로젝트 이행기관과 협의함으로써 조달 절차를 진행한다. 조달 사업의 세부 진행 절차는 다자개발은행별로 차이가 있으나 일반적으로 조달계획서 작성을 포함한 준비 단계, 사전 심사 및 입찰 단계, 그리고 계약 체결 및 수주 단계로 구분된다.

국내 기업이 참여한 경험이 있는 아시아개발은행(Asian Development Bank, 이하 ADB)의 경우 국가별·기간별로 구분해 조달 사업에 대한 정보를 외부에 공지한다. 국별 파트너십 전략(Country Partnership Strategy: CPS)에 따르면 ADB가 해당 국가의 향후 5년간 업무 방향을 부문별로 정리해두었으며, 정부와 협의해 5년간 진행 예정인 프로젝트의 제목, 금액 등의 목록을 제시하고 있다. 세계은행그룹(World Bank Group: WBG)은 다양한 조달 방법에 관해 두 가지 가이드라인을 제시하고 있는데, 레드 가이드라인(Red Guideline)으로 불리는 국제부흥개발은행 대출과 국제개발협회 신용에 따른 조달(Procurement under IBRD Loans and IDA Credits)에는 상품, 장비(설비), 토목작업, 그리고 비컨설팅 서비스가 해당한다. 그린 가이드라인(Green Guideline)으로 불리는 컨설턴트 선정 및 고용에 관한 가이드라인(Selection and Employment of Consultants by World Bank Borrowers)의 경우 컨설팅 서비스만 대상으로 하고 있다.

외교부에서 운영하는 글로벌에너지협력센터(Global Energy Cooperation Center, 이하 GECC)가 국제 에너지 자원 동향 메일링 프로그램으로 우크라이나 입찰 공고 정보를 제공한 사례는 다자개발은행의 조달 사업에 참여하는 데 정부의 네트워크 및 정보력을 활용하는 것이 필요하다는 사실을 시사한다. 외교부 내의 GECC는 재외 공관을 통해 수집한 최신 에너지 및 자원 정보를 기업에 제공하는 메일링 서비스를 시행 중인데, 2012년 3월 5일 GECC가 우크라이나 LNG 터미널 건설 입찰 공고를 유관 기업에 회람하자 대우건설 등 5개 기업이 GECC에 추가 정보를 요청했다(3월 7~9일). GECC는 주우크라이나 대사관에 관련 정보의 제공 및 절차에 관해 협조를 요청했고, 우크라이나 대사가 현지 정부와 면담해 추가 정보를 파악한 뒤 3월 30일 사업 타당성 결과 보고 회의가 열린다는 정보를 입수했다. 재외 공관을 통해 수집된 정보는 GECC를 통해 5개 기업에 전달되었고(3월 21~22일), 3월 22일 최종 3개의 기업이 결과 보고 회의에 참여 신청을 했다. 이는 정보 요청에 따른 대응이 약 10일 간의 짧은 기간에 외교부의 인적·물적자원에 의해 이루어져 시한이 정해진 정보를 전달하는 데 성공한 사례라 할 수 있다. 이 사례는 외교부의 재외 공관을 통해 개도국 정부와의 관계를 구축하고 프로젝트와 관련된 정보를 입수할 수 있는 경로를 강화해야 할 필요성을 시사했다.

즉, 다자개발은행의 국제 경쟁 입찰에 국내 기업이 참여하기 위해서는 정부가 해당 기업에 다자개발은행의 입찰 정보를 제공하는 것이 가장 효과적일 수 있다. 다자개발은행의 조달 계획을 파악하고 이에 관한 정보를 국내 해당 부문과 매칭할 수 있도록 하는 것이다. 국제 경쟁 입찰로 조달계약 선정 방법이 결정되는 프로젝트 또는 결정될 확률이 높은 프로젝트에 대해서는 정부 조직을 통해 사전 조사를 실시함으로써 국내의 해당 업체에 시의적절한 정보를 제공하는 것이 중요하다. 또한 조달 사업의 절차및 사업별 적격 요건을 파악해 해당 기업에 정보를 제공하거나 성공 사례를 구축 및 홍보하는 작업이 필요하다. 참여하고자 하는 사업의 종류에 따라 가점 및 감점 요인을 파악할 수 있으며, 유사 프로젝트를 수행한 경험이 조달 계약 적격 요건에서 고려되므로 성공 사례를 축적하는 일이 중요하기 때문이다. 한편 입찰 자격 사전 심사 기준과 입찰 서류에 관한 번역 및 정보를 제공함으로써 전담 인력이 부족한 중소기업도 다자개발은행의 국제 경쟁 입찰에 참여할 수 있도록 지원할 필요가 있다.

(2) ODA를 활용하는 방식

개도국의 인프라 건설을 위해 개도국 정부에 재정을 투입하거나 공기업을 운영하는 것만으로는 충분하지 않을 경우 민간 기업과 협력하는 민관 협력 파트너십(Public Private Partnership, 이하 PPP) 사업 형태를 도입한다(정용균·하홍렬, 2017). PPP 사업을 추진하는 개도국의 민간 기업은 프로젝트 파이낸싱(Project Financing, 이하 PF)을 통해 국제적으로 자금을 유치하고 이를 통해 투자 위험의 분산을 추구한다. 개도국의 정부 또는 공기업은 운영사(Special Purpose Company, 이하 SPC)의 지분 소유, 보증 등을 통해 사업을 지원하고 간접적으로 참여하는데, 이때 개도국 정부는 투자 자금을 원활하게 마련하기 위해 선진국의 양자 간 원조 형태인 ODA와 다자간 원조 형태인 다자개발은행 자금을 적극적으로 유치하고자 한다. 보증의 성격을 지닌 ODA 자금은 투자 위험을 경감시키고 국제 금융 자본 시장에서 자금 유치를 용이하게 만드는 효과가 있다.

선진국은 ODA 자금을 통해 개도국 개발 원조를 시행하거나 자국 기업의 개도국 내 PPP 사업을 지원하며, 공여국의 국책 은행이 신용을 제공하거나 보증 제도를 활용하기도 한다. 발전소 건설 및 전력 공급 기반 건설 같은 에너지 부문의 사업은 공공성을 띠며 개도국 경제 개발에 필수적이므로 선진국의 ODA와 다자개발은행도 우선적으로 지원하는 부문이다. ODA와 다자개발은행이 결합된 에너지 부문의 PPP 사업 형태는 일반적으로 〈그림 5-2〉와 같은 사업 및 금융 구조를 갖고 있다.

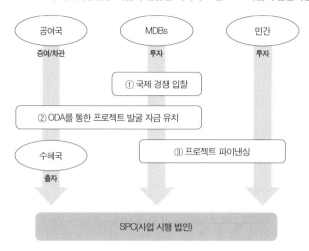

〈그림 5-2〉 ODA와 다자개발은행 자금이 결합된 에너지 부문 PPP 사업의 일반적인 구조

ODA 공여국은 민간 부문의 개도국 사업을 활성화하기 위해 주로 선진 공여국 기업(제품 및 서비스 공급 기업, 컨설팅 기업)이 추진하는 예비 타당성 조사, 교육 훈련 활동 등을 지원하며 이러한 활동은 주로 ODA 자금을 통해 추진된다. 타당성 조사를 통해 사업의 경제성이 입증되면 현지국 정부 및 기업과의 협의를 통해 SPC를 설립한다. 개도국은 ODA 차관을 토대로 SPC 기업체에 출자하며, 다자개발은행 자금 및 민간금융자금을 유치하기 위한 활동을 전개한다. 한국의 경우 정부와 한국수출입은행은 ADB, IFC 등과의 협조 융자, 무상 원조 형태의 ODA와 대외경제협력기금(Economic Development Cooperation Fund, 이하 EDCF)의 복합 금융 등을 추진하는 형태로 진행하고 있다. EDCF와 민간 부문이 파트너십을 구축해 개도국의 PPP 사업에 참여하는 것이다.

확대 메콩 유역(Greater Mekong Subregion, 이하 GMS) 개발 사업의 일부이자 2006년부터 2020년까지 GMS 국가들의 에너지 수요를 담당하기 위한 전략 개발로 에너지 부문 전략 개발(Development of a regional energy sector strategy)이 진행되었다. 에너지 부문은 GMS에서 수송 부문 다음으로 규모가 크며, GMS 프로그램하에서의 에너지 투자 금액은 17억 달러로 GMS 프로젝트의 총 금액인 103억 달러의 17%를 차지했다. ADB는 에너지 부문에 1억 8540만 달러를 양허성 차관 형태로 지원했는데, 그중 95% 수준인 1억 7630만 달러는 대출 형태로, 910만 달러는 기술 지원 형태로 구성되었다. ADB는 라오스에서 진행되는 3건의 수력발전소 건설 프로젝트, 즉 남논 수력발전 프로젝트, 튼 힌본 수력발전 프로젝트, NT2 수력전기 프로젝트 및 캄보디아에서 진행되는 1건의 전력 공급 인프라 구축 프로젝트에 대출을 지원했는데, 이 중 GMS 북부 송전 프로젝트에 대해 한국은 ADB와 협조 융자 방식으로 2010년 EDCF로 3777만 달러를 지원했고, ADB는 2000만 달러의 무상 공여를 지원한 바 있다. EDCF로 지원한 GMS 북부 송전 프로젝트는 라오스에 전력 공급 인프라를 구축해 삶의 질을 향상시키고 인접한 태국에 전력을 수출하기 위한 프로젝트로, 400km의 거리에 115kV를 공급하는 송·배전선을 설치하고 사야불리, 퐁살리, 비엔티안에 변전소를 설치하는 작업이었다. 이 프로젝트는 ADB가 지원하는 대규모 사업 가운데 하나인 프로젝트에 국내 EDCF가 협조 융자해 개도국의 에너지 부문 인프라 구축 사업을 진행한 사례로서, 국내 기업의 진출과 수출 효과가 기대되었다. 라오스 북서부는 대부분의 주민이 국가 기간망 부족으로 전력 혜택을 받지 못하고 있었으나 2015년 사업이 완료된 후에는 라오스 북부 농촌 지역의 7만 5000가구에 전력 보급이 가능해졌으며, 발전 산업 초기 단계인 개도국에 송배전망, 변전소 등의 발전 인프라 확충을 지원함으로써 향후 이 지역에 전력과 관련된 플랜트 수출의 기반이 마련되는 효과가 있을 것으로 기대되었다.

이러한 사례로 볼 때, 국내 ODA 수행 기관인 외교부, KOICA, 기획재정부, 수출입은행 간의 협의체를 마련하고 다자개발은행 자금을 활용하기 위한 전담 조직을 구성해 ODA와 같은 방식으로 프로젝트 발굴에서부터 다자개발은행의 자금 확보까지 염두에 둔 전략적 접근이 요구된다.

ODA를 통해 개발된 개도국의 사업에 대해서는 자금 및 사업의 안정성을 확보하는 차원에서 다자개발은행의 자금을 적극적으로 유치할 필요가 있다. ODA가 개도국의 사업을 개발하는 기존 방식은 개도국의 수요를 반영하고 기존 조직 및 네트워크를 활용할 수 있다는 측면에서 효과성 및 접근성이 높은 것으로 평가되었다. 따라서 국내의 ODA 담당 기관인 KOICA와 EDCF 운영 기관인 수출입은행은 대개도국 사업 개발의 영역 및 지원을 논의해야 할 것이다. 한편 다자개발은행 자금 유치와 관련된 정보 공유에 대한 수요가 높으므로 협의체를 상시적으로 운영하는 방안도 고려해볼 만하다.

ODA 운영 기관을 통해 프로젝트를 발굴하는 작업에서부터 다자개발은행의 자금을 유치하는 일까지, 프로젝트의 전 과정에서 기관 간 조정 역할을 할 조직 및 인적자원이 필요하므로 개도국의 프로젝트를 발굴할 때 개도국 정부의 담당 조직과 지속적으로 소통함으로써 인적 네트워크를 구축할 필요가 있다. 개도국의 SPC를 통해 사업을 추진하고 다자개발은행의 자금을 유치할 경우에는 양 국가 및 다자개발은행의 모든 정보를 수집하고 조정을 담당할 조정자의 역할이 매우 중요하다.

GMS 사례와 같이 다자개발은행의 프로젝트와 연계하는 경우 무상 공여 형태로 자금을 유치할 수 있으며, 이 경우 ODA를 통한 기업 진출 유인이 크게 증가한다. 따라서 다자개발은행의 대규모 장기 프로젝트를 분석하고 이를 ODA와 연계함으로써 해당 개도국에 진출할 기반을 마련해야 한다. 또한 JICA처럼 ODA 자금을 다자개발은행에 유치할 경우 특정 기술 활용 및 특화 전략을 통해 국내 기업이 연계해서 진출하는 방안을 모색할 필요가 있다.

(3) PF를 활용하는 방식

ODA 외에 국내외 자금 및 다자개발은행 자금을 유치하는 방안으로는 PF를 활용하는 방식이 고려되었다. 대규모 사업에서 자금을 조달하기 위해서는 PF 및 다자개발은행의 자금 및 보증제도를 활용할 필요가 있다.

파키스탄 파트린드 수력발전 사업은 국내 기업(수자원공사)이 사업주이자 사업을 운영하는 프로젝트로, 설계(Engineering), 조달(Procurement), 시공(Construction), 즉 EPC 전 과정에 참여했다. 민자 형태의 수력발전 설비(150MW) 건설 및 30년간의 운영에 관한 프로젝트인 이 사업은 총사업비가 4억 3600만 달러이며 BOOT 방식, 즉 건설(Built) - 소유(Own) - 운영(Operate) - 양도(Transfer) 방식으로 진행되었다. 투자 개발형 해외 인프라 및 플랜트 개발 사업에 투자하는 글로벌인프라펀드(Global Infrastructure Fund)는 해당 사업에 400억 원을 투자하기로 결정했다. 이는 국제 금융 기구 등과의 글로벌 금융 네트워크를 활용한 금융 지원으로, 국가 리스크가 큰 개도국 민자 사업으로의 진출이 성사되었다. 대주단은 총사업비의 75%를 투자했으며, 다자개발은행의 투자로 ADB 9700만 달러, IFC 6000만 달러, IDB 6000만 달러를 유치했다. 2011년 12월 국토해양부는 세계은행(WB) 산하의 국제투자보증기구(MIGA)와 해외 투자 개발형 사업에 진출하기 위해 MOU를 체결했는데, 이는 MIGA의 보증 프로그램을 활용한 최초의 사례라 볼 수 있다.

이는 우리나라 기업이 최초로 사업주로 참여하는 해외 수력발전 사업으로, 해외 재생에너지 시장 진출 기반 구축, 청정개발체제 사업을 통한 탄소배출권 확보 등의 경제적 효과가 기대되었다. 이 사업을 통해 엔지니어링 및 기자재 수출 외에도 배당 6억 9200만 달러, 운영 수입 1억 3200만 달러 등 총 8억 7900만 달러의 외화를 획득하고, 수출입은행 탄소펀드 연계 지원 및 청정개발체제 등록을 통해 탄소배출권을 연간 29만 톤, 총 10

년에 걸쳐 3700만 톤을 확보할 것으로 기대되었다. 이 사업은 파키스탄 정부의 전력 구매(Power Purchase Agreement: PPA) 이행 보장 등 상대국 정부의 보증, 국내 공공기관(수자원공사)의 참여로 인해 사업의 안정성이 보장되었으며, 다자개발은행의 참여로 필요한 자금 조달 및 프로젝트 수행의 보증 기능을 확보한 성공적인 사례로 꼽는다.

ODA와 EDCF를 활용한 루트 외에 국내 기업이 PF를 통해 개도국에 진출하고 다자개발은행의 자금을 유치할 경우 정부의 네트워크 공유 역할이 매우 중요하다. 국내 기업이 PF를 통해 진출한 경우 다자개발은행으로부터 자금을 유치하거나 보증 제도를 이용해 프로젝트의 안정성을 확보할 필요가 있으며, PF에 다자개발은행이 참여하기 위해서는 정부가 다자개발은행의 네트워크를 공유해 접근성을 높이는 것이 중요하다. 국내 펀드 및 공공기관의 참여를 기반으로 사업의 안정성을 확보하기 위해 정부가 해야 할 역할에 대한 논의가 진행 중인데, 글로벌인프라펀드, 탄소펀드와 같이 국내에서 조성·운영되는 국내 펀드의 활용도를 높이고 안정성을 보장하기 위해 공기업 등 공공기관의 진출을 독려할 필요가 있다. 또한 개도국의 사업 접근, 국내 공기업의 참여 및 펀드 구성, 다자개발은행의 자금 조달 및 보증 제도 활용 등을 총괄적으로 조정할 정부의 조정자 역할이 중요하게 고려되어야 할 것이다.

2) 기후변화 거버넌스의 확대에 따른 전략

주로 논의되는 에너지 부문의 사례들은 유사한 형태로 기후변화 대응 프로젝트에서 활용될 수 있다. 앞서 살펴본 바와 같이 국내 기업이 국제협력 프로젝트에 참여하는 방식에 따라 정부의 역할과 기능이 조정될 필요가 있다. 녹색 리더십의 재건과 녹색 성장 측면에서 기업이 해외 진출을 할 수 있도록 그린트라이앵글을 강화하고자 한다면 확대된 기후변화 거버넌스에 대한 이해를 바탕으로 한 전략적인 접근이 필요하다. GCF의 재원 활용과 GGGI의 정책 제안, GTC의 기술 매칭은 국내의 각 부처와 산하기관 간의 연계된 거버넌스에서 그 활용도가 높아질 수 있기 때문이다. 여기에서는 앞서 제시한 국내 기업의 국제 프로젝트 진출 방안을 바탕으로 그린트라이앵글 활용 전략이 어떻게 제시될 수 있는지 살펴보고자 한다.

앞서 서술한 바와 같이 GCF의 사업은 GCF 사업의 이행기구로 인증된 기관이 사업을 발굴·개발하는 방식으로 진행된다. 인증기구가 사업을 개발하고 사업제안서를 작성한 뒤 사업 대상 개도국의 사업 동의를 받아 GCF 사무국에 제출하면, GCF 사무국과 독립 기술 자문 패널에서 사업 적격성을 심사한 후 GCF 이사회에서 최종 결정하는 순서로 진행된다. GCF 인증기구가 이미 승인받은 사업[18]이라면 인증기구가 사업 수행업체를 선정하기 위해 공개 경쟁 입찰을 공고하도록 되어 있는데, 이때 국내의 기업은 입찰에 참여할 수 있다. 이것이 앞에서 제시한 '(1) 다자개발은행이 직접 조달하는 프로젝트의 국제 경쟁 입찰 방식'이다. GCF 이행기구가 추진하는 프로젝트에서 조달 절차를 시행할 때 해당국가의 재외 공관에서 적극적으로 정보에 접근하고 이를 수집하면 조달에 관한 정보는 외교부를 통해 국내의 기업들에 이어질 수 있다.

'(2) ODA와 EDCF를 활용하는 방식'을 통한 접근 역시 GCF 방식과 유사하다. 개도국과의 협의를 통해 사업을 발굴하고 GCF 인증기구와 협업해 GCF에 사업제안서를 제출한 후 심사를 거쳐 사업을 승인받는다. ODA와 EDCF의 경우 사업을 발굴하는 주체와 사업을 신청하는 주체가 같을 수 있으나 GCF의 경우 인증기구가 사업 신청의 주체이자 사업 수행의 주

---

18 2017년 4월 기준 43개 사업이 승인되었다.

체라는 측면에서 다르다. 이는 GCF가 사업 수행 주체로서 이미 인증한 기구를 활용하는 것으로, 전문 역량 평가에 기반을 둠으로써 사업의 효과를 높이기 위한 것이라고 볼 수 있다. 또한 ODA와 EDCF를 활용하면 구속성 지원(tied-loan)이 가능한 경우도 있는 반면, GCF 사업은 비구속성 지원이 원칙이므로 사업 발굴 단계에서 개도국과 협력하고 인증기구가 승인하더라도 사업 수행에서 참여가 확정되는 것은 아니다. 이 역시 사업 수행 주체를 선정하기 위한 인증기구의 공개 경쟁 입찰을 거쳐야 한다.

인증기관이 개발한 사업의 수행은 사업 대상국의 국가지정기구(National Designated Authority: NDA)가 동의해야 실시 가능하다. 이는 사업의 발굴과 개발 단계에서부터 국내 기업이 참여할 경우 인증기구뿐만 아니라 사업 대상국인 개도국의 국가지정기구와도 협력해야 한다는 것을 의미한다. 따라서 외교부의 재외 공관과의 네트워크 확보, 외교부 산하 KOICA 같은 단체의 개도국 사업 발굴 및 개발 경험 축적, 개도국 정부와의 관계 강화 등 확대된 거버넌스를 운영하는 것이 중요하다. 또한 ODA를 활용해 사업을 발굴하고 개발한 뒤 GCF의 자금을 유치할 경우 ODA의 효과를 높일 수 있다.

GCF는 제11차 이사회[19]에서 페루 아마존 지역에서 재생에너지와 에너지저장장치(Energy Storage System: ESS)를 활용해 전력 공급을 시행하는 사업을 승인한 바 있다. 이 사업은 우리나라의 가파도, 가사도 등에서 운영 중인 '에너지자립섬'을 모델로 KOICA가 태양광 설비 및 에너지저장장치와 관련된 현물과 기술을 지원하는 방식으로 진행되고 있다. 페루환경보호기금(Profonanpe)이 GCF의 인증기구로서 이 사업의 개발 주체이자 수행 주체이며, 사업 대상국의 국가지정기구인 페루 환경부의 동의하에 사업

---

19 2015년 11월 2~5일 잠비아에서 개최되었다.

제안서가 제출되었다. KOICA는 개발 단계에서부터 사업 수행 기관으로 참여했다. 총 910만 달러의 사업비 가운데 620만 달러를 GCF로부터 증여 형태로 지원받는 사업으로, 이 사업에는 KOICA의 ODA 자금 180만 달러가 증여되었고 인증기관인 페루환경보호기금의 자금 110만 달러가 투입되었다.

이 사업은 페루 아마존 습지를 보호하고 비계통 지역에 수요 대응성을 높이는 신재생에너지 발전원(태양광)을 설치함으로써 기존의 디젤 발전을 대체하려는 목적으로 시행되었다. 또한 에너지저장장치를 도입함으로써 태양광발전의 간헐성에 대응하고 효율성을 개선하는 한편, 과일 채취와 가공을 기반 산업으로 하는 이 지역에 지속적인 전력 공급이 가능하도록 만들어 생산성을 개선하려 했다.

2014년 12월에 개최된 한국 – ASEAN 특별정상회의에서는 GCF 협력 사업으로 4개의 사업 모델[20]을 제안한 바 있는데, 페루 아마존 지역에 대한 사업은 이 중 하나인 '신재생에너지와 에너지저장장치 결합' 모델이 GCF의 최초 사업 중 하나로 선정된 결과였다. GCF와의 협력을 추진하는 중점 사업 모델을 선정하는 과정은 ASEAN 국가의 수요와 한국 기술의 진출·확산을 결합해 GCF의 자금을 유치하기 위한 목적으로 사업 승인 추진 TF(기획재정부 국제경제관리관 주재)를 통해 진행되어왔는데, 이 사업의 경우 역내 협력체(한국 – ASEAN)에서의 사업 발굴과 개발, 국내 개발 협력 주체(KOICA)의 참여, 사업 대상국 내 GCF 인증기구(페루환경보호기금)와의 협의, 사업 대상국 국가지정기구(페루 환경부)의 동의와 같이 확대된 기후변화 거버넌스로 접근한 것이 사업의 기반이 되었다.

제14차 이사회[21]에서는 인증기관인 유럽부흥개발은행(European Bank for

---

20 신재생에너지와 에너지저장장치 결합, 친환경 에너지 타운, 전기차, 스마트팜이다.

Reconstruction and Development, 이하 EBRD)이 제안한 '지속가능에너지금융사업(Sustainable Energy Financing Facility: SEFF)'이 승인되었다. 이는 EBRD가 지역 금융 기관에 신용한도를 제공해 중소기업, 가정 등을 대상으로 에너지 효율화 및 신재생에너지와 관련된 간접 대출을 지원하는 사업이다. 해당 사업은 그동안 GCF가 승인한 사업 중 대상 국가의 수가 10개국[22]으로 최다일 뿐만 아니라 자금 지원 규모에서도 총 14억 1900만 달러로 최대 규모[23]이다. GCF는 3억 4400만 달러의 증여, 3400만 달러의 차관을 지원했으며 EBRD의 3100만 달러의 증여, 10억 700만 달러의 차관이 더해졌다. 한국은 EBRD 내 신탁기금인 한국기술자문협력기금(Korean Technical Assistance and Cooperation Fund: KTCF)을 통해 300만 달러를 지원할 계획이며, 이 자금은 사업 발굴과 기술 및 제품 홍보를 위해 활용될 예정이다. 한국 - ASEAN 특별정상회의에서는 GCF 협력 사업으로 제안한 4개의 사업모델 가운데 신재생에너지와 에너지저장장치 결합, 매립가스발전(친환경에너지타운), 스마트팜 모델이 대출 분야에 포함되었다.

이처럼 다자개발은행 중 하나인 EBRD의 기후 금융을 통해 시장이 확대되는 효과가 나타나고 있는데, 이는 GCF와 연계함으로써 재생에너지 시장에서의 자금 문제를 극복하려는 노력의 일환이라 할 수 있다. 앞으로는 GCF가 증여 형태로 자금을 지원함에 따라 이와 연계해 다자개발은행이 차관 형태로 자금을 확대하고 이 자금이 민간의 투자를 유인하면서 시

---

21 2016년 10월 12~14일 인천 송도에서 개최되었다.
22 타지키스탄, 몽골, 몰도바, 세르비아, 이집트, 요르단, 모로코, 튀니지, 아르메니아, 조지아 등이다.
23 GCF에서는 사업을 총 자금 규모에 따라 초소형(Micro, 1000만 달러 이하), 소형(Small, 1000만 달러 초과 5000만 달러 이하), 중형(Medium, 5000만 달러 초과 2억 5000만 달러 이하), 대형(Large, 2억 5000만 달러 초과)으로 분류하고 있는데, 해당 사업의 경우 14억 1900만 달러 규모로 대형 사업에 속한다.

장을 견인할 것으로 전망된다. 한국의 경우 기금을 통해 기존의 EBRD와 협력해 GCF의 사업에도 참여하는 기반을 마련한 데다 한국에서 제시한 4개 모델 중 3개가 대출 대상이 된 만큼 한국 기업이 국제 경쟁 입찰에 참여할 경우 경쟁력이 있을 것으로 기대된다.

산업은행은 제15차 GCF 이사회[24]에서 GCF 이행기구로 인증되었다. 이행기구 인증에 따라 산업은행은 개도국의 기후변화 대응 프로젝트를 발굴 및 개발해 GCF에 제안하고 GCF 자금을 지원받아 이행하게 된다. 따라서 국내 기업과 민간 투자 기관 간 협조 융자 등을 통해 '(3) PF를 활용하는 방식' 같은 유형의 PPP로 기업의 참여가 활발해질 전망이다.

5. 과제

2013~2015년 동안 기후변화 정책에 공백이 있었음에도 불구하고 이전 시기의 그린트라이앵글 구축 작업을 기반으로 파리협정하의 한국에서는 기후변화 거버넌스를 확대하면서 새로운 녹색성장을 이룰 전략에 대한 논의가 이어지고 있다. 앞서 지적한 녹색성장 정책의 지속성 문제, 연계성 부족과 컨트롤타워 부재, 기후변화 대응책으로서의 정체성 부재 같은 평가는 앞으로의 녹색성장 정책이 어떠한 방향으로 추진되어야 하는가를 탐색하는 논의를 가져왔다.

이 글에서는 그린트라이앵글의 회복을 통해 기후변화 거버넌스를 확대·운영하는 방안을 논의했는데, 이는 녹색성장 정책에서 지적된 문제점에 대한 하나의 대안으로 고려될 수 있다. 특히 세계적으로 기후와 에너지

---

24 2016년 12월 13~15일 사모아의 수도 아피아에서 개최되었다.

의 연계가 강화되는 상황에서 에너지 기업의 참여를 통해 재생에너지 기술 육성과 수출을 추진하는 것이 성장을 위한 전략으로 중요하게 고려되어야 한다. 기존의 ODA를 통한 해외 진출 전략은 공여국의 구속성 지원을 금지하는 경우가 많아 기업의 진출이 용이하지 않았다. 따라서 사업 개발 초기 단계에는 ODA를 활용하고 이후에는 GCF 인증기구와 협력해 자금을 유치하는 것이 효과적인 방안이다. 이는 ODA의 효과를 높이면서도 자금 부족 문제를 해소해 개도국의 시장으로 진출하는 계기가 될 수 있을 것이다.

확대된 거버넌스 구조에서는 GCF뿐만 아니라 다자개발은행이나 국제기금 같은 다양한 형태로 자금을 유치할 수 있는 운영체를 구성할 수 있는데, 이를 위해서는 그린트라이앵글에 기반을 둔 정부 부처의 효과적인 연계 체계가 중요하다. 이명박 정부에서 운영된 녹색성장위원회는 강력한 대통령의 의지를 반영한 기구였음에도 컨트롤타워로서의 역할이 부족했다는 지적을 받았다. 이를 반영해 각 부처 간의 자원을 재분배하고 효과적으로 활용할 수 있는 컨트롤타워의 역할을 설정하는 것이 필요하다. 앞에서도 지적한 바와 같이 다양한 기관은 네트워크상에서 각자 기능과 강점이 다르므로 이를 어떻게 재조직해 활용하는지가 관건이다. 앞에서 보듯 기존의 구조에서는 기업이 국제 프로젝트에 참여하고자 할 때 정부가 '조정자(coordinator)' 역할을 수행해야 했다면, 확대된 거버넌스 구조에서는 '방향설정자(keyman)'의 역할이 더욱 강조될 필요가 있다는 것이다.

기후 - 에너지 연계가 강화되면서 이에 대응하기 위해 정부 조직 재편의 필요성도 높아졌고, 기후에너지부에 관한 논의도 다시 시작되었다. 또한 각 부처에 산재되어 있는 기후변화 대응과 에너지 연계의 문제를 다룰 수 있는 부처의 신설도 주장되고 있다. 기후에너지부에 관한 논의는 현재 진행되고 있는 부처 합동 회의 방식이나 TF 운영 방식에 대한 효율성 평가와 함께 진행되어야 할 것이다. 또한 글로벌 네트워크 구조를 지닌 기후변화 대응의 국제 거버넌스 내에서 효과적으로 작동할 수 있는 국내의 대응 구조를 고려할 필요가 있다.

참고문헌

감사원. 2012. 「GGGI에 대한 정부지원예산의 회계집행 실태 감사결과 보고서」.

권세중. 2012. 「글로벌녹색성장연구소(GGGI) 국제기구 출범의 의의와 전망」. ≪계간 외교≫, 제103호(10월호).

기획재정부 보도자료. 2016.12.14. "산업은행, 국내 첫 녹색기후기금(GCF) 이행기구 인증 획득". http://www.mosf.go.kr/nw/nes/detailNesDtaView.do?searchBbsId1=MOSFBBS_000000000028&searchNttId1=MOSF_00000000000006816&menuNo=4010100.

기후변화정책연구소. 2012. 「이명박 정부 기후변화정책 평가 및 차기정부 정책과제」.

김정해. 2009. 『기후변화대응을 위한 정부대응체계 구축: 녹색거버넌스 구축을 중심으로』. 한국행정연구원.

녹색기술센터. 2014. 「기술선진국 및 국제기구 기관과의 글로벌 네트워크 구축 기후변화 대응 글로벌협력 프로그램 기획 및 연구」.

산업통상자원부 보도자료. 2016.11.21. "파리협정 이행 논의를 위한 첫 기후총회(COP22) 폐막". http://www.motie.go.kr/motie/ne/presse/press2/bbs/bbsView.do?bbs_seq_n=158803&bbs_cd_n=81&currentPage=1&search_key_n=title_v&cate_n=&dept_v=&search_val_v=.

손주연·이장재·김시정. 2015. 「녹색성장 정책의 변화: 정책네트워크 분석을 중심으로」. ≪기술혁신학회지≫, 제18권 3호.

연합뉴스. 2015.8.5. "초기재원 58억달러 공여협정 체결". http://www.yonhapnews.co.kr/bulletin/2015/08/05/0200000000AKR20150805101551002.HTML.

외교부 보도자료. 2017.2.14. "안총기 2차관 라이스 베르만 GGGI 사무총장 접견". http://www.mofa.go.kr/news/pressinformation/index.jsp?menu.

외교통상부 글로벌에너지협력센터. 2012. 「에너지협력외교 강회를 위한 민관합동 세미나 발표자료」.

외교통상부. 2012. 「신재생에너지 해외진출을 위한 대외협력 프로그램 활용 방안」.

정용균·하홍열. 2017. 「국제개발협력을 통한 BOP 비즈니스모델 연구: 아세안시장을 중심으로」. ≪국제지역연구≫, 21권 1호.

정지원·송지혜. 2013. 『국제사회의 기후변화 대응 역량개발 지원 현황과 시사점』. 대외경제정책연구원.

해외건설협회/한국외국어대학교. 2010. 『MDB 투자 및 개발차관 활용을 위한 연구』. 국토해양부.

환경부. 2015. 「국내 환경산업계의 녹색기후기금(GCF) 활용방안연구」.

_____. 2016. 「녹색기후기금(GCF) 동향 분석 및 사업 제안서 개발 연구」.

≪미디어펜≫. 2016.4.30. "서울신문 GCF·GGGI 수장 사의 과장·왜곡보도 논란". http://www.mediapen.com/news/view/145634.

≪서울신문≫. 2016.4.28. "韓에 사무국 둔 유엔국제기구 GGGI·GCF 수장 모두 사의". http://www.seoul.co.kr/news/newsView.php?id=20160429002020#csidx9137c360f0d42848cd4e3db11745e7c.

Asia Development Bank. 2008. "Energy Sector in the Greater Mekong Subregion."

_____. 2011. "Partnership Brief: Cofinancing with Republic of Korea."

IEA. 2012. *Energy Policy of IEA Countries: Korea 2012.*

GCF. http://www.mosf.go.kr/GCF_Banner/popup.html.

IFC(International Finance Cooperation). http://www.ifc.org.

2부

글로벌 기후변화 거버넌스와 협력의 메커니즘

06

미·중 기후변화 협력의 추진 과정과 장애 요인

조정원·벤저민 소바쿨

1. 들어가는 말

신기후체제를 마련하기 위한 UN기후변화 당사국들의 협상이 2015년 10월 19일부터 23일까지 독일 본에서 개최되었다. 이 협상에서 논의되었던 내용은 초안으로 정리되어 11월 초에 파리에서 열린 UN기후변화협약 COP21 예비 장관급 회담과 11월 중순 터키에서 열린 G20 회원국들의 국무장관 회의를 거쳐 12월 초 파리 COP21에서 지구 온도 2도 상승을 억제하는 방안을 포함한 국제적 합의를 도출하기 위한 최종 협상의 기반이 되었다(UNFCCC, 2015.10.23). 기후변화 당사국들 간의 협의를 도출하는 데에서 세계 정치·경제를 주도하는 미국과 외환보유고 세계 1위이며 제조업을 중심으로 2008년 금융위기 이후에도 6% 이상의 경제성장률을 기록하고 있는 최대 개발도상국 중국이 어떤 입장을 견지할지가 중요한 변수이다. 미국은 국내 제조업 보호를 이유로 조지 W. 부시 대통령 재임 기간인 2001년에 교토의정서를 탈퇴했고 중국도 예외 적용을 요구하면서 2005년부터 발효된 교토의정서 체제에서의 온실가스 배출량 감소 의무를 수용하지 않았다. 이로 인해 교토의정서 체제에서는 기후변화 이슈와 관련해서 의미 있는 국제적 합의를 도출할 수 없었다. 그러므로 미국과 중국은 회의 결과를 좌우하는 중요한 변수일 수밖에 없다.

양국 정부의 기후변화 협력에 대한 입장은 2015년 9월 25일 시진핑 중국 국가주석이 미국을 방문한 기간에 오바마 대통령과 시진핑 국가주석이 기후변화 공동성명을 발표함으로써 어느 정도 윤곽을 드러냈다. 양국 정상의 공동성명에는 미국의 오바마 행정부 1기가 출범한 2008년부터 추진해왔던 양국의 기후변화 협력과 관련된 협의사항과 함께 중국의 2017년 배출량 거래제 실시를 비롯한 새로운 내용이 추가되었다. 공동성명 발표를 계기로 미국과 중국이 기후변화 분야에서의 협력을 통해 새로운 이윤 창출의 기회를 마련하고 글로벌 에너지, 환경문제에 공동 대응하려 한다는 것은 분명해 보인다. 동년 12월 UNFCCC 파리 총회에서 미국과 중국은 지구 온도 상승을 2도 이내로 억제하자는 합의를 주도하기도 했다. 그때의 합의로 인해 2016년 12월부터 파리협정이 발효되었다. 그렇지만 두 나라가 기후변화 이슈에 대한 협력을 추진하는 과정에서 이견이 표출되거나 어려움에 직면할 가능성도 배제할 수 없다. 2016년 2월에 출범한 미국의 트럼프 행정부는 기후변화 문제에 대한 인식이 부정적이며 셰일가스, 셰일오일 개발을 중시하고 있다. 그로 인해 중국의 5세대 지도부와 미국의 전임 오바마 행정부가 합의한 내용들이 그대로 이행될지도 확실하지 않다. 따라서 미국 연방정부와 중국 중앙정부가 기후변화 협력을 추진하는 과정 및 공동성명의 내용을 파악하고 향후 협력을 진행하는 과정에서 예상되는 장애 요인에 대해 살펴볼 필요가 있다.

2. 미·중 기후변화 협력의 추진 과정

미국과 중국의 정부 간에 기후변화 협력이 논의되기 시작한 계기는 양국의 전략 경제 대화(Strategy & Economic Dialogue, 이하 S&ED)가 개최되었던 조지 W. 부시의 공화당 정권 2기의 마지막 해인 2008년 3월 14일 양국 정부 관계자가 서명한 '에너지 환경 10년 협력을 위한 프레임워크(Ten Year Framework for Energy and Environment Cooperation, 이하 TYF)'였다. TYF는 두 나라 정부의 관련 부처가 기후변화와 청정에너지, 환경보호 문제에 공동 대응하기 위한 협력 체계를 구축했다는 데 의미가 있다.

TYF는 미국 국무부와 에너지부, 중국의 국가발전개혁위원회가 중심이 되어 기후변화 문제를 해결하는 데 중요한 대기 환경 개선, 수질 개선, 청정 고효율 교통 체계 구축, 청정 고효율 전력 공급, 에너지 효율 제고에 대한 협력을 논의해왔다.[1] 또한 이를 바탕으로 양국의 문제 해결에 필요한 연구와 교육, 정보 제공을 실시했다(〈표 6-1〉 참조).

TYF의 틀에서 진행된 협력은 오바마 대통령 2기가 시작되고 시진핑 국가주석을 중심으로 한 5세대 지도부가 출범한 2013년에 접어들면서 점진적으로 강화되기 시작했다. 우선 미·중 기후변화실무그룹(Climate Change Working Group, 이하 CCWG)은 케리 국무장관이 베이징을 방문했던 2013년 4월 13일에 발표된 양국의 기후변화 공동 성명을 계기로 구성되었다 (*Reuters*, 2015.10.18). 그로부터 3개월 후인 2013년 7월에 CCWG는 양국이 이산화탄소 포집 및 저장 기술 연구 개발, 스마트 그리드 시스템 구축, 온실가스 데이터 수집 및 관리와 개선, 건물과 산업의 에너지 효율 제고에

---

[1] 이러한 논의가 지속적으로 전개될 수 있었던 데에는 2009년 1월 20일 민주당 소속의 대통령 오바마 정권이 출범하면서 기후변화 문제에 더욱 적극적으로 대응하고 대외 협력하기로 한 것도 긍정적으로 작용했다.

<표 6-1> TYF를 통한 미·중 기후변화 협력의 주요 내용

분야별 계획	주요 내용
대기환경개선계획 (Air Quality Action Plan)	• 2008년부터 2014년까지 대기 환경 개선 회의를 5차례 개최 • 중국의 미세먼지(PM 2.5) 기준 확립 • 중국 환경보호부, 미국 무역개발청: 중국 장쑤성(江蘇省)에서 대기 환경 관리 시 범 계획 실시 • 중국 환경보호부, 미국 환경보호청: 차량 배기가스 배출 심사 기준 협의, 디젤 차와 트럭의 배기가스 배출 개선 방안 공동 연구 수행
수질개선계획 (Water Quality Action Plan)	• 중국 환경보호부, 미국 환경보호청, 미국 무역개발청: 2008년부터 수질 협력 프로젝트 수행, 2014년까지 수질 개선과 관련 기술, 표준에 대한 토론회를 8차 례 개최 • 후베이성(湖北省) 환경보호청, 미네소타주 오염관리국: 수자원 관리 협력 MOU 체결 • 중국 환경보호부, 미국 환경보호청, 미국 무역개발청: 미국의 설비와 기술을 활 용해 중국 지하수 수질 개선을 위한 샘플 채집
청정 고효율 교통체계구축계획 (Transportation Action Plan)	• 디젤유 황 함유량 감소 • 양국 간 청정에너지 자동차 산학연 협력 체계 구축 • 중국 환경보호부: 2009년 자동차 관련 환경오염 방지 규정 제정 • 보잉과 하니웰을 중심으로 항공 생물 연료 관련 공동 연구 수행 • 양국 민간 항공사에 대해 에너지 절약, 배출량 감소 교육 • 양국 기업 실무자에 대해 자동차로 인한 오염 방지 업무 교육
청정 고효율 전력망 구축계획(Electricity Action Plan)	• 스마트 그리드 구축 협력 • 미국 무역개발청의 스마트 그리드 시범 사업에 중국국가전력망(中國國家電網 公司), 남방전력망(南方電網公司) 참여
에너지 효율 제고계획 (Energy Efficiency Action Plan)	• 2009년부터 국가발전개혁위원회, 미국 에너지부, 미국 환경보호청이 주최하는 미·중 에너지 효율 포럼을 매년 1회 개최: 양국의 에너지 효율 협력 프로젝트 활성화에 기여 • 새로운 에너지 효율 건축 기준 수립에 대한 정보 제공 • 수백 명의 설비 관리자와 관료들에게 에너지 효율 관련 교육 실시 • 미국의 에너지 효율 제고 관련 선진 기술을 중국에 보급

자료: 中美能源和环境十年合作框架(2014).

대한 협력을 추진하기로 했다(오경택, 2014: 53). CCWG를 중심으로 한 협력의 범위가 확대되기 시작한 것은 2014년 11월 12일 미·중 기후변화 공동성명이 발표되면서부터이다. 미·중 기후변화 공동성명에서는 <표 6-2>에 나타난 바와 같이 청정에너지 관련 연구와 시범 사업, 프레온 가스 저감, 스마트 도시와 저탄소 도시 건설, 녹색 상품 무역 등을 중심으로 한 협력을 추진하기로 했다.

〈표 6-2〉 2014년 미·중 기후변화 공동성명의 기후변화 협력 관련 내용

협력 분야	주요 내용
미중 청정에너지 연구센터(CERC) 설립	• CERC에서 건축 에너지 효율 개선 • 청정 석탄을 중심으로 한 석탄 관련 기술, 청정에너지 자동차에 대한 연구 개발 수행
청정에너지 시범 사업	• 태양 에너지와 스마트 그리드, 건물과 보일러 에너지 효율 개선 관련 시범 사업 추진
이산화탄소 포집 및 저장 기술 시범 사업	• 양국 기업을 중심으로 중국에서 시범 사업을 추진해 탄소의 저장, 심염수 층에 이산화탄소를 주입해 담수 획득률을 높이는 방안에 대한 연구 수행
스마트 도시와 저탄소 도시 건설	• 도시화 추진 과정에서 발생하는 온실가스 배출량 감소 및 스마트 도시·저탄소 도시 건설을 위한 양국 간의 협력 추진
녹색 상품 무역	• 청정에너지 기술과 지속 가능발전 관련 상품에 대한 양국 간의 무역 촉진
프레온 가스 사용 규제 관련 협력	• 지구 온도 상승을 유발하는 프레온 가스 사용을 감소하기 위한 양국 간의 협력 시작

자료: "中美气候變化聯合聲明". http://news.xinhuanet.com/world/2014-11/12/c_1113221744.htm (2015년 10월 20일 검색).

이와 같이 진행되어온 양국 간의 기후변화 협력은 2015년 9월 두 나라 정상의 기후변화 공동성명에서 더욱 진전된 모습을 보여주었다.

3. 양국 정상의 기후변화 공동성명의 주요 내용

오바마 대통령과 시진핑 국가주석의 기후변화 공동성명은 2015년 12월 열린 UN기후변화협약 파리 COP21과 관련한 합의, 양국의 국내 기후변화 관련 정책, 중국의 기후변화 정책에 대한 미국의 금융 지원, 기후변화 이슈에 대응하기 위한 양국의 협력에 관한 내용으로 구성되어 있다.

1) 파리 COP21과 관련한 합의

시진핑 중국 국가주석은 9월 미국 방문 기간 중 오바마 미국 대통령과

가진 정상회담에서 파리 COP21에서 국제적인 합의를 도출하기 위해 다음과 같이 협력하기로 했다. 우선 미국과 중국의 온실가스 배출량 감소 목표와 관련된 정책은 장기적으로 저탄소 경제로 전환하기 위한 것이며 이를 위해 더 큰 목표와 성과를 낼 수 있도록 노력하기로 합의했다. 이를 위해 글로벌 차원에서 저탄소 경제로 전환하기 위해 노력하며 21세기 중엽에는 지구 평균기온 상승을 2도 이내로 억제하는 데 협력하기로 했다. 또한 선진국인 미국과 세계 최대의 개발도상국인 중국의 입장을 감안해 협약에서 감당해야 할 의무를 부과하기로 했다.

개발도상국에 대한 원조와 관련해서는 미국과 중국이 2009년 선진국을 중심으로 합의한 2020년 기후변화 융자 동원 목표를 바탕으로 자금 지원을 계속하고 2020년 이후에도 다른 선진국의 지속적인 자금 지원을 유도하기로 했다. 아울러 저탄소 경제로의 전환을 위해서는 향후 청정에너지 기술에서 기초 연구 개발의 중요성을 인식해 이에 대한 투자를 대폭 늘리기로 했다.

2) 미국과 중국의 국내 기후변화 정책

(1) 미국

공동성명에서 언급한 미국의 기후변화 관련 국내 정책을 살펴보면 우선 미국의 청정 전기 계획이 눈에 띈다. 청정 전기 계획은 2016년에 계획을 확정하고 2030년까지 전력 부문의 탄소 오염 비율을 2005년의 32%까지 낮추는 것을 목표로 하고 있다. 그리고 2016년 11월까지 미국에서 생산·사용되는 20여 개의 가정용 전자 제품과 전기 관련 설비의 에너지 효율 표준을 완성해 가정에서 전기를 사용하는 과정에서 배출되는 탄소 오염을 2030년에 30억 톤까지 줄이기로 했다.

또한 미국은 석유와 천연가스 산업에서의 오염 물질 배출량 감소에도 앞장서기로 했다. 미국 연방정부는 2016년에 석유와 천연가스 산업에서의 메탄(CH_4) 배출 기준을 수립하고 연방 환경보호청에서 메탄을 대체할 새로운 제품을 선보일 정책을 내놓기로 했다.[2] 아울러 석유, 천연가스 생산 과정에서 지구 환경과 인체에 유해한 수소불화탄소의 사용을 금지하고 민영 부문에서 수소불화탄소의 배출량을 7억 킬로톤으로 제한하도록 했다.

(2) 중국

중국은 공동성명에서 2017년에 전국적인 탄소배출권거래제를 실시하겠다고 선언했다. 이는 그동안 베이징과 톈진, 상하이 등지에서 시범 실시를 했던 수준에서 벗어나 전국 규모의 거래를 시도한다는 데 의미가 있다. 또한 중국의 국가 차원에서 탄소배출 총량 관리와 거래 시스템을 활성화해 중국 대기오염의 원인이 되고 있는 발전소와 철강 산업, 화학 공업, 시멘트·건축 재료·제지·금속 산업의 배출량 감소를 유도할 계획이다.

그리고 전력 산업에서 '녹색조도(綠色調度)' 시스템을 통해 신재생에너지로 생산한 전력을 활용할 계획이다. 그 과정에서 태양광과 풍력발전의 비중을 높여 2020년에는 비화석연료가 중국의 전체 발전량에서 차지하는 비중을 15%, 2030년에는 20%까지 높일 계획이다.

또한 중국은 2020년까지 도시 지역의 새로운 건물 50%를 녹색 건축 기준에 부합하게 짓도록 요구할 예정이다. 이 밖에도 도시 자동차 교통에서 공공 교통수단이 차지하는 비중을 30%까지 높일 계획이다.[3]

---

2   "메탄은 천연가스의 주성분으로 음식물 쓰레기가 부패할 때나 소, 닭의 배설물에서 발생하는 온실가스이다. 메탄이 지구온난화에 미치는 영향은 15%에서 20% 사이로 이산화탄소(약 80%)보다 작지만 강도는 이산화탄소의 25배에 달한다"(송민섭, 2015.10.11).

아울러 미국과 함께 메탄과 수소불화탄소의 배출량 감소와 HFC23(에어
컨용 냉매인 HFC22를 생산하는 과정에서 발생되는 온실가스) 배출량을 효과적으
로 통제하기 위해서도 노력할 계획이다.

3) 기후변화 대외 원조에 관한 협력

미국과 중국은 개발도상국에 지원할 녹색 기후 펀드 30억 달러를 조성
하는 데 합의했다. 또한 중국은 자체적으로 개발도상국에 기후변화 대응
기금으로 200억 위안(약 31억 달러)을 지원하기로 했다.[4] 이는 중국이 그간
원조에서 내놓은 비용 중 가장 많은 금액이다.

4) 양국 간의 기후변화 협력

미국과 중국은 정부 당국자 간의 기후변화 태스크포스인 CCWG와 양
국의 지방정부를 통해 기술 개발과 대기오염 물질 배출량 감소 등의 협력
을 강화하기로 했다.

(1) 지방정부 간의 협력

미국과 중국은 공동성명에서 지방정부 차원에서의 협력을 강화하기로
했다. 이는 연방정부와 중앙정부 차원의 기후변화 정책이 성과를 내려면

---

3   현재 중국의 수도권 지역인 수도 베이징과 톈진, 허베이성을 연결하는 전철과 궤도 교통망
    의 확충, 산둥성의 대표적인 대도시 칭다오의 지하철 건설은 도시 공공 교통수단을 확충하
    기 위한 중국의 노력을 보여주는 대표적인 사례들이다.
4   시진핑 중국 국가주석도 2015년 10월 17일 로이터통신과의 서면 인터뷰에서 개발도상국들
    을 위한 기후변화 대응 기금으로 200억 위안을 지원할 계획이라고 언급했다(*Reuters*, 2015.
    10.18).

각 지역의 지방정부의 협조와 이행이 필수적인데, 각 지역이 보유한 여건과 역량이 차이 나므로 성과 창출이 어려운 경우가 있기 때문이다. 특히 중국은 빈약한 지방정부 재정과 대다수 중소기업의 기술·자금 부족으로 인해 기후변화 대응과 관련된 기술의 연구·개발을 자력으로 추진하기 어렵다. 이 때문에 중국의 지방정부는 미국을 비롯한 선진국과의 대외 협력을 적극적으로 추진하고 있다.

양국의 지방정부 간 협력은 2016년 9월 15일부터 16일까지 캘리포니아주 로스앤젤레스에서 개최되는 미·중 기후 정상 회의를 통해 추진될 것으로 보인다(美國駐華大使館, 2015.9.29). 이 회의에 참가하는 중국의 성과 도시들은 이산화탄소 배출량을 매년 약 12억 톤으로 통제하는 방안을 논의할 예정이다. 그리고 미국의 캘리포니아주는 2050년까지 배출량을 1990년의 80%에서 90%까지 감축하고 시애틀은 2050년까지 탄소 중립을 실현할 구체적인 방안을 논의할 계획이다.

(2) CCUS 프로젝트와 프레온 가스 배출 감소, 전기 자동차 관련 협력

미국과 중국은 이산화탄소 포집, 이용 및 저장 기술(Carbon capture, utilization and storage: CCUS) 프로젝트를 지속적으로 추진하고 프레온 화합물 감소와 민영 기업의 프레온 화합물 대체품의 보급 추진, 몬트리올 의정서에 따른 프레온 가스 배출의 점진적 감소를 지속적으로 진행키로 했다.

또한 청정에너지 분야의 교류와 협력도 추진하기로 했다. 이는 CERC의 협력을 중심으로 진행될 예정이다. 이를 위해 CERC의 의무 연구 기간을 2020년까지 5년 연장하기로 했다.[5] 또한 건물 효율, 전기차를 비롯한 클린 에너지 자동차와 이산화탄소 포집과 사용 등을 이용한 석탄 관련 신기술

---

5   http://www.us-china-cerc.org/(2015년 10월 19일 검색).

연구에 필요한 펀드를 늘리기로 했으며 에너지와 수자원 넥서스에 대한 연구도 시작하기로 했다.[6] 특히 에너지와 수자원 넥서스 연구에서는 이산화탄소 포집 저장 공간의 해수나 염수를 이용해서 담수를 생산하는 방안을 중점적으로 다룰 것으로 보인다.

아울러 양국은 전기 자동차 상호 조작 센터를 설립해서 전기 자동차의 기술 표준, 중형 대형 트럭의 연료 효율 개선에 대한 공동 연구를 수행하기로 했다.

4. 협력의 장애 요소

미국과 중국의 기후변화 협력은 미국의 자금과 선진 기술, 기후변화 정책의 경험을 중국에 전수하고 양국의 기후변화 관련 공동 연구를 활성화하는 데 기여하고 있다. 그러나 협력의 장애 요인에 어떻게 접근하고 이를 어떻게 해결할 것인지에 대한 논의와 노력이 병행될 필요가 있다.

우선 중국이 2017년 배출권거래제를 전면적으로 실시하기 전에 현재 중국의 배출권 시장 운영과 관련된 문제점과 개선 방안을 협의해야 한다. 현재 중국의 배출권거래 상황을 살펴보면 세계 탄소배출권 1위인 중국이 배출권거래제를 전면적으로 실시하면 거래량이 급증하면서 배출권거래 가격이 오를 것이므로 국제 배출권거래가 활성화될 것이라는 낙관적인 견해만 견지해서는 안 된다. 중국은 2011년 10월 29일 국가발전개혁위원회 기후변화사가 선정한 4개 직할시(베이징과 상하이, 톈진, 충칭)와 광둥성, 홍콩과 인접한 광둥성의 대도시 선전, 중부 지역에 위치한 후베이성을 중

---

6   같은 사이트.

심으로 배출권거래를 시범 실시하고 있지만 주목할 만한 성과를 거두지 못하고 있다. 이는 유럽이 2012년 중국산 배출권 수입을 금지하면서 유럽 기업과의 거래를 통한 배출량이 감소하고 이윤 창출이 쉽지 않아졌기 때문이기도 하지만 중국 중앙정부가 인위적으로 개입했기 때문이기도 하다. 현재 중국에는 배출권 가격 하한가 제도가 있기 때문에 저렴한 가격으로 배출권을 매매할 수 없다(백광열, 2015.10.2). 그리고 중국 중앙정부가 2013년 이후 생성된 배출권부터는 미리 정한 가격에 구입하는 콜옵션을 금지함으로써 배출권 수출도 봉쇄했다(백광열, 2015.10.2). 중국이 2017년에 국가 단위 배출권거래시장을 본격적으로 운영하기 전에 이러한 문제를 어떻게 개선할지에 대해 미국과 중국의 정부 관계자와 전문가 간 심도 있는 논의가 필요하다. 또한 중국에 각 지역별로 배출권거래소가 들어선다 하더라도 중국 로컬 기업들이 배출권거래에 활발하게 참여하지 않으면 성과를 기대하기 어렵다. 아울러 각 지역의 거래소에서 배출권거래제를 이해하고 체계적으로 운영할 전문 인력의 양성 방안도 논의되어야 한다. 로컬 기업의 참여와 전문 인력의 양성이 제대로 이루어지지 않은 상태에서 전국적인 배출권거래를 시행한다면 미국과 중국이 기대했던 성과를 얻기는 쉽지 않을 것이다. 중국은 2011년 9월에 중국 내 100여 개 지역에 배출권거래소를 설립·운영했지만 대다수는 손실을 기록한 바 있다(조정원, 2012: 76).

전기 자동차 분야의 협력에서는 양국의 차종에 따라 서로 다른 쾌속 충전기의 표준이 가장 큰 장애 요인이다. 현재 전기차용 쾌속 충전기의 기술 표준은 미국 콤보1(Combo1), 유럽 콤보2, 일본 차데모(CHAdeMO)로 각각 다르며, 중국은 로컬 전기차에는 GB/T, 테슬라 모델 S에는 테슬라 표준을 적용하고 있다(新浪科技, 2015.3.10). 이처럼 서로 다른 기술 표준의 쾌속 충전기는 기술 표준에 맞게 제작된 전기 자동차에서만 충전이 가능하며 기술 표준에 부합하지 않는 차량은 충전이 불가능하다. 예컨대 테슬라 모델 S는 중국의 GB/T 표준의 쾌속 충전기로는 연료 공급을 할 수 없다. 이러한 충전의 어려움을 해결하지 않고서는 양국이 전기차 관련 기술 개발을 한다고 해도 미국과 중국에서의 차량 판매에 어려움을 겪을 수밖에 없다.

중국이 기후변화에 대응하고 대기 환경문제를 개선하기 위해 각지에서 시도한 생태도시 프로젝트 중 성과를 낸 사례는 중국과 싱가포르의 중앙 정부가 정치적 지원을 하고 싱가포르 국유 기업이 참여했던 톈진 빈하이 신구의 중신생태성 1개뿐이다. 중국이 미국 기업의 자본과 기술을 도입해 태양광 분산형 전원을 사용하는 생태도시 프로젝트를 추진하더라도 미국과 중국이 생태도시를 건설하는 과정에서 양국의 상이한 기술 표준과 환경 기준을 감안해서 타협점을 찾을지는 장담하기 어렵다. 상하이에서도 영국의 도시 설계 회사 에이럽과의 협력을 통해 둥탄에 생태도시를 건설하려 했으나, 에이럽이 탄소 배출량 제로 도시의 목표를 이루기 위해 화석 연료를 이용하는 자동차 출입을 금지하자고 제안하자 상하이시 정부와 자동차로 이동하는 것을 선호하는 대다수 상하이 시민이 이를 받아들이지 못한 것이 하나의 사례가 될 수 있을 것이다.

양국 전문가 간에 활발한 토론이 진행되고 있긴 하지만, 향후 중국의 생태도시 건설 프로젝트에서 스마트 그리드를 구축하기 위해서는 검토하고 해결해야 할 난관이 적지 않다. 우선 스마트 그리드 모델과 이에 대한 평가 방식을 빅 데이터 분석 기술과 에너지 네트워크의 발전에 맞춰 개선해야 한다. 그리고 스마트 그리드 운영 과정에서 빅 데이터를 통해 수집한 개인과 가정, 기업의 정보를 향후 어떻게 보호할 것인지에 대한 기술적 논의도 진행해야 한다. 아울러 분산형 전원[7]을 운영할 경우 에너지 저장 설

7   "분산 전원(Distributed Energy Resource)이란 소용량의 전력 저장 시스템이나 발전 시스템

비의 높은 가격과 여러 투자자, 공급 기업의 참여에 따른 이익 분배에 대해서도 구체적인 논의를 진행해야 한다.

5. 결론 및 전망

기후변화 대응과 국제 협력에 적극적인 미국의 민주당 소속인 오바마 대통령이 2009년부터 8년간 집권한 것과 중국의 시진핑 국가주석을 중심으로 하는 5세대 지도부가 등장한 것은 양국 정부가 기후변화 분야에서 협력의 진전을 이루어내는 데 긍정적으로 작용했다. 특히 중국의 시진핑 국가주석의 권력이 강화됨에 따라 기후변화 문제에 대한 대응을 더욱 적극적으로 추진할 수 있는 중국 내 정치적 동력이 확보되었고, 이는 중국과 미국이 2015년 12월 열린 파리 COP21에서 지구 온도 상승 억제를 포함한 국제적 합의를 이끌어내는 데도 도움이 되었다(이충형, 2015).

그러나 2017년 1월부터 임기를 시작한 미국의 트럼프 행정부는 기후변화 대응과 파리협정 이행에서 오바마 행정부에 비해 상당히 소극적이다. 트럼프 대통령은 2017년 6월 파리협정 탈퇴를 선언한 바 있다. 그러나 동년 9월 17일 틸러슨 미국 국무장관이 미국의 이익에 부합하는 조건이라면 파리협정 탈퇴를 번복할 수 있다고 했다. 미국의 이익은 트럼프 행정부의 화석연료와 제조업 중시에 영향을 주지 않는 것을 의미한다. 그러한 조건으로 파리협정에 남는다는 것은 미국이 온실가스 배출량 감소에 다른 나라들에 비해 적극적으로 참여하지 않을 수 있음을 의미한다. 또한 기후변

을 일컫는 말로서, 신재생에너지 전원, 소용량의 열병합 발전 시스템, 전기 등을 이용한 전력 저장 시스템을 그 예로 들 수 있다"(박기식, 2013).

화 대응에 도움이 되는 신재생에너지 산업, 친환경 도시 건설에 미국 기업들의 참여 기회를 놓치지 않을 것이라는 의미도 포함된다. 이러한 미국의 입장은 중국이 석탄 산업과 철강 산업을 유지하는 데 도움이 된다. 또한 중국의 신재생에너지 산업, 에코시티 건설 프로젝트에 대한 미국 기업들의 참여 및 협력과도 연계될 수 있다. 그러나 양국의 전문가와 기후변화 관련 프로젝트에 참여할 기업이 협력을 추진하는 과정에서 직면하는 어려움을 해결할 구체적인 방안을 내놓을 수 있을지는 좀 더 지켜볼 필요가 있다.

참고문헌

박기식. 2013. "10대 표준화 전략 트렌드 스마트 그리드". 국가표준코디네이터 홈페이지. http://www.kscodi.or.kr/?mid=year_2013_sub01_00(2015년 10월 20일 검색).

백광열. 2015.10.2. "탄소배출권 불확실성 커져… 안정적인 수입처 확보 시급". ≪한국경제≫, A33면.

송민섭. 2015.10.11. "'CO2의 25배' 온난화의 또다른 주범 메탄가스". ≪세계일보≫. http://www.segye.com/content/html/2015/10/11/20151011001104.html(2015년 10월 21일 검색).

오경택. 2014. 「중국의 기후변화 외교: 미·중 협력을 중심으로」. ≪중소연구≫, 제38권 제1호.

이충형. 2015. "양광빈 런민대 교수가 말하는 중국 체제 우위론". ≪중앙 SUNDAY≫, 제449호, 6면.

조정원. 2012. 「중국에서의 환경정책 도입 및 확산의 한계: 탄소배출권거래를 중심으로」. ≪세계정치≫, 17호.

美國駐華大使館. 2015.9.29. "情況說明書: 美國和中國就气候變化、新國內政策承諾和在巴黎達成富于雄心的气候協議的共同愿景發表元首聯合聲明". http://chinese.usembassy-china.org.cn/fact-sheet-united-states-and-china-issue-joint-presidential-statement-2015.html (2015년 10월 17일 검색).

新浪科技. 2015.3.10. "公用充電樁加速謀篇布局". http://tech.sina.com.cn/it/2015-03-10/doc-iavxeafs1646969.shtml(2015년 3월 17일 검색).

新浪財經. 2014.6.17. "充電樁模式待解: 歷經5年仍處發展迷茫期". http://finance.sina.com.cn/chanjing/cyxw/20140617/103119435944.shtml(2015년 3월 25일 검색).

中國電力. 2014.7.30. "充電樁: 懸空的兩千亿誘惑". http://www.chinapower.com.cn/news article/1215/new1215967.asp(2015년 3월 15일 검색).

中美能源和环境十年合作框架. 2014. "共創綠色未來之路: 十年合作框架下中美能源和环境合作". http://tyf.ndrc.gov.cn/Article_List1.aspx?columnID=134(2015년 10월 20일 검색).

Reuters. 2015.10.18. "Exclusive Q&A with Chinese President Xi Jinping." http://www.reuters.com/article/2015/10/18/us-china-britain-xi-q-a-idUSKCN0SC03920151018 (2015년 10월 20일 검색).

U.S. Department of State. 2013.4.13. "Joint U.S.-China Statement on Climate Change."

http://www.state.gov/r/pa/prs/ps/2013/04/207465.htm(2015년 10월 20일 검색).

UNFCCC(United Nations Framework Convention on Climate Change). 2015.10.23. "Draft Climate Change Agreement Forwarded to Paris." http://newsroom.unfccc.int/unfccc-newsroom/draft-climate-change-agreement-forwarded-to-paris/(2015년 10월 24일 검색).

CERC. http://www.us-china-cerc.org.

07

한·중·일 원자력 협력과 한국의 역할[*]

임은정

1. 들어가며

2011년 3월 11일 동일본 대지진과 함께 후쿠시마 다이이치 원자력발전소 사고(이후 후쿠시마 원전 사고)가 발생한 지 어느덧 7년 이상의 시간이 지났다. 1986년 체르노빌 원자력발전소 사고 이후 25년 만에 발생한 최대 규모의 원자력 사고였던 후쿠시마 원전 사고는 진행 상황이 전 세계적으로 실시간 방송되면서 사람들에게 큰 심리적인 충격을 주었다. 더군다나 아무리 자연재해에 의해 촉발되었다고는 하지만, 원자력 안전 신화의 선봉에 서 있던 원자력 선진국 일본에서 벌어진 사고였기에 그 충격은 더욱 강력했으며, 이를 계기로 많은 나라가 원자력 안전 문제에 대한 경각심을 높이게 되었다.

유럽과 북미 지역에서는 후쿠시마 원전 사고 이전부터 원자로 중 상당

---

[*] 이 글은 ≪입법과 정책≫ 제9권 제2호(2017)에 게재된 논문을 수정·보완한 것이다.

수가 설계 수명을 다해 폐로 단계에 접어들었고 신규 건설이 그다지 활발하게 이루어지지 않았는데, 그런 상황은 후쿠시마 원전 사고 이후 더욱 굳어지고 있는 양상이다. 이와는 대조적으로 아시아에서는 중국의 급속한 경제성장과 전력 수요 폭증에 따라 대규모 원자력발전소 건설이 진행되면서[1] 2000년대 초부터 시작된 이른바 '원자력 르네상스'의 흐름이 계속 이어지고 있는 추세이다. 사고의 진원지였던 일본조차 2012년 말 아베 총리가 재집권하면서 원자력발전소의 재가동이 점차적으로 국가의 에너지 정책으로 공고해졌다.[2]

한국은 2018년 3월 현재, 총 24기의 원자로를 가동 중이며, 총 6기의 원자로 건설을 진행하고 있다.[3] 하지만 후쿠시마 원전 사고에도 크게 흔들리지 않았던 한국의 친원자력 정책의 기조는 2017년 5월 문재인 정권이 출범하면서 방향성이 달라졌다. 특히 신정권하에서는 문 대통령의 후보 시절 공약이던 신고리 5, 6호기의 건설 취소 이행 여부가 초미의 관심사로 떠올랐으나, '신고리 5·6호기 공론화위원회의'의 건설 재개 권고 의견을 받아들여 일시 중단되었던 건설이 재개되었다. 하지만 이를 떠나서라도 이미 한국은 원자력발전소의 밀집도가 세계에서 가장 높은 수준의 나라이며,[4]

---

1 후쿠시마 원전 사고 이후 아시아의 가장 큰 원자력 시장으로 발돋움한 중국은 2018년 3월 현재 총 38기의 원자로를 가동 중인데, 추가로 20기가 건설 중이며 39기의 건설이 계획되고 있다. 아울러 건설이 제안된 원자로 수는 그보다 훨씬 많은 상황이다. 중국의 원자력발전소 현황 및 건설계획 관련된 통계는 세계원자력협회(World Nuclear Association)의 홈페이지(http://www.world-nuclear.org/)를 참조했다(2018년 3월 20일 검색).

2 2018년 3월 현재 일본 내에서 재가동이 완료된 원자로(정기 점검 중인 원자로 포함)는 규슈전력(九州電力)의 센다이(川內) 1, 2호기, 시코쿠전력(四國電力)의 이카타(伊方) 3호기, 간사이전력(關西電力)의 다카하마(高浜) 3, 4호기, 오오이(大飯) 3호기, 총 6기에 이른다. 재가동의 자세한 상황은 전기사업자연합회(電氣事業連合會)의 홈페이지(http://www.fepc.or.jp/theme/re-operation)에서 확인할 수 있다(2018년 3월 27일 검색).

3 원자력 발전의 현황은 한국수력원자력 홈페이지(http://www.khnp.co.kr/)에서 확인할 수 있다(2018년 3월 17일 검색).

중국 및 일본이 계획대로 원자로 신규 건설 및 재가동을 지속적으로 추진한다면 동북아시아는 세계에서도 가동 중인 원자로가 가장 많은 원자력발전소 초밀집 지역이 될 것이다. 따라서 향후에도 후쿠시마 원전 사고와 같은 불의의 사고가 발생할 수 있는 확률은 다른 어느 지역보다 높다.

후쿠시마 원전 사고가 국제적으로 미친 파장은 실로 여러 가지이지만, 방사능 물질이 공기와 해류를 통해 국경을 초월해 이동한다는 사실에 주변국도 크게 동요하지 않을 수 없었다. 후쿠시마 원전 사고를 통해 지역 국가들이 일제히 '경계 없는 위험(debounded risk)'(Beck, 1999)의 실질적인 사례를 경험했다고 할 수 있다. 따라서 향후 지역 내에서 원자력 사고가 또 다시 발생할 경우 지역 국가 간의 국제적인 공조가 반드시 필요하다는 것이 후쿠시마 원전 사고가 남긴 커다란 교훈 중 하나였다. 더군다나 앞서 언급했듯 향후 동북아시아 지역에서 원자력발전소의 수가 더욱 늘어날 것과 지역 국가 간의 지리적 근접성을 감안한다면 동북아시아 국가들, 특히 역내 주요 3국인 한국, 중국, 일본은 향후 발생 가능한 사고를 미연에 방지하고 불의의 사고가 발생했을 때 즉각적이면서도 긴밀하게 협력할 수 있도록 다자간 협력의 제도적인 틀을 마련해야 할 필요성이 점차 절실해지고 있다.

그렇다면 과연 이 지역에서 원자력 문제와 관련된 다자간 협력은 그동안 얼마나 진전되었을까? 협력의 수준이 기대나 필요에 미치고 있지 못하다면 이를 더욱 진전시키기 위해 어떠한 노력을 해야 할까? 이 글은 이와 같은 문제의식에 기반을 두고 있다. 이를 위해 우선 다음에서는 다자간 협력 및 거버넌스에 관련된 국제관계론 분야에서의 기존 담론을 개괄함으

---

4   Keun-young Lee, "South Korea has world's highest density of nuclear power plants," http://english.hani.co.kr/arti/english_edition/e_national/650478.html(2017년 5월 15일 검색).

로써 동북아시아 지역에서 다자간 원자력 협력을 이루기 위한 이론적 조건을 살펴보도록 하자.

2. 아시아의 취약한 지역 협력에 대한 이론적 이해

아시아에서의 역내 다자간 협력을 논의하기에 앞서 지역 협력에 관한 개념을 간략하게 구분해보자. '지역화(regionalization)'란 경제·사회적으로 한 지역 내에서 상호 작용이 심화되는 현상인 데 비해, '지역주의(regionalism)'란 역내 국가 사이에서의 정부 간 협력을 증진시키기 위해 국가 주도적으로 이루어지는 정치적인 활동이라 구분할 수 있다. 한편 '지역 거버넌스(regional governance)'는 국가 행위자뿐만 아니라 비국가 행위자 등을 포함한 다양한 행위자가 협력을 제도화하거나 이에 대해 담론을 펼치고 실행에 옮기는 일련의 과정으로 규정할 수 있다(Herz, 2014).

어떤 조건에서 국가들 사이의 다자간 협력이 가능하며 협력이 제도화되는가에 대해 국제관계론의 이론에서는 서로 매우 다른 설명을 제시한다. 로버트 코헤인(Robert O. Keohane)은 국제기구가 국제 협력에 이바지하는 것은 오로지 패권 국가(hegemonic state)가 다자간 협력에서 발생하는 비대칭적인 비용을 수용할 의향이 있고 다른 국가들을 정치적인 수단으로 국제기구의 틀 안에 머무르게 할 수 있을 때만 가능하다고 하는 현실주의적인 주장을 '패권 안정론(hegemonic stability theory)'으로 규정했는데, 이는 냉전 시기 미국 주도의 다자간 국제 협력을 설명하는 틀로 자주 회자되어 왔다(Keohane, 1980). 존 러기(John Ruggie)는 '다자주의(multilateralism)'를 세 나라 이상의 국가가 특정 원칙에 부합하도록 서로의 관계를 조정해가는 과정으로 규정함으로써(Ruggie, 1993) 현실주의자들의 기능적인 접근에 비해 더욱 구성주의적인 요소를 포함시킨 바 있다(Acharya, 2014).

이러한 다자간 협력의 기제가 타 지역에 비해 아시아에서 현저히 취약하다는 것은 경험적으로 이미 드러난 사실이다. 아시아의 지역화는 어느 지역 못지않게 진행되었을지 모르지만, 지역주의의 구축이나 지역 거버넌스는 충분히 현실화되지 못했다. 패권 안정론에 입각해서 이러한 현상에 대한 원인을 생각해보면 패권 국가인 미국의 다자주의적 접근에 대한 입장이 유럽과 아시아에서 사뭇 달랐다는 사실이 강조될 수 있다.

그러나 미국의 태도가 두 지역에서 왜 달랐는가에 대해서는 몇 가지 다른 설명이 가능하다. 예를 들어 동북아시아에서는 미국의 잠정적인 다자주의적 협력의 파트너 국가들 간의 비대칭성이 너무 큰 나머지 당시 대항 세력인 소련과 중국의 위협에 대응할 수 있는 능력이 실질적으로 크게 향상되지 못했고 이에 따라 동맹 국가들이 무임승차(free-riding)하는 현상이 과도해졌다는 점을 지적한 주장이 있는 한편(Crone, 1993: 501~525), 이러한 힘의 불균형에 초점을 두기보다 유럽에서와 달리 아시아에서 미국의 정책가들이 느낀 정체성의 괴리에 초점을 둔 의견도 있다(Hemmer and Katzenstein, 2002: 575~607).

UN아시아·태평양경제사회위원회(United Nations Economic and Social Commission for Asia and the Pacific, 이하 UNESCAP)는 유럽과 비교할 때 아시아에서의 다자간 협력이 아직도 취약한 상태로 남아 있는 이유는 다음 네 가지 차이 때문이라고 분석한 바 있다(UNESCAP, 2004). 첫째, 유럽에서는 지역 통합이 제2차 세계대전 이후 전후 복구를 꾀하고 평화를 구축해야 한다는 강력하고도 통합된 정치경제적 의지에서 출발했던 것과 달리, 아시아에서는 통일된 정치적 목적과 지역의 미래를 위한 공통된 전망을 구축하지 못했다는 점이다.

둘째, 유럽에서는 경제 및 화폐의 통합이 실용적이면서도 점진적인 절차를 통해 성공을 거둔 반면, 아시아에서는 재무 및 통화 분야에서의 협력이 세계화를 통해 겪은 재무 분야의 위험요소를 관리하기 위한 수동적인 반응에서 출발했다는 점이다.

셋째, 유럽에서는 초국가적(supranational) 기구가 우선 만들어지고 그러한 기구가 법적 효력이 있는 조치를 취할 때 지역 내 국가들이 초국가적 지역협력기구에 주권의 영역을 양보하면서 지역 통합이 진행된 데 반해, 아시아에서는 지역 국가 간의 협력이 법적 구속력 없는 선언(declarations) 또는 이행계획(plans of actions)에 대한 합의 수준에 그치는 경우가 많았고 지역 전체를 포섭하는 초국가적 기구가 탄생하지 않았다는 점이다.

마지막으로, 유럽에서는 지역 내에서의 리더 국가 사이에 힘의 균형이 존재하는 데 반해, 아시아에서는 이러한 균형이 부재하다는 점이다. 월터 매틀리(Walter Mattli)는 유럽에서는 프랑스와 독일 사이의 전통적인 경쟁이 국제정치학 이론의 예측과 달리 지역 내 협력을 방해하는 요인으로 작용하지 않았다고 평가했는데(Mattli, 1999), 이는 프랑스와 독일 사이의 오랜 리더십 경쟁이 깊어진 상호의존적 상황과 맞물리면서 결과적으로 지역 내 협력기구의 탄생에 이바지했다고 해석될 수 있다(Calder and Ye, 2010). 반면 아시아에서는 전통적으로 경쟁 상대였던 국가 간에 균형 상태가 부재하다고 할 수 있다. 상대적으로 물리적 규모가 작은 일본과 한국은 이미 경제 발전을 이룩했으나 규모가 큰 중국과 인도는 지금도 경제 발전을 이루는 과정에 있기 때문에 이 지역에서는 경제 발전을 이룩한 국가와 경제 발전에 박차를 가하고 있는 국가 사이에 정치경제적인 힘의 균형을 취하는 일이 지금까지도 큰 도전으로 남아 있다는 것이 UNESCAP의 지적이기도 하다(UNESCAP, 2004).

아시아에서도 동북아시아의 지역 내 협력은 국제관계론 분야에서뿐만 아니라 외교의 장이 되는 각종 국제회의 등에서도 자주 논의되는 과제 중 하나이다. 이는 동북아시아 지역 국가들의 상호 의존도가 갈수록 높아지고 있는 현실을 감안할 때 지극히 자연스러운 현상이라고 하겠다. 동북아시아 지역 내 국가들 간의 상호 의존도가 지속적으로 심화되고 있음에도 불구하고 그에 상응하는 다자간 협력의 제도적 기반, 특히 공식적인 지역 협력기구가 부재한 현실을 칼더와 예는 '조직 격차(organization gap)'라고 규정한 바 있다(Calder and Ye, 2004: 191~226). 아울러 이들은 이렇게 '조직 격차' 상태가 오랜 기간 지속되었던 동북아시아 지역에서의 지역 협력은 '중대한 국면(critical juncture)'을 맞이할 때 이에 대한 반응으로서 촉진된 면이 크다고 분석하면서, 1997년의 아시아 외환위기 이후 ASEAN 10개국과 한·중·일 3개국이 외환위기 및 금융 위기 발생을 막기 위해 마련한 통화교환 협정인 치앙마이 이니셔티브(Chiang Mai Initiative)를 그 실례로 들고 있다(Calder and Ye, 2010).

이와 같은 이론적 담론에 근거해 다음에서는 동북아시아 주요 3국인 한·중·일 사이의 삼자 간, 양자 간 원자력 협력을 평가하고, 앞으로 동북아시아 지역에서의 원자력 거버넌스를 더욱 발전시키기 위해서는 어떠한 점을 보강해야 하는지 생각해보고자 한다.

3. 한·중·일 원자력 협력의 성과와 현황

1) 지역 내 다자간 협력기구 및 한·중·일 삼자 간 협력

우선 한·중·일 3국 간의 협력을 상징하는 조직으로는 한·중·일 협력사무국(Trilateral Cooperation Secretariat, 이하 TCS)[5]을 언급하지 않을 수 없다. 〈표 7-1〉은 TCS를 마련하는 데 기반이 된 한·중·일 3국 정상회의를 시계

별로 정리한 것인데, 이를 보면 2011년 후쿠시마 원전 사고 이후 원자력 안전 관련 문제가 3국 정상회의에서 주요 의제로 다루어졌음을 알 수 있다. TCS는 후쿠시마 원전 사고가 발생한 해인 2011년에 출범했다. 아울러 2015년 서울에서 열린 제6차 회의에서 원자력 관련 의제가 비중 있게 다루어졌다는 것 역시 주목할 만하다.

이와 더불어 원자력 분야에 초점을 맞춘 한·중·일 3국 협력의 대표적인 사례로는 한·중·일 원자력안전규제책임자회의(Top Regulators' Meeting, 이하 TRM)를 꼽을 수 있다. TRM 출범의 계기가 된 것은 2004년 8월 9일, 일본의 후쿠이현에 위치한 미하마 원자력발전소에서 발생한 증기 누출 사고였다. 이로 인해 원자력발전소 내에서 발생할 수 있는 인명 사고에 대한 경각심이 동북아시아 국가 사이에 증폭되었다. 아울러 중국의 신규 원전 건설 확대에 따른 역내에서의 원전 사고, 고장 등의 확률이 증가한 만큼 3국 내에서 불의의 사고 등이 발생할 경우 필요한 정보를 공유할 목적으로 시작되었는데, 후쿠시마 원전 사고 이후에는 한·중·일 3국의 원자력 안전과 관련해 가장 대표적인 회의로 자리 잡았다. 〈표 7-2〉는 역대 TRM의 주요 의제와 2013년부터 출범한 TRM의 부속회의인 원자력안전 고위규제자 확대회의(이하 TRM+)의 주요 의제를 요약 정리한 것이다.

여기에서 보다시피 후쿠시마 원전 사고 이전에는 3국 간의 사고 및 고장 정보에 대한 공유, 각국의 원자력 안전 관련 활동 또는 현황에 대한 정보 공유, 관련 교류 및 협력 체제 구축 등이 주로 논의되었으나, 후쿠시마 원전 사고 이후에는 재난 관리 및 원자력 안전에 관한 협력을 한층 강화하기로 합의한 것이 눈에 띈다. 이는 상술한 한·중·일 3국 정상회의에서 나

---

5   TCS는 국제기구로서 1명의 사무총장과 2명의 사무차장을 한·중·일 각국에서 한 명씩 선출해 2년마다 돌아가면서 파견하고 있으며, 서울에 사무국을 두고 있다.

〈표 7-1〉 한·중·일 3국 정상회의의 주요 의제 및 성과

일자 및 장소	주요 의제	주요 성과
제1차 회의 (2008. 12. 13 일본 후쿠오카)	• 3국 협력 현황 및 미래 발전 방향 제시 • 주요 지역 및 국제 문제: 동북아 정세, 동아시아 지역 협력, 기후변화·환경 등의 의제 논의	• 3국 정상회의 개최 정례화 • 3국 협력 관련 4개 문서 합의
제2차 회의 (2009. 10. 10 중국 베이징)	• 3국 협력 현황 및 미래 발전 방향 제시 • 주요 지역 및 국제 문제: 북핵문제, 국제 금융 및 경제 문제, 기후변화 대응 • 한국 측이 상설 사무국 설립을 제안	• '3국 협력 10주년 기념 공동성명' 및 '지속 가능개발 공동성명' 채택 • 3국 협력 사무국 설치 필요성에 대한 공동인식 • FTA 산·관·학 공동연구 추진 합의
제3차 회의 (2010. 5. 29~30 한국 제주)	• 3국 협력 평가 및 향후 발전 방향 • 주요 지역 및 국제 문제: G20, 기후변화, 핵 안보, 국제경제, 금융위기 공동 대응, 아시아 지역 협력, 군축·비확산, UN 개혁 등	• '3국 협력 사무국 설립 각서', '3국 협력 비전 2020' 등 공동문서 4건 채택 • 천안함 사태 관련 3국 간 공조의사 확인
제4차 회의 (2011. 5. 21~22 일본 도쿄)	• 3국 협력 평가 및 향후 발전 방향 • 주요 지역 및 국제 문제: 핵문제 해결을 위한 한·중·일 3국 간의 협력 강화 필요성 강조 • 동아시아 지역 협력, 군축·비확산, 국제경제 동향 등 의견 교환 • 2012년 핵 안보 정상회의 개최 관련 중·일의 협력 확보 등	• 정상선언문 채택 • 원자력 안전 협력, 재난관리 협력, 재생에너지·에너지 효율성 제고를 통한 지속 가능 성장 협력 등 부속 문서 채택 • 3국 협력 사무국 설립 협정 발효(5월 17일)
2011. 9. 1	• 한·중·일 협력 사무국 출범	
2011. 9. 27	• 개소식, 사무국 공개	
제5차 회의 (2012. 5. 13 중국 베이징)	• 3국 협력 평가 및 향후 발전 방향 • 재난 구조, 원자력 안전, 지진 공동 연구 분야 협력에 주목 • 일본의 재난 방지를 위한 고위급회의 7월 개최 지지 표명 • 비전통적 안보 이슈(해적, 전염병, 에너지·사이버 안보, 대량살상무기 확산 등)에 대해서도 협력 증진 장려 • 북한 핵실험과 추가 도발에 대한 반대 입장 및 이에 대한 협력 합의 • 상호 신뢰, 호혜 및 공동 발전 등을 토대로 3국 간 미래 지향적인 포괄적 협력 파트너십 강화에 합의	• 공동선언문 채택: 정치적 상호 신뢰 증진, 경제·통상 협력 심화, 사회적·인적·문화적 교류 확대, 지역적·국제적 문제에서 소통 및 공조 강화를 포함한 50개 항목에 합의 • 정치적으로 고위급의 교류 증대를 통해 의사 소통을 강화하고 협력을 강화하기로 합의 • 한·중·일 FTA 연내 협상 개시 • 투자 보장협정의 체결: 3국 경제 분야를 아우르는 첫 번째의 법률적 틀(3국 간 투자 자유화, 지적재산권 보호, 상대국 정부의 국유화 결정에 따른 손실의 합리적 보상 방법, 분쟁 해결이 안 될 시 중재 절차를 거칠 수 있는 제도 마련)
제6차 회의 (2015. 11. 1 한국 서울)	• 민간 원자력 안전 분야에서 지역 협력 프로세스의 증진을 통한 3국 간 협력 지속 강화 합의 • 2011년 제4차 회의에서의 '원자력 안전 협력문서'를 상기하며 원자력 안전 강화에 대한 3국 간 협의를 계속 추진키로 합의 • 재난방지 구호 역량 강화 협력 및 감염병 대응을 위한 정보공유 기술 협력 강화	• 제8차 한·중·일 원자력안전규제책임자회의 및 제3차 원자력안전 고위규제자 확대회의 등에서의 논의를 평가하고, 민간 원자력 안전 분야에서 지역 협력 프로세스의 증진을 통해 협력을 강화할 것을 협의

자료: 세종연구소(2011); 조양현(2015); 한·중·일 3국 협력사무국 홈페이지 정보를 토대로 필자가 편집 및 재구성.

〈표 7-2〉 한·중·일 3국 원자력안전규제책임자회의와 관련 부속회의 연혁

일자 및 장소	주요 의제	TRM+
제1차 회의 (2008. 9 일본 도쿄)	• 3국의 사고 및 고장 정보 공유를 위한 네트워크 설치 • 원자력 비상대응훈련 상호 참관 및 협력, 원자력 검사관의 교환 방문 및 원자력 인력 양성 • 3국 간 원전 운전 경험 및 비파괴검사 분야의 원자력 안전 지역 협력 프로젝트 추진 • 기술지원 기관 간 정보교환회의 개최 및 효율적인 원자력안전규제자 회의 운영을 위한 MOU 논의	
제2차 회의 (2009. 8 한국 서울)	• 3국의 원자력 안전 규제 현황 공유 • 한·중·일 원자력 사고, 고장 정보 교류 및 협력체제 구축 • 중국 민간 원자력 안전 설비 규제 및 심사 • 일본 국제 원자력 안전 활동 및 원전 내 비상대응훈련 • 한·중·일 원자력안전규제회의 발전 방안	
제3차 회의 (2010. 10 중국 베이징)	• 각국의 특정 원자력 안전 현안에 대한 보고 • 한·중·일 원자력 사고 정보 교환 체계 구축	
제4차 회의 (2011. 11 일본 도쿄)	• 긴급 상황 발생 시 조기 통보 체제 구축 • 원전 사고 발생 시 기류 분석 및 예측 정보 공유 • '한·중·일 원자력 안전협력 이니셔티브' 창립 협의	
제5차 회의 (2012. 11. 29 한국 서울)	• 원자력 사고 및 방사능 재난 발생 시 3국의 긴밀한 정보 교환 합의 • 3국은 원전 비상시 정보 교류를 위한 연락관 지정 • 각국에서 실시 중인 방재훈련 상호 참관, 평시 및 비상시 정보 교환을 위한 공동 웹서버 구축 추진 합의	
제6차 회의 (2013. 1. 28 중국 베이징)	• 기존 TRM 회원국 외 기타 국가 및 국제기구가 참여해 심포지엄 또는 워크숍 형태로 진행되는TRM+를 신설하기로 합의	TRM+ 1차 회의(2014. 9. 2 일본) • 동북아 원자력 안전 심포지엄 • "후쿠시마 원자력발전소 사고의 교훈"이라는 주제로 원자력 규제당국 관계자 간 비공개 워크숍 형태로 개최
제7차 회의 (2014. 9. 2 일본 도쿄)	• 원자력 안전 규제기구 간 원활한 정보 교류 및 상호 관심사 논의를 통해 원자력의 안전성 및 신뢰성을 제고하는 긴밀한 공조 협력 합의 • 한·중·일 합동방재훈련을 한국에서 실시할 것에 합의 • 3국 간 신속한 의제 협의 및 정보 교류를 위한 화상회의 활성화 • 3국 간 합의사항의 구체적 실행을 위한 실무그룹 운영	TRM+ 2차 회의(2014. 11. 26 한국) • 한·중·일·프·러의 원자력 규제기관 및 관련 국제기구 전문가 200여 명이 참석 • 윌리엄 맥우드 OECD 원자력기구 신임 사무총장도 지원하기로 함
제8차 회의 (2015. 10. 21 한국 서울)	• 각 나라의 규제활동에 대한 업데이트 • 기술 관련 세션을 통해 3국의 상세한 안전 규제를 검토키로 합의 • 원자력 분야에서의 3국 협력을 강화할 것을 재확인 • 이전 회의에서 합의된 협력 사업의 실질적 이행을 위한 논의	TRM+ 3차 회의(2015. 10. 22 한국) • "원자력 안전 분야에서의 동북아 리더십 제고"라는 주제에 한·중·일·미·프·캐·러·몽·IAEA 등의 원자력 규제기관 및 국제기구 관계자들이 참가
제9차 회의 (2016. 11. 29 중국 베이징)	• 지역 내 원자력 안전 이슈에 대해 폭넓게 논의하고 주요 관심사 교환 • 안전정책 및 제도, 주요 안전 이슈 공유 • 3개 실무그룹(정보 공유, 인력 양성, 비상 대응)의 활동 현황과 계획 논의 • 합동방재훈련의 결과와 계획 등 논의	

자료: 김종선·서지영·호사(2012); 외교부(2014.9.3, 2014.11.28); 한·중·일 3국 협력사무국 및 원자력안전위원회 홈페이지 정보를 토대로 필자가 편집 및 재구성.

타난 변화와도 궤를 같이하는 것이라 할 수 있다. 특히 원자력 안전을 위한 비상시 조기 통보 체제 구축, 사고 발생 시 기류 분석 및 기류 예측 정보 교환 등의 정보 공유 강화에 합의했고, 이에 따라 TRM은 기존 국·과장급 실무회의에서 차관급으로 격상되었다. 이는 기존에는 정보를 공유하는 수준이었으나 이후 더욱 실질적인 협력을 모색하는 단계로 발전했음을 의미하는 것이라 할 수 있다.

이와 더불어 한·중·일 원자력안전규제기술전문관 정보교환회의(이하 정보교환회의) 역시 연례적으로 진행되어왔다. 2008년에 원자력의 지진에 대한 안전성, 비상시 대응 및 원자력의 공공수용성에 관한 정책 논의와 관련 기술 및 정보 교환을 목적으로 마련된 정보교환회의는 한·중·일 3국 협력의 실례로 꼽을 수 있다. 〈표 7-3〉에 정리된 바와 같이 2011년 후쿠시마 원전 사고 이후에는 정보교환회의에서도 지진 등 자연재해로 인해 벌어질 수 있는 비상사태에 대한 대책이 주요 안건으로 다루어졌다.

한편 한·중·일 모두 회원국으로 가입되어 있는 원자력 관련 지역 협약으로 아시아·태평양 원자력협력협정(The Regional Cooperative Agreement for Research, Development and Training Related to Nuclear Science and Technology for Asia and Pacific, 이하 RCA)을 언급할 필요가 있다. RCA는 1972년에 체결된 정부 간 협정으로서, 국제원자력기구(International Atomic Eergy Agencey, 이하 IAEA) 체제하에 출범한 첫 지역 협력 협정이다. RCA는 아시아·태평양 지역 국가들의 상호 협력을 통해 역내에서 원자력의 평화적 이용을 증진하고, 이 지역의 경제 발전과 복지 향상에 기여한다는 목적에서 출발했으며, 한국, 중국, 일본을 비롯한 지역 내 22개국이 조인했다.[6]

한편 RCA 설립 30주년이던 2002년 3월 27일, 한국원자력연구소(대전 소

---

6   한국은 1974년, 중국은 1977년, 일본은 1982년에 각각 조인했다.

<표 7-3> 한·중·일 원자력안전규제기술전문관 정보교환회의 주요 연혁

구분	시기	장소	기술 협력 의제
제3차	2008. 9	도쿄	원자력의 지진 대비 안전성, 비상대응 및 화재 방호, 공공 의사소통 채널 구축
제4차	2009. 8	서울	방사성폐기물 자체 처분의 관행과 경험, 방사성폐기물 관리, 스트레스 테스트 시스템, 지진 안전성
제5차	2010. 11	베이징	한국의 국제 협력 프로그램, 중국의 민간 원자력 장비 관리 및 감독, 일본의 안전 규제 현안
제6차	2011	도쿄	• 일본: 유럽의 스트레스 테스트를 참고해 실시하고 있는 종합안전평가 계획 및 현황에 대해 발표 • 중국: 중대사고 예방 및 완화 관련 요건, 중국에 건설 중인 원자로에 채택된 중대사고 완화 및 대처 설비 소개, 중대사고 대처를 위한 추가 고려사항 발표 • 한국: 운전 경험 반영과 관련해 법적 요건, IT 인프라 구축 현황 및 기타 활동 소개, 후쿠시마 원전 사고 비상 대응 현황과 비상 대책 개선 방안 발표, 후쿠시마 원전 사고 이후 진행 중인 지진 안전성 개선사항 설명

자료: 김종선·서지영·호사(2012: 96).

제) 내에 RCA 사무국이 개소했다.[7] 아시아·태평양 지역 내의 원자력 협력을 주도하고 있다는 점에서 RCA의 지역 내 의미는 결코 작지 않으며, 한국정부가 사무국 유치에 성공했다는 점에서 RCA의 외교적 활용도는 한국에도 높다고 평가할 수 있다. RCA 사무국은 아직 국제기구로서의 지위를 확보하지 않은 상태인데, RCA 사무국이 국제법적 지위를 확보하기 위해서는 관련 협정을 개정하거나 보조협정을 체결해야 한다. 이를 위해 관련 협정을 개정하고 개정 이후 본부협정 체결을 목표로 RCA 사무국 국제기구화기획단을 운영해 범부처 차원에서 노력해야 한다는 주장도 제기되고 있다(양맹호, 2015: 126~150).

---

[7] 1997년 3월, 미얀마에서 열린 제19차 RCA 국가대표자회의에서는 RCA 회원국의 오너십을 증진하기 위해 지역 내에 사무국을 설치할 필요성이 있다는 의견이 처음 제기된 바 있다. 이에 2000년 9월에 열린 제29차 RCA 총회에서 한국에 사무국을 설치할 것이 제안되었고, 이듬해인 2001년 9월 제30차 RCA 총회에서 한국 내 사무국을 설치 운영하도록 확정되었다. RCA의 자세한 연혁은 RCA 홈페이지 참조. http://www.rcaro.org/(2017년 2월 21일 검색).

2) 한·중·일 사이의 양자 간 협력

이러한 다자간 협력과는 별도로, 한·중, 한·일, 중·일 간에도 양자 간 원자력 협력이 오랫동안 진행되어왔다. 우선 한·중 양국 간에는 '대한민국정부와 중화인민공화국정부 간의 원자력의 평화적 이용에 관한 협력을 위한 협정'이 1994년 10월 31일에 서명되어 1995년 2월 11일에 발효되었다. 이와 더불어 한·중 양자 간 원자력 협력의 사례로는 원자력발전과 원자력 안전에 관한 협력을 강화할 목적으로 2000년부터 시작된 한·중 원자력 공동위원회(이하 한중공동위)를 꼽을 수 있다. 한중공동위에서는 원자력발전, 연구개발, 핵연료 및 폐기물 관리, 원자력 안전 분야의 협력, 방사선 동위원소(Radioactive Isotope, 이하 RI) 이용 기술 분야 등을 중심으로 매년 30개 이상의 협력 의제를 발굴하면서 실로 폭넓은 협력을 도모하고 있다.

〈표 7-4〉에 요약되어 있는 것처럼 한중공동위는 다루는 분야가 광범위할 뿐만 아니라, 해를 더할수록 더욱 구체적이고 심도 깊은 의제를 발굴·논의해왔다고 평가할 수 있다. 이와 더불어 한·중 원자력안전규제 정보교환회의도 진행되고 있는데, 이 회의는 원자력 관련 현안 사항을 협의하고 관련 정보를 교환할 목적으로 한국의 원자력안전기술원과 중국의 핵안전국이 공동으로 개최해오고 있다.

한편 한·일 양국 간에는 1985년 12월 서명된 '한·일 과학기술협력협정'에 근거해 원자력의 평화적 이용을 위한 협력이 개시되었다. 이후 1990년 5월에는 한·일 정부 간에 '원자력의 평화적 이용을 위한 협력 각서'를 체결했는데 양국의 원자력 협력은 이 외교 각서에 근거를 두고 진행되어왔다. 이후 '대한민국정부와 일본정부 간의 원자력의 평화적 이용에 관한 협력을 위한 협정'이 2010년 12월 20일에 서명, 2012년 1월 21일

〈표 7-4〉 한·중 원자력 공동위원회 개최 실적

구분	기간	장소	기술 협력 의제
제1차	2000. 11. 17~22	서울	원자력발전, 연구 개발, 핵연료 및 폐기물 관리, 원자력·방사선 안전 및 방호, 방사선 및 RI 이용 기술 등 총 15개 의제
제2차	2001. 10. 24~25	베이징	원자력발전, 연구 개발, 핵연료 및 폐기물 관리, 원자력·방사선 안전 및 방호, 방사선 및 RI 이용 기술 등 총 17개 의제
제3차	2002. 11. 1~2	서울	원자력발전, 연구 개발, 핵연료 및 폐기물 관리, 원자력 안전 분야 협력, 방사선 및 RI 이용 기술 등 총 24개 의제
제4차	2003. 11. 12~17	베이징	원자력발전, 연구 개발, 핵연료 및 폐기물 관리, 원자력 안전 분야 협력, 방사선 및 RI 이용 기술 등 총 27개 의제
제5차	2004. 12. 4~6	제주	원자력발전, 연구 개발, 핵연료 및 폐기물 관리, 원자력 안전 분야 협력, 방사선 및 RI 이용 기술 등 총 36개 의제
제6차	2005. 10. 11~14	상하이	원자력발전, 연구 개발, 핵연료 및 폐기물 관리, 원자력 안전 분야 협력, 방사선 및 RI 이용 기술 등 총 39개 의제
제7차	2006. 11. 30~12. 1	서울	원자력발전, 연구 개발, 핵연료 및 폐기물 관리, 원자력 안전 분야 협력, 방사선 및 RI 이용 기술 등 총 38개 의제
제8차	2007. 10. 22~24	베이징	원자력발전, 연구개발, 핵연료, 안전, 방사선 및 RI 이용 기술 분야, 기술 의제 등 총 36개 의제
제9차	2010. 11. 15~16	베이징	원자력발전, 연구개발, 핵연료, 안전, 방사선 및 RI 이용 기술 분야, 기술 의제 등 총 35개 의제
제10차	2011. 12. 13~14	서울	원자력발전, 연구개발, 안전, 핵연료 및 방사선 이용 등 5개 분야 총 6개 의제
제11차	2014. 5. 28~29	베이징	원자력발전, 연구개발, 안전, 핵연료 및 방사선 이용 등 6개 분야 총 42개 의제
제12차	2015. 11. 26~27	서울	• 원자력발전, 원자력기술 연구 개발, 핵연료 및 폐기물 관리, 원자력 안전, 방사선 및 RI 이용, 핵 안보 등 6개 분야 43개 의제에 대한 협력 방안 논의 • '원자력 안전 분야 협력에 관한 MOU'와 '환경방사선 모니터링에 관한 특별협약' 체결, 한국원자력안전기술원과 중국 핵여복사안전중심이 MOU 체결
제13차	2016. 5. 26~27	베이징	원자력발전, 원자력기술 연구개발, 핵연료·폐기물 관리, 원자력 안전, 방사선 및 RI 이용, 핵 안보 등 6개 분야 43개 의제에 대한 협력 방안 모색

자료: 미래부(2015.5.28); 원자력안전위원회(2016.11.29); 이재우(2016.5.25)를 토대로 필자가 편집 및 재구성.

에 발효되었다.[8] 이 협정에서는 핵물질, 원자력 관련 자재, 민감한 기술의

---

[8]   한·일 양국 간의 원자력협력협정은 한·중 간에 이루어진 것에 비해 진행이 더뎠다. 1990년

전이 등은 이 협정의 대상 밖이라고 규정하고 있으며, 대신 원자력 안전 조기 연락망, 안전 규제, 방재 기술 등 안전에 관한 사항을 중심으로 인재의 교류 및 양성 등을 포함해 밀접한 협력을 추진하는 것이 목적이라고 명시하고 있다.[9]

아울러 한·일 간에는 한·일 원자력협의회(이하 한일협의회)가 1999년부터 이어져오고 있다. 한일협의회는 한국과 일본 사이의 양자 회의로서, 한국의 외교통상부 국제경제국장과 일본 외무성의 군축비확산과학부장 간의 국장급 회의로 진행되어왔다. 원자력의 평화적 이용에 관한 한·일 정부 간의 협력을 강화할 목적으로 시작되었으며, 이제까지 총 9차례에 걸쳐 회의가 개최되었지만 2008년 이후에는 개최되지 못하고 있다. 회의가 중단되기 전에는 주로 양국의 원자력 정책, 양국 간 원자력 협력 현황에 대한 소개가 안건의 주를 이루었으며, 원자력 관련 손해배상제도, 일본의 핵연료 사이클 정책, 방사성폐기물 북한 이전 문제 등을 다루기도 했다(김종선·서지영·호사, 2012).

이와 별도로 양국 간 원자력 안전 분야의 협력을 실질적으로 강화하기 위해 한·일 원자력안전회의가 개최되기도 했다. 이 회의는 한국의 교육과학기술부 주관으로 개최되었으며 2006년까지 총 10차례 개최되었다. 또한 한·일 원자력안전규제 정보교환회의가 2005년 이후 원자력발전과 원자력 안전에 대한 양국 간 협력을 강화하기 위해 시작된 이래 현재까지 진

11월에 서울에서 한국 외교통상부와 일본 외무성이 제1차 한·일 원자력협의회를 개최한 이래 2008년 도쿄에서 제9차 협의회를 거친 후, 한·일 양국 간의 원자력협정을 체결하기 위한 본격적인 정부 간 교섭이 2009년 7월 개시되었는데, 1년 남짓 교섭한 후 2010년에야 서명에 성공했다. 유효기간은 10년이며, 만기 6개월 전까지 별다른 사전 통고가 없으면 자동적으로 5년마다 연장된다. 한·일 원자력협정에 대한 평가와 정책 제언에 대해서는 전진호의 논문을 참조(전진호, 2011: 76~112).

9 본문 등의 자세한 내용은 原子力百科事典 참조. http://www.rist.or.jp/atomica/(2017년 2월 21일 검색).

〈표 7-5〉 한·일 원자력안전규제 정보교환회의 개최 실적

구분	일자	장소	기술 협력 의제
제1차	2005. 5	도쿄	• IAEA 안전 기준을 고려한 원자력 안전 규제 대책 • 국제방사선방호위원회 권고안 및 환경 감시 등에 대한 상호 정보 교환
제2차	2008. 5	서울	• 비상 대책 및 환경 방사능 감시 • 방사성 물질 관리(선원 보안 및 무적 선원 관리) • 방사선 방호: 국제방사선방어위원회(ICRP) 신권고 적용
제3차	2009. 12	도쿄	• 원자력 안전 규제 현황 및 운전 경험 반영 • 지진 안전성, 화재 방호 • 검사원 교육 프로그램, 검시 경험
제4차	2011. 1	서울	• 원자력 안전 규제 현황 및 운전 경험 반영 • 검사원 교육 프로그램 • 전문가 회의 성과

자료: 김종선·서지영·호사(2012: 93).

행되고 있다. 이 회의의 주요 실적은 〈표 7-5〉에 정리한 바와 같다. 아울러 후쿠시마 원전 사고 직후인 2011년 5월 채택된 한·중·일 공동선언문에 따라 원자력 사고 시의 정보 교환과 원자력 안전 정보 공유 등의 협력이 합의된 바 있는데, 여기에서 '한·일 원자력 안전 협력 이니셔티브'가 합의된 것도 주목할 만하다. 이는 평상시의 정보 교환, 긴급 상황 발생 시 사전 통보, 전문가 파견 등 한·일 양국 간의 의사소통을 강화하는 것을 목적으로 하고 있다. 아울러 원자력 안전 고위급 회담을 정례화하고 정보 교환을 위한 채널을 공식화한 것, 안전 분야 전문가들 사이의 교류를 증진시키고 공동 연구를 수행하는 협력을 이룬 것 등이 그 성과라고 평가할 수 있다(전진호, 2011: 76~112).

한편 중·일 양국 사이에서의 원자력 관련 협력은 한·중·일, 한·중, 한·일 협력에 비해 상대적으로 활발하지 않은 편이다. 중·일 원자력협정[10]이

---

10 중·일 원자력협정은 1986년 7월 10일 유효기간 15년으로 발효되었으며, 그 이후에도 만기 6개월 전까지 별다른 사전 통고가 없으면 자동적으로 5년 동안 연장되는 상황이다.

규정하는 협력의 범위는 평화적 목적에 한정되어 있으며, 핵폭발 이용의 금지는 물론, IAEA의 보장 조치, 핵물질 방호 조치 실시 등이 언급되고 있다는 점에서 일본·프랑스, 일본·영국 간의 원자력협정과 마찬가지로 평가받고 있다. 아울러 이 협정이 합의되었을 초창기에는 중국 최초의 상업용 원자력발전소인 친산(秦山) 원자력발전소[11]의 운전 개시와 동반해, 관련 전문가들의 교류 및 정보 교환 외에 원자력발전소 안전 분야의 협력도 증진될 것으로 기대되었다.[12]

또한 2011년 동일본 대지진 및 후쿠시마 원전 사고 당시 중국은 긴급 지원 물자나 긴급 구조대를 파견하는 등 다양한 형태로 일본에 지원을 제공한 바 있으며, 후쿠시마 원전 사고 직후인 2011년 5월에 발생한 중·일 정상회담에서는 원자력 안전, 방재·재해 지원, 환경·에너지 절약, 부흥지원·관광 촉진의 4개 분야에서 협력을 확인하기도 했다(김성철, 2011). 근래에는 일본의 마루카와 다마요 환경부 장관과 중국의 천지닝(陳吉寧) 환경보호부 장관이 베이징에서 회동한 뒤 원자력발전소의 안전 문제와 대기 오염에 관해 합의하기도 했는데, 이 자리에서 중국은 일본이 원전 안전성과 관련해 축적한 지식과 후쿠시마 원전 사고 이후 오염 물질 제거 과정을 통해 쌓은 경험 등에 큰 관심을 표명했다(*The Japan Times*, 2016.6.7).

다음에서는 이러한 한·중·일 삼자 간, 또는 양자 간 원자력 협력이 2절에서 다룬 국제정치학의 이론적 관점에서 어떻게 평가될 수 있는지를 논하고자 한다.

---

11 저장성에 소재하며 1994년에 상업 운전을 개시했다.
12 본문 등의 자세한 내용은 原子力百科事典 참조. http://www.rist.or.jp/atomica/(2017년 2월 21일 검색).

4. 한·중·일 원자력 협력에 대한 평가

우선 '중대한 국면'의 틀에 입각해보면 한·중·일 삼자 간 및 한·중, 한·일, 중·일 양자 간의 원자력 협력의 성과는 다음과 같이 평가할 수 있다. 후쿠시마 원전 사고는 규모나 미친 파장이 컸던 만큼 한·중·일 3국 간의 원자력 협력을 진일보하게 만드는 데 일정 부분 기여했다. 상술한 3국의 주요 회의만 보더라도 후쿠시마 원전 사고 이전에 비해 사고 이후에는 지역 협력의 필요성이 더욱 강조되면서 논의된 의제의 폭이 광범해졌을 뿐만 아니라 더욱 구체적이고 실질적인 논의로 발전되었음을 알 수 있다.

그러나 후쿠시마 원전 사고가 진정 '중대한 국면'으로 작용했는지에 대해 회의적인 평가도 있다. 우선 한·중·일 삼자 간 협력의 틀이나 한·중, 한·일, 중·일 간의 양자 간 협력의 기제가 후쿠시마 원전 사고 이전부터 이미 존재하고 있었다는 것을 상기할 필요가 있다. 아울러 후쿠시마 원전 사고 이전부터 작동하고 있던 기존의 협의 체제가 다자간 원자력 거버넌스를 위한 제도나 국제기구로 발전하지는 않았다는 점에서 후쿠시마 원전 사고가 동북아시아의 원자력 거버넌스의 제도화에 미친 영향은 제한적이었던 것으로 평가할 수 있다.

한편 원자력 분야의 지역 내 다자간 협력을 촉진할 만한 '패권적' 리더십이 포스트 후쿠시마 상황에서 등장하지 않았다. 미국이 그러한 역할을 할 수 있긴 하지만 미국은 동북아시아와 거리적으로 상당히 멀리 떨어져 있기 때문에 후쿠시마 원전 사고가 미국에 원자력 문제를 위해 동북아시아 지역의 거버넌스에 앞장설 만큼의 동기를 부여하지는 못했다.

이와 더불어 생각해볼 것은 미국이 지역 국가들과 맺은 양자 간 원자력 협력협정(이른바 123협정)[13]이 아시아·태평양 지역 국가 간의 원자력 거버넌스의 발전에 방해가 되고 있다는 주장이다(Lim, 2016: 158~164). 림은 미국이 비확산을 강력한 정책 기조로 제시해왔으면서도 자국의 전략적 이익을 위해 제각기 상이한 123협정을 맺은 것이 결과적으로 아시아·태평양 지역의 조약 체결 국가 간에 사용 후 핵연료 처리 방침을 각기 다르게 만드는 결과를 초래했으며, 이렇듯 후행 핵연료 주기 정책이 상이한 이상 아시아·태평양 국가 간에 사용 후 핵연료 분야의 협력을 발전시키기란 현실적으로 어려울 수밖에 없다는 전망을 내놓고 있다.

림의 주장을 러기의 구성주의적 틀에 입각해 생각해보면, 미국과의 원자력 협력협정이 다자간 레짐보다 강력한 '규범적 영향력'(조은정, 2016: 117~161)을 미친 나라는 한국과 일본 정도이며, 결국 이와 동일한 수준의 규범적 영향력이 중국에는 미치지 않고 있다는 점을 상기할 필요가 있다. 이러한 규범적 영향력의 불일치는 패권적 리더 국가 없이 지역 내 국가만으로 협력을 추구하는 데 방해요인으로 작용할 수밖에 없다. 〈그림 7-1〉은 동북아시아 국가들을 포함한 국제적 원자력 협력의 관계를 도식화한 것이다. 일본, 한국이 미국과 긴밀하고도 포괄적인 원자력 관련 규범을 공유하고 있는 데 반해, 미국과 중국 간 협력에서는 상대적으로 그러한 밀도가 떨어지는 것과 아울러 한·중, 한·일, 중·일 사이의 양자 간 협력에서도 수준의 차이가 있다는 사실을 선의 굵기로 나타냈다.

하지만 미국과의 협력 수준은 아니더라도 한·중, 한·일, 중·일 사이의 원자력협정 역시 해당 국가 사이에 원자력 관련 분야의 협력을 도모하려는 목적에서 출발했고 해당 협정에 근거해 양자 간의 협력이 지속적으로 증진된 만큼 이들 양자 간 원자력협정이 해당 국가 간에 서로 상식을 공유

---

13 미국의 '원자력 에너지법(Atomic Energy Act)'의 제123조항에 근거해 미국이 맺은 양자 간 원자력협력협정을 총칭해 '123협정(123 Agreement)'이라 부른다. 123협정은 미국이 상대 조약국에 핵물질을 이전하거나 원자력발전소와 관련된 기술 및 부품 등을 수출하는 등의 모든 주요한 민간용 핵 거래를 위한 승인(licensing)의 전제조건이 되고 있다.

〈그림 7-1〉 동북아시아 원자력 협력 구조의 개념도

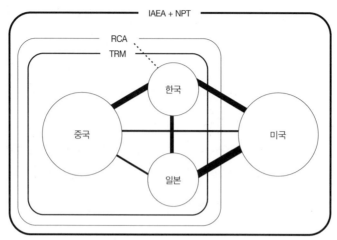

주: 선의 굵기는 국제 레짐의 법적 구속력 및 국가 간 협력의 밀도 등을 반영해 조절했다. 점선은 한국에
RCA 사무국이 위치하고 있음을 반영한 것이다.

하고 공통의 가치를 구현해가는 노력을 기울이게 만드는 기제가 되었음
은 부정할 수 없는 사실이다. 결국 이들 사이의 양자 간 협력은 한·중·일
삼자 간 협력을 보완하며, 지역 내 다른 다자간 협력도 더욱 용이하게 만
든다는 차원에서 지역의 원자력 거버넌스에도 긍정적인 효과를 미치는
측면이 있다.

  그럼에도 불구하고 한·중·일 삼자 간의 원자력 협력이 향후 얼마나 더
발전할 것이며, 지역 내 원자력 거버넌스의 발전에 얼마나 더 실질적으로
영향력을 미칠 수 있을지에 대해서는 여전히 의구심이 남는다. 예컨대
중·일 양자 간 협력이 다른 양자 간 또는 다자간 협력에 비해 상대적으로
약한 고리로 남아 있다는 것은 중·일 사이의 지역 내 리더십을 둘러싼 다
양한 분야에서의 경쟁을 반증하는 측면이 있다. 따라서 결국 국제 정치의
현실을 생각할 때 이들 사이에 어떤 한 나라가 우위의 리더십을 발휘해 원

자력 거버넌스를 주도하기를 기대하기는 힘들다. 더군다나 일본과 한국에는 미국과의 원자력협정이 상대적으로 훨씬 더 강력한 법적 구속력과 '규범적인 영향력'을 행사하고 있는 만큼 미국과의 양자 간 협력의 맥락에서 크게 벗어난 협력은 한·중·일 3국 사이에 등장하기 힘들 것이다.

이러한 현실에 입각해서 한국의 '중건국(middle power)' 역할에 새삼 주목할 필요가 있다. 중건국의 조건으로는 다음 네 가지가 거론되곤 한다(Cooper, Higgott and Nossal, 1993). 첫째, 세계 질서 안에서의 중건국의 물리적인 위치이다. 인구, 경제 규모, 군사력 등 여러 가지 수치적인 기준에서 중건국은 강대국과 약소국의 중간에 위치해야 한다. 둘째, 중건국은 지리적으로 강대국 사이에 위치할 필요가 있다. 셋째, 중건국은 국제사회에서 더욱 규범적으로 행동할 필요가 있다. 중건국은 외교적으로 초강대국에 비해 태도가 부드럽고 포용력이 있어야 하며 신뢰를 얻을 수 있는 행동을 보여야 한다는 것이다. 넷째, 중건국은 다자주의에 더욱 친화적이어야 한다. 국제기구에서 회원국으로서 책임 있는 행동을 취할 때 중건국으로서의 가치를 더 인정받을 수 있다는 것이다.

이런 기준에서 보면 한국은 중건국의 조건을 두루 잘 갖춘 국가이다. 더군다나 원자력 분야에서 한국은 〈그림 7-1〉에서 보듯 미국, 중국, 일본 모두와 깊은 원자력 협력 관계를 구축해왔고 다자간 협의에 적극 참여해왔으며 TCS나 RCA 사무국을 유치하는 등 역내 원자력 거버넌스 발전을 위해 노력해왔다. 이제 결론에서는 한국이 중건국으로서 한·중·일 3국의 원자력협력을 더욱 발전시키고 이 지역의 원자력 거버넌스 발전에 기여할 수 있는 역할이 무엇인지 약술하고자 한다.

5. 한국의 역할

한·중·일 3국을 포함한 아시아 지역의 원자력 협력을 증진하는 데 기대할 수 있는 한국의 역할 중 가장 먼저 강조해야 할 것은 지역 국가들 간의 대화와 아울러 3국 간의 삼자 간 및 양자 간 대화를 끊임없이 촉진시킬 수 있어야 한다는 것이다. 특히 약한 고리로 남아 있는 중·일 양자 간의 협력을 증진하기 위해서도 한국이 한·중, 한·일, 한·중·일 협력에 더욱 적극적인 역할을 해야 한다. 한국은 일본과 달리 이제까지 큰 사고 없이 원자력발전소를 잘 운영해왔다. 아울러 중국 또는 일본과 지역 내의 패권을 두고 경쟁해야 하는 입장도 아니다. 이런 점에서 한국은 외교적으로 큰 부담 없이 중견국의 위치에서 관계가 불편한 국가 간의 대화도 끌어낼 수 있는 여건을 갖추고 있으므로 이를 적극 활용해야 할 것이다.

둘째, 한국은 적절한 의제를 개발해 이를 선제적으로 제안할 필요가 있다. 예를 들어 2015년 서울에서 열린 제6차 한·중·일 정상회의에서 원자력 관련 의제가 비중 있게 다루어질 수 있었던 것은 한국이 주최국으로서 적극적인 역할을 했기에 가능했던 모범적인 실례이다. 후쿠시마 원전 사고 이후 더욱 큰 주목을 받은 의제들은 주로 재난 상황에서의 정보 교환이나 안전성에 관련된 기술 및 인재의 교류였다. 앞으로도 한·중·일 3국 모두 관심을 가지고 협력할 수 있는 의제들을 한국이 먼저 발굴해 적극적으로 제안한다면 3국 협력이 더욱 용이해질 것이다. 다만 전술했다시피 후행 핵연료 주기와 관련된 부분은 역내에서 더 통일된 조치를 취하기가 현실적으로 어려운 측면이 있으므로 이 분야와 관련된 의제의 개발을 어느 수준까지 발전시킬 수 있을지는 여전히 의문으로 남는다. 하지만 이 분야에서조차도 한국이 적극적이고 창의적으로 의제를 개발하고 국제사회와 지역 내 국가들에 선제적으로 제안한다면 앞으로 후행 핵연료 주기 분야에서도 한국의 역할이 증대될 수 있을 것이다.

셋째, 한국은 TCS나 RCA 사무국 같은 기존 다자간 협력의 기제를 더욱 적극적으로 활용할 필요가 있다. 더군다나 TCS, RCA 사무국 모두 한국 내에 위치하고 있다는 점을 상기하면 지금까지 이러한 협력의 기제를 그다지 적극적으로 활용하지 못했다는 아쉬움이 남는다. 상술했다시피 한·중·일 3국만으로는 원자력 거버넌스의 제도화를 도출해내기 힘든 부분이 있다. 결국 한·중·일 3국을 3각 축으로 하되, 미국과의 원자력 거버넌스에 충돌이 발생하지 않는 범위에서 어떻게 외연을 확장시킬 수 있을지 고민해야 한다. 더군다나 동북아시아 지역뿐만 아니라 아시아의 전반적인 경제성장에 힘입어 동남아시아와 중앙아시아에서도 원자력발전소가 지속적으로 건설될 전망이기 때문에 선두를 달리고 있는 동북아시아 국가들이 미리 솔선을 보인다면 다른 지역에도 대단히 고무적일 것이다. 이를 위해 한국은 RCA 등의 기존 거버넌스의 기제를 기반으로 중견국으로서 리더십을 발휘해가야 한다.

한국은 세계적으로도 유례없이 성공적으로 원자력 산업을 발전시켜왔다. 턴키 계약으로 원자로를 수입했던 나라가 원자로를 수출할 수 있는 수준으로 발전한 것이다. 다만 미국과의 원자력협정 등으로 인해 핵연료 주기 정책에 법적 제약이 따르므로 이 분야에서 큰 역할을 할 수 없다는 한계를 안고 있다. 아울러 한국 원자력 업계의 부패와 투명하지 못한 경영에 대한 비판도 적지 않다. 하지만 성공적인 운전 경험을 유지하고 있다는 점과 지역 내 다자간 기구의 발전에 적극적으로 기여해왔다는 점, 중국이나 일본과 달리 지역의 패권경쟁에서 자유롭다는 점 등 유리한 조건을 갖추고 있는 만큼 이를 충분히 활용해 한·중·일 3국 간의 협력을 이끌어내야 한다. 한국이 아시아에서의 원자력 협력 레짐을 탄생시키는 데 이바지할 수 있도록 중견국 리더십을 적극 발휘할 것을 기대해 마지않는다.

참고문헌

김성철. 2011. 「중일관계의 갈등과 협력: 안보와 경제의 연계」. ≪세종정책연구≫.

김종선·서지영·호사. 2012. 『동북아 원자력 안전을 위한 과학기술 국제협력 방안 모색』. 과학기술정책연구원.

미래창조과학부. 2015.5.28. "미래부, 중국과 미래 원자력 기술개발 협력 강화 합의: 제12차 차관급 한중 원자력 공동위원회 개최, 원자력 연구개발, 핵연료, 안전 등 6개 분야 43개 의제 협의". 미래창조과학부 보도자료.

세종연구소. 2011. 「한·중·일 협력과 한국의 역할: 한·중·일협력사무국 출범에 즈음해」. ≪정세와 정책≫, 통권 186호.

양맹호. 2015. 「아·태 원자력협정(RCA)사무국의 국제기구화 추진 현황과 과제」. ≪기술혁신학회지≫, 제18권 제1호.

외교부. 2014.9.3. "동북아 원자력안전 협의체 구성 관련 논의 개시: '동북아 5개국 원자력안전 고위규제자 확대회의(TRM+)'". 외교부 보도자료.

_____. 2014.11.28. "동북아원자력안전심포지엄(제2차 TRM+) 개최: 역내 국가들 원자력 안전 협력 필요성에 공감, 동북아원자력안전협의체 구상 이행에 소중한 첫걸음 내딛어". 외교부 보도자료.

원자력안전위원회. 2014.9.3. "한중일 원자력안전규제를 위한 협력 활성화: 제7차 한중일 TRM (원자력안전고위규제자회의)에서 세부사항에 합의". 원자력안전위원회 보도자료.

_____. 2016.11.29. "한중일 규제기관간 원자력 안전 협력 강화키로 합의: 제9차 한중일 고위규제자회의". 원자력안전위원회 보도자료.

이재우. 2016.5.25. "한중 원자력공동委 개최… 핵연료 등 협력 모색". ≪중앙일보≫. http://news.joins.com/article/20075909(2017년 2월 20일 검색).

전진호. 2011. 「기획논문: 한일 원자력협정과 원자력 협력」. ≪일본공간≫, 9권.

_____. 2014. 「후쿠시마 원전 사고 이후 일본 원자력정책의 변화와 한일협력」. ≪한일군사문화연구≫, 제17권.

조양현. 2015. 「제6차 한·중·일 정상회의와 한국 외교: 평가 및 과제」. ≪주요국제문제분석≫, No. 2015-34.

조은정. 2016. 「원자력 협력은 핵 확산을 부추기는가?: 미국양자원자력협정의 국제 핵 통제적 성격」. ≪국제정치논총≫, 제56집 제2호.

Acharya, Amitav. 2014. "Post-Hegemonic Multilateralism." Weiss T. and Wilkinson R. (eds.)

International Organization and Global Governance. New York: Routledge.

Beck, Ulrich. 1999. *World Risk Society*. Cambridge: Polity Press.

Calder, Kent and Min Ye. 2004. "Regionalism and Critical Junctures: Explaining the Organization Gap in Northeast Asia." *Journal of East Asian Studies*, 4.

_____. 2010. *The Making of Northeast Asia*. Stanford, CA: Stanford University Press.

Cooper, Andrew, Richard Higgott and Kim Nossal(eds.). 1993. *Relocating Middle Powers: Australia and Canada In A Changing World Order*. British Columbia: UBC Press.

Crone, Daniel. 1993. "Does Hegemony Matter? The Reorganization of the Pacific Political Economy." *World Politics*, 45-4.

Hemmer, Christopher and Peter Katzenstein. 2002. "Why Is There No NATO in Asia? Collective Identity, Regionalism, and the Origins of Multilateralism." *International Organization*, 56-3.

Herz, Monica. 2014. "Regional Governance." Weiss T. and Wilkinson R.(eds.) *International Organization and Global Governance*. New York, NY: Routledge.

Keohane, Robert. 1980. "The Theory of Hegemonic Stability and Changes in International Economic Regimes, 1967-1977." O. Holsti, Siverson R. and George A.(eds.) *Change in the International System*. Boulder, CO: Westview.

_____. 2005. *After Hegemony: Cooperation and Discord in the World Political Economy*. Princeton, NJ.: Princeton University Press.

Lim, Eunjung. 2016. "Multilateral Approach to the Back End of the Nuclear Fuel Cycle in the Asia-Pacific?" *Energy Policy*, 99.

Mattli, Walter. 1999. *The Logic of Regional Integration: Europe and Beyond*. New York, NY: Cambridge University Press.

Ruggie, John. 1993. "Multilateralism: The Autonomy of an Institution." J. Ruggie(ed.) *Multilateralism Matters: The Theory and Praxis of an Institutional Form*. New York, NY: Columbia University Press.

The Japan Times. 2016.6.7. "Japan, China Agree to Cooperate on Nuclear Safety." http://www.japantimes.co.jp/news/2016/06/07/national/japan-china-agree-cooperate-nuclear-safety/(2017년 2월 20일 검색).

UNESCAP(The United Nations Economic and Social Commission for Asia and the Pacific). 2004. *Meeting the Challenges in an Era of Globalization by Strengthening Regional Development Cooperation*. New York, NY: United Nations.

원자력안전위원회. http://www.nssc.go.kr/

한국수력원자력. http://www.khnp.co.kr/

한·중·일 3국 협력사무국. http://kr.tcs-asia.org/

World Nuclear Association. http://www.world-nuclear.org/

The Regional Cooperative Agreement(RCA). http://www.rcaro.org/

原子力百科事典. http://www.rist.or.jp/atomica/

08

트럼프 행정부의
기후변화 정책과 기후협상 전망

이상훈

1. 서론

드디어 트럼프 대통령이 파리협정 탈퇴를 선언했다. 세계는 미국의 자국 우선주의와 퇴행에 큰 충격을 받았지만 트럼프 정책의 불확실성 또한 사라졌다. 미국이 세계 기후변화 대응에서 리더십을 포기할 것은 분명해졌고 나머지 세계가 파리협정을 어떻게 이행할지가 과제로 남겨졌다.

트럼프 대통령의 파리협정 탈퇴 선언은 트럼프 행정부의 에너지 및 기후변화 정책을 집약해서 보여준다. 트럼프 행정부는 오바마의 업적을 지우는 맥락이자 미국 우선주의와 신고립주의 정책의 차원에서 기후변화 정책의 방향을 틀고 있다. 트럼프 행정부의 기후변화 정책에는 트럼프의 의지와 개성이 강하게 반영되었지만 전반적으로 공화당의 철학과 정강도 맥락을 같이하고 있다.

이 글에서는 먼저 파리협정 탈퇴 선언의 배경인 트럼프 행정부의 기후변화 정책이 이전과 어떻게 달라졌으며 이는 미국 내에서 어떤 영향을 미칠지 살펴보고자 한다. 온실가스 배출량과 기후협약에서의 미국의 역할과 기여를 고려할 때 미국의 파리협정 탈퇴 선언은 파리협정의 이행에 매우 부정적인 영향을 미칠 것이다. 따라서 파리협정 탈퇴 선언 이후 전개될 양상과 미국의 파리협정 탈퇴 선언이 파리협정 이행에 미칠 영향에 대해서도 알아보고자 한다.

2. 트럼프 정부의 기후변화 정책

1) 파리협정 탈퇴 선언과 향후 미국의 진로

2017년 6월 1일, 트럼프 대통령은 백악관에서 기자회견을 열고 "오늘부터 미국은 비구속적인 파리기후협정의 모든 이행을 중지할 것"이라고 선언하면서, 파리협정이 다른 나라에 불공정한 이익을 주며 미국민들의 일자리를 위협한다고 그 이유를 밝혔다. 트럼프 행정부는 미국 우선주의를 내세우며 국제사회로부터 미국을 고립시키는 길을 선택했다. 제23차 당사국총회, 즉 COP23을 앞두고 니카라과와 시리아가 파리협정에 참여하면서 미국은 파리협정에 서명하지 않은 유일한 국가로 남았다.

트럼프의 파리협정 탈퇴 선언은 매우 놀라운 사건이지만 예상하지 못한 일은 아니었다. 트럼프는 취임 후 첫 번째 의회연설에서 기후변화라는 단어를 한 번도 사용하지 않았다. 의도적으로 기후변화 이슈를 무시한 것이다. 예전부터 트럼프는 지구온난화 자체를 부정하며 기후변화 대응에 적극적인 오바마 정부를 비난했다. 트럼프는 과거 트위터를 통해 "지구온난화는 미국의 제조업 경쟁력을 떨어뜨리려고 중국이 만든 개념"(Trump, 2012.11.6)이라고 언급한 바 있다. 트럼프는 대선 과정에서 기후변화 대응 관련 연구, 기술 개발, 투자와 관련한 예산을 삭감해 경제 활성화에 활용하겠다는 입장을 밝히기도 했다. 파리협정이 오바마의 최대 업적 중 하나로 평가받는 상황에서 파리협정 탈퇴 선언은 오바마 업적 지우기라는 맥락에서 예정된 수순이었다.

안팎의 반발을 누르고 트럼프가 파리협정 탈퇴 선언을 강행한 이면에는 마이런 이벨(Myron Ebell)이 있다(CNN, 2017.6.3). 정권 인수 기간에 트럼프의 환경보호청 인수 팀장을 역임했던 마이런 이벨은 스스로를 환경론자의 적이라고 묘사하며 기후변화를 부정하고 기후변화 정책을 공격하는 일에 앞장서왔다. 2015년 그는 오바마 행정부가 온실가스 감축의 핵심 조치로 추진한 청정전력계획을 불법적이라고 비난했다. 트럼프 행정부의 초대 환경보호청장 스콧 프루잇의 기후변화에 대한 시각 역시 마이런 이벨과 크게 다르지 않아 보인다. 그는 언론 인터뷰에서 기후변화에 인간 활동이 미치는 영향은 확실하지 않다는 견해를 밝힌 바 있으며, 오클라호마주 검찰총장으로 재직할 당시 오바마의 청정전력계획이 적법하지 않다며 환경보호청에 소송을 제기한 적도 있다(이창, 2017). 프루잇이 취임하기 전 환경보호청은 홈페이지에서 기후변화 관련 정보를 삭제했다.

세계는 트럼프의 장녀 이반카와 기후변화를 인정하는 틸러슨 국무장관의 역할에 기대를 걸었지만 트럼프의 선택은 국제 협력에서 리더십을 포기하면서 파리협정을 탈퇴하는 것이었다. 하지만 트럼프가 원한다고 해도 미국이 실제로 파리협정을 떠나기까지는 상당한 시간이 걸릴 예정이다. 파리협정의 탈퇴 조항(28조)에 따라 아무리 빨라도 2020년 11월 4일이 되어야 탈퇴가 가능하다(*New York Times*, 2017.6.7). 미국은 파리협정이 발효된 지 3년이 지난 2019년 11월 4일에 협정 탈퇴를 알리는 문서를 제출할 수 있고 탈퇴 문서는 제출한 지 1년이 경과해야 효력이 발생한다. 만약 상위조약인 UN기후변화협약을 탈퇴한다면 파리협정 서명 자체가 무효가

될 수 있다. 하지만 UN기후변화협약은 1992년 공화당 소속의 조지 부시 대통령이 서명하고 상원의 인준까지 거친 외교협정이라서 트럼프 대통령이라도 그런 무리수를 두기는 어렵다(최현정, 2017).

결국 트럼프 임기 동안 미국은 파리협정의 당사국으로 남아 기후협상의 진행에 영향을 미칠 것이며 미국 내에서 청정전력계획 같은 기후변화 대응 조치를 무력화하는 한편, 화석연료의 개발과 이용을 장려하는 작업을 지속할 것이다. 오바마 행정부가 제출한 NDC[1]는 에너지 수요가 안정되고 경제성이 좋은 가스발전이 늘어나면서 공화당 정부가 이행하기에도 부담스러운 수준이 아니지만 트럼프 행정부는 이 역시 의도적으로 무시할 것이다.

2) 트럼프 행정부의 에너지 및 기후변화 정책

트럼프 행정부의 에너지 정책 기조는 백악관 홈페이지에 제시된 6대 국정 과제 중 하나인 '미국 우선 에너지 계획'[2]에 압축되어 있다. 이것은 대선 경선 기간 중에 밝힌 에너지 공약과 '취임 후 100일간의 계획' 중 에너지 관련 사항을 종합한 내용이다.

골자를 살펴보면, 트럼프 행정부는 미국인을 위해 에너지 가격을 낮추고 해외 석유 의존에서 벗어나기 위해 미국의 에너지 자원 이용을 극대화하고자 한다. 청정전력계획과 연방수질규정 같은 '불필요하고 나쁜' 규제를 폐지하는 반면에 세일가스와 석유 개발을 적극 장려하고, 석유, 천연가스 등 미국의 부존자원을 개발해 50조 달러의 에너지 개발 산업을 활성화

---

1 2025년까지 2005년 대비 26~28%의 온실가스를 감축한다는 목표를 담고 있다.

2 White House, "An America First Energy Plan," https://www.whitehouse.gov/america-first-energy(2017년 6월 11일 검색).

하며, 특히 청정석탄기술을 장려해 미국 석탄산업을 다시 일으키려 한다.

이것은 공화당의 대선 정강과 맥락을 같이한다(문진영, 2017). 공화당은 미국산 에너지의 수출을 장려하고 청정에너지에 편중된 보조금 지원을 중단하며 연방정부가 아닌 주정부가 에너지 환경 규제를 주도해야 한다고 명시했다. 릭 페리 에너지부 장관은 트럼프 행정부에서 에너지 계획을 주도하기에 적임자로 보인다. 그는 텍사스 주지사 시절 석유 등 화석연료 개발 및 사용을 옹호해온 인물이다. 페리 장관은 2017년 6월 8일 막을 내린 제8차 청정에너지장관회의에서 이산화탄소 포집 및 저장 기술과 원자력을 청정에너지 분야에 추가하자고 제안했다. COP23에서 미국 대표단이 개최한 유일한 공식 행사는 석탄과 원자력 이용을 촉진하자는 포럼이었다.

트럼프는 취임한 뒤 곧바로 키스톤 XL 송유관 건설 계획을 다시 추진하는 행정명령에 서명했다. 미국과 캐나다 간 석유 공급 파이프라인을 추가로 건설하려는 이 계획은 환경 논란 끝에 오바마가 승인을 거부한 바 있다. 화력발전 온실가스 배출량을 규제할 목적으로 도입된 청정전력계획을 폐기하려는 트럼프의 시도가 공공연하게 추진되고 있다(*Washington Examiner*, 2017.6.9). 청정전력계획은 화력발전의 온실가스 배출량을 규제해 미국 발전부문 온실가스 배출량을 2005년 대비 2030년까지 32% 감축하는 것을 목표로 하는 핵심적인 온실가스 감축 조치의 하나이다. 오바마의 행정명령을 통해 추진되던 이 계획은 법적인 논란이 불거져 미국 대법원이 집행을 보류한 상태인데 제대로 시행되기도 전에 트럼프 행정부에서 폐기될 운명이다. 트럼프의 예산안을 보면 환경보호청의 예산과 인력이 크게 줄어들고 환경보호청의 기후 규제 기능도 현저히 약화될 것으로 전망된다. 기후변화 대응 연구와 관련한 예산이 대폭 줄어들면서 기후변화와 에너지 관련 연구를 주도해온 대학과 연구기관의 활동은 상당히 위축될 것으로 예상된다.

3) 트럼프의 정책이 미국의 재생에너지 산업에 미치는 영향

화석연료의 개발과 이용을 장려하는 트럼프 행정부의 에너지 정책은 상대적으로 재생에너지 보급과 육성에는 소홀한 편이다. 하지만 재생에너지 산업은 그 규모가 상당히 성장했고 특히 화석연료 산업에 비해 고용 창출 효과가 크기 때문에 일자리와 에너지 자립을 중시하는 트럼프 행정부에서 의도적으로 재생에너지의 보급과 육성을 소홀히 하기는 어려울 것이다.[3] 또 재생에너지는 이미 상당한 가격 경쟁력을 확보한 주요 에너지원으로 자리매김했기 때문에 시장논리에 의해 성장세는 지속될 것이다.[4]

미국은 2015년 풍력 용량 8.6GW, 태양광 용량 7.3GW를 신규로 설치해 세계 2위의 풍력시장, 세계 3위의 태양광시장이 되었다. 2016년에도 태양광 14.8GW, 풍력 8.2GW를 보급해 중국에 이어 각각 세계 2위의 시장을 창출했다. 이 같은 성과를 낳는 데에는 오바마 행정부가 시행한 투자세액공제(Investment Tax Credit)와 생산세액공제(Production Tax Credit)가 상당한 기여를 했다. 재생에너지 산업의 경제적 효과에 주목해 2015년 12월 미국 의회는 민주·공화 양당의 지지로 이 같은 연방세액공제를 2020년까지 연장한 바 있다(최현정, 2017). 일자리와 경제 활성화, 에너지 자립에 기여하는 재생에너지 확대를 공화당도 반기지 않을 이유가 없는 것이다.

---

3 미국 에너지(발전과 연료) 분야 고용 현황을 보면 태양광 37만 3807명, 풍력 10만 1738명, 원자력 7만 6771명, 석탄 16만 119명, 천연가스 36만 2118명, 석유 51만 5518명으로 나타났다. 발전부문만 보면 태양광과 풍력이 단연 일자리가 많다(Department of Energy, 2017).

4 2022년 가동될 발전소를 기준으로 균등화발전비용(LCOE)은 각각 가스복합 5.86센트/kWh, 원자력 9.62센트/kWh, 육상풍력 5.58센트/kWh, 태양광 7.37센트/kWh로 평가되었다(EIA, 2017).

한편 미국은 주별로 재생에너지의무할당제(Rewable Portfolio Standard)에 따라 재생에너지 목표를 설정하고 재생에너지 보급 확대를 추진하는 구조이기 때문에 재생에너지 투자와 시장에 대한 연방정부의 영향력이 상대적으로 제한적이다. 양당의 합의에 기초한 연방 세액공제가 유지되는 한 주정부의 재생에너지 확대 정책도 순조롭게 진행될 전망이다. 캘리포니아주와 뉴욕주는 2030년까지 전력량의 50%를 재생에너지로 충당하는 목표를 추진 중이고 하와이주와 오리건주는 2045년에 전력의 100%를 재생에너지로 공급하는 '100% 재생에너지 전환'에 도전하고 있다.

결과적으로 트럼프 행정부에서 재생에너지 보급과 산업 육성의 우선순위가 낮다고 하더라도 재생에너지 보급은 각 주에서 주도해오고 있으며 이미 시장에서 재생에너지의 경쟁력이 강화되고 산업적 기반도 확대되었기 때문에 미국 내 재생에너지 투자 흐름은 유지될 것으로 보인다.

3. 트럼프 시대 파리협정의 전망

1) 파리협정의 내용

파리협정은 신기후체제에서 적용될 내용을 총 29개 조항에 담고 있으며 목표와 의무 등 주요 내용을 담은 조항은 〈표 8-1〉과 같다(관계부처 합동 보도자료, 2016.11.7). 파리협정은 장기 감축 목표를 달성하기 위해 모든 당사국이 NDC를 5년마다 제출하고 5년 주기로 이행을 점검하는 체제이다. 자발적인 NDC에 의존하는 국제 감축 행동의 한계는 5년마다 NDC를 강화하고 이행을 점검하는 한편, 2020년까지 연간 1000억 달러에 달하는 기후 재원을 마련해 개도국을 지원하는 등 규제와 인센티브 조항을 통해 보

<표 8-1> 파리협정의 주요 내용

조항	내용
2조 목표	산업화 이전 대비 온도 상승을 2도 이하로 유지하고 더 나아가 1.5도까지 억제하기 위해 노력
3조 총칙	진전 원칙으로 각 분야에 대한 NDC 제출
4조 감축	- 세계적으로 조속히 배출 정점 달성 - 5년마다 NDC 제출 의무 및 이행을 위한 국내 정책 마련
5조 산림	산림을 포함해 온실가스 흡수원과 저장고 보전
6조 탄소시장	당사국들이 자발적으로 연계해 온실가스 배출 감축량의 국제적 거래를 허용
7조 적응	기후 회복력을 높이고 기후변화에 대한 취약성을 감소시키기 위해 적응 능력 배양
8조 손실과 피해	기후변화로 발생한 손실과 피해 문제의 중요성 강조
9조 재원	선진국은 선도적으로 개발도상국을 위한 재원을 조성·제공하고 다른 국가는 자발적으로 참여
10조 기술	감축과 적응을 위해 기술을 개발하고 개발한 기술을 이전하는 행위의 중요성 강조
11조 역량 배양	개발도상국의 역량을 배양하기 위해 노력, 파리역량배양위원회 설립
13조 투명성	감축, 적응 행동 및 지원에 대한 투명성 강화, 공통된 투명성 프레임워크 수립
14조 전 지구적 이행 점검	5년 단위로 전 지구적 이행 점검 실시
15조 이행 준수	당사국이 파리협정을 이행하고 준수하도록 하기 위한 위원회를 설립하고 운영

완하려 한다. 파리협정의 조항에 명시되지 않았지만 파리협정의 실효성을 보완하는 또 다른 힘은 바로 미국과 중국의 리더십이다. NDC를 이행하지 않더라도 처벌과 제재를 가할 수 없는 파리협정에서 미국과 중국의 리더십은 법적 강제력을 대신하는 역할을 하는 셈이다.

2) 미국의 파리협정 탈퇴 선언의 영향과 전망

트럼프의 파리협정 탈퇴는 직접적으로 미국과 전 세계에 상당한 영향을 미칠 것이다. 우선 미국 내에서는 트럼프가 공약으로 내걸었던 기후 행동을 약화시키는 조치가 본격적으로 추진될 것으로 보인다. 국제사회에서는 미국의 신뢰와 리더십이 손상되는 반면, 중국이 미국의 공백을 메우는 역할을 한다면 중국으로서는 리더십이 강화되고 신뢰가 높아지는 계기가 될 것이다. 미국뿐만 아니라 미국의 영향으로 다른 국가들이 NDC의 이행을 지연한다면 국제적인 온실가스 감축에도 영향을 미칠 수 있다. 미국의 파리협정 탈퇴가 미칠 영향을 구체적으로 살펴보면 다음과 같이 정리할 수 있다.

첫째, 미국 정부의 온실가스 감축 노력은 느슨해지고 감축을 위한 제도적 기반이 약화될 것이다. 과거 기후변화 대응을 주도했던 환경보호청은 2018년 2월에 의회에 제출할 38쪽에 해당하는 4개년 계획안에서 '기후변화', '이산화탄소', '온실가스 배출' 같은 용어를 포함하지 않아 화제가 되었다(*Independent*, 2017.10.11). 발전부문 온실가스 감축 정책의 핵심 수단인 청정전력계획을 폐지하려는 반면, 석탄의 개발과 이용을 활성화하려는 조치가 진행될 것이다. 프루잇은 청정전력계획을 폐지해 '석탄에 대한 전쟁을 끝낼 것'임을 여러 차례 밝힌 바 있다. 한편, 내무부는 7700만 에이커에 달하는 광대한 멕시코만 대륙붕에 대해 석유와 가스 시추를 위한 임대 경매를 추진하고 있다(USDOI, 2017.10.24). 환경보호청은 이 지역에서 개발한 석유와 가스를 모두 연소할 경우 무려 280억 톤의 이산화탄소가 대기 중에 배출될 것으로 평가한 바 있다(*National Geographic*, 2017.10.25).

한편 트럼프 행정부는 환경보호와 기후변화 대응 관련 예산을 대폭 삭감하고 있다(*Atlantic*, 2017.5.24). 2018년 예산안을 보면 트럼프는 환경보호청 예산의 거의 1/3을 줄여서 56억 달러 수준으로 낮추려고 한다. 연방기구 중 가장 큰 폭의 감축이며 물가 상승을 감안하면 지난 40년간 환경보호청의 예산 중 가장 적은 규모이다. 또한 환경보호청 인력의 20%인 3800명의 일자리를 줄이는 것도 추진 중이다. 국제 기후변화 대응 및 양자 간 기후변화 협력과 관련한 모든 예산도 삭감했다. GCF 10억 달러를 포함해 약 16억 달러의 국제 협력 투자도 예산안에서 삭감되었다. 또한 기후변화 연구의 중추기관인 NASA와 NOAA의 예산도 대폭 줄이고자 한다.

하지만 발전회사들도 온실가스 배출이 적고 경제성이 우수한 가스발전과 재생에너지를 더 선호하고 있고 주정부와 도시, 기업의 기후행동이 활발하기 때문에 트럼프 행정부의 정책 변화에도 불구하고 미국의 온실가스 배출량은 별로 증가하지 않을 것이다.

독일 본에서 열린 COP23에서 미국의 주, 도시, 기업들은 '우리가 여전히 함께한다'라는 캠페인을 전개했고 미국기후행동센터라는 공간을 조성해 파리협정에 대한 미국인들의 강력한 지지를 보여주었다. 캘리포니아를 비롯해 미국 20개 주, 110개 도시, 1,400개 기업은 파리협정을 이행하기 위해 온실가스 감축에 노력하겠다고 약속했다.

둘째, 세계 2위의 온실가스 배출국이자 파리협정에 재정적으로 가장 크게 기여할 예정이던 미국의 탈퇴 방침은 파리협정의 이행에 부정적인 영향을 미칠 것이다. COP23에서 미국은 장관 대신 국무부 차관이 대표단을 이끌었고 기후총회에서 석탄과 원자력을 장려하는 부대 행사를 개최해 기후협상에 찬물을 끼얹었다. 앞으로 트럼프 행정부는 미국이 UN에 제출한 NDC의 이행을 등한시할 것이다. 이런 미국의 태도는 다른 불량 국가들의 동조를 유발해 파리협정의 이행을 지연시키고 거부하는 분위기로 이어질 수 있다. 또 기후변화 국제협력을 위해 약속한 재정적 지원도 축소될 것이다. 미국은 GCF에 30억 달러를 지원하겠다고 약속했으나 오바마 행정부가 낸 5억 달러에 그칠 것이다. 트럼프 행정부는 GCF 지원금을 집행하지 않았고 2018년 예산안에서는 이를 전액 삭감했다. UN기후변화협약에 매년 제공해왔던 400만 달러와 IPCC에 대한 지원금도 삭감될 것이다. 미국이 파리협정 이행을 위한 재원 마련과 국제 기후변화 대응 지원을 줄인다면 전반적으로 기후 재원의 조성과 지원에 차질이 빚어질 것이며 이는 파리협정의 이행력 약화를 초래할 수 있다. COP23에서 프랑스의 마크롱 대통령은 미국이 IPCC 등 국제기구에 대한 지원을 줄인다면 유럽이 미국의 빈자리를 메울 것이라고 약속해 박수를 받았다. 오바마가 주창한 미션 이노베이션(Mission Innovation)도 약화될 것으로 보인다. 세계 20여 개 국가들이 청정에너지 기술 투자를 확대하겠다는 합의와 협력은 이를 주창한 미국 정부가 화석연료 중심으로 방향을 틀고 원자력도 강조하면서 크게 흔들릴 것이다.

셋째, 트럼프 행정부의 파리협정 탈퇴 추진은 파리협정의 이행에 필수적인 미국과 중국의 리더십을 붕괴시킬 것이다. 자발적인 NDC 이행을 기본으로 하는 파리협정에서 미국과 중국의 리더십은 취약한 체제를 보완해주는 무형의 장치이다. NDC의 이행은 자발성에 기초하기 때문에 미국의 리더십이 사라진다면 다른 국가들의 나쁜 행동도 국제사회가 제어하기 어려울 것이다. 미국의 리더십이 약화될 경우 중국과 EU가 그 공백을 메우려 하겠지만 한계가 있을 것이다. 미국의 리더십과 신뢰성이 실종된 상황에서 중국이 홀로 기후협상을 지탱하고 이끌어가기는 쉽지 않을 것이다. COP23에서는 중국의 리더십이 한층 강화될 것으로 예상했지만 자국 내 온실가스 배출량이 뚜렷이 증가하면서 중국도 기후협상에서 주도적인 면모를 보여주지 못했다.

트럼프의 파리협정 탈퇴 추진은 국제 기후변화 대응에 부정적인 영향을 초래하겠지만 미래가 그리 비관적인 것만은 아니다. 트럼프의 파리협정 탈퇴 추진은 유럽은 물론 중국, 인도 등 주요국의 기후 행동 강화를 유발할 수 있으며, 이로 인해 트럼프 효과가 일부 상쇄되어 부정적인 영향이 줄어들 수도 있다. 또한 트럼프 행정부의 임기는 제한적이기 때문에 미국이 다시 정상궤도로 복귀해 가속도를 낼 경우 파리협정은 예정된 일정으로 전개될 수도 있다.

4. 결론

트럼프 대통령의 파리협정 탈퇴 선언은 세계에 큰 충격을 주었지만 다른 한편 미국의 불확실성은 사라졌다. 이제 세계는 미국의 협조 없이 파리협정을 이행해야 하는 숙제를 안게 되었다.

미국은 파리협정 탈퇴 선언 이후 오바마 행정부의 기후변화 대응에 역행하는, 화석연료 개발과 이용을 우선시하는 에너지 정책을 추진하고 있다. 이에 따라 환경보호청의 역할이 감소하고 기후변화 관련 연구 개발 투자가 큰 폭으로 줄어들 것이며 청정전력계획 같은 온실가스 감축 조치가 폐기될 것이다. 그럼에도 불구하고 일자리 창출과 지역경제 활성화, 에너지 자립에 기여하는 재생에너지의 확대 추세를 트럼프 행정부도 무리하게 방해할 것으로 보이지는 않는다. 트럼프의 파리협정 탈퇴 선언에도 불구하고 미국의 주정부들과 도시들, 기업들의 자발적인 기후행동은 지속될 것이고 그런 흐름 속에서 경쟁력과 규모를 키워온 재생에너지 산업은 투자를 지속할 것이다.

미국의 파리협정 탈퇴 방침은 파리협정의 이행에 상당한 영향을 미칠 것이다. 미국이 기후 재정의 조성에 책임을 다하지 않는다면 파리협정의 이행력이 약화될 수 있으며 미국의 태도는 불량 국가들의 동조 행동을 유발해 기후협상을 지연시키고 국제적 기후행동을 약화시킬 수 있다. 중국과 EU가 미국의 공백을 어떻게 메울 것인지가 국제 기후행동 전개에 중요한 요소가 될 것이다.

참고문헌

관계부처 합동 보도자료. 2016.11.7. "파리협정 본격 이행을 위한 제22차 기후변화총회 개막".
　　　http://www.me.go.kr/home/web/board/read.do?menuId=286&boardMasterId
　　　=1&boardCategoryId=39&boardId=702670(2017년 6월 11일 검색).

문진영. 2017. 「미국 트럼프 정부의 에너지·환경 정책과 시사점」. 대외경제정책연구원. ≪오늘
　　　의 세계경제≫, Vol.17.

이창. 2017. 「과연 트럼프는 국제적 기후악당이 될 수 있을까?」 서울연구원. ≪세계와 도시≫, 17
　　　호(2017년 봄).

최현정. 2017. 「트럼프 정부의 에너지 정책과 우리의 대응」. 서울연구원. ≪세계와 도시≫, 17호
　　　(2017년 봄).

_____. 2017.1.16. 「트럼프 정부의 기후변화 국제협력 전망: 리더십의 실종」. 아산정책연구원.
　　　≪이슈 브리프≫.

Atlantic, 2017.5.24. "What does Trump's budget mean for the environment?" https://
　　　www.theatlantic.com/science/archive/2017/05/trump-epa-budget-noaa-climate-
　　　change/527814/(2017년 11월 20일 검색).

CNN. 2017.6.3. "The man behind the decision to pull out of the Paris agreement." http://
　　　edition.cnn.com/2017/06/03/politics/myron-ebell-paris-agreement/index.html　(2017
　　　년 6월 11일 검색).

Department of Energy. 2017. U.S. Energy and Employment report, January.

EIA. 2017. Levelized Cost and Levelized Avoided Cost of New Generation Resources in the
　　　Annual Energy Outlook 2017.

Independent. 2017.10.11. "Trump's environmental plan doesn't mention climate change."
　　　http://www.independent.co.uk/news/world/americas/us-politics/trump-environmen
　　　tal-plan-climate-change-no-mention-a7995646.html (2017년 11월 20일 검색).

National Geographic. 2017.10.25. "A running list of how Trump is changing the
　　　environment." https://news.nationalgeographic.com/2017/03/how-trump-is-changing-
　　　science-environment/(2017년 11월 20일 검색).

New York Times. 2017.6.7. "The U.S. Won't Actually Leave the Paris Climate Deal Anytime Soon."
　　　https://www.nytimes.com/2017/06/07/climate/trump-paris-climate-timeline.html
　　　(2017년 6월 11일 검색).

Trump, Donald J. 2012.11.6. "The concept of global warming was created by and for the Chinese in order to make U.S. manufacturing non-competitive."

USDOI. 2017.10.24. "Secretary Zinke Announces Largest Oil&Gas Lease Sale in U.S. History." https://www.doi.gov/pressreleases/secretary-zinke-announces-largest-oil-gas-lease-sale-us-history(2017년 11월 20일 검색).

Washington Examiner. 2017.6.9. "EPA moves one step closer to upending Obama's climate legacy." http://www.washingtonexaminer.com/epa-moves-one-step-closer-to-upending-obamas-climate-legacy/article/2625538.

White House. "An America First Energy Plan." https://www.whitehouse.gov/america-first-energy (2017년 6월 11일 검색).

3부

국제 기후변화 거버넌스와 기후 경제

09

기후변화와 에너지 기업 거버넌스

박희원

1. 서론

2016년 11월 파리기후협정이 국제법으로 공식 발효되었다. 파리협정에는 산업화 이전 대비 지구 평균기온 상승을 섭씨 2도보다 상당히 낮은 수준으로 유지, 1.5도 이하로 제한, INDC 이행 독려, 2020년부터 개발도상국에 최소 1000억 달러(약 118조 원)의 기후변화 대처 지원금 제공 등의 내용이 담겼다.

세계 195개국이나 합의한 파리기후협정 이후에 등장한 이 기후체제를 '신기후체제'라고 한다. 지금까지 국제 질서를 이끌어왔던 교토의정서가 2020년을 기점으로 막을 내림에 따라 각국은 새로운 국제 질서에 합의하게 된 것이다.

파리기후협정에 참여한 국가들은 각 국가별 상황을 고려해 협약 사항을 이행하기 위해 기여할 수 있는 방안을 5년 단위로 제출하고 이행하기로 했으며 이행 결과를 국제사회 차원에서 종합적으로 점검받기로 합의했다. 파리기후협정은 기존의 기후협약과 달리 개발도상국도 많이 참여했으며, 전술했듯 '산업화 이전 대비 평균기온 상승을 1.5도 이하로 제한'하려는 공동의 목표를 제시하며 국가의 경제·기술 상황에 맞는 유연한 구조를 지니고 있다.

또한 신기후체제는 전 세계 국가들의 에너지 사용 구조에서부터 변화를 가져오고 있다. 선진국뿐 아니라 후발국을 포함한 각국은 전 세계 에너지 소비량의 가장 큰 비중을 차지하는 화석연료의 사용량을 줄이려 노력하는 반면, 태양광, 풍력 등 청정에너지원의 사용 비중은 증가하고 있다. 특히 석탄은 지구온난화의 원인인 이산화탄소를 가장 많이 배출하는 에너지원이라서 중국, 미국 등 주요 국가는 대기오염과 온실가스 배출량을 줄이기 위해 석탄화력발전소를 단계적으로 폐쇄하고 있다. 한국의 경우도 중국발 미세먼지에 더해 국내 주요 대기오염 유발 에너지원으로 석탄화력발전이 지목받으며 문재인 정부에서는 임기 내 노후 화력발전소 10기를 폐쇄하기로 결정했다.

대표적인 청정에너지원은 천연가스와 신재생에너지이다. 천연가스는 화석연료이지만 온실가스 배출량이 적어 청정에너지로 분류된다. 미국의 경우 온실가스 배출량을 2025년까지 2005년 대비 26~28% 감축을 목표로 하고 있으며, 자원 생산 및 환경 관련 규제를 시행하고 재생에너지 발전 비중 증대 및 확대를 추진하고 있다. '기후변화 회의론자'로 알려진 트럼프 정부 들어 경기 부양과 에너지 주도권 쟁취를 위해 화석연료 및 관련 인프라 산업에 대한 적극 지원 정책을 펼치고 있으며, 급기야 2017년 6월에는 파리협정 공식 탈퇴를 선언했다. 다만 고용 창출과 직결되는 일부 신재생에너지 분야는 여전히 견실한 성장이 예상된다. 중국의 경우 2030년까지 2005년 대비 30% 감축을 목표로 하고 있으며, 석탄 감산 및 5개년 에너지계획을 발표해 에너지 믹스 최적화, 에너지 저장 수송 시스템의 확충

〈그림 9-1〉 2005~2015년 전 세계 신재생에너지 투자 규모(단위: 10억 달러)

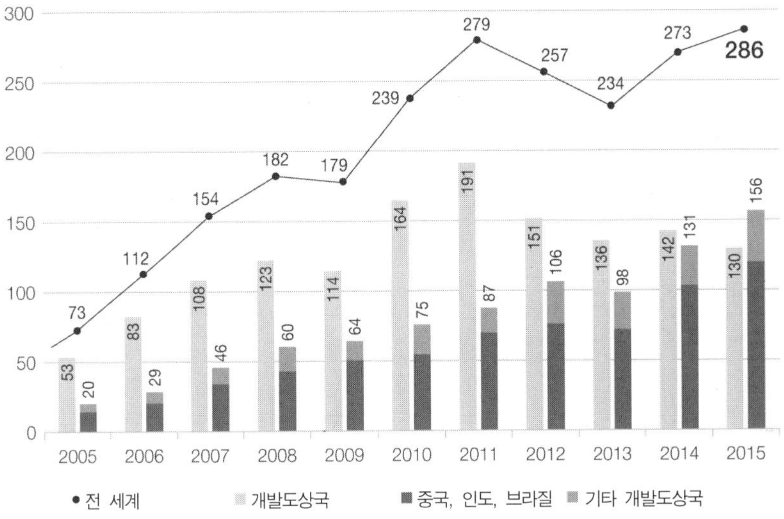

자료: Renewables 2016 Global Status Report.

및 현대화, 스마트에너지 시스템 구축 등 청정에너지에 주력하는 계획을 세웠다. EU는 2030년까지 온실가스의 배출을 1990년 대비 40% 감축하는 것을 목표로 삼고 있다. EU의 회원국은 각 국가별로 정한 기준은 다르지만 이산화탄소 배출 감축과 신재생에너지를 확대하는 정책을 공통적으로 추진하고 있다. 또한 일부 유럽 국가는 최근 북극 빙하의 급격한 감소와 날로 심해지는 지구촌 기상 이변을 우려하며 미국, 러시아 등 강대국에 파리협정을 준수할 것을 압박하고 나섰다.

한국의 경우 온실가스 배출량은 2014년 기준으로 5억 6800만 톤으로 전 세계 7위, OECD 국가 중 4위를 기록하고 있으며, 전 세계 온실가스 배출량 중 1.75%를 차지하고 있다. 그러나 세계 탄소 배출량의 대부분을 차지하는 58개국을 대상으로 CAN이 발표한 '2016 기후변화 수행지수'에 따르면 2015년 53위, 2016년 57위 등 갈수록 순위가 하락하며 '매우 미흡'한

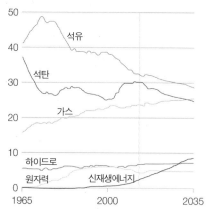

〈그림 9-2〉 세계 에너지원 변화 전망(단위: %)

자료: BP Energy Outlook(2016).

국가의 불명예를 안고 있다. 신재생에너지는 지역 민원의 빈발, 님비 현상에 따른 대규모 송전 선로 설치의 어려움 등으로 인해 기술은 확보했음에도 사업 자체가 크게 활성화되지 못하고 있으며, 온실가스 배출 기업의 경우 탄소배출권 확보에도 어려움을 겪고 있다. 한편 세계적으로 앞선 정보통신 기술과 일부 청정에너지 기술은 신기후체제의 글로벌 관련 시장에 진출하는 좋은 기회가 될 수 있다. 따라서 신기후체제에 따른 글로벌 에너지 기업의 대응 현황을 살펴봄으로써 한국의 기후변화 대응 활성화 전략과 글로벌 신기후 시장 진출을 위한 국가 제도적 지원 전략, 에너지 기업의 유기적인 거버넌스 구축 전략을 수립할 필요가 있다.

2. 신기후체제와 기업 환경의 변화

신기후체제와 함께 4차 산업혁명, 셰일혁명 등은 국제 에너지 시장에 큰 영향을 주고 있으며, 글로벌 에너지 기업은 거버넌스 변화를 통해 급변하는 에너지 시장에서 주도권을 잡기 위해 노력하고 있다.

과거 수차례의 산업혁명은 새로운 에너지원의 등장과 함께 폭발적인 생산량 증대를 이끌었다. 4차 산업혁명이 이전의 산업혁명과 다른 점은 한 분야의 혁명적 기술에 의존하는 것이 아니라 여러 분야의 혁신 기술이 융합되고 연결되어 있다는 것이다. 에너지 분야에서의 4차 산업혁명 또한 새로운 에너지원이 등장하기보다는 기존 에너지 기술에 빅데이터, 인공지능(기계학습), 정보통신기술 등이 융합되어 나타난다.

전통적인 화석에너지산업에 정보통신 기술과 융합해 생산 단가를 낮추고 생산 효율을 증가시킴으로써 온실가스의 배출을 감소시키는 식이다. 이런 융합기술을 유전 개발 분야에서는 디지털 오일필드(digital oilfield), 광산 분야에서는 스마트 광산(smart mining)이라 한다(〈그림 9-3〉 참조).

2016년 세계 경제 올림픽이라 불리는 다보스 포럼에서도 4차 산업혁명을 핵심 주제로 선택하면서 4차 산업혁명이 청정에너지를 위한 새로운 환경을 만들 것이라고 강조했다. 이러한 기술 혁명을 바탕으로 에너지 기업도 각종 에너지 신기술 개발 및 새로운 환경에 맞는 거버넌스 구축을 통해 신기후체제에 적극적으로 대응할 전망이다.

셰일 지층에 방대하게 매장되어 있으나 생산이 불가능했던 원유와 가스를 수평시추 기술과 수압파쇄 공법의 발전으로 생산하게 되면서 셰일혁명이 시작되었는데, 이는 19세기 후반 석유 채굴 기술 혁명 이후 가장 중요한 에너지 개발 기술 혁명으로 평가된다.

미국의 셰일혁명으로 셰일가스(천연가스)의 시추가 증가하고 천연가스 생산량이 폭발적으로 증가했으며, 2000년대 이후 지속적으로 고조되어왔던 에너지 위기가 완화되었다. 특히 기존에 화석에너지의 지역적 편중으로 인해 발생하던 에너지 가격 구조의 왜곡을 개선했으며, 불안정하던 에

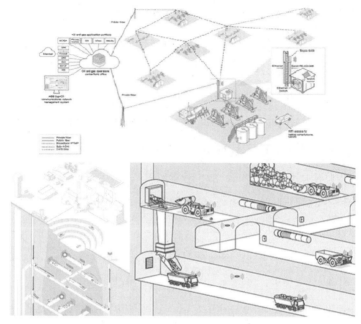

〈그림 9-3〉 디지털 오일필드 개념도(위)와 스마트 광산 개념도(아래)

자료: ABB.

너지 가격의 하향 안정화에도 상당 부분 기여했다.

그러나 이후 석유전쟁이라 불릴 정도로 치열했던 OPEC과 북미 셰일가스 생산자 간 경쟁은 2014년 6월을 시작으로 급격한 유가 하락으로 이어졌고 이로 인해 천연가스는 시장 경쟁력을 잃는 듯 보였다. 하지만 파리기후협정 이후 석탄을 대체할 청정에너지원을 찾던 국가들에게 천연가스는 강력한 대안으로 급부상했다. 이로써 미국은 다시 청정에너지인 천연가스의 순수출국의 지위를 얻기 시작해 세계 에너지 시장 지형을 급격히 변화시키고 있다.

또한 현재 에너지 산업에서는 온실가스 저감을 위해 청정에너지에 대한 투자를 확대하는 추세이며 이에 따라 향후 신재생에너지의 비중이 이

〈그림 9-4〉 수압파쇄와 수평시추 개념

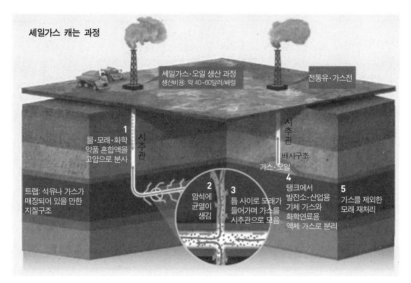

주: 수압파쇄 기법은 수직으로 뚫은 작은 시추공에 다량의 물과 모래, 화학물질을 섞은 액체를 고압으로 주입해 가스가 내재된 암석층에 균열을 일으켜 가스를 채취하는 기술이다. 수평시추 기법은 수직 방향으로 암석층을 뚫은 뒤 다시 수평으로 가스 저장층에 진입한 후 저장층과 수평을 유지하며 파이프를 연장해 시추하는 기술이다.
자료: 녹색성장위원회(www.greengrowth.go.kr).

전보다 증가할 전망이다. 동시에 에너지 효율과 비용, 온실가스 저감 측면에서 천연가스의 비중도 계속 증가할 전망이긴 하지만 여전히 전 세계 주요 에너지원인 화석에너지의 효율적인 개발 또한 국가의 에너지안보를 위해 중요하게 다루어지고 있다. 동시에 정보통신 기술과의 융합을 통해 기존 화석에너지의 생산 효율을 증가시키고 이산화탄소 발생을 저감시키는 기술에 대한 연구도 활발히 이루어지고 있다.

신기후체제는 이처럼 에너지가 소비·공급되는 방식은 물론 신재생에너지, 원자력, 천연가스, 화석에너지 등 주요 에너지 산업의 동향과 에너지 기업의 기술 개발 및 거버넌스에도 영향을 미치고 있다. 다음 절에서는 글로벌 석유 메이저의 사례를 통해 거버넌스 변화의 방향을 분석해보고

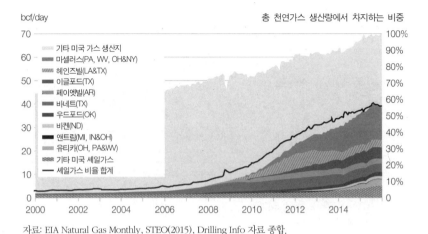

〈그림 9-5〉 셰일가스 생산량 증가 추이

bcf/day   총 천연가스 생산량에서 차지하는 비중

자료: EIA Natural Gas Monthly, STEO(2015), Drilling Info 자료 종합.

자 한다.

3. 기후변화에 대응하는 에너지 기업의 생존 전략

　세계적 IT 기업인 애플은 이미 설비의 93%를 신재생에너지로 운영하고 있으며, 페이스북, 구글, 코카콜라 등 많은 기업이 전통적인 화석에너지에서 신재생에너지로 전환하고 있다. 이런 기업과 마찬가지로 세계 주요 기업도 온실가스 감축과 신재생에너지 확대라는 전 세계적 추세를 인지하고 이에 맞춰 석유 산업에 대한 투자를 하는 동시에 신재생에너지에 대한 투자도 늘리고 있다.

　미국의 3대 석유회사인 엑슨모빌, 셰브론, 로열더치셸 등은 2017년 셰일가스 개발에 100억 달러를 투자하겠다는 계획을 밝혔다. 기존에는 북미의 셰일가스 개발이 주로 중소 규모의 유가스전 운영사에 의해 주도되었으나, 2017년 3월 세브론은 투자설명회에서 향후 10년간 셰일 분야를 매년 30%씩 신장시켜 하루 10만 배럴인 셰일석유 생산량을 10년 안에 70만 배럴까지 늘리겠다고 밝혔다. 청정에너지원으로서의 천연가스 개발을 적극 추진하겠다는 의지를 보인 것이다. 원유와 천연가스의 탐사 및 생산 단계에서 온실가스 배출량은 전 세계 온실가스 배출량의 약 1~3%를 차지하는 것으로 알려져 있다(Carbon Trust, 2008). 따라서 주요 석유 메이저는 개발 및 생산 현장에서의 온실가스 저감 및 효율 제고 기술 개발, 신재생 분야 투자 및 사업 영역 확대 등 다양한 노력을 진행하고 있다.

1) 엑슨모빌

엑슨모빌은 2017년 채굴 비용의 1/3을 셰일에 투자하기로 하고 현재 하루 20만 배럴인 셰일석유 생산량을 2025년까지 80만 배럴로 늘리기로 했다. 이를 위해 2017년 4월 가장 경제성 있는 셰일 유전 지역 중 하나인 서부 텍사스 퍼미안 분지 지역을 66억 달러에 사들여 퍼미안 지역 생산 기지를 두 배로 늘렸다.[1] 또한 2017년 1월에는 뉴멕시코주 유전 지대를 가진 텍사스 셰일가스업체인 배스 가문 기업들을 인수했다.[2] 엑슨모빌의 인수는 2014년 유가스 가격이 급락한 이후 미국에서 가장 규모가 큰 석유가스 인수 합병 거래(56억 달러)이다. 2016년 7월 캐나다의 탐사 서비스 기업인 인터오일을 인수하고[3] 2017년 1월에는 베트남 자원 개발 국영 기업 페트

---

1   주용석, "국제유가 좌우하는 미국 셰일오일… "배럴당 40달러에도 이익 난다"", http://www.hankyung.com(2017년 5월 15일 검색).
2   방성훈, "셰일업계 M&A 활기… 엑슨모빌도 배스家 자산 6.5兆 인수", http://www.edaily.co.kr(2017년 5월 15일 검색).
3   황준호, "엑슨모빌 7년만에 기업인수… 파푸아뉴기니 가스전 확보", http://www.asiae.co.kr(2017년 5월 15일 검색).

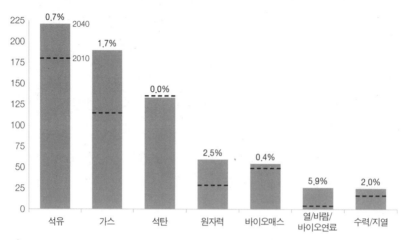

〈그림 9-6〉 엑슨모빌의 에너지믹스 다양화 추세(단위: Quadrillion BTUs)

자료: ExxonMobil.

로베트남과 협력해 베트남 내 대형 가스전인 카보이산 가스전 프로젝트 개발에 합의했으며,[4] 2016년 8월에는 이탈리아 국영 석유회사인 애니(Eni)의 모잠비크 가스전 지분을 인수했다.[5] 기술 개발에도 꾸준히 투자해 cMIST라는 독보적인 천연가스 건조 기술을 개발해냈다. 이 기술은 천연가스 건조 과정 비용을 줄임으로써 운영상의 효율을 높이고 환경오염을 줄이는 기술이다. 이 기술의 상용화로 가스 생산에서 경쟁력을 확보하고 다른 기업에도 가스를 수출할 계획이다.

엑슨모빌의 경우 신재생에너지의 성장에 대해 다소 소극적인 입장을 보이고 있다. 엑슨모빌은 2040년까지 에너지 믹스에서 신재생에너지 부문이 가장 빠른 성장세를 보일 테지만 태양광이나 풍력은 단지 5% 정도만

---

4 조성환, "페트로베트남, 엑슨모빌과 카보이산 가스전 개발", http://www.gasnews.com (2017년 5월 15일 검색).

5 한상희, "엑슨모빌 천연가스 시장, 멀리 본다 "손해봐도 go"", http://www.ekn.kr(2017년 5월 15일 검색).

차지할 것이라 전망했다. 따라서 신재생에너지 분야에 대한 엑슨모빌의 투자는 제한적이다. 2017년 1월에는 신세틱 지노믹스(Synthetic Genomics)사와 함께 개발했던 조류(Algae) 기반 바이오연료 기술에 대한 연구를 계속하기로 투자를 체결했으며,[6] 2016년 5월에는 온실가스 감축을 위해 퓨얼셀(FuelCell)사와 협력해 이산화탄소 포집 및 저장 기술에 대한 공동 연구를 시작했다.[7]

엑슨모빌은 공시를 통해 기후변화에 대해 인식하고 이에 대처하고 있다고 밝혀왔으나 이처럼 대처가 소극적인 데다 회사 거버넌스도 기후변화에 대한 대응에 미흡하다는 우려가 제기됨에 따라 기후변화에 더욱 적극적으로 대응하도록 주요 재무 투자자들로부터 압력을 받고 있다.

2) 토탈

프랑스 토탈(Total)사는 2008년부터 기존 설비의 자본 지출을 포함한 모든 신규 투자 결정 시 탄소 비용을 고려하고 있으며, 장기적으로 탄소원단위 감축을 위해 원유와 가스 간, 전통자원과 비전통자원 간 균형 있는 자산 포트폴리오를 구성할 계획이다(박지민 외, 2015).

주요 사업인 석유 개발의 경우 천연가스 확보에 주안점을 두고 투자를 진행 중이며, 원유에 대해서는 자산 확보를 크게 늘리지 않고 기존의 자산을 유지하면서 신재생에너지에 대한 투자를 적극적으로 늘리는 중이다.

토탈사는 2016년 '천연가스 및 신재생/발전 사업부'를 조직했는데 이 조

---

6   staff reporter, "ExxonMobil, Synthetic Genomics Renew Biofuels Research Collaboration," https://www.genomeweb.com(2017년 5월 15일 검색).

7   John Schwartz, "Exxon Mobil Backs FuelCell Effort to Advance Carbon Capture Technology," https://www.nytimes.com(2017년 5월 15일 검색).

직의 대표는 회사 경영진 중 한 명이 맡도록 비중을 두고 있다. 또한 산하에 천연가스 및 신에너지 디비전과 에너지 혁신 및 효율 디비전을 두어 기후변화에 적극 대응하는 거버넌스를 구축했다. 토탈은 2016년 10월 브라질의 자원개발기업 페트로브라스(Petrobras)와 전략적 동맹을 체결하고 브라질의 대형 유가스전들을 확보해나가고 있다.[8] 또한 2016년 9월에는 미국 텍사스 주에 있는 바넷 셰일(Barnett Shale)의 지분을 확대했으며,[9] 북미 가스 프로젝트 그룹 텔러리언(Tellurian)의 지분을 인수하는 등 가스전을 확보하기 위해 적극적으로 투자를 확장하는 중이다. 또한 2016년 11월에는 이란과의 협약으로 대형가스전을 확보했고,[10] 2016년 12월에는 키프로스 해양 탐사권을 획득했으며,[11] 2017년 1월에는 우간다 툴로(Tullow)의 지분을 확보하는 등 화석에너지에 대한 투자를 지속적으로 늘리고 있다.[12]

신재생에너지 측면에서 보면 2011년 태양광패널 제조회사 선파워(Sunpower)를 인수한 뒤 2016년 5월 배터리 제조회사인 새프트(Saft)를 인수했다.[13] 2017년 1월에는 에너지 저장 서비스기업인 스템(Stem)과 선버지(Sunverge)를 인수했으며, 프랑스 내 전기차 충전소 네트워크 개발을 계획 중이다.[14]

---

8   김경민, "프랑스 토탈, 페트로브라스와 MOU… 브라질 심해유전 개발", http://www.edaily. co.kr(2017년 5월 15일 검색).

9   William Horobin, "Total takes full control of Barnett Shale in Texas," http://www.market watch.com(2017년 5월 15일 검색).

10   김경민, "프랑스 토탈·중국 CNPC, 이란 가스전 개발… 제제 해제 후 처음", http://www. edaily.co.kr(2017년 5월 15일 검색).

11   AFP, "ExxonMobil, ENI, Total to negotiate Cyprus gas exploration", http://www. dailymail.co.uk(2017년 5월 15일 검색).

12   이해영, ""원유가 바닥쳤나"… 석유투자 3년만에 증가세 반전", http://www.yonhapnews. co.kr(2017년 5월 15일 검색).

13   설성인, "글로벌 석유회사의 차기 주력 사업은 "청정에너지"… 사우디 "태양광 수출하겠다"", http://biz.chosun.com(2017년 5월 15일 검색).

〈그림 9-7〉 토탈사의 기후변화 대응 주요 성과

에너지 리더

세계 4위
글로벌 석유회사

2015년 일산 230만 배럴
(50%는 가스)

정유화학
세계 10위 규모

세계 3위
태양광 사업지

6GW 설치

바이오 연료 유럽 선두

2015년 2.2Mt
바이오연료 활용

책임 경영

2010년 이후
운영 현장 온실가스
19% 감축

2015~2019년
74억 달러 RMD 투자

이 중 4분의 1이
클린 및 환경기술 분야

자료: Total.

〈그림 9-7〉은 토탈사가 2016년 발간한 기후변화 대응 전략 보고서에 실린 주요 통계인데 주요 석유 회사에서 태양광, 바이오연료 등 신재생 분야로 영역을 확대하고 주요 R&D 예산의 25%를 청정기술과 환경 분야에 집중할 것임을 보여준다.

3) BP

신재생에너지에 일찍부터 투자를 늘린 토탈과 달리 BP는 신재생 투자

14　유은영, "佛 토탈, 기존 주유소에 전기차 충전소 추가 계획", http://www.whowired.com (2017년 5월 15일 검색).

에 소극적이었다. 이후 '석유를 넘어서(Beyond Petroleum)'라는 슬로건을 내세우며 신재생에너지에 적극적으로 투자했지만 현재는 천연가스의 비중을 높이는 데 더 많은 에너지를 쏟고 있다. BP는 세계경제포럼의 원유 가스 기후 이니셔티브(OGCI) 의장으로, BP가 2000년 초 신재생 및 대체에너지 분야로 확장하는 데 부사장으로서 기여한 밥 더들리(Bob Dudley)를 회장으로 임명했다. 그는 저탄소 경제로의 변화를 강조하며 자사의 원유 가스 자산 포트폴리오를 5 대 5에서 6(가스) 대 4(원유)로 가스의 비중을 증가시키는 방향으로 조정하고 있다.

BP는 2016년 10월 중국 CNPC와 합작해 셰일가스 개발 사업에 투자했으며,[15] 2017년 1월에는 세네갈 모리타니 광구의 지분을 획득했다.[16] 2016년 12월에는 아부다비 국영 석유회사 ADCO의 지분을 매입하고[17] 2016년 11월에는 멕시코 연안 매드 독 유전개발 프로젝트에 참여하는[18] 등 청정에너지원뿐 아니라 화석에너지에도 꾸준히 투자를 진행 중이다.

동시에 신재생에너지 분야에 대한 투자도 지속적으로 진행하고 있다. 미국 내 풍력발전 사업을 확대해 2016년 10월 기준 16개소의 풍력발전 사업을 진행하면서 미국에서 선도적인 풍력발전 기업의 위치를 점하고 있으며,[19] 2016년 11월에는 브라질 바이오연료 기업인 펄크럼바이오에너지

---

15 문정식, "BP, 중국서 셰일가스 개발… 국유기업 CNPC와 합작", http://www.yonhapnews.co.kr(2017년 5월 15일 검색).

16 Nicolas Torres, "BP acquires stakes in Kosmos offshore Africa blocks," https://petroglobalnews.com(2017년 5월 15일 검색).

17 Anthony McAuley, "BP takes 10 per cent of Abu Dhabi's Adco onshore oilfields for US$2.2bn," http://www.thenational.ae(2017년 5월 15일 검색).

18 Jessica Resnick-Ault, "BP approves $9 billion Mad Dog project in Gulf, a first since spill," http://www.reuters.com(2017년 5월 15일 검색).

19 유은영, "英 BP, 신재생에너지 대규모 투자", http://www.whowired.com(2017년 5월 15일 검색).

(Fulcrum BioEnergy)에 투자를 진행했다.[20] 제트 바이오연료 자회사인 에어 BP를 통해 루프트한자, SAS, KLM 등에 바이오연료를 제공하고 있으며, 로열더치셸, 스타토일(Statoil), 토탈 등 총 13개 주요 에너지 기업과 글로벌 신재생에너지 펀드에 가입해 신재생에너지 분야에 대한 투자를 점차 확대하고 있다.

4) 로열더치셸

로열더치셸은 2017년부터 매년 25억 달러를 셰일 분야에 투자하기로 했다. 특히 로열더치셸은 영국 3위 에너지 기업인 BG그룹을 인수하면서 세계 최대 액화천연가스(LNG) 생산 기업이 되었다.[21] 또한 페트로차이나와 협력해 이스트코스트(East coast)의 가장 큰 미개발 해상 가스전에 투자를 진행했으며,[22] 2016년 12월에는 할리버튼과의 협력으로 이라크의 마즈눈(Majnoon) 유가스전 개발에 투자했다.[23]

로열더치셸은 과거에는 신재생에너지에 대한 투자에 소극적이었으나 최근 적극적인 움직임을 보이고 있다. 로열더치셸의 최고경영자는 트럼프의 친화석에너지 정책이 신재생에너지의 성장을 막을 수는 없다며, 꾸준히 신재생에너지에 투자할 계획임을 밝혔다.[24] 2016년 신에너지(New

20 Fulcrum BioEnergy, "Fulcrum BioEnergy announces strategic investment by BP," http://biomassmagazine.com(2017년 5월 15일 검색).

21 황정우, "로열더치셸, BG 인수… 에너지 업계 M&A 신호탄?", http://www.yonhapnews.co.kr(2017년 5월 15일 검색).

22 Reuters, "Shell, PetroChina Joint Unit To Study Gas Expansion In Australia," http://www.epmag.com(2017년 5월 15일 검색).

23 Caroline, "Royal Dutch Shell Sheds Assets," https://easterndaily.com(2017년 5월 15일 검색).

24 Andrew Ward, "Shell confident Trump will not derail renewable energy growth," https://

Energies)라는 부서를 신설하고, 슐럼버저 및 에온(Eon)과 협력해 새로운 신재생에너지 사업으로 연(kite)을 이용한 풍력발전 사업에 협력하기로 했다.[25] 또한 2017년 네덜란드에 가장 큰 풍력발전소를 건설할 계획이라고 밝히고[26] 네덜란드와 영국의 주유소에 전기 자동차 충전소를 추가 설치하는 등 적극적인 투자를 진행하고 있다.[27] 하지만 여전히 신에너지부에 할당된 예산은 전체 예산 중 0.5%에 불과하며 규모가 큰 태양광발전 사업에서 비중을 점차 축소해나가고 있는 실정이다.

5) 기타 주요 에너지 자원 기업

데본(Devon)의 경우 캐나다 오일샌드 사업 평가 시 이산화탄소 배출 톤당 15달러의 탄소 비용을 고려하기 시작했고, 세브론은 전사적 수준에서 기후변화 위험 기회요인을 이사회 산하 공공정책위원회와 HSE그룹, 경영계획, 탄소시장팀, 세브론기술벤처에서 평가하고 있으며, HSE그룹은 내부 위험 관리 프로세스를 개발해 운영 리스크를 지속적으로 확인·해결하는 거버넌스를 구축했다(박지민 외, 2015).

세브론, 애너다코(Anadarko), 선코(Suncor) 등은 온실가스 배출 인벤토리를 작성하고 온실가스 배출 및 에너지 사용량 보고 시스템 개선을 지속적으로 추진 중이다. 대표적인 오일샌드 개발 기업인 선코의 경우 상류 부문

  Andrew Ward, "Royal Dutch Shell invests in green power kite," https://www.ft.com (2017년 5월 15일 검색).

26 Zeke Turner, Sarah Kent, "Oil producers turn to wind power," http://www.theaustralian. com.au(2017년 5월 15일 검색).

27 Stephen Edelstein, "Shell fuel stations in U.K., Netherlands to add electric-car charging," http://www.greencarreports.com(2017년 5월 15일 검색).

온실가스 배출량의 대부분이 오일샌드 개발 및 생산으로부터 발생하고 향후에도 이러한 추이가 바뀌지 않을 것으로 보여 온실가스 저감 방안으로 에너지 효율 개선과 함께 이산화탄소 포집 및 저장 기술 개발을 적극 추진하고 있다(박지민 외, 2015).

6) 글로벌 기업의 거버넌스 변화 방향

주요 석유 기업의 거버넌스 변화 방향을 살펴보면, 몇 가지 공통점을 확인할 수 있다. 우선, 화석에너지 분야에서는 주요 석유 기업 모두 전 세계의 대형 가스전에 투자 계획을 늘리고 가스 생산을 확대하고 있다. 유가가 안정기에 접어들 것이라는 전망이 우세해지면서 원유를 안정적으로 수급하기 위한 투자도 여전히 계속되고 있다. 신재생에너지 분야에서는 엑슨모빌을 제외한 대부분의 석유 기업이 공통적으로 글로벌 신재생에너지 펀드를 만들어 상호 간 신재생에너지 분야에서 공동 성장을 약속했다. 규모나 권한에 차이는 있지만 모두 나름대로 신재생 및 환경 관련 조직을 신설했다. 주주들에게 파리협정 이후 신기후체제에서의 경영 환경 변화와 대응을 적극 설득하는 것도 특징이다.

엑슨모빌은 상대적으로 신재생 분야에 소극적인 대신 최근 트럼프의 친화석에너지 정책에 편승해 원유 생산 및 천연가스전 확보에 주력하고 있으며, 가스 초과 생산분에 대해서는 천연가스 수요가 높은 다른 국가에 수출하고자 한다. 특히 한국과 일본에 수출할 계획이며, 일본은 이미 가스 수급에서 중동의 영향력을 벗어나고자 미국과의 협력을 강화하고 있다.

전반적으로 주요 석유 기업은 천연가스와 신재생에너지에 대한 투자를 확대하는 중인데, 특히 전통 석유 생산 노하우를 그대로 살릴 수 있는 천연가스에 대한 투자가 계속 늘어날 것으로 전망된다. 신재생에너지에 대한 투자가 점진적으로 증가하고 있지만 아직은 전체 예산 중 투자 비율이 높지 않다. 토탈을 제외한 기존의 주요 석유 기업은 여전히 총 예산 대비 소규모의 투자만 진행 중이다. 하지만 중동의 주요 국영 석유 회사도 최근 들어 신재생 분야 전문가를 CEO로 영입하고 태양광, 풍력 같은 신재생 발전에 적극 투자하는 등 화석에너지 산업도 화석연료에서 신재생 전반을 아우르는 포트폴리오를 고려한 에너지 믹스의 관점으로 투자 전략을 유동적으로 변화시킬 것으로 보인다. 따라서 한국의 에너지 기업과 정책 입안자들은 추이를 계속 지켜보고 관심을 가져야 할 것이다.

4. 국내 에너지 기업의 현황

한국의 경우 에너지 믹스와 신기후체제에 따른 기업 간의 통합된 거버넌스가 구축되거나 구체적인 대형 협력 활동 등이 아직 진행되고 있지 않다. 또한 자원 개발 기업이 신재생 분야로 진출하는 해외 사례와 달리 자원 개발 공기업과 발전 공기업, 그리고 신재생 기업 간의 협력도 구체적으로 추진되고 있지 못한 것이 현실이다. 다만 개별 기업 내부 전략에서 파리협정 이후 신기후체제를 고려해 관련 국제 교류나 기존 사업 방향을 일부 조정하고 있다.

1) 자원 개발 공기업

한국석유공사와 한국가스공사는 자원 개발 공기업이지만 운영권자 사업이 많지 않고 대부분 지분 참여자로 사업에 참여하고 있어 그동안 기후변화에 따른 대응이나 위험 관리는 주요 석유 기업에 비해 상대적으로 소극적이었다. 다만 원유 지하 저장 기술을 보유한 석유공사의 경우 이산화탄소 포집, 이용 및 저장 기술에 관한 연구를 주도하고 있고, 가스공사의 경우 천연가스의 수송 및 활용과 관련된 기술 개발과 국제 협력을 진행 중이다.

한국석유공사는 2015년 3월 쿠웨이트석유공사(KPC)와 '석유가스 기술 협력을 위한 MOU'를 체결하고 석유지질·석유공학, 석유개발 R&D 및 인력 개발 등의 분야에서 교류·협력을 추진 중이다.[28] 또한 아랍에미리트 아부다비 국영석유회사(ADNOC)와 한국지질자원연구원이 파트너로 참여하는 '유전개발 기술협력을 위한 MOU'를 체결했다.[29]

'석유와 석유대체연료사업법' 개정안이 2017년 3월 국회를 통과하면서 한국석유공사가 추진하고 있는 동북아 오일허브 구축 사업은 제도적 근거를 마련했다. 동북아 오일허브 구축 사업은 울산 신항에 2010년부터 2025년까지 2조 1471억 원을 투입해 울산을 국제 석유 거래 중심지로 육성하려는 대형 프로젝트이다.

한국가스공사는 문재인 정부 이후 LNG 발전 비중 확대, 글로벌 가스 수요 증가에 따라 LNG 관련 협력을 확대하고 있으며, 2015년 6월부터는 엑슨모빌과 가스기술 관련 연구 개발을 협력해오고 있다.[30] 2016년 12월에는 가스프롬과 가스 사업 분야에서의 협력을 위한 협정을 체결했다.[31] 가

28 허성준, "석유公, 쿠웨이트 석유공사와 석유·가스 기술협력 MOU", http://biz.chosun.com (2017년 5월 15일 검색).
29 한국석유공사 보도자료, "한국석유공사, 지자연 및 아부다비 국영석유사와 유전개발 기술협력 3자 MOU 체결", http://m.knoc.co.kr/bbs/news(2017년 5월 15일 검색).
30 전효진, "한국가스공사·엑슨모빌, 글로벌 LNG시장 함께 공략한다", http://biz.chosun.com (2017년 5월 15일 검색).
31 한동희, "가스공사, 러시아 가즈프롬과 가스사업 협력 협정", http://biz.chosun.com(2017년 5월 15일 검색).

스프롬이 운영하는 사할린-II 프로젝트에서 연간 150만 톤의 LNG를 도입하는 중이며 협정에 따라 러시아산 천연가스 공급과 가스 연관 사업 수행, 과학기술, 교육훈련 등에서 정보를 교류할 예정이다.

또한 한국가스공사는 2014년 6월 중국 시나오그룹과 액화천연가스 벙커링 사업에 협력키로 해 중국과 에너지 기술 협력을 이어가는 중이며[32] 2016년 11월에는 중국 최대 국영 에너지 기업인 CNPC와 천연가스 수입 및 교류에 대한 상호 협력을 논의한 바 있다.[33]

2) 발전 공기업

한국전력공사는 신재생에너지로의 전환과 4차 산업혁명이라는 커다란 변화에 주목해 전력 산업의 스마트화와 청정 화력발전 기술 개발에 집중하고 있다.

한국전력공사는 2016년 석탄화력발전소 배기가스 중 이산화탄소를 저비용, 고효율로 분리하는 분리막 생산 설비를 개발[34]했고, 국내 상용화 사례로 2017년 1월 1GW 당진화력 석탄발전소에서 상업 가동이 시작되었다. 이 분리막 생산 설비 기술도 국내 보유 우수 기술로, 석탄화력발전소를 친환경적·효율적으로 운영할 수 있기 때문에 기존의 노후화된 석탄화력발전소를 갖춘 다양한 국가와 기술 협력을 진행할 수 있을 전망이다.

한국전력은 또한 2016년 3월 일본과 셰일가스, 합성가스 등 저열량 가

---

32 김용갑, "가스공사, 시나오그룹과 LNG 벙커링 사업협력", http://www.newsis.com(2017년 5월 15일 검색).

33 윤준영, "한국가스공사, 중국 국영에너지기업과 협력 강화", http://www.businesspost.co.kr(2017년 5월 15일 검색).

34 박홍용, "한전, 차세대 이산화탄소 분리막 실증 생산설비 구축", http://www.sedaily.com(2017년 5월 15일 검색).

스 도입에 대비한 발전용 가스터빈과 관련된 핵심 기술 개발에 협력키로 했으며,[35] 2017년 1월에는 동경전력연구소와 초전도기술, 신재생에너지 분야, 서비스고도화 분야 등에서 연구개발 협력을 추진하기로 합의했다.[36] 일본 소프트뱅크와는 몽골에서 신재생에너지를 개발하기로 협력 계약을 맺고[37] 몽골 제5열병합발전소, 타반톨고이 발전소, 이동식발전소, 수력발전소 건설 등 27억 2000만 달러 규모의 전력 인프라 사업을 추진키로 했다.[38]

2016년 8월에는 중국 주장(九江)에 40MW 태양광발전사업 MOU를 체결했으며,[39] 케냐와는 2016년 9월 400MW 원자력발전소를 건설하는 기술협력 MOU를 맺었다.[40] 2016년 3월 중국 발전회사인 중국화능집단과는 초초임계압 석탄화력발전소 건설 및 운영 MOU를 체결했다.[41] 2016년 8월에는 미국의 태양광발전소 지분을 100% 인수해 직접 발전소를 운영하게 되었다.[42]

한국전력공사의 자회사인 한국중부발전은 2106년 3월 국내 기업인 삼

35 이승환, "한전 일본 가스터빈 제작사와 신기술 개발한다", http://www.yonhapnews.co.kr
    (2017년 5월 15일 검색).
36 김병욱, "전력硏·日 동경전력연구소, 연구개발 협력 추진", http://www.todayenergy.kr
    (2017년 5월 15일 검색).
37 전효진, "한전, 日소프트뱅크와 몽골 지역 신재생에너지 시장 개척한다", http://biz.chosun.
    com(2017년 5월 15일 검색).
38 허정완, "한·몽골 FTA 추진 합의… '10대 자원부국' 시장진출 발판", http://www.pollmedia.
    net(2017년 5월 15일 검색).
39 이상훈, "중국서 '태양광 대박' 터뜨릴 한전의 첫걸음", http://www.kgnews.co.kr(2017년
    5월 15일 검색).
40 KEPCO 보도자료, "한전, 케냐 원자력위원회와 원자력협력 MOU 체결", http://home.
    kepco.co.kr/kepco/PR(2017년 5월 15일 검색).
41 이준희, "한전, 초초임계압 석탄화력발전분야 中과 협력", http://www.engdaily.com(2017
    년 5월 15일 검색).
42 고은지, "한전, 미국 전력시장 첫 진출… 30MW 태양광발전소 인수", http://www.yonhap
    news.co.kr(2017년 5월 15일 검색).

탄과 일본 마루베니사 간의 협력으로 인도네시아에 1000MW 대규모 석탄화력발전소 MOU를 체결했으며, 단독으로는 인도네시아에 114MW 왐푸 수력발전소를 준공했다.[43] 또한 2015년 12월 네바다주에서 추진 중인 볼더시 태양광발전사업의 건설공사에 착수했다.[44]

한국서부발전은 베트남 정부와 1200MW 규모의 석탄화력발전소 건설 MOU를 체결했고[45] 태국 에너지회사 CEWA와는 라오스에 700MW 대규모 수력발전소를 건설키로 MOU를 체결했다.[46] 또한 2016년 11월 미국 전력연구소와 가스터빈 분야에서 기술 협력 계약을 맺었으며,[47] 2011년 9월 러시아 소치에 180MW 규모의 열병합 발전소 건설[48]을 시작으로, 2013년 11월에는 LG CNS, 러시아의 아벨라 솔라(Avelar Solar), 헤벨(Hevel)과 함께 2020년까지 1조 8000억 원 규모의 태양광발전소 건설 사업을 추진하는 MOU를 체결했다.[49]

한국수력원자력은 2016년 10월 미국 웨스팅하우스사와 상호 기술 협력을 위한 MOU를 체결했다. 한국수자원공사는 2016년 4월 일본 사이타마현에 0.4MW 규모의 수상 태양광발전소를 준공했으며[50] 2016년 7월에는

---

43 황유진, "중부발전, 인도네시아 석탄화력·수력발전사업 수주", http://www.pmnews.co.kr (2017년 5월 15일 검색).

44 김정자, "한국중부발전, 인도네시아 왐푸 수력발전소 준공", http://www.newscj.com(2017년 5월 15일 검색).

45 이해곤, "서부발전, 베트남에 석탄화력발전소 건설·운영", http://www.newstomato.com (2017년 5월 15일 검색).

46 고재만, "[단독] 한국서부발전, 라오스 대형 수력발전소 건설 MOU 체결", http://news.mk.co.kr(2017년 5월 15일 검색).

47 배상훈, "서부발전, '가스터빈분야 기술협력 양해각서' 체결,", http://www.epj.co.kr(2017년 5월 15일 검색).

48 김광균, "서부발전, 러시아 소치에 180MW 열병합발전소 건설", http://m.e2news.com (2017년 5월 15일 검색).

49 안재휘, "한국 '러-북 합작' 나진~하산 프로젝트 참여", http://www.joongboo.com(2017년 5월 15일 검색).

한국지역난방기술이 몽골 석탄화력발전소와 사업 업무 협약을 체결했다.

3) 신재생에너지 관련 기업

신재생에너지 분야에서는 2016년 11월 풍력발전 진단 기업인 로맥스테크놀로지코리아가 일본기업 배출권거래제와 함께 풍력 시장에 진출했으며,[51] 태양광 모듈 기업 한화큐셀은 2016년 2월 일본 시가오우치 메가솔라에 태양광 모듈 수출을 계약했다.[52] 에스에너지는 2016년 3월 1634억 원 규모의 태양광발전소 EPC 계약을 체결했고,[53] LG CNS는 2016년 12월 일본에 55MW 대규모 태양광발전 사업을 수주했다.[54]

한편 에스에너지는 2015년 12월 미국의 유비솔라에 529억 원 규모의 태양광 모듈 공급 계약을 맺었고,[55] 한화큐셀은 2017년 1월 미국 전력회사 넥스트에라에 태양광 모듈을 공급했다.[56] 또한 LG CNS는 2016년 5월 에너지저장장치 기술을 바탕으로 미국 시장에 진출했다.[57] 영월 에너지스테

50 이태규, "[경제 디딤돌 공기업] 수자원공사, 세계최대 수상태양광발전소 '국민사업'으로 추진", http://www.sedaily.com(2017년 5월 15일 검색).
51 이재용, "로맥스, 데이터 기반 상태진단 서비스로 일본 풍력 시장 진출 박차", http://www.epj.co.kr(2017년 5월 15일 검색).
52 함봉균, "한화큐셀, 일본시장서 '승승장구'", http://www.etnews.com(2017년 5월 15일 검색).
53 임성영, "에스에너지, 日 업체와 1634억 규모 태양광발전소 EPC 계약", http://www.edaily.co.kr(2017년 5월 15일 검색).
54 최유리, "LG CNS, 55MW 규모 일본 신미네 태양광발전 사업 수주", http://www.newspim.com(2017년 5월 15일 검색).
55 조승희, "에스에너지, 미국 유비솔라에 529억 규모 태양광 모듈 공급", http://www.newstomato.com(2017년 5월 15일 검색).
56 김연숙, "한화큐셀, 美넥스트에라에 태양광 모듈 추가 공급", http://www.yonhapnews.co.kr(2017년 5월 15일 검색).
57 이환, "LG CNS, ESS로 미국 신재생에너지 시장 진출", http://www.betanews.net(2017년 5월 15일 검색).

이선은 2016년 7월 몽골 신공항 인근에 50MW급 태양광발전소 건설 계약을 맺었다.[58] 바이오가스 주력 기업인 지엔씨에너지는 2016년 12월 중국과 비상용 가스터빈에 대한 업무 협약을 체결했으며,[59] 신성솔라에너지는 2016년 6월 중국에 12MW 규모 태양전지 공급 계약을 맺었다.[60] OCI는 2015년 9월 2.5MW 규모 태양광발전소 준공을 시작[61]으로 2016년 1월 중국 양식장에서 사용되는 10MW 규모의 태양광발전소 준공 사업 등으로 사업을 확장하고 있다.[62]

4) 자원 개발 민간기업 및 연구소

두산중공업은 2016년 4월 중국 핵전유한공사와 원전서비스 MOU를 체결했으며,[63] 2015년 6월에는 미국 에코젠과도 국내 상용화 기술인 초임계 이산화탄소 발전설비 기술 협약을 맺었다.[64]

한국의 지질자원연구원은 2016년 11월 100억 원 규모의 건식선탄기술 장비 수출계약,[65] 한국아이티오는 2015년 5월 울란바토르시와 LPG 공급

---

58 류일형, "영월 태양광 기술… 몽골 태양광 사업에 진출", http://m.mk.co.kr(2017년 5월 15일 검색).

59 권태성, "지엔씨에너지, 中 바이오가스발전·비상용 카스터빈 시장 진출 MOU", http://www.etoday.co.kr(2017년 5월 15일 검색).

60 전효진, "신성솔라에너지, 중국 롱지와 태양전지 공급 계약 체결", http://biz.chosun.com(2017년 5월 15일 검색).

61 김미소, "OCI 태양광발전소, 중국시장 진출: 자싱 시저우 태양광발전소 준공식 가져… 2.5MW규모", http://www.newskm.com(2017년 5월 15일 검색).

62 전효진, "OCI, 중국 장쑤성에 10MW 태양광발전소 준공", http://biz.chosun.com(2017년 5월 15일 검색).

63 조지원, "두산중공업, 중국 원전서비스 시장 진출", http://biz.chosun.com(2017년 5월 15일 검색).

64 김윤구, "두산중공업, 차세대 발전기술 상용화 나서: 미국 업체와 초임계 이산화탄소 발전설비 기술협약", http://www.yonhapnews.co.kr(2017년 5월 15일 검색).

인프라 구축 계약,[66] 한라에너지는 2016년 2월 LPG 충전소 설치 계약 등을 체결했다.[67] 또한 남아프리카에서는 2016년 12월 포스코에너지가 보츠와나에 300MW급 석탄화력발전소를 수주했다.[68]

5. 국내 에너지 믹스 현황

한국의 경우 2015년 9월 온실가스 감축 목표를 배출 전망치(BAU) 기준으로 2005년 대비 2030년까지 37% 줄이는 안을 제출했다. 37% 중 실제 배출되는 온실가스를 25.7% 감축하고 나머지 11.3%는 국제 탄소시장을 통해 탄소배출권을 구매하는 방식으로 감축할 예정이다. 하지만 이미 국내 설비의 고효율화로 목표치를 달성하기 어렵다는 입장이다. 부문별 감축 목표를 보면 〈그림 9-8〉과 같다.

한국은 2017년부터 2030년까지 온실가스 배출 감축에 6년간 총 475억 원을 지원하겠다고 밝혔다. 온실가스 감축과 연관이 높은 대표적인 산업은 자동차, 에너지, 석유화학 업종이다. 자동차 업계는 전기차, 수소에너지차 등 신환경차 개발에 집중하고 있으며, 에너지 업계는 신재생에너지를 중심으로 친환경 관련 개발로 대응하겠다는 입장이다.

---

65 길애경, "지질자원연 '건식선탄기술' 적용 장비 100억원에 몽골로", http://www.hellodd. com/(2017년 5월 15일 검색).

66 박귀철, "한국아이티오, 몽골 울란바토르시와 'LPG공급 인프라 구축' MOU", https://www. gasnews.com(2017년 5월 15일 검색).

67 조강희, "한라에너지, 몽골에 LPG 공급망 확대", http://www.koenergy.co.kr(2017년 5월 15일 검색).

68 한동희, "포스코에너지, 보츠와나 석탄화력발전사업 전력거래계약 체결", http://biz.chosun. com(2017년 5월 15일 검색).

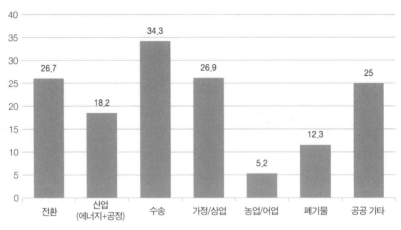

〈그림 9-8〉 파리협정 이후 부문별 온실가스 감축 목표(단위: %)

자료: 환경부.

하지만 한국의 에너지 수입 현황을 보면 석탄의 수입을 늘리고 석탄화력발전소를 증설하는 반면, 청정에너지로 분류되는 천연가스에 대한 수입은 줄어들고 있는 실정이다. 〈그림 9-9〉를 고려하면 신재생에너지에 대한 거버넌스 변화는 전 세계 추세와 함께 가고 있지만 석탄과 천연가스의 활용 전략에 대한 대책이 필요해 보인다.

에너지 수급 측면에서 보면 우리나라는 여전히 모든 에너지 중 90% 이상을 수입에 의존하고 있으며 중동에서의 원유 수입 의존도(70% 이상)가 여전히 매우 높은 실정이다. 석유는 중동 국가에 대한 의존도가 매우 높은 만큼 에너지 안보 차원에서 리스크가 크지만, 천연가스는 수입처가 다양해 리스크를 최소화할 수 있다는 점에서 다양화할 가치가 있다.

해외의 주요 기업과 동북아 국가에 인접한 중국, 러시아, 일본 등은 가스전에 대한 지분을 확보하고 있으며 파이프라인 등을 통해 자국 또는 기업에 대한 천연가스 지분을 다양하게 확보하고 있다. 우리나라도 에너지 안보를 고려해 천연가스 수입처를 다각화해야 하며 지분을 확보해야 할

〈그림 9-9〉 1차 에너지 공급 - 수입 에너지(단위: mil, toe)

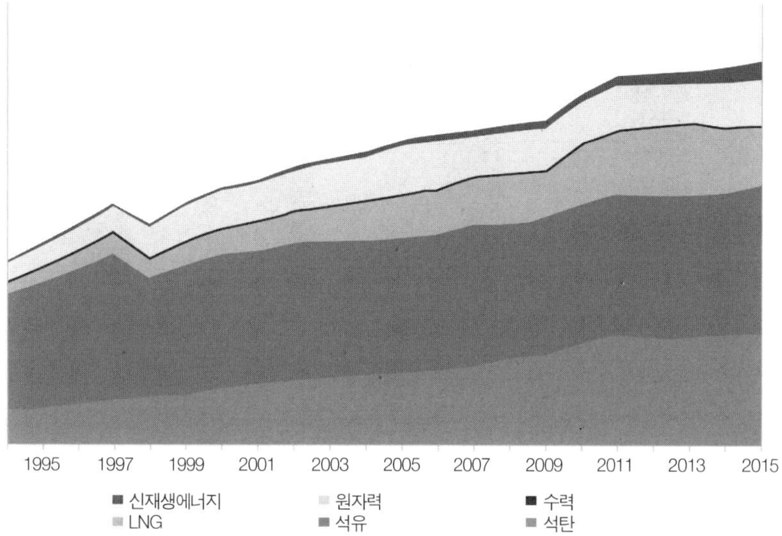

신재생에너지　　　원자력　　　수력
LNG　　　　　　　석유　　　　석탄

자료: 에너지경제연구원(2016).

것이다. 최근 들어 한 민간 기업이 국내 발전을 위해 미국 셰일가스를 도입한 것은 그 일환이라 할 수 있다.

　국내 에너지 믹스의 구성 변화를 살펴보면 석탄 사용량 증가, 가스 사용량 감소, 신재생에너지 사용량 증가의 추세를 보인다. 신재생에너지 비중의 증가는 글로벌 에너지 믹스 변화와 일치하지만 석탄 사용량도 꾸준히 증가하고 있다는 점에 주목할 필요가 있다. 이는 신기후체제에 대한 온실가스 감축 목표를 달성하기 어렵다는 사실을 보여준다. 그리고 이러한 흐름으로 인해 〈그림 9-10〉, 〈그림 9-11〉에서 보는 바와 같이 2016년 10월 기준 7차 전력 수급계획에서는 국내 에너지 믹스와 OECD 국가 간 평균 에너지 믹스가 큰 차이를 보이고 있다.

　우리나라는 신재생에너지와 천연가스에 대한 투자를 집중해야 하는 시기에 있다. 당장은 신재생에너지가 경제성과 효율성이 낮더라도 제도적

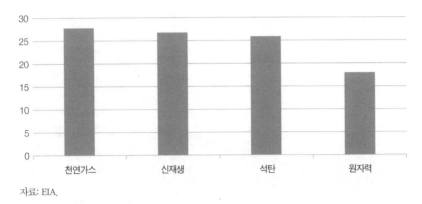

〈그림 9-10〉 OECD 국가 평균 에너지 믹스(단위: %)

자료: EIA.

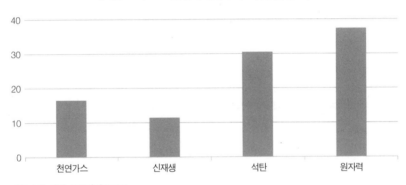

〈그림 9-11〉 2030년 한국 에너지 믹스 전망(단위: %)

자료: 7차 전력 수급계획(2016).

개선과 꾸준한 연구 개발 지원을 통해 생산 효율과 규모 및 발전량, 거래량을 늘린다면 대외 문제로 인한 에너지 수급의 리스크를 줄일 수 있다. 경주 강진 이후 원전 안전에 대한 우려가 높아지고 미세먼지 문제가 심각한 국가 재난으로 인식되는 가운데 그 주범으로 화력발전이 지목되고 있으므로 LNG 발전 비중 확대를 염두에 두고 천연가스 도입선을 다변화해야 하며 저유가 시기에 적극적인 해외 자원 개발을 통해 천연가스전 지분을 확보하기 위한 노력을 기울여야 할 것이다. 신재생에너지에 대해서는 지역 특성에 맞게 태양광, 풍력 등 최적의 에너지원 포트폴리오를 구축해야 하며, 관련 기술 개발과 사업 확대를 위해 적극 지원해야 한다.

6. 신기후체제 맞춤형 기술 전략 및 통합 거버넌스 구축

앞 절에서 본 바와 같이 국제 에너지 믹스에서는 온실가스 감축 의무에 따라 석탄 비중이 점차 감소하고 있는데, 우리나라는 석탄의 낮은 발전 단가 등 경제적 여건을 이유로 국제적 흐름을 따라가지 못하고 있다. 그러나 현실적으로 자원 빈국인 우리나라의 경우 에너지 안보와 수급 안정을 위해서는 화석에너지의 확보와 효율적인 사용이 매우 중요하다.

따라서 에너지 안보를 위협하지 않으면서 신기후체제에 적합한 새로운 기업 거버넌스를 구축하는 작업을 해야 한다. 이에 기후변화에 따라 국내 에너지 기업에 요구되는 거버넌스 변화를 다음 네 가지로 요약했다.

첫째로 신기술 개발을 통해 신재생에너지의 발전 효율을 향상시키고 화석에너지의 온실가스 배출을 감소시켜야 한다. 둘째로 자원 개발 서비스 산업 육성을 통해 자원 개발 산업에 대한 이해력을 증진시키고 시장경쟁력을 확대해야 한다. 셋째로 현재의 에너지 믹스를 개선하고 청정에너지인 천연가스와 신재생에너지의 비중을 향상시켜야 한다. 마지막으로 에너지공사와 같은 통합 의사결정 기관을 만들어 개별 공기업 간의 장점을 극대화하는 윈윈 전략을 구사해야 한다.

1) 에너지 기술 경쟁력 확보

에너지 개발 기술의 혁명인 셰일혁명은 미국을 에너지 수입국에서 수출국으로 변화시켰으며, 미국뿐만 아니라 전 세계 에너지 시장에 큰 변화를 가져왔다. 특히 에너지 수입원의 다변화는 우리나라와 같은 에너지 수입국에는 협상력을 강화시키고 정치적으로 더욱 안정적인 공급처를 확보하는 계기가 되었다.

우리나라도 발전 기술 개발을 통해 천연가스, 신재생에너지 등 청정 연료의 발전 효율을 증가시켜 에너지원의 발전 단가를 낮춰야 한다. 미국 등 에너지 기술 선진국에서는 이미 풍력, 태양광 등 신재생에너지의 발전 단가를 낮추기 위해 활발한 연구가 진행되고 있으며, 미국의 경우 신재생에너지 발전 비중이 화석에너지의 발전 비중보다 더 높은 주도 있다. 그러나 대개는 천연가스발전에 비해 신재생에너지 발전 단가가 여전히 수배에서 십수 배 비싸므로 경쟁력을 확보하기 위해서는 기술 개발에 더욱 집중해야 한다.

국내 신재생에너지의 비중은 규모 측면에서 2015년 기준으로 1차 에너지의 4.6%를 달성했고 발전량은 전체 에너지 발전량에서 6.6%를 달성했다. 신재생에너지의 발전 추세는 과거 대기업 위주에서 현재는 중소기업 및 지역 중심의 투자로 바뀌고 있다.

신재생에너지의 경우 에너지의 공급량을 임의로 조정할 수 없으므로 에너지저장장치와의 조합이 중요하다. 또한 마이크로 그리드를 통한 에너지 프로슈머 시장의 활성화가 요구된다. 이를 통해 에너지저장장치와 분산형 에너지 시스템의 확대로 효율적인 에너지 소비가 가능하게 된다. 하지만 마이크로 그리드 시장의 경우 설비를 비롯한 전력의 생산, 소비, 저장, 판매 등과 관련된 시장 인프라가 조성되어야 하는데 발전 단가가 전기요금의 약 2배 이상이므로 정부의 지원 없이는 관련 시장이 형성되기 어렵다. 따라서 정부는 제도적인 장치를 마련하고 거래 유인을 적극 지원해 그리드 시장을 활성화해야 한다.

최근 급변하는 에너지 시장에서 한국의 에너지 안보를 강화하고 에너지 산업 분야의 기술 역량을 향상시키기 위해서는 국가 간 다양한 기술 협력이 중요하다. 현재 국내 여러 기업은 자신들이 보유한 기술로 활발한 기술 협력을 진행하기 위해 노력하고 있다. 에너지 공급 과잉 우려에 따른 저유가가 지속되고 있는 화석에너지 시장의 현 상황은 에너지 수입국의 시장지위를 향상시켜줄 것이며, 에너지 수출국으로부터 기술 이전을 받을 수 있는 기회가 될 것이다. 따라서 국내 에너지 기업의 국제적 기술 협력에 대한 적극적인 지원이 필요하다.

2) 자원 개발 서비스 산업 및 관련 부품 소재 기업 육성

앞서 본 바와 같이 자원 개발 현장에서 발생하는 온실가스의 양도 적지 않다. 주요 석유 기업뿐 아니라 많은 에너지 유관 기업이 자원 개발 과정에서 발생하는 온실가스를 줄이고자 다양한 기술을 개발하고 있다. 효율성 개선과 현장 운영 자동화, 청정 관리, 특히 셰일가스 개발의 경우 앞으로 더욱 확대될 예정이지만 수반 가스 등 온실가스 문제, 각종 오염으로 인한 환경문제 등 기술적으로 해결해야 할 과제가 많다.

한국의 경우 앞선 정보통신 기술과 부품 소재 기술, 자원 개발 기술을 융합해 국내 자원 개발 기업이 현장에서 더욱 청정 개발을 할 수 있도록 지원하고 해외 서비스 시장에 진출하는 전략을 수립해야 한다.

현재는 자원 개발 공기업과 발전 공기업 및 자원 개발 유관 기업 간에 유기적인 협력이 거의 없는 실정이다. 그러나 차제에 융합을 통해 해외에 진출한다면 새로운 시장이 열릴 수 있다. 예를 들어 현장 개발 관련 기술 서비스, 유전 현장에서 사용되는 태양광발전장치와 에너지저장장치의 동반 진출 등을 사례로 들 수 있다.

3) 청정에너지 확대 및 수입 다변화

국제 에너지 기구와 각 국가의 흐름이 온실가스 배출을 줄이기 위한 청정에너지원의 활용으로 전환되고 있다. 또한 앞서 보았듯이 주요 석유 기업 역시 본업인 전통 에너지 분야에서 천연가스에 대한 투자를 확대하면서 신재생에너지 및 환경 분야에 대한 투자도 확대하고 있다.

한국의 경우 생산 효율 등의 문제로 아직까지 석탄발전에 크게 의존하고 있지만 장기적으로는 천연가스나 신재생에너지 같은 청정에너지를 활용할 수 있는 기술 개발에 꾸준히 투자해야 한다. 또한 단기적으로는 초초임계 화력발전 및 이산화탄소 포집, 이용 및 저장 기술 같은 이산화탄소 저감 기술에 대한 연구와 노력도 병행해야 할 것이다.

일본의 원전 사고, 미국의 셰일혁명에 따른 저유가의 지속 등 국제 에너지 시장이 급변함에 따라 미래 상황은 예측하기가 점점 어려워지고 있다. 이에 대비하기 위해서는 국제적 리스크를 관리하는 차원에서 에너지를 확보하는 포트폴리오 전략이 필요하다. 중동으로 한정된 기존의 자원 외교 대상 국가를 북미 등으로 확대하고, 현재와 같은 공급 과잉 시기를 동북아 국가 간 협력 기회로 활용해야 한다. 최근 한국가스공사가 북미의 셰일가스 수입 계획을 발표한 데서 알 수 있듯 에너지 믹스 시대에 걸맞은 에너지원 다변화 전략이 필요하다.

4) 에너지 통합 의사결정 기관 설립

우리나라의 에너지 믹스 관련 정책과 에너지 안보 정책은 당대의 자원 가격 변동과 에너지 수급에 따라 크게 변화되어왔다. 최근 지속된 저유가로 한국석유공사와 한국가스공사가 기존에 확보한 유가스의 자산 가치가 급격하게 하락해 기업의 부채 비율을 증가시킨 반면 원료 하락으로 한국 전력공사의 수익은 크게 상승했다. 중국과 일본은 지금과 같은 장기적인 저유가 시기를 해외 유가스 자원을 확보하는 계기로 적극적으로 활용하고 있지만, 국내 자원 개발 공기업은 부채 비율을 감소시키기 위해 보유한 자산마저 헐값에 매각하고 있다.

국가의 에너지 안보에는 수익성을 따라 움직이는 민간 기업이 아닌 공기업의 역할이 반드시 필요하다. 공기업에서는 단기적인 수익 변화나 투자 환경의 변화에 흔들리지 않고 일관된 정책 기조 속에 사업을 추진하는 것이 가능하기 때문이다.

하지만 이와 같은 상황이 발생하는 이유는 각 에너지 기업의 주체가 분리되어 있어 통합된 에너지 믹스 전략을 짜거나 포트폴리오를 구성하는 것이 불가능하기 때문이다. 에너지원별로 전문가들이 아전인수식으로 자기 분야에 해당하는 에너지원의 우수성만 강조하고 이를 에너지 믹스에 반영시키려 하기 때문에 시대와 환경에 맞는 포트폴리오를 구성하기가 쉽지 않다. 만일 국가적 차원의 통합된 에너지 정책 의사결정 기구가 존재하고 통합된 의사결정과 결실을 공유할 수 있다면 저유가나 고유가 시기마다 발생하는 수익 불균형을 해소할 수 있을 것이다. 현재는 저유가가 지속되는 탓에 부채를 상환할 수 없어 경제성 있는 저가의 해외 유가스전이 시장에 나오고 있지만, 저유가로 인해 벌어들인 수익을 추가 에너지 확보에 사용하지 못하는 상황이다. 에너지 공기업의 의사결정을 통합하는 기관이 있다면 이런 상황이 발생할 가능성이 훨씬 적을 것이다.

참고문헌

박지민 외. 2015. 『자원개발사업에 대한 기후변화 리스크 분석과 대응방안 연구』. 에너지경제연
　　구원.
에너지경제연구원. 2016. 『에너지통계연보 2016』.

Carbon Trust. 2008. "Climate Change: a Business Revolution?" Renewables 2016 Global Status
　　Report. www.REN21.net.
EIA Natural Gas Monthly, STEO. 2015. Drilling info.
ExxonMobil. http://cdn.exxonmobil.com/~/media/global/files/energy-and-environment/report
　　---energy-and-climate.pdf.
Total. http://www.total.com/sites/default/files/atoms/files/integrating_climate_into_our_
　　strategy_eng.pdf.

10

탄소시장과 배출권거래제

김진수

1. 탄소시장의 개요

1) 탄소 가격과 배출권거래제

온실가스 배출 저감(감축, mitigation)으로 발생하는 편익은 대부분 오랜 시간이 지난 후에 전 세계적으로 나타나는 반면, 비용은 해당 지역에서 현재 세대에 부담이 되기 때문에 배출 저감 활동이 자발적으로 이루어지기를 기대하기는 어렵다. 따라서 온실가스 배출 저감 비용을 부담하기 위한 전 세계적이고 사회적인 합의가 필요하다. 온실가스 배출 저감 비용을 현실화하는 일은 환경경제학에서 이야기하는 외부성의 내부화(internalization of externality)라고 볼 수 있는데, 그동안 논의되어온 방법론은 두 가지 범주로 나누어 정리할 수 있다. 하나는 경제적 접근(economic approach)이며, 다른 하나는 지휘통제 방식(또는 직접규제, command-and-control)이다(Gollier and Tirole, 2015).

환경오염의 확산 특성과 시점 간(intertemporal) 특성으로 인해 이른바 '책임제도(liability system)'를 적용하기 어렵기 때문에 경제적 접근에서는 부정적인 외부 효과를 내부화하기 위해서 오염자 부담 원칙(polluter pays principle)을 자연스럽게 유도할 수 있는 방안을 연구해왔다. 그런데 외부성의 내부화를 성공적으로 실행하기 위해서는 온실가스 배출 지역이나 배출원에 관계없이 동일한 가격이 설정되어야 하며, 그 가격은 온실가스 배출에 따른 한계 손상(marginal damage)의 현재 가치에 따라 적절하게 결정되어야 한다. 동일한 가격이 설정된다면 그 가격 이하의 비용이 소요되는 온실가스 배출 저감 행위가 활발하게 이루어질 것이며, 시장이 발달함에 따라 온실가스 배출 저감 평균 비용은 점차 낮아질 것이다.

지휘 통제 방식은 경제적 방식과는 달리 특정 배출원에 대한 배출 제한, 의무화(standard)나 기술 규제, 일괄적인 감축, 세금 및 보조금, 진입 연도에 따른 차별적 규제(vintage-differentiated regulation), 산업 정책 등의 수단으로 온실가스 배출을 직접적으로 제한한다. 따라서 지휘 통제 방식을 사용할 경우 다양한 배출원에 내재된 탄소 가격의 불일치가 발생할 가능성이 높다. 환경경제와 관련된 많은 연구에서 지휘 통제 방식은 환경 정책의 비용을 상당히 상승시키는 방식인 것으로 밝혀졌으나, 직접적으로 탄소의 가격을 결정하기 어려운 상황에서는 이러한 지휘 통제 방식이 차선의 선택이 될 수 있다(Gollier and Tirole, 2015).

이렇듯 탄소의 비용이나 가격을 설정하기는 쉽지 않기 때문에 이를 해결하기 위해 그동안 적절한 탄소의 가격과 사회적 비용(social cost)에 대해 많은 연구가 이루어져왔다. 프랑스의 키네위원회(Commission Quinet)는 실질 할인율을 4%로 설정했을 때 이산화탄소 1톤당 비용이 2010년 기준 32 유로, 2030년에는 100유로, 2050년에는 150~350유로가 될 것이라고 분석했으며(Quinet, 2009), 미국의 기관 간 실무단(Interagency Working Group)은 할인율을 3%로 설정했을 때 이산화탄소 1톤당 비용이 2010년 기준 32달러, 2030년에는 52달러, 2050년에는 71달러까지 상승할 것이라고 분석했다(US Interagency Working Group, 2013).

앞서 설명한 대로 효율적이고 동일하게 설정된 이산화탄소 가격은 온실가스 배출을 저감시키는 데 매우 중요한 요소이다. 이를 위해 일반적으로 두 가지 전략이 고려된다. 하나는 직접적인 탄소 가격(carbon price) 책정이고 다른 하나는 '제약과 거래'로 일컬어지는 배출권거래제(cap-and-trade mechanism)이다. 직접적인 탄소 가격 책정은 탄소세로 자주 대변되는데, 탄소세 전략이 온실가스 배출을 저감시키는 효과적인 전략이 되기 위해서는 각 국가가 동일한 탄소세 수준을 설정해야 한다.

이를 위해서는 각국의 온실가스 배출 정보를 한데 모아 평균 저감 비용을 설정하고, 설정된 비용(탄소세)에 대해서는 전 세계적으로 합의를 해야 한다. 각국이 합의한 탄소 가격 요구를 성실하게 이행하고 있는가에 대한 초국가적인(supra-national) 감시 또한 필요하다. 웨이츠먼은 탄소 가격 책정 전략이 전 세계적인 온실가스 배출 저감을 위한 '균형 탄소 가격'에 긍정적인 영향을 주어 국제적인 합의의 가능성을 높인다고 증명했으나(Weitzman, 2015), 그동안의 기후변화 협력 사례를 보았을 때 트럼프의 파리협정 탈퇴 사건과 같이 환경문제에 대한 국제적인 합의를 도출하기란 결코 쉬운 일이 아니다.

또 다른 전략인 배출권거래제는 이 글에서 주로 논의하려는 것이다. 배출권거래제는 말 그대로 각 국가가 미리 설정한 배출 배출량(cap)을 바탕으로 남은 배출 허용량을 거래하도록 허용하는 것이다(〈그림 10-1〉 참조). 거래(tradability)가 가지는 특성으로 인해 배출권거래가 전 세계적으로 이루어질 경우 각 나라는 자연스럽게 동일한 탄소 가격을 마주하게 된다. 또한 국가 간 거래 가격은 시장 청산(market clearing) 조건을 만족하는 균형

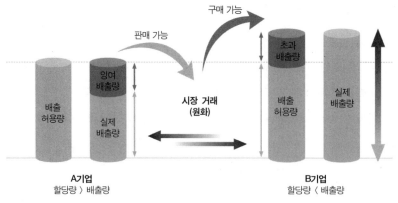

〈그림 10-1〉 배출권거래제의 개념

구매 가능

판매 가능

잉여
배출량

초과
배출량

배출
허용량

실제
배출량

시장 거래
(원화)

배출
허용량

실제
배출량

A기업
할당량 〉 배출량

B기업
할당량 〈 배출량

자료: 기획재정부(2017: 2).

가격이기 때문에 상호 이득을 얻는 거래가 가능하다. 따라서 배출권거래
제가 효과적으로 작동하기 위해서는 각 나라를 하나의 체제(틀)에 올려놓
고 합리적으로 배출량을 할당하는 것이 매우 중요하다.

2) 교토의정서와 배출권거래제

앞선 장에서도 살펴보았듯이 교토의정서에서 다루고 있는 온실가스 배
출 저감에 대한 핵심 방안은 공동이행, 청정개발체제, 배출권거래제 세 가
지이다. 교토의정서 제17조에서 설명하고 있는 배출권거래제는 온실가스
감축 의무국인 부속서 I 국가가 의무 감축량을 초과 달성할 시 초과분을
다른 부속서 국가와 거래할 수 있도록 하는 제도이다. 배출권거래제의 핵
심은 시장 원리를 도입해 가장 비용 효과적인 방법으로 이산화탄소를 포
함한 온실가스를 저감하는 것이다.

배출권거래의 역사는 1975년 미국 환경보호청이 청정대기법에 따라 배
출권거래 프로그램을 만들었을 때까지로 거슬러 올라갈 수 있다. 배출권

<표 10-1> 배출권의 유형 및 특성

거래단위	특성	발행 기준	1차 의무 이행 기간 중 활용 한도	이월 한도
할당배출권 (AAU)	교토의정서의 1990년 기준 배출량 대비 백분율에 따라 할당	부속서 I 국가 교토의정서 할당량	한도 없음	한도 없음
공동이행 배출권 (ERU)	부속서 I 국가 간 온실가스 저감 사업 수행 실적에 따라 획득(감축 의무 이행/국가 간 거래 허용)	공동이행	한도 없음	구매국 할당량의 2.5%
청정개발 체제배출권 (CER)	청정개발체제를 통한 추가 저감량 입증 후 획득(감축 의무 이행/국가 간 거래 허용)	청정개발체제	흡수원 사업 CER은 구매국 할당량의 1%	구매국 할당량의 2.5%
흡수배출권 (RMU)	토지 이용, 토지 이용 변화, 산림 활동 부문에 1990년 이후 수행된 온실가스 흡수량만큼 추가 배출 허용	부속서 I 국가 흡수원 감축량에 대해 발행	산림 경영 RMU는 국가별로 한도 설정 (마라케시 합의)	이월 불가

주: AAU는 Assigned Amount Unit, ERU는 Emission Reduction Unit, CER은 Certified Emission Reduction, RMU는 Removal Unit의 약자이다.
출처: 이연상(2008: 93~97)을 재정리.

거래제는 이후 여러 환경오염 저감 프로그램에서 이론적 배경과 실행 방안이 검토된 결과로, 비교적 강건한 배경을 가진 온실가스 배출 저감 방안이라고 할 수 있다. 교토의정서에 따른 배출권의 유형은 <표 10-1>과 같이 정리할 수 있다.

교토의정서는 배출권거래시장이 크게 성장할 수 있었던 결정적인 계기였다. 앞서 설명했듯이 배출권거래제는 일종의 가격 기구로서 효율적인 자원 배분, 즉 배출 저감 비용의 최소화를 촉진하며, 온실가스 발생 과정의 마지막 단계뿐만 아니라 배출 원인 행위의 투입 단계에서부터 배출 저감을 유인하기 때문에 온실가스 저감 기술의 발전 또한 촉진한다. 그러나 배출권거래제에는 분명한 한계도 존재한다.

배출권거래의 이론적 배경이 되는 코즈 정리(Coase Theorem) 및 관련 이론에서도 언급하고 있듯이 만약 배출권거래제 운영에 따른 비용 감소보다 거래 비용(transaction cost)이나 감시 비용(monitoring cost)이 높을 경우 사회적으로는 손실이다. 개별 국가 내에서는 규제 당국이 확보한 정보가 불

완전할 경우 규제 대상 기관(기업)이 감축 비용을 낮추기 위한 전략적인 행동을 취해 시장에 왜곡이 발생할 수도 있다. 이에 배출권거래 비용을 최소화하고 시장 왜곡을 방지하기 위해 다음과 같은 요소, 즉 배출 허용 총량, 규제 물질, 규제 대상 배출원과 규제 기준, 배출권의 할당과 거래 규칙, 배출량 및 관련 자료의 산정과 보고, 검증 기준 및 방법, 배출한도 미준수에 따른 처벌 방안 등을 고려해 효과적이고 합리적으로 제도를 설계해야 한다(공성용·김이진·김용건, 2015).

이러한 요소 중에서 배출권의 할당과 거래 규칙은 제도의 효율성을 결정하는 매우 중요한 요소로, 일반적으로 유상 할당과 무상 할당으로 구분할 수 있다. 유상 할당은 경매 등을 통해 배출권을 유상으로 할당하는 방식이며, 무상 할당은 배출권거래제의 수용성을 높이고 규제 시행에 따른 부정적인 여파를 최소화하기 위해 무상으로 배출권을 할당하는 방식이다. 우리나라는 현재 무상 할당 방식을 사용하고 있으며, 자세한 내용은 4절에 정리했다.

2. 전 세계 배출권거래제 추진 동향

2002년 영국에서 최초로 시행된 이산화탄소 배출권거래제는 2005년 EU-ETS가 출범하면서부터 본격적으로 확산되기 시작했다(김이진·이상윤, 2014). EU는 교토의정서의 채택을 계기로 2000년부터 배출권거래제의 도입을 준비했으며, 2005년 EU-ETS를 시작할 당시에는 25개국이 참여했다. 2017년 현재 EU 28개 회원국에 노르웨이, 리히텐슈타인, 아이슬란드까지 총 31개국이 EU-ETS에 참여하고 있으며, 많은 나라에서는 대표적인 배출권거래제 운영 사례로 EU-ETS를 참조해 배출권거래제를 설계·도

〈그림 10-2〉 전 세계 배출권거래제 현황

EU
EU-ETS 시행(2005~)
EU 28+유럽 3개국 참여

스위스
2008년부터 시행

카자흐스탄
2013년부터 시행

한국
2015년부터 시행

중국
7개 지역 시범 사업 실시(2013~)
국가 ETS 도입 계획(2016~)

일본
도쿄(2010~), 사이타마현(2011~),
교토(2011~)에서 시행

캐나다
퀘벡주에서 2013년부터 시행

미국
북동부 9개 주가 참여하는 RGGI
시행, 캘리포니아주에서는
2013년부터 시행

호주
탄소가격메커니즘 시행
(탄소세, 2012~2014)
2014년 폐지 확정

뉴질랜드
2010년부터 시행

자료: 김이진·이상윤(2014: 6).

입하고 있다.

EU-ETS 외에도 미국, 중국, 일본, 뉴질랜드, 한국 등이 배출권거래제를 시행하고 있으며 거래제를 도입하는 국가가 점차 확대되고 있는 추세이다(〈그림 10-2〉 참조). EU-ETS는 의무적 준비 단계(mandatory warm-up phase)였던 1기(2005~2007년)와 교토의정서 1차 의무 이행 기간인 2기(2008~2012년)를 거쳐 2017년 현재 3기(2013~2020년)가 운영 중이며, 약 1만 2000개의 시설이 거래에 참여하고 있다. 배출권거래제의 경험을 축적하는 것을 주요 목표로 했던 1기 때는 온실가스 중 이산화탄소만을 대상으로 했으며, 95% 이상을 무상 할당했다. 2기에서는 6종의 온실가스 모두에 대해 배출권거래를 운영했으며, 90% 이상을 무상 할당하는 방식으로 제도를 운영했다.

운영 4기(2013~2020년)를 맞이한 뉴질랜드는 '2008 기후변화대응법 개정안(Climate Change Response Act Amendment 2008)'을 근거로 2008년부터 배출권거래제를 시행하고 있으며, 적용 대상을 점차적으로 확대해 전 세계에서 가장 포괄적인 업종을 대상으로 배출권거래제를 운영하는 것으로 평가되고 있다. EU-ETS와는 다르게 배출 허용량(cap)을 설정하지 않고 규제당국이 배출 권리를 부여하는 방식을 사용하고 있다(김용건 외, 2012). 미국은 북동부 9개 주[1]가 참여하는 북동부 온실가스 이니셔티브가 2009년부터 배출권거래제를 시행 중이며, 2017년 기준 3기(2015~2017년) 거래제가 운영 중이다. 북동부 온실가스 이니셔티브는 경매를 통한 유상 할당 방식을 사용하고 있으며, 25MW 이상 발전소에서 배출되는 이산화탄소만을 규제 대상으로 한다. 미국 서부와 캐나다 동·서부의 주들이 참여하고 있는 서부 기후 이니셔티브(Western Climate Initiative: WCI)는 2012년부터 배출권거래제를 운영하고 있으며, 2013년부터 독자적으로 배출권거래제를 시행해온 캘리포니아도 2014년부터 서부 기후 이니셔티브와 연계해 운영하고 있다.

일본은 아시아 최초로 2012년 탄소세의 일종인 지구온난화 대책세를 도입했고, 도쿄와 사이타마현, 교토 3개 지역에서 자체적으로 지역 단위 배출권거래를 시행하고 있다. 도쿄는 대형 상업 건물과 산업 시설의 온실가스 배출을 규제하고 있으며, 무상 할당 방식을 사용하고 있다. 중국도 전국 단위가 아닌 지역 단위로 배출권거래제를 시행하고 있으며, 2013년부터 베이징, 톈진, 상하이, 충칭, 후베이, 광둥, 선전의 7개 지역에서 시범사업을 진행한 뒤 제13차 5개년 계획(2016~2020년)에서 배출권거래제의 구체적인 계획을 제시했다(공성용·김이진·김용건, 2015). 주요국의 배출권거래제 운영 현황은 〈표 10-2〉와 같이 정리할 수 있으며(기획재정부, 2017), 거래규모는 〈그림 10-3〉과 같다.

---

1   9개 주는 코네티컷, 델라웨어, 메인, 메릴랜드, 매사추세츠, 뉴햄프셔, 뉴욕, 로드아일랜드, 버몬트이다.

<표 10-2> 주요국의 배출권거래제 운영 현황

구분	EU-ETS 3기	서부 기후 이니셔티브		중국	일본
		캘리포니아	퀘벡		
지역	EU 비회원국 포함 총 31개국	미국 캘리포니아 캐나다 퀘벡		베이징	도쿄
		2014년 이후 시장 연계			
배출량	4611.6MtCO$_2$ (2012년 기준)	459.28MtCO$_2$	78.3MtCO$_2$	188.1MtCO$_2$	70.1MtCO$_2$
적용 대상	전력, 항공, 산업 업종 약 12,000개 시설(화학, 암모니아, 알루미늄 추가)	전력, 시멘트, 철강 등	전력, 산업	전력, 시멘트, 석유화학 업종 약 1000개 사업장	상업, 업무 부문 약 1300개 사업장
		25,000톤 이상 사업장			
감축 목표	2020년까지 2005년 대비 21% 감축 (연간 1.74% 감축)	2020년까지 1990년 수준 감축	2020년까지 1990년 대비 20% 감축	2015년까지 2010년 GDP당 배출량 대비 17% 감축(지역별 상이)	1기(2010~2014) 내 평균 6% 감축, 2기(2015~2019) 내 평균 15% 감축
할당	유상 할당 점차 확대(발전) 100%, (기타 산업) 20%	10% 유상 할당		2009~2012년 평균 배출량	2002~2007년 연속 3개년 배출량
가격	5.4~8.3유로 (2016년 기준)	12.9~13.2달러(2016년 기준)		40.5~50.8위안 (2016년 기준)	1500~3500엔 (2016년 기준)

자료: 기획재정부(2017: 15).

<그림 10-3> 2015년 기준 탄소배출권 시장 규모(단위: MtCO$_2$e)

자료: 공성용·김이진·김용건(2015: 84).

파리협정 체결 시 제출된 NDC를 살펴보면 195개국 중에서 우리나라를 포함한 81개국이 온실가스 저감을 위해 국제 배출권거래시장을 활용할 것이라고 언급하고 있다(기획재정부, 2017). 또한 스위스가 2016년부터 EU-ETS와 연계하는 등 EU-ETS가 비회원국으로 확장되고 있고, 전 세계 배출량의 약 20%를 차지하는 중국도 2017년부터는 국가 단위로 배출권거래를 확대할 예정이며, 브라질, 칠레, 멕시코, 터키 등 배출권거래제 도입을 검토하거나 적용 지역을 확대하려는 국가도 늘어나고 있다.

다만 미국의 경우, 2017년 6월 1일 트럼프 대통령이 기자회견에서 파리협정의 탈퇴 의향을 공식적으로 밝혔기 때문에 미국 내 정책 변화와 배출권거래제에 미치는 영향을 주의 깊게 살펴볼 필요가 있다. 트럼프의 탈퇴 선언 이후 미국 내 정책 그룹과 기업들은 물론 전 세계 여러 기관에서 비판이 제기되고 있는 상황이며, 2017년 7월에는 캘리포니아주 의회가 온실가스 배출권거래제를 2030년까지 10년 연장하는 법안을 승인함으로써 파리협정 탈퇴에 반대하는 입장을 분명하게 표시했다. 또한 파리협정은 조약에 따라 발효 후 3년 동안 가입국이 마음대로 탈퇴할 수 없고, 탈퇴 선언 후에도 1년 동안 공지 기간을 가져야 하기 때문에 미국의 완전 탈퇴까지는 4년이라는 시간적 여유가 존재한다. 더욱이 중국은 예정대로 2017년 7월 거래 시스템 구축을 완료했으며, 배출권거래 시행에 따른 실익이 더 많아 계획 변경 없이 11월에 중국 배출권거래제(China-ETS)를 시작할 것으로 예상된다(유인식, 2017). 따라서 온실가스 배출 규제와 배출권거래제를 통한 대응이 전 세계적으로 확산될 것이라는 사실은 의심의 여지가 없으며, 배출권거래제를 시행하고 있는 우리나라도 더 효과적이고 효율적으로 제도를 운영하기 위해 지속적으로 노력해야 할 것이다.

3. 교토체제의 실패와 파리협정

1) 교토체제의 실패

교토체제가 온실가스 감축을 위한 시장경제 체제 도입에 지대한 역할을 수행했다는 점은 자명하다. 그러나 그 기여와 역사적 의의를 감안하더라도 배출권거래제에서는 실패한 체제이다. 교토체제의 상징적 이행 사례인 EU-ETS를 보면, 1기 때 추정 수요를 바탕으로 AAU를 할당했는데, 이 설계는 여러 방면에서 잘못되었으며 일찍이 미국에서 SOx(황산화물) 같은 대기오염 물질을 저감하기 위해 시행했던 거래제보다도 열등했다고 평가되고 있다(Gollier and Tirole, 2015). 2기(2008~2012년) 때는 전 세계 금융위기로 인해 배출권 수요가 크게 감소했는데, EU-ETS에 참여하는 유럽 각국이 전략적으로 신재생에너지에 대한 보조금을 확대하면서 배출권 수요는 더욱 줄어들었다. 이를 상쇄할 만한 공급 측면의 변화가 일어나지 않으면서 한때 탄소 톤당 30유로를 기록했던 배출권 가격은 5~7유로 수준으로 하락했다(〈그림 10-4〉 참조). 3기(2013~2020년) 초기인 2013년 6월에 톤당 3.88유로까지 떨어졌던 EUA 가격은 이후 점차 완만한 상승세를 기록했으나 8유로를 넘지는 않았으며, 2016년에 재차 하락해 2017년까지 탄소 톤당 4~7유로 수준을 기록하고 있다.

교토체제하의 배출권거래제가 실패했다고 보는 또 다른 중요한 이유는 2기와 3기의 배출권 가격이 탄소의 사회적 비용보다 많이 낮은 수준이기 때문이다. 이러한 가격 수준에서는 배출권거래제의 온실가스 감축 효과가 제한적일 수밖에 없다. 더욱이 일부 국가나 지역만 배출권거래제에 참여하고 있는 점도 문제이다. 앞서 설명했듯이 배출권거래 가격이 시장 청산 가격으로서 온실가스 배출을 고려한 균형 가격이 되기 위해서는 전 세계

〈그림 10-4〉 EU-ETS의 배출권 가격 변화

자료: De Perthuis and Trotignon(2014: 102).

가 단일한 탄소 가격을 마주해야 한다. 그러나 현실은 아직도 배출권거래제를 운영하고 있지 않은 국가가 많으며, 거래제를 시행하더라도 운송 부문이나 건물 등 특정 부문은 규제를 받지 않는 국가도 많다. 이러한 상황에서 배출권거래에 참여하지 않은 국가나 지역, 산업 부문이 참여자가 만들어내는 편익을 공유하는 것은 무임승차 문제와 탄소 누출(carbon leakage)[2] 문제를 유발한다. 교토체제하의 배출권거래제는 처음부터 실패할 수밖에 없는 제도였던 것이다.

기후변화 대응 수단으로 많은 장점을 지니고 있는 배출권거래제이지만 국가 단위의 참여국이 대폭 확대되고 탄소의 사회적 비용 수준으로 가격이 회복되지 않는다면 또 하나의 '공유 자원의 비극(tragedy of commons)'이

---

2   배출권거래제를 시행하지 않는 국가들의 탄소 집약적(carbon intensive)인 산업의 경쟁력이 상승하는 효과가 나타나 탄소 다배출 산업이 해당 국가로 이전되고 결과적으로 전 세계적으로는 온실가스 감축 목표를 달성하지 못하게 되는 현상을 뜻한다.

될 뿐이다. 그러한 상황이라면 차라리 탄소세 제도를 운영하는 것이 더 효과적이다. 가장 공격적으로 탄소세를 설정한 국가로 꼽히는 스웨덴은 1991년부터 탄소 톤당 약 100유로의 탄소세를 설정했으며, 프랑스도 14.5유로의 탄소세 제도를 운영 중이다(Gollier and Tirole, 2015). 물론 탄소세 제도도 적정 세액(세율)이나 거둬들인 세수를 어떠한 부문에 어떻게 사용하는가에 대한 문제가 존재하지만, 분명한 것은 탄소세 제도는 배출권거래제에 비해 탄소의 사회적 비용에 근접한 높은 가격을 강제적으로 설정할 수 있다는 것이다.

2) 파리협정과 배출권거래제

파리협정의 체결과 비준은 배출권거래제에도 많은 영향을 줄 것으로 예상된다. 협정 제6조에서는 유연한 온실가스 감축 목표 달성을 위한 새로운 탄소시장 기제로 '지속 가능개발(sustainable development)', '협력적 접근(cooperative approaches)', '전체적이고 균형 잡힌 비시장 접근(holistic and balanced non-market approaches)'의 세 가지를 제시했다. 이를 교토체제와 비교하면 〈표 10-3〉과 같다.

파리협정에서 배출권거래제를 직접적으로 언급하고 있지는 않지만 앞서 설명했듯이 각국의 NDC 이행에 중요한 부분 중 하나가 국제 배출권거래시장의 활용이며, 2018년까지 마련하기로 합의한 세부 이행 규칙을 수립하기 위해 시장을 통한 온실가스 감축 방안이 활발하게 논의되고 있다. 따라서 배출권거래제에 대한 앞으로의 논의는 '시행 국가 확대 및 시장 간 연계'와 '배출권 가격의 현실화(탄소의 사회적 비용 현실화)'에 초점이 맞춰질 것으로 예상된다. 배출권거래시장 간 연계 유형은 연계 수준에 따라 완전연계와 점진적 연계로 구분하거나 호환 가능성에 따라 단방향 연

<표 10-3> 온실가스 감축을 위한 교토 메커니즘과 파리협정 메커니즘 비교

교토 메커니즘	파리협정 메커니즘
청정개발체제(CDM): 감축 의무 선진국이 개도국을 대상으로 수행한 사업을 통해 발생한 감축 결과를 선진국 실적으로 인정하는 메커니즘	지속가능개발체제(SDM): 타국의 온실가스 감축 사업에 투자하고 이를 자국 감축으로 인정받는 교토체제의 청정개발사업과 유사한 메커니즘
공동이행제도: 감축 의무 선진국이 다른 선진국의 감축 사업을 지원하고 받은 감축 실적을 자국 목표 이행에 활용할 수 있도록 하는 메커니즘	협력적 접근: SDM, CDM 같은 중앙 집중형 메커니즘과 달리 국가·지역별로 이행되는 다양한 감축 접근법에 대한 도입 검토
배출권거래제: 의무 감축국이 다른 의무 감축국과 배출권을 사거나 팔 수 있도록 하는 메커니즘	비시장 접근법: 정책, 기술 이전, 역량 배양 등을 통해 감축에 기여하는 방안을 모색하는 접근법

자료: 기획재정부(2017: 35).

<표10-4> 온실가스 감축을 위한 교토 메커니즘과 파리협정 메커니즘

유형	주요 내용	연계 사례	장단점	
			장점	단점
완전 연계	서로 다른 지역의 배출권거래제를 단일시장화(예: EU와 스위스 간 배출권의 자국 내 거래를 상호 인정)	EU - 스위스	• 시장 유동성 증가 • 감축 비용 저감(기업 부담 저감) • 감축 부담이 적은 국가로 사업과 기업 이동(탄소 누출) 감소 • 가격 안정화	• 제도 조화에 장기간 소요 • 가격 변동성 확대 • 구매국의 기술 개발·혁신 유인 감소 및 배출량 증가
점진적 연계	배출권거래제 특성을 감안해 부분적 연계(예: 국내에서 거래 가능한 타 지역 배출권의 종류 또는 수입량 제한 등)	한국	• 상대적으로 짧은 준비 기간 • 자체적인 배출권거래제 관리 용이 • 시장에 미치는 영향이 제한적 • 완전 연계 전 단계로 경험 축적	• 완전 연계에 비해 감축 비용이 높아 감축 부담이 적은 국가로 사업과 기업 이동(탄소 누출)이 발생할 수 있음 • 감축 비용 저감 효과가 미흡
단방향 연계	한 방향으로만 배출권 거래가 이루어지는 형태(예: EU-ETS 배출권은 노르웨이에서 인정되나 노르웨이 배출권은 EU에서 불인정)	EU - 노르웨이	• 시장 유동성 증가 • 양방향 연계 대비 짧은 준비 기간 • 감축 비용 저감	• 구매국의 국부 유출 가능성 (무역 경쟁 국가와 연계 시 경쟁국에 비용을 지원하는 효과) • 구매국의 기술 개발·혁신 유인 감소 및 배출량 증가
양방향 연계	서로 다른 지역 간에 상호 배출권 인정(완전 연계와 유사)	EU - 스위스	• 완전 연계와 유사(분류상 차이)	

자료: 기획재정부(2017: 37).

계와 양방향 연계로 구분할 수 있으며 각 방식의 장단점은 〈표 10-4〉와 같다.

EU-ETS도 교토의정서에 설정된 기간인 2020년 3기가 종료되고 나면

〈표 10-5〉 파리협정에 따른 EU-ETS의 변화

구분	3기(2013~2020)	4기(2021~2030)(안)
국가 감축 목표	• 2005년 대비 21.0% 감축(2020년)	• 2005년 대비 40.0% 감축(2030년)
근거 협약	• 발리행동계획	• 파리협정
기간 목표	• 2020년까지 2005년 대비 21%까지 감축(비ETS 부문 10% 감축) • 2013년부터 2020년까지 매년 1.74% 감축	• 2030년까지 2005년 대비 43%까지 감축(비ETS 부문 30% 감축) • 2021년부터 2030년까지 매년 2.2% 감축
참여 대상	• 28개 EU 회원국 및 3개 유럽자유무역연합 회원국(아이슬란드, 노르웨이, 리히텐슈타인)	• 28개 EU 회원국 및 3개 유럽자유무역연합 회원국(아이슬란드, 노르웨이, 리히텐슈타인)
주요 내용	• EU 통합 배출권거래제 시행 • 전체 배출권의 57% 경매 • 무상 할당 방식 선진화(BM 할당 확대, 제품·열·연료) • 전력 부문 유상 할당	• 전체 배출권의 57% 경매 • BM계수 업데이트 • 혁신기금 도입 • 신규진입비축제도(NER, 3기 미할당분 2.5억 톤 포함 총 4억 톤)
온실가스 거래 대상	• CO_2, N_2O, PFCs	
해당 법령	• EU Directive 2003/87/EC • EU Directive 2009/29/EC	• EU Directive 2015/0148/EC

자료: 기획재정부(2017: 14).

2021년부터 10년 동안 파리협정에 따른 4기를 운영하기 위해 준비하고 있다. EU-ETS 3기와 4기의 차이는 〈표 10-5〉와 같이 정리할 수 있다(기획재정부, 2017).

4. 한국의 배출권거래 현황과 전략

1) 한국의 배출권거래제 운영 현황

우리나라의 분야별 온실가스 배출량은 〈그림 10-5〉와 같은데 2014년 총 배출량(2016년 통계)은 6억 9100만 탄소톤(tCO_2eq)으로 2013년 대비 약 0.8% 감소했으며 전 세계 12위에 해당하는 수치이다. 온실가스 배출량이

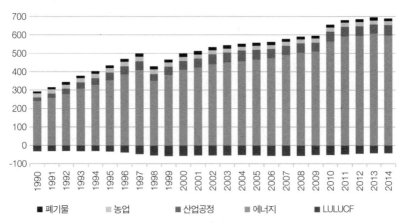

〈그림 10-5〉 우리나라의 분야별 온실가스 배출량 및 흡수량(단위: 백만톤CO₂eq)

주: LULUCF(Land Use, Land-Use Change and Forestry)는 토지 이용, 토지 이용 변화 및 임업을 뜻함.
자료: 온실가스종합정보센터(2016: 5).

감소한 것은 1997년 외환위기 때 에너지 소비량의 급격한 감소로 배출량이 감소한 이후 최초이며, 동 기간 1차 에너지 공급량이 28만 290원유환산톤에서 28만 2938원유환산톤으로 소폭 상승했다는 점을 감안할 때 고무적인 결과라고 할 수 있다.

한국은 2012년에 제정, 2013년 3월부터 시행한 '온실가스 배출권의 할당 및 거래에 관한 법률'에 따라 2015년 1월 1일부터 배출권거래제를 시행하고 있으며, 제1조에서 배출권거래의 목적을 "온실가스 배출권을 거래하는 제도를 도입함으로써 시장기능을 활용해 효과적으로 국가의 온실가스 감축 목표를 달성하는 것"으로 정의하고 있다. 또한 법의 목적을 효과적으로 달성하기 위해 10년을 단위로 5년[3]마다 배출권거래제에 관한 중장기 정책 목표와 기본 방향을 정하는 '배출권거래제 기본계획'을 수립하고 있

---

3 1, 2차 기본계획은 3년 단위로 수립했다.

으며, 법 제4조에 이를 명시하고 2014년 1월에 첫 번째 '배출권거래제 기본계획(안)'을 발표했다.

기본계획에는 법 제4조 2항에서 명시한 다음의 사항이 포함되어 있다 (기획재정부, 2014).

- 배출권거래제에 관한 국내외 현황 및 전망에 관한 사항
- 배출권거래제 운영의 기본 방향에 관한 사항
- 국가 온실가스 감축 목표를 고려한 배출권거래제 계획 기간의 운영에 관한 사항
- 경제성장과 부문별·업종별 신규 투자 및 시설 확장 등에 따른 온실가스 배출 전망에 관한 사항
- 배출권거래제 운영에 따른 에너지 가격 및 물가 변동 등 경제적 영향에 관한 사항
- 무역 집약도 또는 탄소 집약도 등을 고려한 국내 산업의 지원 대책에 관한 사항
- 국제 탄소시장과의 연계 방안 및 국제 협력에 관한 사항
- 그 밖에 재원 조달, 전문 인력 양성, 교육·홍보 등 배출권거래제의 효과적 운영에 관한 사항

우리나라는 배출권거래제와 기본계획 수립 시 EU-ETS와 뉴질랜드 등 다른 선발국의 사례를 참조해 시장의 충격과 경제적 부담을 최소화했고 안정적인 정책 실행을 위해 1차 계획 기간에는 모든 배출권을 무상 할당했다. 또한 과거 활동자료 기반 할당(BenchMark: BM) 방식[4]이 아닌 과거 배출

---

4   제품 생산량과 같이 기업의 활동량을 기준으로 효율성 지표를 감안해 배출권을 할당하는

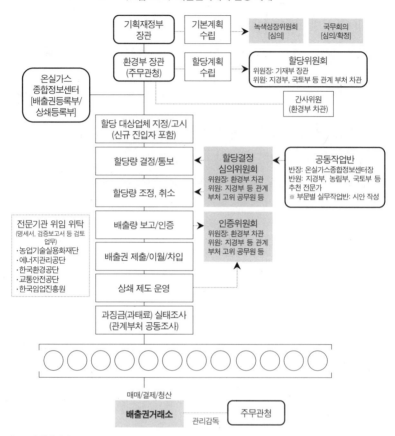

〈그림 10-6〉 배출권거래제 운영 체계

자료: 기획재정부(2014: 32).

량 기반 할당(GrandFathering: GF) 방식[5]으로 배출량을 할당했으며, 5대 부문, 23개 업종을 배출권거래제 규제 대상으로 지정하고 시멘트, 정유, 항공 등 3개 업종은 제도 시행의 용이성과 가능성을 고려해 BM 할당을 적용했

방식이다.

5   기업별 과거 온실가스 배출 실적을 기준으로 배출권을 할당하는 방식이다.

다(한국환경정책·평가연구원, 2014). 배출권거래제 운영 체계는 〈그림 10-6〉과 같으며, 2차 기본계획을 수립하면서 주무관청을 기획재정부로 통일하고 인증위원회도 기획재정부가 주관하는 것으로 변경했다.

2017년 기준으로 시행 3차년도를 맞이한 한국의 배출권거래제 현황은 다음과 같다.

- 적용 대상: 계획 기간 4년 전부터 3년간 온실가스 배출량 연평균 총량이 12만 5000톤 이상인 업체 또는 2만 5000톤 이상인 사업장의 해당 업체
- 관리 대상 물질: 이산화탄소(CO_2), 메탄(CH_4), 아산화질소(N_2O), 수소불화탄소(HFC_s), 과불화탄소(PFC_s), 육불화황(SF_6)
- 할당 방식: 주로 GF, BM 할당 방식 확대 중
- 무상 할당: 1차 계획 기간의 배출권 할당은 100%, 2차 계획 기간은 97%, 3차 계획 기간은 90% 무상 할당 시행
- 유연성 기제
  - 차입: 배출권 부족 시 계획 기간 내 다른 이행연도 배출권 일부 차입
  - 이월: 보유한 배출권을 현 계획 기간 내의 다음 이행연도 또는 다음 계획 기간의 최초 이행연도로 이월
  - 상쇄: 조직 경계 외부에서 발생한 외부 사업 온실가스 감축량을 배출권으로 전환해 시장 거래·배출권 제출 등에 활용

한편 한국 배출권거래제의 거래 추이는 〈그림 10-7〉, 계획 기간별 운영 방향은 〈표 10-6〉과 같다(기획재정부, 2017).

〈그림 10-7〉 우리나라 배출권 거래량 및 거래 가격 추이

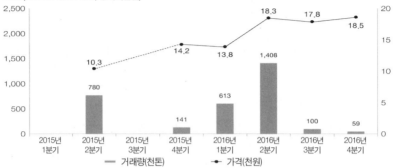

KCU(Korean Creat Unit, 상쇄배출권)

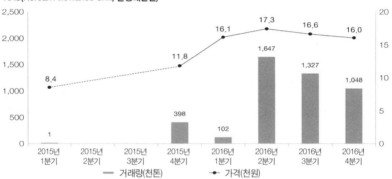

KAU(Korean Allowance Unit, 할당배출권)

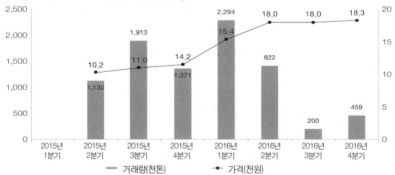

KOC(Korean Offset Credit, 외부 사업 인증 실적)

자료: 기획재정부(2017: 10).

〈표 10-6〉 우리나라 배출권거래제의 계획 기간별 운영 방향

구분	1차 계획 기간(2015~2017)	2차 계획 기간(2018~2020)	3차 계획 기간(2021~2025)
배출권 할당	• GF 할당 방식 적용(3개 업종 BM 방식 적용) • 전면 무상 할당	• BM 할당 방식 확대(설비 효율성 제고 유도) • 유상 할당 실시(3%)	• BM 할당 방식 정착(BM 방식 추가 개발) • 유상 할당 확대(10%)
외부 사업 감축	• 감축방법론 다양화(국내 29개 청정개발체제 211개 인정) • 외부 사업 활성화(소규모 감축 사업 규모 상향 등)	• 국내 외부 감축 사업 활성화(부문별 사업 발굴 촉진) • 해외 감축 활동 촉진(국내 기업 해외 감축 실적 국내 거래 인정)	• 해외 배출권 인정 범위 구체화(파리협정 후속 조치 반영) • 외부 사업 방법론 확대
배출량 검·인증	• 검·인증 체계 확립 • 검증 전문가 확충	• 배출량 명세서 정교화(BM 할당 확대 대비) • 국제 수준 검증 체계 마련	• 검증 인력 전문성 제고 • 국제 검·인증 기준 도입
배출권 거래시장	• 배출권거래소 발족(KRX) • 시장 안정화 조치 시행	• 추가적 경매 실시 • 시장조성자 도입 검토	• 제3차 시장 참여 실시(시장 교란 방지책 등 마련)
국제 협력, 산업 지원	• 국제 협력 사업 추진(한·EU 협력 사업, 한·중·일 포럼) • 감축 설비 지원 사업 등 금융·세제 지원 시행	• 국제 협력 사업 확대(한국형 양자 협력 사업 마련) • 할당 수입의 재투자(친환경 투자 재원으로 활용)	• 거래제 국제 연계 확대(국제 탄소시장 규정 반영) • 재원 활용 방법 다양화(투자 분야, 규모 확대)

자료: 기획재정부(2017: 21).

2) 향후 배출권거래제 운영 전략

우리나라는 '제2차 배출권거래제 기본계획'에서 2차 계획 기간의 운영 방향 목표를 "친환경 투자 인센티브 확대로 저탄소 산업혁신 유도"와 "신기후체제하 국제 탄소시장 연계 대비 국제 협력 강화"로 설정했으며, 3차 계획 기간의 운영 방향 목표는 "2030 온실가스 감축 목표 달성 핵심 수단으로 정착"과 "국제 기준을 반영한 제도 개선으로 기업 경쟁력 제고"로 설정한 바 있다. 이러한 전략을 토대로 배출권거래제의 효율적인 운영을 위해 확인하고 넘어가야 할 부분을 살펴보고자 한다.

티텐버그(Tietenberg, 2006)와 한과 스태빈스(Hahn and Stavins, 2011)의 기존 배출권거래제 연구 검토 결과를 토대로 심성희·이지웅(2015)은 우리나라 배출권거래제의 시장 왜곡 요인에 대해 살펴보고 이를 통제하기 위한

시장 설계 방향을 제시했다. 이 연구에서는 티텐버그(Tietenberg, 2006)와 한과 스태빈스(Hahn and Stavins, 2011)가 왜곡 요인으로 제시한 이중 배당, 신규 오염원에 대한 차별적 대우, 시장 지배력, 전략적 행동, 거래 비용, 규제받는 시장의 존재, 비용 최소화 외의 행동 유인 중에서 핵심적인 요인이라고 판단되는 거래 비용, 시장 지배력, 규제, 불확실성을 살펴보았다.

앞에서도 설명했듯이 거래비용[6]이 높을 경우 온실가스 감축 비용의 최소화를 담보할 수 없으며, 초기 할당 결과에 따라 거래 후 최종 배분도 달라질 수 있다. 배출권거래제가 온실가스 감축을 위한 비용 효과적인 수단이라는 것은 배출권 시장이 경쟁 시장이라는 가정에서 출발한다. 그런데 배출권 시장에 시장 지배적인 사업자가 존재할 경우 전략적 행동을 통해 배출권 가격에 영향을 미치거나 배출권 가격을 지렛대 삼아 상품 시장에서의 경쟁 우위를 꾀할 것이다. 이 경우 배출권거래에 따른 사회 후생의 극대화를 달성할 수 없다. 배출권거래제에 참여하고 있는 기업이 배출량 규제와 함께 다른 유형의 규제를 받고 있을 경우에도 기업의 비용 최소화 행위에 왜곡이 발생할 수 있다. 규제에 의한 왜곡은 전력과 같은 공공서비스를 제공하는 기업에서 발생하기 쉽다(Hahn and Stavins, 2011). 마지막으로 배출권 가격의 불확실성이 크면 배출권거래제를 통한 비용 효과적인 온실가스 감축이 어려울 수 있다. 만약 배출권거래제에 참여하는 기업이 위험회피적인 성향을 가지고 있을 경우 할당받은 배출권에 따라 온실가스 감축에 과다 또는 과소 투자를 할 것이기 때문이다(심성희·이지웅, 2015).

아직 배출권거래 초기 단계라서 섣부른 판단일 수 있지만, 우리나라도

---

6   배출권의 거래 상대방을 탐색하고 관련된 정보를 수집하는 데 들어가는 탐색 및 정보 비용, 거래 당사자들이 지불해야 하는 협상 비용(거래 조건 협상에 소요되는 시간과 법적 비용, 거래 중개수수료 및 각종 보험료 등을 포함), 거래의 신뢰성과 법적 이행을 담보하는 데 소요되는 감독 및 이행 강제 비용 등이 거래 비용이다(심성희·이지웅, 2015).

이러한 시장 왜곡 요인을 충실하게 검토해서 제도를 보완해나갈 필요가 있다. 우리나라 온실가스 배출권거래시장은 EU-ETS 등 전 세계 주요 배출권거래시장과 비교했을 때 시장 참여자의 수가 적고 영세한 편이며 금융기관을 포함한 배출권 중개업자의 참여 또한 제한적이라서 다른 시장에 비해 거래 비용이 높게 나타날 가능성이 많다. 또한 우리나라 산업 구조상 대규모 에너지 다소비 기업과 발전 자회사가 주요 온실가스 배출원이기 때문에 시장 집중도가 높을 수 있다. 심성희·이지웅(2015)의 연구에 따르면 우리나라에서는 목표관리제가 적용되는 대상 기업의 배출량 점유율을 뜻하는 허핀달 – 허시만 지수(Herfindahl-Hirschman Index: HHI)가 528로 유럽이나 미국에 비해 높지 않은 것으로 분석되었지만, 발전 자회사를 하나의 기업으로 간주할 경우 HHI가 1717로 높아진다는 점이나 한국 특유의 재벌이라는 기업 구조를 감안할 때 시장 지배력에 의한 왜곡도 안심할 수는 없는 상황이다.

전력 산업 구조 개편 기본 계획의 3, 4단계에 해당하는 도매 및 송배전 부문의 경쟁 도입이 미루어져 과도기적인 변동비 반영 시장(Cost-Based Pool) 체제로 전력 거래가 이루어지고 있는 상황 또는 신재생에너지의무할당제를 적용하고 있는 상황은 규제에 의해 배출권거래제가 왜곡되는 요인이 될 수 있다. 마지막으로 〈그림 10-7〉에서 살펴보았듯이 우리나라의 배출권거래는 아직 초기 단계라서 높은 가격 변동성이 관찰되지는 않았지만, 지난 12년 동안의 EUA 가격 변동을 고려해볼 때 배출권 가격 변동성이 확대될 가능성은 항상 염두에 두어야 한다. 이는 심성희·이지웅(2015)의 평가 결과에서도 확인할 수 있다(〈표 10-7〉 참조).

3차 계획 기간 동안 정착하는 것을 목표로 하는 BM 할당 방식의 개발도 효율적인 배출권거래제 운영을 위해 중요한 요인이다. GF 방식은 지표 산정의 용이성과 정책 시행의 단순성이라는 장점을 갖고 있어 배출권거

시장 왜곡 유형	시장 왜곡 가능성	시장 왜곡의 주요 요인
거래 비용	높음	• 소수의 시장 참여자 • 소규모 배출 업체 중심의 편향된 분포 • 이질적인 시장 참여자
시장 지배력	높음	• 높은 시장 집중도 • 일부 기업 그룹(특히 한전 및 자회사)의 협조적 행동
규제	보통	• 고정된 전력 소매 요금 • 신재생에너지의무할당제
불확실성	높음	• 간접 배출 포함 • 경기 변동

자료: 심성희·이지웅(2015: 199).

래제 초기에 유효한 방식이지만, 과거 배출량에 기초해 배출량을 할당함에 따라 배출량이 많은 기업에 더 많은 배출권을 할당함으로써 조기 감축 행동을 반영하기 어렵다. 또한 제도가 진행될수록 온실가스 배출 저감 노력에 대한 역인센티브를 초래할 가능성도 높다(김용건 외, 2010). 따라서 기업의 활동량 등 추가적으로 자료를 확보해야 하고 할당 공식 설정이 상대적으로 복잡하고 어렵지만 궁극적으로는 BM 할당 방식으로 변경해야 한다. 공성용·김이진·김용건(2015)에서도 설명했듯이, 벤치마크 적용 단위 및 벤치마크 수준, 활동량의 정의, 벤치마크 기준값, 활동자료의 선정(종류, 시점, 기간)에 유의해 BM 할당 방식을 개발해야 할 것이다.

마지막으로 지금까지 논의한 점을 검토·보완해 실제로 배출권거래제를 운영할 부문별 전문 인력을 양성해야 한다. '제2차 배출권거래제 기본계획'에서도 명시하고 있듯이 배출권거래제의 성공적인 운영을 위해서는 2030년까지 9600여 명의 전문 인력이 필요하다. 이를 위해 전문대학원 등 전문기관의 설립, 온실가스관리기사 같은 자격증 제도 운영, 검증 교육 기관 확대, 산·학·연 협력 확대가 체계적이고 지속적으로 이루어져야 한다. 한국은 주변국보다 다소 늦게 배출권거래제 운영을 시작했지만, 지역 단위로 배출권거래를 시행하고 있는 중국이나 일본과 달리 국가 단위로 배출권거래제를 시행하고 있다. 체계적인 정책과 충분한 인프라 투자를 통해 앞으로 한국이 배출권거래제를 성공적으로 운영하고 이를 발판으로 동북아 탄소시장을 주도적으로 이끌어나갈 수 있기를 기대해본다.

참고문헌

공성용·김이진·김용건. 2015. 『배출권거래제도의 벤치마크 사례 국제비교 연구』. 한국환경정
　　책·평가연구원.

기획재정부. 2014. 「배출권거래제 기본계획(안)」. 2014.1.

_____. 2017. 「제2차 배출권거래제 기본계획(안)」. 2017.1.

김용건·김이진·한상운·배미례·이수철·박호정·안병옥·박시원. 2012. 『주요국 온실가스 감축
　　정책 동향 및 시사점』. 한국환경정책·평가연구원.

김용건·전지영·이은혜·공현숙. 2010. 『온실가스 배출권 초기할당방식에 관한 연구』. 한국환경
　　정책·평가연구원.

김이진·이상윤. 2014. 「주요국의 배출권거래제 추진 현황 및 시사점」. ≪환경포럼≫, 18집 7호.

심성희·이지웅. 2015. 「우리나라 배출권거래제의 시장 왜곡 요인과 정책적 함의」. ≪에너지경
　　제연구≫, 제14권 2호.

온실가스종합정보센터. 2016. 「2016 국가 온실가스 인벤토리 보고서」. 2016.12.

유인식. 2017. 「파생거래기법을 활용한 탄소자산관리」. 온실가스종합정보센터. ≪기후변화와
　　녹색성장≫, 13호.

이연상. 2008. 『쉽게 풀어보는 기후변화협약』. 한울.

한국환경정책·평가연구원. 2014. 『발전부문 배출권 할당방안 마련을 위한 연구』. 환경부.

De Perthuis, Christian and Raphael Trotignon. 2014. "Governance of CO2 markets: lessons
　　from the EU ETS." *Energy Policy*, 75, pp.100~106.

Gollier, Christian and Jean Tirole. 2015. "Negotiating Effective Institutions Against Climate
　　Change." *Economics of Energy and Environmental Policy*, 4-2, pp.5~28.

Hahn, R. W. and R. Stavins. 2011. "The Effect of Allowance Allocations on Cap-and-Trade
　　System Performance." *Journal of Law and Economics*, 54-4, pp.267~294.

Quinet, A. 2009. *La valeur tutélaire du carbone*. La Documentation Française, Rapports et
　　Documents 16, Paris.

Tietenberg, T. H. 2006. *Emission Trading: Principles and Practice*(2nd ed.). RFF Press.

US Interagency Working Group. 2013. *Technical Update of the Social Cost of Carbon for
　　Regulatory Impact Analysis under Executive Order 128666.*

Weitzman, M. L. 2015. "Voting on Prices vs. Voting on Quantities in a World Climate
　　Assembly." *Economics of Energy and Environmental Policy*, 4-2, pp.37~50.

4부

결론 및 정책 제언

11

파리기후체제하 한국의 기후외교 전략 모색

김성진

1. 국가 구조: 한국의 온실가스 배출 현황과 감축 계획[1]

1) 한국의 온실가스 배출 현황

2014년 기준 한국은 중국, 미국, 인도, 러시아, 일본, 독일 다음으로 세계 7위의 이산화탄소 배출국이다. 1인당 이산화탄소 배출량[2]은 11.7톤 CO_2/명으로 세계 18위이며, 탄소집약도(GDP 단위당 CO_2 배출량)는 0.48kg CO_2/달러로 세계 53위를 차지한다(온실가스종합정보센터, 2016: 48~50). 온실

---

1 이 절은 저자의 기존 논문(권필석·김성진, 2017: 131-133)을 일부 수정·발췌한 것이다.

2 OECD 국가들의 1990년 대비 2013년 1인당 이산화탄소 배출량 증가율을 산정하면, 한국은 34개국 중 압도적인 1위인 110.8%를 기록하고 있다. OECD 국가들의 1인당 평균 온실가스 배출량은 1990년 10.29톤CO_2/명에서 2013년 9.55톤CO_2/명으로 7.2% 감소한 반면, 한국은 1990년 5.41톤CO_2/명에서 2013년 11.39톤CO_2/명으로 늘어났다. OECD 국가 중 한국의 1인당 이산화탄소 배출량 증가율이 가장 높은 비중을 보인 것은 석탄을 통한 화력발전에 의존하는 한국의 산업구조에 기인하며, 이는 한국이 국제사회로부터 거센 비판을 받고 있는 요인이다.

가스 배출원으로는 에너지 분야가 86.8%로 압도적인 비중을 차지하며, 산업 공정 7.9%, 농업 3.1%, 폐기물 2.2%의 순이다. 6대 온실가스별로는 이산화탄소가 91.1%로 대부분을 차지하고, CH_4 3.9%, N_2O 2.2%, SF_6 1.4%, HFCs 1.2%, PFCs 0.4%의 양상을 보이고 있다(온실가스종합정보센터, 2016: 40~42).

　한국은 UN기후변화협약과 교토의정서 채택 시 개도국 지위를 인정받아 감축 의무를 부여받지 않았기 때문에 교토체제에서는 온실가스 감축 목표 및 기한을 국제사회에 제시할 필요가 없었다. 한국이 처음으로 온실가스 감축 목표를 정하고 국제사회에 서약한 것은 2008년에 집권한 이명박 정부에 이르러서였다. 이명박 정부는 국제 공동체가 개도국에 권유하는 최고 수준의 요구를 수용해 '2020년까지 BAU(business-as-usual) 대비 30%(2005년 대비 4%) 감축'이라는 감축 목표를 국제사회에 선포하고 이를 이행하기 위해 '저탄소 녹색성장'을 최우선 순위의 국정 과제로 두는 국가 전략을 수립했다. 하지만 정부의 이러한 노력에도 불구하고 한국의 온실가스 총 배출량은 줄어들지 않았으며, 2010년 656.6$MtCO_2eq$에서 2011년 682.6$MtCO_2eq$, 2012년 687.1$MtCO_2eq$, 2013년 696.5$MtCO_2eq$, 2014년 690.6$MtCO_2eq$로, 2014년을 제외하면 줄곧 상승 추세를 유지해온 것을 확인할 수 있다(온실가스종합정보센터, 2016: 40~41).

　온실가스 배출량이 계속 증가 추세에 있다는 사실은 한국이 국제사회로부터 부정적인 평가를 받는 결정적인 요인이다. 저먼와치(Germanwatch)와 기후행동망(Climate Action Network: CAN) 유럽지부가 매년 발행하는 기후변화성과지표(Climate Change Performance Index: CCPI)에서는 세계에서 가장 많은 온실가스를 배출하는 58개국을 대상으로 기후변화 대응 성과를 평가한다. CCPI 2016년판은 한국의 기후변화 대응에 대해 가장 낮은 등급인 '매우 부족(very poor)' 판정을 내렸으며, 끝에서 다섯 번째인 57위(1~3

위는 공석)에 위치시켰다.[3] 이렇게 낮은 순위가 된 주요 요인으로는 다량의 이산화탄소 배출과 지속적인 배출량 증가, 그리고 전체 에너지 공급에서 1%도 차지하지 못하는 재생에너지 비중이 꼽혔다(Burck, Marten and Bals, 2016: 6). 결과적으로 한국은 그동안 다양한 투입(input)을 통해 법·정책·외교 전략 등의 산출(output) 면에서 여러 결실을 맺었으나, 가장 중요한 '국가 온실가스 배출량 감축'이라는 결과(outcome)와 '국제무대에서 기후 리더십 발휘'라는 영향(impact)은 달성하지 못하고 있는 상황으로 파악된다.

2) 한국의 기후변화 대응 정책과 NDC

한국은 2015년 6월 30일 자발적 NDC를 UN기후변화협약에 제출했으며(UNFCCC, 2015), 핵심인 온실가스 감축 목표를 "2030년까지 BAU 대비 37% 감축"으로 확정했다. 즉, 현 상태를 지속할 경우 2030년에 배출량이 $850.6MtCO_2eq$에 도달할 것으로 예상되지만 감축 노력을 통해 2030년 배출량을 $536.0MtCO_2eq$로 낮추겠다는 의미이다. NDC 이전 한국의 감축 목표였던 코펜하겐 서약에서는 "2020년까지 BAU 대비 30% 감축"을 선언했는데, 이는 2020년 $813MtCO_2eq$에 도달할 것으로 예상되는 배출량을 $543MtCO_2eq$으로 줄이겠다는 의미였다. 결과적으로 2020년 예정 배출량 기준 2030년까지 $7MtCO_2eq$를 더 감축하는 것으로 다소 진전된 목표를 잡았다.

NDC에서 한국은 그동안 대내외적으로 시행해온 기후변화 대응 노력을 설명하고 있다. 이명박 정부가 출범하고 저탄소 녹색성장 전략을 추진하기 시작한 2008년을 기점으로, 한국정부는 이전의 소극적·수동적인 자세

---

3 한국 아래로는 일본, 호주, 카자흐스탄, 사우디아라비아의 4개국이 순서대로 위치해 있다.

에서 벗어나 적극적·주도적인 중견국 기후외교를 펼쳤다(Kim, 2016: 137~
142). UN기후변화협약에서 한국은 감축 의무를 지니지 않는 개도국 신분
이었음에도 2009년 코펜하겐 서약을 통해 '2020년까지 BAU 대비 30% 감
축'이라는 목표를 자발적으로 제시했으며, 이를 이행하기 위해 2010년 4
월 기후변화 대응 종합법인 '저탄소 녹색성장 기본법'을 제정했다. 또한
2011년 7월에는 경제 부문별 연간 감축 목표를 확정했고, 2014년 1월 상
세한 부문별 행동 계획을 담은 '국가 온실가스 감축 로드맵'을 발표했다.
이에 더해 2012년에는 '온실가스·에너지 목표관리제'를 도입했고, 같은
해 '온실가스 배출권의 할당 및 거래에 관한 법률'을 공포한 후 2015년부
터 국가 온실가스 배출량의 67.7%를 차지하는 525개 기업을 대상으로 전
국 단위 온실가스 배출권거래제를 시행했다. 그밖에도 신·재생에너지공
급의무제, 친환경 주택 성능 평가, 자동차 평균 에너지 소비효율 등 전력,
건물, 수송의 분야에서 다양한 정책을 도입해 에너지 효율 향상과 온실가
스 감축을 위해 노력해왔다. 단기간에 추진된 이러한 제도적 변화는 개도
국 중 비견될 만한 사례를 찾기 어려울 정도이다.

이후 박근혜 정부 들어 '저탄소 녹색성장'의 기조는 상당 부분 활력을
잃었으나, 최근에는 에너지신산업을 추진 중이다.[4] 수요 자원 거래 시장,
에너지저장장치 통합 서비스, 에너지 자립섬, 발전소 온배수열 활용, 전기
자동차, 태양광 대여, 제로 에너지 건물, 친환경에너지타운이라는 8개 분
야로 이루어진 에너지신산업은 기후변화와 에너지 안보에 대응하는 박근
혜 정부 최대의 사업으로서, 2016~2020년 기간 총 42조 원의 투자가 이루
어질 예정이다. 이 중 30조 원이 신·재생에너지 확대에 투입되어 석탄화
력발전소 26기에 해당되는 13GW 규모의 신·재생에너지 발전소가 건설

---

4   "에너지신산업", http://www.energynewbiz.or.kr/main(2017년 5월 15일 검색).

되면 국가 온실가스 감축에 크게 기여할 수 있을 것이라고 한국정부는 기대하고 있다.

하지만 지금까지의 이러한 노력에도 대외 및 대내 정책의 양 측면에서 NDC 달성에 많은 어려움이 예상되는 것이 현실이다. 한국은 감축 목표의 일부를 국제시장메커니즘(international market mechanism: IMM)을 활용해서 달성하겠다는 계획을 NDC에 수록했다. NDC상에는 '일부'가 어느 정도인지 구체적으로 제시하지는 않았으나 2016년 12월 발표된 '제1차 기후변화 대응 기본계획'에서는 감축 목표치 37% 가운데 국내 정책을 통해 25.7% (219MtCO$_2$eq), 국제시장메커니즘을 통해 11.3%(96MtCO$_2$eq)를 감축할 것을 명기했다(관계부처 합동, 2016: 67). 하지만 국제시장메커니즘을 활용해 11.3%를 감축하리라고 낙관하기에는 불확실한 면이 너무나 많다. 파리협정에서는 국제 탄소시장의 형태에 대해 구체적으로 규정하지 않았으며, 현재 온실가스 배출권의 구입과 판매를 둘러싸고 세계 각국이 시장 창출 및 주도권 확보를 위해 노력하는 상황이다. 해외시장으로부터의 배출권 구입이 큰 비중을 차지하는 한국은 어떤 곳에 어느 정도의 온실가스 배출량 여분이 존재하고 또 어느 나라가 어느 정도의 확보를 위해 어떤 전략을 세우고 있는지와 관련된 정보조차 수집하고 있지 못한 상태로 판단된다. 국내적으로도 전력 정책 혁신, 온실가스 배출권거래제, 신·재생에너지의 무할당제, 신·재생에너지의 보급 확대 등 다양한 감축 정책을 계획 중이지만, 대부분의 에너지를 수입한 화석연료에 의존하면서 다량의 에너지를 소비하는 제조업을 통한 수출 중심인 현 산업·무역 구조를 유지한다면 25.7%나 되는 국내 목표를 달성하기란 쉽지 않을 것으로 전망된다(김성진, 2015: 283~289).

2. 전략적 틈새: 한국 기후외교 전략의 모색

1) 약속 지키기: NDC 달성을 위한 노력

파리기후체제에서 기후외교를 추진할 수 있는 근본적인 힘은 국내의 기후변화 대응 성과에서 비롯된다. 그러므로 한국이 자발적인 감축 공약으로 국제사회에 제출한 NDC를 실질적으로 달성하지 않고는 어떠한 외교 전략도 추진력을 얻을 수 없다. NDC 달성의 핵심은 정부의 전향적인 자세와 실천이다. 파리기후체제는 개별 국가들의 정치적 의지에 의존하며, UN을 비롯한 국제사회는 그 의지가 실천으로 이어지도록 감시하고 재촉하는 역할을 맡는다. 즉, 파리체제의 성공 여부는 주요 당사국의 국내 정치에 달려 있는 것이다. 교토체제가 보여주었듯이 주권 국가들이 자국의 단기적 이익만 생각해 저탄소 사회를 향한 의지를 상실하면 결국 어떤 국제 제도를 수립하든 문제를 해결할 방법은 없다. 상향식의 파리협정은 그 사실을 인정하는 것임과 동시에, 국제 규범이 국가의 이익 구조를 변화시켜 새로운 전 지구적 협력을 도출할 수 있다는 가능성에 대한 희망이기도 하다. 한국 역시 이러한 희망에 부응하는 방향으로 국가 구조를 혁신해 나가야 할 것이다.

한국이 국제사회와의 약속을 지키기 위해서는 다음 몇 가지 사항에 대해 혁신에 나서야 할 것으로 판단된다. 첫째, 과학과 환경 비용 개념에 인식적 토대를 두고, 지금까지와는 다른 차원의 의지와 일관성을 갖고 NDC 달성을 위해 노력하는 모습을 대내외적으로 보여야 한다. 기후변화는 실재하는 현상이며, 그 주요 원인이 인간 활동에 의한 온실가스의 증가라는 사실은 이제 과학적 타당성을 인정받은 상태이다. 1991년 이후 대기과학자 등 전문가들이 발표한 논문을 대상으로 전수 조사한 결과, 기후변화가 인간 활동에 의한 것이라는 데 동의하는 논문의 비율은 97.2%인 것으로 나타났다(Cook et al., 2016: 2). 한편 기후변화에 관한 가장 권위 있는 인지 공동체인 IPCC의 5차 보고서(IPCC, 2014)에서는, 기후변화는 논란의 여지가 없을 정도로 명백한 현상이며, 지구 에너지에 불균형을 초래하는 모든 물질과 과정이 기후변화의 원인인데 특히 1750년 이후 대기 중 이산화탄소 농도의 증가가 가장 큰 원인임을 명확히 했다. 감축 없이 현재 추세로 온실가스를 배출할 경우 2081~2100년경 지구 평균기온의 증가와 해양 기온의 상승, 빙하의 융해, 해수면 상승 등이 초래되어 인류는 대재앙에 직면할 것이라고 예측하고 있다. 따라서 2100년 기준 산업화 이후 지구 평균기온 상승분을 2도 이내로 막고, 온실가스 농도를 430~480ppm으로 안정화시키기 위해서는 기술·산업·제도의 모든 면에서 혁신적인 변화가 요구된다.

이러한 변화를 위해 ① 산업, 수송, 건물 등의 분야에서 에너지 소비를 줄임과 동시에 에너지 효율을 개선하고, ② 화석연료의 상당 부분을 재생에너지로 시급히 대체할 수 있도록 지원하며, ③ 산림, 토지 등 지속 가능한 탄소흡수원의 역할을 제고하고, ④ 저탄소 사회로 늦지 않게 진입하기 위한 다양한 정책을 추진하면서, ⑤ 환경 비용 개념을 정립하고 미래의 막대한 비용을 막기 위해 현재부터 비용을 지불하는, 투자 방식의 근본적인 인식 변화를 이루는 데 국가의 역량을 총동원해야 할 것이다. 새로운 제도의 수립이나 정책 마련도 중요하지만 현재 한국에서 최우선적으로 필요한 것은 저탄소 사회로의 방향성에 대한 정부 차원의 결심이다. 정부가 흔들림 없이 한 방향을 향해야 시장과 사회도 이를 신뢰하고 그에 반응해 움직이게 된다.

최근 한국은 세계 기후변화와 관련한 전문 보도매체인 ≪클라이메이트 홈(Climate Home)≫으로부터 세계 4대 '기후악당(climate villains)' 중 첫째로 꼽히는 불명예를 안았다. ≪클라이메이트 홈≫은 세계적인 환경단체인 기후행동추적자(Climate Action Tracker: CAT)의 최신 분석을 토대로 한국, 사우디아라비아, 호주, 뉴질랜드를 대표적인 기후악당으로 선정했다. 한국의 경우 1인당 배출량의 빠른 증가 속도, 세계적으로 손꼽히는 수준의 석탄 산업 투자, 2020년 서약에 비해 진전된 것이 거의 없는 NDC 등이 주요 선정 이유였다(Mathiesen, 2016.11.4). 한국은 온실가스 감축의 성과, 화석연료 투자 제한, 그리고 책임감 있는 NDC의 이행 같은 실질적이고 진정성 있는 변화 없이는 국제사회에서 지속적인 비난을 피할 길이 없는 상황이다. 이러한 근본적인 문제는 외교적인 노력만으로는 결코 해결할 수 없으며, 국내에서의 혁신적 변화가 반드시 수반되어야 한다.

둘째, 국내 정치적으로 기후외교의 참여 요인을 조정해 효과적인 기후 거버넌스를 구축해야 한다. 이에 가장 먼저 필요한 것은 컨트롤타워의 확립이다. 과거 이명박 정부하에서는 대통령 직속 녹색성장위원회가 설립되어 강력한 권한을 갖고 저탄소 녹색성장 정책을 총괄한 바 있다. 하지만 직후의 박근혜 정부는 대통령 직속에서 국무총리 직속으로 녹색성장위원회의 위상을 강등해 유명무실화시켰으며, 핵심 기능을 담당했던 녹색성장기획단을 폐지했다. 환경부, 산업통상자원부, 외교부, 기획재정부 등 기후변화 관련 주요 부처의 '녹색' 관련 기능과 업무가 대폭 축소되었고, 특히 기후변화 정책 총괄과 국내 배출권거래제 주관이라는 역할을 맡고 있던 환경부는 각각 국무조정실과 기획재정부에 그 기능을 이관해야 했다. 국제회의 때마다 국가 브랜드처럼 녹색성장의 기치를 설파하던 한국 정부의 모습 역시 외교 무대에서 쉽게 찾아볼 수 없게 되었다.

이전 정권을 상징하는 대표적인 정책을 계속 추진하는 것은 후속 정부에 큰 정치적 부담으로 작용할 수 있다. 하지만 전 지구적인 추세와 그동안 한국이 투자해온 노력과 시간을 고려할 때 '녹색성장'이라는 국가 브랜드를 포기하는 것은 국익에 유용한 행동이라고 보기 어려울 것이다. 장기적인 관점에서 녹색경제로 전환하고 녹색외교를 지속하는 것은 중차대한 국익의 사안이다. 따라서 정부에서는 다시금 정치적 의지를 발휘해 녹색 분야에서 국가의 이익과 평판을 제고해야 할 필요가 있다. 그리고 이를 위한 첫걸음으로 기후외교를 포함한 기후 전략을 총괄하는 컨트롤타워를 정비해 다양한 참여 요인을 조정할 수 있는 권한을 전적으로 부여해야 할 것이다.

한 예로, 영국의 기후변화위원회(Committee on Climate Change)는 기후변화 컨트롤타워의 모범적인 형태를 보여주고 있으므로 이미 녹색성장위원회와 지속가능발전위원회를 보유한 한국이 참고하기에 적절할 것으로 판단된다. 영국은 2008년 11월 26일에 포괄적인 '기후변화법(Climate Change Act)'[5]을 세계 최초로 제정하면서 2050년까지 1990년 대비 80% 온실가스 배출량 감축(2020년까지 최소 26% 감축)이라는 목표를 법에 명문화했다. 그리고 이를 이행하기 위해 에너지·기후변화부,[6] 교통부, 환경·식량·농촌부, 기업·혁신·기술부, 공동체·지역부, 아동학교·가족부 등 유관 부처에 탄소 예산을 할당하고, 5년마다 감축 실적을 달성해 의회에 보고하도록 규정했다. '기후변화법'에 의해 신설된 기후변화위원회는 매년 정부에 탄소 예산의 수준과 효율적인 감축 목표 달성 방법을 분석·제언하고, 정부의 진행 상황을 의회에 보고하는 역할을 맡게 되었다. 이는 내각·의회에

---

5   세계법제정보센터, "영국 기후변화법 2008", http://world.moleg.go.kr/World/Western Europe/UK/law/3077?orderOption=OLD&astSeq=0(2017년 5월 15일 검색).
6   2008년 10월 3일 노동당 고든 브라운(Gordon Brown) 내각에서는 기존에 기업·혁신·기술부가 맡고 있던 에너지 업무와 환경·식량·농촌부가 담당하던 기후변화 대응 기능을 떼어내서 새로운 중앙부처인 에너지·기후변화부를 설립했으나, 보수당 총리 테레사 메이(Theresa May)가 집권한 후인 2016년 7월 14일에 에너지·기후변화부는 폐지되고 소관 업무는 기업·혁신·기술부에 통합되어 기업·에너지·산업전략부가 탄생했다.

소속되어 있지 않고 독립성을 지닌 전문기관이 기후변화 정책의 컨트롤타워 기능을 하도록 법적 권위를 부여한 것이다. 한국으로서는 현재 유명무실해진 녹색성장위원회나 지속가능발전위원회의 위상과 기능을 강화해 유관 부처의 다양한 입장을 중립적·독립적으로 조정할 수 있는 권한을 지닌 컨트롤타워로 만드는 작업 또한 적극적으로 추진할 필요가 있다.

의지와 제도 면에서 정부의 혁신적 방향성이 신뢰를 얻어야 시장과 사회 역시 같은 방향으로 움직일 것이다. 에릭 파타시닉(Eric M. Patashnik)은 정책의 지속성을 주제로 한 자신의 저서에서, 혁신적인 내용을 담은 주요 정책이 법제화된 후에도 혁신의 지속성을 유지하는지를 판단할 수 있는 세 가지 지표로 정치 조직의 개편, 투자의 흐름, 이익집단의 정체성 변화를 들고 있다(Patashnik, 2008: 25~33). 먼저 정치 조직의 개편이란, 기존의 보신주의적 체제와 기득권 동맹을 해체하는 방향, 또는 혁신을 운영하는 능력을 강화하는 방향으로 이루어지는 거버넌스 개혁을 의미한다. 예를 들어, 전자의 경우 혁신에 반대하는 조직에 대해서는 의사결정권을 제한하거나 소관 국회상임위원회를 변경하거나 특정 부서를 폐지하는 방법을 취할 수 있으며, 후자의 경우 혁신을 전담하는 기관을 신설 또는 재편해 강력한 권한을 제도적으로 부여하거나, 혁신을 운영하기 위해 행정 규제를 철폐하거나, 담당 관료의 인센티브를 늘리거나, 혁신을 반대로 돌리기 위한 의사결정을 어렵게 만드는 방식을 취할 수 있다.

혁신이 지속성을 유지하는지 알기 위해 확인해볼 다음 사항은 투자의 흐름이 변화했는지, 이익집단의 정체성이 변해 새로운 이합집산이 나타나고 있는지 여부이다. 파타시닉에 따르면 혁신이 지속성을 지닐 때는 변화된 정책에 맞춰 사람들이 대규모 투자를 하게 되며, 기존의 이익집단이 지닌 인식이 변해 새로운 집단이 등장하는 현상이 나타난다. 결과적으로 이 두 가지에 대해 국내적 피드백이 없다면 그 혁신은 사람들에게 신뢰를 주지 못한 것이고, 이는 행동 변화를 수반하지 못한다는 주장이다. 따라서 혁신의 지속 가능성은 정부가 제도적 개혁을 통해 시장과 사회에 얼마큼 신뢰를 주는지에 달려 있으며, 신뢰성이 없는 법과 정책은 국내의 행동 변화를 일으키지 못한다는 결론에 이를 수 있다.

2) 동지 만들기: 녹색성장동맹의 모색

모든 국가가 자국의 이익을 최우선으로 추구하는 정글과 같은 국제 체제에서 자국과 이해관계를 공유하는 국가를 찾아 협력 관계를 구축하는 일은 중요한 외교 활동이다. 한국은 기후변화 대응에 대해 불분명한 입장을 보이는 국가들을 설득하고 이익과 가치를 공유할 수 있는 국가들을 가능한 한 많이 동지로 끌어모아야 한다. 이를 위해서는 세 가지 방향을 고려할 수 있다. 첫째, 한국이 속한 협상 그룹을 다변화하는 방향으로 접근해야 한다. 지금까지 UN기후변화협약에서 한국은 선진국과 개도국 어느 편에도 서지 않고 유사한 입장을 지닌 국가들(스위스, 멕시코, 리히텐슈타인, 모나코)을 모아 5개국의 환경건전성그룹(Environmental Integrity Group: EIG)을 결성해 협상에 임해왔다(Kim, 2016: 149~151). 한국은 온실가스 다배출국이므로 감축 의무를 지닌 선진국과 감축 의무를 유예받은 개도국으로 이분화된 교토체제에서는 중립적인 입장을 유지한 EIG가 국익 측면에서 의미를 지녔으나, 모든 회원국이 참여하는 보편성 기반의 파리체제에서는 EIG의 틀 안에서만 활동하는 것이 바람직한지 재고할 필요가 있다. 세계 7위의 이산화탄소 배출국이자 OECD 회원인 선진국으로서 한국은 국제 구조 변화에 맞춰 다층적인 협상 연합을 주도해 사안마다 이익과 가치를 극대화하는 방안을 적극적으로 고려해봐야 한다.

최근 UN기후변화협약 협상 무대에서 가장 주목할 만한 현상 중 하나는 협상 그룹이 확대된 것이다. 가장 오래된 6개 그룹인 G-77, 군소도서개도국(Small Island Developing States: SIDS), 최빈국(Least Developed Countries: LDCs), EU, 우산그룹(Umbrella Group), EIG 외에 다양한 목표를 공유하는 협상 그룹[7]이 생겨나 구체적인 사안에 따라 다양한 이해관계를 표출하고 있다.[8] 다시 말해 이제 UN기후변화협약에서는 한 국가가 한 그룹에만 속하는 것이 아니라 지역적·정치적 이해관계에 따라 다수의 그룹에 속해 기후변화에 의해 파생된 복잡한 의제에 외교적으로 대응하는 상황이 펼쳐지고 있는 것이다.

한국 역시 복합적인 이해관계와 녹색성장 분야에서의 국제적 리더십을 EIG라는 중도적인 입장의 그룹에서만 다 표출할 수는 없는 상황에 이르렀다. 따라서 한국도 뜻을 같이하는 국가들을 규합해 EIG 이외의 협상그룹을 조성·활용하는 방안을 고려해야 한다. 이를테면 현재 글로벌녹색성장연구소(GGGI)의 24개 회원국[9] 중 이해관계를 같이하는 나라들과 연합해 기후변화 대응과 경제성장의 조화를 추구하는 녹색성장의 기치하에 '녹색성장동맹'의 결성을 시도해볼 수도 있다. 이 경우 몽골, ASEAN 국가

---

7   아프리카 그룹(African Group), 아랍 그룹(Arab Group), 중미통합체제(Central American Integration System: SICA), 남미카리브해독립동맹(Independent Alliance of Latin America and the Caribbean: AILAC),우리 아메리카 민중을 위한 볼리바르동맹(Bolivarian Alliance for the Peoples of Our America: ALBA), 열대우림국연합(Coalition for Rainforest Nations), 산으로 둘러싸인 개도국(Mountains Landlocked Developing Countries), 진보적 행동을 위한 카르타헤나 대화체(Cartagena Dialogue for Progressive Action), 동지개도국(Like-Minded Developing Countries: LMDCs), BASIC(브라질, 남아공, 인도, 중국) 등이 해당된다.

8   UNFCCC, "Party Groupings," http://unfccc.int/parties_and_observers/parties/negotiating _groups/items/2714.php(2017년 5월 15일 검색).

9   한국, 호주, 키리바시, 바누아투, 몽골, 인도네시아, 필리핀, 베트남, 캄보디아, 멕시코, 파라과이, 코스타리카, 파푸아뉴기니, 가이아나, 피지, 덴마크, 영국, 노르웨이, 에티오피아, 르완다, 세네갈, 카타르, 아랍에미리트, 요르단의 24개국이 회원국이다. GGGI, "Worldmap," http://gggi.org/activities/ggpi/summaries-by-country(2017년 5월 15일 검색).

들, 오세아니아 국가들, 그리고 일부 남미 및 아프리카 국가들이 주된 동맹의 대상으로 검토될 수 있다.

둘째, 협상그룹의 다변화와 더불어 클럽 외교에 더 주력할 필요가 있다. 코헤인과 빅토르는 UN기후변화협약과 같은 보편적 제도만이 아니라 주요경제국포럼(Major Economies Forum on Energy and Climate Change: MEF), G20, G8, G8+5 등 특수한 지위와 행태를 지닌 국가들의 '클럽'도 충분히 활용하는 접근을 병행할 것을 제안한 바 있다(Keohane and Victor, 2011: 9~16). 공약, 시장 메커니즘, 재정 지원, 기술 이전 등 UN기후변화협약에서 쉽게 해결되지 않는 정치적 문제들을 다양한 국제제도를 활용해 다양한 측면에서 해결을 도모하자는 '레짐 복합체(regime complex)' 구상이다.

국제기구, 국제조약, 인지공동체, 클럽 등 다양한 레짐이 자신의 분야에서 문제 해결을 위해 노력하는 이러한 레짐 복합체 방식은 융통성과 적응의 측면에서 장점을 지니고 있기 때문에 UN기후변화협약만으로는 해결하기 어려운 사안을 외곽에서 보완할 수 있다. 예를 들어, 교토의정서의 7대 온실가스 중 HFC는 2016년 말에 열린 오존층 파괴 물질에 관한 몬트리올의정서 당사국 28차 회의에서 규제 대상으로 결정되었다. HFC는 오존층 파괴 물질의 대체 물질로 널리 사용되어왔으나 기후변화의 주범 중 하나임을 감안해 선진국은 2019년부터 단계적 감축에 들어가고 개도국은 2024년에 소비를 동결하는 것을 골자로 하는 개정안이 가결된 것이다. 또한 국제민간항공기구(International Civil Aviation Organization: ICAO)에서는 항공기의 탄소 배출을 규제·상쇄하는 규정이 통과되어 2012년부터 시행이 결정되었다. 항공기뿐 아니라 선박에서 배출되는 온실가스 역시 국제해사기구(International Maritime Organization: IMO)의 협상 의제로 부각되고 있다. 그밖에도 강대국·중견국의 클럽인 G20, 아시아·태평양 지역의 자유주의 클럽인 APEC, 동북아·동남아를 연계하는 동아시아 클럽인 동아시아정상회의(East Asia Summit: EAS) 등 다양한 국제 레짐에서 기후변화 이슈들이 최상위 의제로 논의되고 있다. 즉, 온실가스 감축과 기후변화 적응을 포괄적으로 관할·검토하는 UN기후변화협약의 기능을 보완해 특정 온실가스, 특정 부문, 특정 지역 등에서 다양한 레짐으로 접근하는 방식이 활성화되고 있는 추세이다. 따라서 한국은 단순히 이에 대비하는 차원을 넘어 실효성과 가치를 지닌 아이디어를 제시하고 기후기술협력 등의 분야에서 중요한 역할을 담당하는 등 복합적인 레짐을 다채롭게 활용하는 외교를 통해 기후 의제의 주도권을 확보하기 위한 노력을 계속해야 할 것이다.

셋째, 해외로부터 상쇄배출권을 확보하기 위해 이해관계가 맞는 국가들을 발굴해 양자적·다자적 시장을 형성함으로써 탄소동맹을 구축할 필요가 있다. 앞서 언급한 바와 같이 파리협정은 6조에서 국제적인 탄소시장에서의 거래를 통해 NDC를 달성할 수 있도록 규정하고 있다. 구체적인 탄소시장의 모습은 아직 협상 중이지만, 엄격하고도 투명한 감축 산정 기준에 따라 거래 규칙이 마련될 전망이다. 특히 개도국 온실가스 감축 사업을 통해 배출권을 매매하도록 설계된 청정개발체제 방식은 '지속가능개발체제(Sustainable Development Mechanism: SDM)'로 명칭이 변경되어 파리협정에서도 그대로 이어질 전망이다.

한국은 NDC 목표치 37% 중 11.3%를 국제 탄소시장에서 구입할 것을 제안했으므로 국제 탄소시장의 설립과 규칙 제정 과정에 적극 참여해 한국의 이익을 투사하고 국제 탄소시장의 발전에 기여하는 것이 바람직하다. 파리협정 채택 직후 이미 18개국[10]이 국제 탄소시장의 성장을 촉진하

---

10 호주, 캐나다, 칠레, 콜롬비아, 독일, 아이슬란드, 인도네시아, 이탈리아, 일본, 멕시코, 네덜란드, 뉴질랜드, 파나마, 파푸아뉴기니, 한국, 세네갈, 우크라이나, 미국.

〈표 11-1〉 2030년 탄소배출권 판매국 및 구매국 전망(단위: $MtCO_2eq$)

판매국	탄소량	구매국	탄소량
남아시아	690	미국	900
동남아시아	680	중국	710
러시아/유라시아	375	유럽	520
중동	360	한국	200
남미	180	일본	75
아프리카	170	호주	55
캐나다	40	멕시코	35
합계	2495	합계	2495

겠다고 결의했으며, 한국도 여기에 동참했다. 교토체제의 신축성 기제와 다른 새로운 국제 탄소시장의 형태에 대해서는 아직 결정된 바가 없지만, 현재 대부분의 온실가스 다량 배출국은 국내 감축만으로는 파리협정의 목표를 달성할 수 있을 만큼의 성과를 이루기 어렵기 때문에 국제 탄소시장을 통한 NDC 달성이 각국의 주요 관심사가 되고 있다.

전 지구적 탄소시장이 형성될 경우 2030년 기준 세계는 $2495MtCO_2eq$의 탄소배출권을 판매할 수 있는 국가와 정확히 같은 양을 구매하는 국가로 양분될 것으로 전망된다(World Bank Group, 2016: 84)(〈표 11-1〉 참조).

앞에서 설명했듯이 파리기후체제에서는 교토의정서의 배출권거래제 같은 전 지구적 총량제한거래제(cap and trade)가 성립될 수 없다. 하향식의 감축 목표 부과가 없기 때문에 국가별 배출 허용량 역시 존재하지 않는다. 이에 따라 파리체제에서는 국가가 스스로 설정한 NDC가 배출 가능 총량의 의미를 지니게 되어 각 국가는 탄소시장으로부터 구입한 양과 탄소시장에 판매할 수 있는 양을 산정하고, 자발적인 동맹을 통해 양자·다자 단위의 탄소시장을 창설하는 행태를 보일 가능성이 높다. 배출권을 판매할 여력이 없이 2030년 기준 연 $219MtCO_2eq$에 이르는 다량의 탄소배출권을 구매해야 하는 한국으로서는 탄소 배출에 여유가 있는 개도국을 발굴하고 적극적으로 진출해 상호 이익이 되는 탄소시장을 구축하는 일이 시급하다. 교토의정서에서 감축 의무를 지지 않는 개도국 지위를 인정받아 중국, 인도에 이어서 세 번째로 많은 청정개발체제 상쇄배출권(Certified Emission Reduction: CER)을 발행한[11] 한국이지만, 이제 판매자가 아닌 구매자로서 해외 사업처를 모색해야 하는 상황이다.

2011년 더반에서 열린 COP17에서 교토의정서 2차 공약 기간에 참여하기를 거부해 청정개발체제를 통한 배출권을 구입할 수 없게 된 일본은, 2013년부터 이국간신용제도(Joint Crediting Mechanism: JCM)라는 탄소동맹을 결성해 운영해오고 있다. 이는 일본이 온실가스 배출권을 판매할 수 있는 개도국들[12]과 협력해 해당 개도국에서 온실가스 감축 사업을 시행하고 발생한 감축분을 일본정부의 감축 실적으로 인정받는 기제이다.[13] 이 제도는 지금까지 UN기후변화협약 청정개발체제를 통해 주로 배출권을 거래해온 한국정부에 중요한 벤치마킹 대상이라고 판단된다. JCM 방식은 배출권 측정의 투명성과 엄격성만 확보된다면 UN기후변화협약 청정개발체제 이사회의 승인을 받지 않고 바로 양자 간 협력을 통해 사업에 착수할수 있기 때문에 그동안 청정개발체제의 가장 큰 문제로 지적되어온 절차상의 복잡성과 경직성(Lovbrand, Rindefjall and Nordqvist, 2009: 79~84)을 해소할 수 있다는 이점을 지닌다. 따라서 한국은 배출권 판매 여력과 녹색사업 유치의 의지를 갖고 있는 남아시아, 동남아시아, 러시아/유라시아, 중동, 남미, 아프리카에 대한 진출을 적극적으로 추진해야 하며, 이들이 필요로

---

11 UNEP DTU Partnership, "Top Countries by Issued CERs," http://cdmpipeline.org/cers. htm#3(2017년 5월 15일 검색).
12 현재 몽골, 베트남, 캄보디아, 라오스, 미얀마, 태국, 인도네시아, 팔라우, 방글라데시, 몰디브, 케냐, 에티오피아, 멕시코, 칠레, 코스타리카, 사우디아라비아의 16개국과 협력하고 있다.
13 일본 외무성, "Joint Crediting Mechanism(JCM)," http://www.mofa.go.jp/ic/ch/page1we _000105.html(2017년 5월 15일 검색).

하는 기후기술 및 사업에 대한 수요를 면밀히 분석해 유망 사업 모델을 개발함과 동시에, 이를 위한 기후기술의 이전 및 사업화 전문가의 육성과 활용에도 많은 노력을 기울여야 한다. 또한 이러한 상쇄배출권의 연계망을 토대로 해서 중장기적으로는 다양한 국가와 배출권거래제를 연계하는 방안 역시 고려해야 한다.

3) 취약국 돕기: 개도국 재정 지원과 녹색성장 전파

기후변화 외교의 면에서 그동안 한국이 스스로를 규정한 명칭은 '가교(bridge)'이다(Kim, 2016: 145~149). 외교적 역할을 통해 선진국과 개도국을 잇는 다리가 되고자 하는 인식을 반영한 것이라 할 수 있다. 최빈국으로 시작해 현재 선진국 반열에 오른 한국이 가교를 표방하는 것은 정당성과 타당성을 지닌다고 볼 수 있으며, 한국과 같은 중견국의 주요 외교적 역할 중 하나는 국제적으로 갈등을 겪는 사안에 대해 선진국과 개도국의 중재자 역할을 하는 것이다. 하지만 실천적인 면에서 한국의 외교는 확실성을 띠지 못한 채 '가교'라는 수사 속에서 모호한 행태를 유지한 측면이 있다. 교토체제에서는 OECD 회원국임에도 개도국 신분을 인정받아 감축 의무를 지지 않았고, 이명박 정부 당시에는 개도국으로서 솔선수범해 감축 목표와 기한을 국제사회에 제시했으나 이는 어디까지나 자발적·비구속적 사안임을 분명히 했다. 게다가 국제무대에서는 '가교', '녹색성장' 등 화려한 외교적 수사를 펼쳐온 한국이 국내에서는 내실을 거두지 못했다는 사실은 선진국과 개도국 양 진영의 불만을 살 수밖에 없는 일이었다.

선진국 측에서 보면 한국은 가교 역할을 자임하지만 사실상 개도국이라는 인식과 이해 계산에 따라 행동해왔다는 의구심을 살 수 있다. OECD 회원국이자 세계 15위권의 경제 대국인 한국이 그 위상에도 불구하고 책임 있는 행동을 하지 않는다면 사실상 국제사회의 비난을 피할 수 없다. 반대로 개도국 측에서 보면 한국의 녹색성장 전략은 '녹색'을 활용한 '성장'에 중점을 두는 것이라서 환경 친화적인 명목하에 지금까지 선진국이 자행해온 기후변화의 원인을 답습하는 것으로 여겨질 수도 있다. 따라서 한국이 선진국과 개도국 사이에서 이득을 취하는 '회색분자'로 여겨지지 않기 위해서는 진정성 있는 행동과 더불어 가교의 역할을 넘어 적극적인 리더로서 책임감 있게 행동해야 할 필요가 있다. 또한 녹색성장의 비전을 더 구체적으로 정립하고 국가의 지식 역량을 동원해 실천 전략을 설계·전파함으로써 규범 전파자로서의 역할도 충실히 수행해야 할 것이다.

한국의 리더십을 제고하기 위해서는 상대적으로 집중할 수 있는 사안을 발굴하고 국제사회에 적극적으로 제안하는 작업이 필요하다. 기존에 한국은 일방적(unilateral) 청정개발체제[14]나, NAMA(Nationally Appropriate Mitigation Actions) 크레디팅[15] 같은 독특한 아이템을 고안하고 국제사회에 제시해 기후변화 대응 기제 발전에 기여한 바 있다. 이는 모두 감축 의무가 없는 개도국 입장에서 한국이 제시할 수 있는 바람직한 아이디어였다. 하지만 이제는 여기서 한 걸음 더 나아가 개도국을 이끌 수 있는, 즉 한국의 역량과 지위에 맞게 적극적인 리더십을 발휘하는 중견국 수준에서의 외교가 필요하다. 이는 기후변화 취약국에 대한 지원과 녹색 규범의 전파라는 두 가지 방향으로 진행될 필요가 있다.

먼저, 기후변화 취약국을 지원하기 위한 장기 재원 조성과 사업 시행에

---

14 원래 청정개발체제는 감축 의무를 지닌 선진국이 감축 의무가 없는 개도국에서 감축 사업을 하고 배출권을 받는 양자 간 또는 다자간 방식이었으나, 2005년 2월 제18차 CDM 이사회에서 일방적 CDM이 승인되면서 개도국이 다른 개도국 또는 자국에서 사업을 하고 배출권을 확보하는 방식이 추가되었다.
15 교토체제에서 감축 의무를 지니지 않은 개도국이 자발적으로 시행한 감축 행동에 대해 감축량을 인정해 배출권을 발행·등록하는 방식이다(강희찬, 2013: 163~165).

한국이 기여할 수 있는 방안을 찾아야 한다. GCF 사무국 소재국으로서 한국은 GCF를 활용해 개도국의 온실가스 감축과 기후 회복력 향상을 지원해왔으며, 아직은 불확실성이 큰 기금인 GCF의 발전과 녹색산업의 육성·수출을 통한 국가 이익을 동시에 달성하기 위해 그동안 많은 노력을 기울여왔다. 특히 GCF에서 주목하는 한국형 사업 모델은 국내에서 추진 중인 에너지신산업 정책에 기반을 두고 있어 대내외 정책의 조화를 통해 경제적 이익과 기후변화 대응이라는 환경 보전을 동시에 달성하는 것이 한국 정부의 의도였다. 따라서 이후에도 GCF의 안정적 운영이 가능하도록 기반 구축에 노력하고, 국제적 기후 재원 협상에서 한국이 적극적인 역할을 수행할 수 있도록 협상 전략을 마련하며, UN기후변화협약 회원국이 GCF를 중심으로 장기 재원을 모아 사용할 수 있는 방안을 제시하는 것이 바람직하다(Kim, 2015: 78). 또한 G20, APEC, EAS 등을 통해 개최되는 여러 국제회의를 활용해 주요 선진국에 GCF의 사업 활성화와 재원의 지속적인 조성을 촉구해야 할 것이다.

2016년에 한국이 GCF와 관련해 겪은 두 가지 사례는, 향후 한국이 GCF를 어떻게 인식하고 행동해야 할지에 대해 중요한 시사점을 던져준다. 하나는 성공 사례이고, 다른 하나는 시행착오이다. 먼저, 한국의 주목할 만한 외교적 성공 사례는 2016년 10월 12~14일 인천 송도에서 열린 GCF 제14차 이사회에서 이루어졌다(GCF, 2016). GCF 이사회는 총 25억 8700만 달러 규모의 10개 사업을 승인했는데, 이 중 14억 2000만 달러가 투입되는 가장 큰 사업이자 GCF 승인 역사상 최대 규모의 사업으로 '지속가능에너지금융사업(Sustainable Energy Financing Facility: SEFF)'이 승인되었다. 이는 그동안 한국이 대내외적으로 제안·추진해온 에너지신산업 모델 중 '신·재생에너지와 에너지저장장치 결합', '친환경 에너지 타운(매립가스발전)', '스마트팜'의 3개를 GCF가 채택한 것으로, EBRD가 이행기구가 되어 10개 개도국[16]에서 사업이 추진된다. 제11차 이사회에서 한국이 제안한 폐루 아마존 습지에서의 신·재생에너지와 에너지저장장치 결합 사업이 채택된 이후 GCF에서 두 번째로 채택된 한국형 사업 모델이 '지속가능에너지금융사업'이다. 이는 좋은 사업 제안을 통해 개도국 기후변화 대응을 지원함과 동시에 GCF의 역할도 확대한 것으로서, 중요한 외교 성과로 평가할 수 있다.

하지만 GCF 제14차 이사회를 앞두고 한국정부는 국제사회의 비판을 받을 만한 결정을 내려야 했다. 일찍이 한국정부는 GCF의 이행기구로 한국수출입은행을 승인해줄 것을 GCF 이사회에 신청한 바 있다. 이행기구는 개도국 정부를 대신해 GCF에 사업을 신청하고 사업 승인 시 개도국 정부의 위임하에 실질적으로 사업을 수행하는 중요한 역할을 맡고 있다. GCF 이사회는 2015년에 20개의 이행기구를 처음 승인했고 2016년 8월 31일까지 총 33개의 이행기구를 승인한 상태였으며, 제14차 이사회에서도 다양한 기관의 신청서를 검토해 추가 이행기구 승인이 예정되어 있었다. 하지만 제14차 이사회에서 추가로 승인한 8개 이행기구에 한국수출입은행은 들어 있지 않았다. 이사회의 승인 거부 가능성을 염두에 둔 한국정부가 심사를 당분간 유보해줄 것을 요청하며 신청을 철회했기 때문이다(Mathiesen, 2016.10.14).

GCF 이사회가 한국수출입은행의 이행기구 승인에 대해 부정적인 입장을 보인 가장 큰 이유는 한국수출입은행이 세계에서도 손꼽히는 석탄 투자 기관이기 때문이다. 한국수출입은행은 세계 5위[17]의 석탄투자기관으로, 2007~2014년 기간 38억 달러를 석탄 산업에 투자했다. 이는 석탄 투자의 중단을 강력히 권고하고 있는 GCF의 방침과 상반되는 행태였으므

---

16 아르메니아, 조지아, 이집트, 요르단, 몽골, 몰도바, 모로코, 세르비아, 타지키스탄, 튀니지.
17 일본국제협력은행, 세계은행그룹, 중국의 진출구은행, 일본무역보험 다음이다.

로 스웨덴 등 일부 이사국에서는 승인 거부의 움직임을 보였다(Mathiesen, 2016.10.7). 이를 인지한 한국정부는 이행기구 신청을 유보했으나 이는 심사에 많은 시간을 할애한 이사회에 대한 결례로 인식되어 이사국 중 하나인 사우디아라비아의 강력한 불만을 사기도 했다(Mathiesen, 2016.10.14). 결과적으로 한국이 GCF를 통한 리더십을 발휘하기 위해서는 좋은 사업 제안을 넘어 근본적인 행태 및 가치관이 변화하도록 요구되는 상황이다.

취약국 지원에 더해 한국의 기후외교에서 크게 늘어나야 할 부분은 녹색 규범을 개도국에 전파하는 일이다. 특히 한국이 주도적으로 설립한 최초의 국제기구인 GGGI를 현재보다 적극 활용해 개도국에 한국의 브랜드인 '녹색성장'의 규범을 확산시킬 필요가 있다. GGGI의 가장 중요한 역할은 기후변화에 취약하지만 대응 능력이 부족한 개도국에 녹색성장 계획을 수립하고 녹색 규범을 확산시키는 일이다. 한국은 GGGI의 전략 수립 기능을 활용해 GCF, 지구환경기금(Global Environment Facility: GEF), 기후투자기금(Climate Investment Funds: CIF) 등 주요 기후기금의 공적·민간 재원과 기술 이전을 결합하는 사업 모델을 구상·이행함으로써 녹색 전략 수립 활동의 세계적 네트워크를 구축해 허브 역할을 감당할 수 있는 기반을 갖춰야 할 것이다.

GGGI와 더불어 UN기후변화협약의 기술 네트워크를 통해서도 개도국 기술 이전 사업을 효과적으로 추진할 수 있을 것으로 보인다. UN기후변화협약 4조 5항은 선진국이 개도국에 환경 친화 기술의 이전을 촉진할 것을 요구하고 있으며, 2001년 COP7에서 기술 이전 프레임워크(Technology Transfer Framework)가 수립된 이래 논의가 진전되어 2010년 COP16에서는 UN기후변화협약 기술 메커니즘(Technology Mechanism)이 확립되었다. 이는 개도국 기술 수요를 조사하고 기술 이전 정책을 고안하는 역할을 맡은 기술집행위원회(Technology Executive Committee: TEC)와, 기술 네트워크를 통한 기술 문제 해결을 지원하는 기후기술센터·네트워크(Climate Technology Center and Network: CTCN)의 두 기관으로 구성되어 있다.[18] 현재 한국은 단일 국가로서는 최대인 32개의 국내 기관이 CTCN에 가입되어 있으며, GTC 등이 CTCN의 사업 수주에 성공한 경험을 갖고 있다. 파리체제에서도 기후기술의 연구 개발 및 이전은 온실가스 감축과 기후변화 적응에서 핵심을 이루는바, 한국이 강점을 지닌 기술의 적절한 이전을 통해 공적개발원조(ODA) 등을 시행해 개도국의 기후변화 대응을 지원하고 녹색 비전을 전수함으로써 성공의 경험을 늘려가야 할 것이다.

결론적으로 녹색 규범의 전파자로서 한국이 진정한 리더십을 갖기 위해서는 외교적 수사를 넘어 녹색성장의 내재화를 성실히 수행하고 기후변화로 고통 받는 국가들을 돕고자 하는 진정성 있는 모습을 국제사회에 지속적으로 보일 수 있어야 한다. 따라서 기후변화에 취약성을 보이는 개도국들이 현재 어떤 수요를 갖고 있는지 파악하고, 이에 적용할 수 있는 기후변화 관련 기술, 재원, 지식, 인력을 제공해 개도국의 투자 여건을 개선하며, 기후변화 적응을 돕는 사업을 지속적으로 발굴하는 역할을 담당하려는 자세가 한국에 요구된다. 이러한 활동을 통해 자국의 의지를 국제사회에 알리고 각국의 적극적인 참여를 유도하는 것이야말로 진정 국격을 향상시키는 일로 이어질 것이다.

4) 교역 살피기: 무역에서의 탄소장벽 대응

수출 중심의 산업구조를 갖고 있는 한국으로서는 파리기후체제와 자유

---

18 UNFCCC, "Technology Mechanism," http://unfccc.int/ttclear/support/technology-mech anism.html(2017년 5월 15일 검색).

무역체제가 중첩되는 지점에 대해 면밀히 관찰하고 충분히 대응할 필요가 있다. 기후변화 사안이 국제 경제질서에 영향을 주는 가장 큰 흐름은 무역 부문에서 나타날 것으로 판단되는데, 무역의 흐름, 관행, 규칙의 변화는 국제사회의 기후변화 대응을 촉진시킬 수도 있고 개별 국가의 보호주의를 강화시킬 수도 있는 양날의 검이다. 특히 관심의 초점이 되는 부분은, 현존하는 자유무역질서를 관할하는 WTO의 규칙과 전 지구적 기후변화 대응을 위한 파리협정의 규칙이 충돌하지 않고 조화를 이룰 수 있는 방안을 찾는 것이다. 1947년 관세무역일반협정(General Agreement on Tariffs and Trade: GATT)에서 규정된 최혜국 대우, 내국민 대우, 국경세 조정, 보조금 규정 등을 적용함에 있어 기후변화 대응과 관련된 무역 조치가 WTO가 수호하는 자유무역 규칙을 훼손하지 않는 정당한 예외로 인정받을 수 있을지 여부가 향후 세계 무역질서의 판도를 변화시키는 변수로 작용할 것이다. 무역에서 탄소장벽이 나타날 수 있는 경우는 다음 몇 가지로 생각해볼 수 있으며, 한국으로서는 각 사안에 대한 동향 파악과 내부적인 대비가 시급하다.

첫째, 비차별 원칙과 탄소 배출의 문제이다. WTO가 관할하는 자유무역의 규범은 최혜국 대우와 내국민 대우라는 비차별 원칙으로 대표된다. 상품의 속성·성격·질, 최종 용도, 소비자 기호·습관, 관세 분류 등이 같은 동종 상품에 대해 자국을 포함한 모든 WTO 회원국 간에는 어떠한 무역 차별도 금지하는 것이 비차별 원칙이다. 여기서 문제가 되는 것은 생산 과정 또는 소비 상황에서 다량의 온실가스를 배출하는 상품과 그렇지 않은 상품이 동종 상품으로 간주될 것인지 여부이다. 지금까지는 온실가스 배출량의 차이가 있다고 해도 동종 상품으로 간주되어왔으나, 기후 규범이 국제사회에 더 내재화되면 해석에 변화가 발생할 수 있다. 특히 기계 자동차와 전기 자동차 간 차이처럼, 소비자의 기호·습관 같은 기준에서는 온

<표 11-2> 1947년 체결된 GATT의 탄소장벽 관련 주요 조항

규정	조항	구절
최혜국 대우	1조 1항	수입 또는 수출에 대해 또는 수입 또는 수출과 관련해 부과되거나 수입 또는 수출에 대한 지급의 국제적 이전에 대해 부과되는 관세 및 모든 종류의 과징금에 관해, 동 관세 및 과징금의 부과방법에 관해, 수입 또는 수출과 관련된 모든 규칙 및 절차에 관해, 그리고 3조 2항 및 4항에 언급된 모든 사항에 관해 **체약당사자가 타국을 원산지로 하거나 행선지로 하는 상품에 대해 부여하는 제반 편의, 호의, 특권 또는 면제는 다른 모든 체약 당사자의 영토를 원산지로 하거나 행선지로 하는 동종 상품에 대해 즉시 그리고 무조건적으로 부여되어야 한다.**
내국민 대우	3조 1항	체약 당사자들은 내국세 및 그 밖의 내국 과징금과 상품의 국내 판매, 판매를 위한 제공, 구매, 운송, 유통 또는 사용에 영향을 주는 법률·규정·요건과 특정 수량 또는 비율로 상품을 혼합하거나 가공 또는 사용하도록 요구하는 내국의 수량적 규정이 **국내 생산을 보호하기 위해** 수입 상품 또는 국내 상품에 적용되어서는 아니된다는 것을 인정한다.
	3조 2항	다른 체약 당사자의 영토 내로 수입되는 체약 당사자 영토의 상품은 **동종의 국내 상품에** 직접적 또는 간접적으로 적용되는 내국세 또는 그 밖의 모든 종류의 내국 과징금을 초과하는 내국세 또는 그 밖의 모든 종류의 내국 과징금의 부과 대상이 직접적으로든 간접적으로든 되지 아니한다. 또한 어떠한 체약 당사자도 제1항에 명시된 원칙에 반하는 방식으로 수입 또는 국내 상품에 내국세 또는 그 밖의 내국과징금을 **달리 적용하지 아니한다.**
	3조 4항	다른 체약 당사자의 영토 내로 수입되는 체약 당사자 영토의 상품은 그 국내 판매, 판매를 위한 제공, 구매, 운송, 유통 또는 사용에 영향을 주는 모든 법률·규정·요건에 관해 **국내원산의 동종 상품에 부여되는 대우보다 불리하지 않은 대우를 부여받아야 한다.** 이 항의 규정은 상품의 국적에 기초하지 아니하고 전적으로 운송수단의 경제적 운영에 기초한 차등적 국내 운임의 적용을 방해하지 아니한다.
국경세 조정	2조 2(a)항	이 조의 어떠한 규정도 체약 당사자가 상품의 수입에 대해 언제든지 다음을 부과하는 것을 방해하지 아니한다. (a) 동종의 국내 상품에 대해 또는 당해 수입상품의 제조 또는 생산에 전부 또는 일부 기여한 물품에 대해 3조 2항의 규정에 합치되게 부과하는 **내국세에 상당하는 과징금**
보조금	16조 1항	체약 당사자는 직접적 또는 간접적으로 **자신의 영토로부터의 상품의 수출을 증가시키거나 자신의 영토로의 상품의 수입을 감소시키도록** 운영되는, 제반 형태의 소득 또는 가격 지지를 포함한 보조금을 지급하거나 유지하는 경우 동 보조금 지급의 정도와 성격에 대해, 자신의 영토로 수입되거나 자신의 영토로부터 수출되는 상품 또는 상품들의 물량에 대해 동 보조금 지급이 미칠 것으로 추산되는 효과에 대해, 그리고 동 보조금 지급을 필요하게 하는 상황에 대해 서면으로 체약당사자단에 통보한다. 동 **보조금 지급에 의해 다른 체약 당사자의 이익에 심각한 손상이 야기되거나 야기될 우려가 있다고 결정되는 경우**에는 동 보조금을 지급하는 체약 당사자는 요청이 있는 경우 동 보조금 지급을 제한할 가능성에 대해 다른 당해 체약 당사자 또는 체약 당사자들, 또는 체약당사자단과 논의한다.
예외	20조 두문	다음의 조치가 동일한 여건이 지배적인 국가 간에 **자의적이거나 정당화할 수 없는 차별의 수단을 구성하거나 국제 무역에 대한 위장된 제한을 구성하는 방식으로 적용되지 아니한다**는 요건을 조건으로, 이 협정의 어떠한 규정도 체약 당사자가 이러한 조치를 채택하거나 시행하는 것을 방해하는 것으로 해석되지 아니한다.
	20조(b)	인간, 동물 또는 식물의 생명 또는 건강을 보호하기 위해 필요한 조치
	20조(g)	고갈될 수 있는 천연자원의 보존과 관련된 조치로서 국내 생산 또는 소비에 대한 제한과 결부되어 유효하게 되는 경우

실가스 배출 여부에 따라 동종 상품이 아니라고 여겨질 가능성이 있는 제품도 존재한다.

둘째, 국경세 조정은 자유무역규칙과 결합되어 강력한 무역장벽으로 나타날 수 있다. 이는 생산 또는 소비 과정에서 온실가스를 다량으로 배출한 상품에 대해서는 무역 시 탄소관세를 부여하고, 반대로 온실가스를 감축한 비용에 대해서는 감세 등을 통해 보전을 해주는 조치인데, 미국, EU 등에서는 이미 내부 논의를 통해 국경세 조정을 통한 탄소관세 부과를 추진하고 있다. 이는 에너지 집약적 제조업 중심의 수출 구조를 지닌 많은 개도국에 큰 부담을 지우는 일이고, 기후변화에 책임이 큰 선진국이 개도국에 비용을 부과한다는 면에서 기후정의에도 부합되지 않는바, 개도국의 격렬한 저항을 야기하고 있는 사안이다. 하지만 기후 규범이 심화될 경우 온실가스 감축 없이 생산한 제품에 대해 일정한 비용이 부과되는 흐름이 등장할 것은 분명하다.

이런 면에서 최근 미국이 한국을 대상으로 내린 반덤핑 관세 조치는 시사하는 바가 크다. 2017년 4월 11일, 미국 상무부에서는 철강 제품인 유정용 강관을 미국에 수출한 넥스틸, 현대제철 등의 한국 기업에 반덤핑 판정을 내리고 최대 24.92%의 반덤핑 관세를 부과한 바 있다(Lawder, 2017.4.11). 한국정부의 보조금 지급을 이유로 특정시장상황(Particular Market Situation: PMS) 규정을 적용한 것인데, 미국 주장에 따르면 한국정부는 유정용 강관 주요 원료에 대해 보조금을 지급했을 뿐 아니라, 자국 기업에 값싼 전기를 공급해 수출품 가격을 왜곡시켰다는 것이다. 한국의 전기요금이 가정용과 산업용으로 구분되어 후자가 더 싸게 공급되고 있고 공기업인 한국전력공사가 이를 독점적으로 관할한다는 점에 착안한 조치인데, 그동안 한국의 낮은 산업용 전기요금에 대해 문제를 삼은 적 없던 미국정부가 이를 구실로 무역 제재를 가한 것은 통상 측면과 함께 국내 전력 수요 관리의 측면에서 한국정부의 철저한 대응을 필요로 하는 사안으로 판단된다.

셋째, 보조금을 통한 국가의 녹색산업 육성과 비차별 원칙의 충돌이 더욱 커질 것으로 예상된다. 최근 중국의 풍력발전장비 보조금에 대해 미국이 WTO 제소(DS419)를 강행한 것이 대표적인 사례이다. 중국은 2008년부터 특별기금을 운영해 오직 자국 기업이 생산한 상품을 사용하는 조건으로 풍력발전장비 업체들에 보조금을 지급해왔다. 이에 미국은 2010년 12월 비차별 원칙을 위반한 보조금 지원을 이유로 중국을 WTO에 제소했고, EU와 일본 또한 미국의 뒤를 이어 같은 사유로 중국을 제소한 바 있다(박월라 외, 2011: 137~138). 결과적으로 패널 판정에 이르기 전 협의 단계에서 중국이 풍력보조금 폐지를 약속함에 따라 이 사건은 해결되었으나, 기지급된 보조금에 의해 중국의 풍력업체는 충분히 발전해 세계 풍력시장을 장악하게 되었다. 결과적으로 비차별 원칙에 어긋나는 녹색보조금의 지급은 WTO 규칙의 제재를 받게 되므로 자국 산업의 육성이 제한된다는 점과, 일부 개도국에서 WTO 규칙을 위반하고 자국 업체에만 보조금을 지급한다 해도 이를 중단시키기까지는 시간이 걸려 충분한 제재 효과를 얻을 수 없다는 점에 주목하고 대응할 필요가 있다. 전자의 경우 한 가지 더 주목해야 할 점은 WTO 환경 분쟁이 변화하는 양상이다. 과거 WTO의 환경 관련 분쟁에서는 주로 선진국의 환경보호 조치에 대해 개도국이 자유무역규칙 위반을 근거로 소송을 거는 형국이었으나, 이제는 자국의 녹색산업계를 보호하기 위해 선진국이 중국 등의 개도국이 취한 환경적 조치에 소송을 거는 경우도 증가하고 있다(Wu and Salzman, 2014: 408~413). 이에 따라 환경보호를 위해 자국 녹색산업을 육성하려는 경우에도 WTO 규칙의 위반 여부를 민감하게 고려해야 하는 상황에 이르렀다.

넷째, 가장 중요한 쟁점은 온실가스, 특히 이산화탄소가 GATT의 일반적 예외 조항에 해당하는 오염 물질인지 여부이다. 이미 1996년에 WTO

미국-가솔린 사건에서, 청정대기는 GATT 제20조(g)에 명시된 '고갈될 수 있는 천연자원'이므로 일반적 예외에 속한다는 판정을 내린 바 있다 (WTO, 1996.5.20: 43~46). 즉, 의도적인 차별이나 위장된 제한 조치가 아닌 한 청정대기를 보존하기 위한 국가의 조치는 WTO 비차별 원칙의 적용을 받지 않는 일반적 예외로 인정받은 것이다. 따라서 이제 남은 문제는 이산화탄소가 여타 오염 물질처럼 대기를 오염시키는 물질로 판정받을 수 있을지 여부인데, 아직까지 이를 둘러싼 WTO 제소는 이루어지지 않고 있다. 하지만 미국, EU 등 선진국의 국내법에서는 이산화탄소를 대기오염 물질로 인정하고 있기 때문에 관련 사건이 선진국에 의해 WTO에 제소될 경우 초유의 쟁점이 될 것으로 판단된다.

아직까지는 WTO의 자유무역질서에서 탄소장벽이 구체적으로 작동한 사례는 나타나지 않고 있다. 1국 1표제를 채택해 수가 많은 개도국의 영향력이 비교적 강력하게 작용하는 WTO의 의사결정 구조상 국경세 조정이나 일반적 예외 등 개도국에 큰 피해를 입힐 수 있는 규칙 변화가 단기간에 발생하지는 않을 것으로 보인다. 하지만 국제사회의 기후변화 대응이라는 당위적 명제가 현존 자유무역 규범과 합치되는 부분이 분명 존재하며, EU 등의 서방 선진국을 중심으로 그러한 추세를 강화하려는 움직임이 나타나고 있는 것 또한 사실이다. 온실가스를 다량으로 배출하는 에너지 집약 산업 중심의 제조업 강국이자 세계 수출 순위 7위, 국가 무역 의존도 75.8%[19]의 무역 국가인 한국으로서는 세계 무역 규칙의 변화를 면밀히 주시하면서 외교적으로 대응해야 하며 내부적으로는 기후변화 대응과 자유무역 규범 모두에 합치하는 방향으로 구조를 혁신해야 하는 중차대한

---

19 K-stat, "한국의 무역의존도", http://stat.kita.net/stat/world/major/KoreaStats02.screen (2017년 5월 15일 검색).

국면에 처해 있다. 결과적으로 국익 중심의 현실주의자적 사고와 국제 규범에 순응하는 국제주의자적 사고 사이에서 둘 모두를 이해시키려 노력하며 조금씩 나은 방향으로 나아가는 정치적·외교적 수완이 절실히 필요한 시점이다.

3. 결언

지금까지 파리기후체제하에서 한국이 효과적이고도 의미 있게 시행할 수 있는 기후외교 전략에 대해 약속 지키기, 동지 만들기, 취약국 돕기, 교역 살피기의 네 가지 측면에서 살펴보았다. 이를 요약·정리하면 다음과 같다. 첫째, 국제사회와의 약속 이행은 국가의 외교적 운신 폭을 결정할 수 있는 중요한 변인이다. 파리체제의 핵심은 모든 국가가 자발적으로 작성해 서약한 NDC이며, 이의 전 지구적 달성 여부가 개별 국가의 평판과 이익, 파리협정의 운명, 그리고 인류가 행하는 기후변화 대응의 성패를 결정할 것이다. 따라서 기후외교의 출발점은 NDC를 달성하기 위한 국가의 진지한 노력에서 시작되어야 하며, 이를 위해서는 인식 면에서나 제도 면에서 혁신적인 변화가 뒤따라야 한다. 한국의 경우 무엇보다 기후외교를 비롯한 대내외 기후 전략을 총괄할 수 있는 컨트롤타워의 수립 및 안정화가 시급히 필요한 상황이다.

둘째, 급속히 변화하는 국제 지형 속에서 가치와 이익을 공유할 수 있는 동지 국가를 발굴하고 능동적으로 연계망을 구축해 상호 이득의 구조를 형성해가야 한다. 이를 위해서는 세 가지 측면에서의 접근을 생각해볼 수 있다. 먼저, UN 차원에서는 UN기후변화협약 협상그룹의 다변화 추세를 읽고 EIG뿐 아니라 한국의 다양한 이익을 관철시킬 수 있는 녹색성장동맹의 구축 및 주도를 위해 외교적 노력을 가해야 한다. 다음으로는, 한국이 속해 있는 다양한 국제 레짐인 클럽들을 적극적으로 활용해 규칙의 형성, 정보 비대칭의 극복, 이니셔티브의 확보 등에 외교 역량을 발휘해야 한다. 마지막으로, NDC 달성을 위해 해외로부터 탄소배출권을 구매해야 하는 국가로서, 배출권 거래와 녹색사업의 타당성 면에서 이해관계가 일치하는 국가들과 적극적으로 탄소동맹을 맺어 시장을 형성해야 한다.

셋째, 한국은 개도국으로서의 자기규정에서 벗어나 재정·기술·개발 전략 등의 면에서 취약국의 기후변화 대응을 돕는 선진 외교를 행해야 한다. 교토체제에서 한국은 개도국 지위를 인정받아 감축 의무를 지지 않았다. 포스트 교토체제 협상이 진행되던 2008년부터는 소극적인 자세에서 탈피해 모범적인 중견국 기후외교를 펼친 바 있으나, 이는 어디까지나 개도국으로서 할 수 있는 최선으로서의 외교적 행태였다. 선진국과 개도국의 구분이 명확하고 오직 선진국만 감축 의무를 부여받은 교토체제에서는 이러한 전략이 국익에 부합되는 면이 컸으나, UN기후변화협약 회원국 모두의 보편적 참여 방식으로 합의된 파리체제에서도 한국이 개도국 입장을 유지한다면 국제사회의 비난을 피할 수 없을 것이다. 파리체제하 기후외교의 무대에서 한국은 적극적 리더로서 자신의 브랜드인 '저탄소 녹색성장' 전략을 개도국에 전파하고 기후변화로 인해 피해를 입고 있는 취약국을 다양한 국제 제도와 정책을 활용해 지원함으로써 국제사회에서의 위신을 제고하는 방향으로 나아가야 한다.

넷째, 세계적인 수출 대국이자 에너지 집약적 산업을 국가의 중추로 삼는 제조업 강국으로서 한국은 파리협정으로 대표되는 탄소 배출의 세계적인 제한 움직임과 WTO로 대표되는 자유무역 규범의 교차 지점에서 발생·충돌하는 문제를 면밀히 주시하고 사전에 대비해야 한다. 파리체제 규범이 전 지구적으로 심화되면 자국에서 탄소 규제를 소홀히 할 경우 교역시에 해외 선진국의 국경세 조정 조치에 공격당할 수 있으며, 기후변화 대응과 녹색시장 개척을 위해 자국의 환경·에너지산업을 육성할 때 비차별 원칙의 위반을 이유로 타국에 의해 제소당할 가능성이 높아질 것이다. 아직까지 탄소 관련 국경세 조정 분쟁은 공식화되지 않고 있으나, 탄소세, 배출권거래제, 규제, 보조금 등 자국 산업계에 온실가스 감축 비용을 부과하는 정책을 시행하는 국가가 늘어나는 추세어서 세계 무역체제에서 탄소장벽이 전면에 등장할 시기가 빠르게 다가오고 있음을 짐작할 수 있다.

참고문헌

강희찬. 2013. 「포스트교토체제의 신규시장메커니즘 논의와 발전 방향」. ≪에너지경제연구≫, 제12권 2호.

관계부처 합동. 2016. "제1차 기후변화대응 기본계획." 2016년 12월.

권필석·김성진. 2017. 「2030년 한국 온실가스 감축목표 달성을 위한 전력 부문 시나리오 분석」. ≪환경정책≫, 제25권 2호.

김성진. 2015. 「동북아 에너지 안보의 지형 변화와 한국의 에너지 외교」. 서울대학교 국제문제연구소. ≪세계정치≫, 23호.

_____. 2016. 「파리기후체제는 효과적으로 작동할 것인가?」. ≪국제정치논총≫, 제56집 2호.

박월라·사딕호드자에브 세르죠드·나수엽·여지나. 2011. 「중국의 보조금 현황과 주요국의 대응 사례 연구」. 대외경제정책연구원 연구보고서 11-20.

온실가스종합정보센터. 2016. 「2016년도 국가 온실가스 인벤토리 보고서」. 온실가스종합정보센터.

Burck, Jan, Franziska Marten and Christoph Bals. 2016. *The Climate Change Performance Index: Results 2016*. Bonn: Germanwatch.

Cook, John, Naomi Oreskes, Peter T. Doran, William R. L. Anderegg, Bart Verheggen, Ed W. Maibach, J. Stuart Carlton, Stephan Lewandowsky, Andrew G. Skuce, Sarah A. Green, Dana Nuccitelli, Peter Jacobs, Mark Richardson, Bärbel Winkler, Rob Painting and Ken Rice. 2016. "Consensus on Consensus: A Synthesis of Consensus Estimates on Human-caused Global Warming." *Environmental Research Letters*, 11.

GCF. 2016. "Decisions of the Board - Fourteenth Meeting of the Board 12-14 October 2016." http://www.greenclimate.fund/documents/20182/409835/GCF_B.14_17_-_Decisions _of_the_Board___fourteenth_meeting_of_the_Board__12-14_October_2016.pdf/da61 a7d6-f3dc-4342-a744-a03257a33ed7(2017년 5월 15일 검색).

IPCC. 2014. *Climate Change 2014: Synthesis Report*. Geneva: IPCC.

Keohane, Robert O. and David G. Victor. 2011. "The Regime Complex for Climate Changes." *Perspectives on Politics*, 9-1(March 2011).

Kim, Sungjin. 2015. "Korea and the Green Climate Fund: Expectations and Limitations of Seoul's New Role in World Climate Protection." Norbert Eschborn(ed.). *Environmental Policy in South Korea: Problems and Perspectives*. Seoul: Konrad-Adenauer-Stiftung

Korea Office.

_____. 2016. "South Korea's Climate Change Diplomacy: Analysis Based on the Perspective of "Middle Power Diplomacy"." Sook Jong Lee(ed.). *Transforming Global Governance with Middle Power Diplomacy: South Korea's Role in the 21st Century.* New York: Palgrave Macmillan.

Lawder, David. 2017.4.11. "U.S. Raises Duties on South Korean Oil Tubing, Cites Steel Subsidies." *Reuters.* http://www.reuters.com/article/us-usa-southkorea-tubular-idUS KBN17D2UX(2017년 5월 15일 검색).

Lovbrand, Eva, Teresia Rindefjall and Joakim Nordqvist. 2009. "Closing the Legitimacy Gap in Global Environmental Governance?: Lessons from the Emerging CDM Market." *Global Environmental Politics*, 9-2.

Mathiesen, Karl. 2016.10.7. "Green Climate Fund Urged to Blacklist Coal-funding Agencies." *Climate Home.*

_____. 2016.10.14. "Saudi Arabia Blasts Korean Bank for "Playing" with UN Climate Fund." *Climate Home.*

_____. 2016.11.4. "South Korea Leads List of 2016 Climate Villains." *Climate Home.*

Patashnik, Eric M. 2008. *Reforms at Risk: What Happens after Major Policy Changes Are Enacted.* Princeton: Princeton University Press.

Sjostedt, Gunnar. 1998. "The EU Negotiates Climate Change: External Performance and Internal Structural Change." *Cooperation and Conflict*, 33-3(September 1998).

Stoeva, Preslava. 2010. *New Norms and Knowledge in World Politics: Protecting People, Intellectual Property and the Environment.* London and New York: Routledge.

Thompson, Alexander. 2006. "Management under Anarchy: The International Politics of Climate Change." *Climatic Change*, 78-7.

UNFCCC. 2015. "INDC Submission by the Republic of Korea on June 30."

_____. 2015.12.12. "Adoption of the Paris Agreement." FCCC/CP/2015/L.9/Rev.1.

World Bank Group. 2016. *State and Trends of Carbon Pricing.* Washington DC: World Bank Group.

WTO. 1996.5.20. "United States: Standards for Reformulated and Conventional Gasoline." WT/DS2/9.

Wu, Mark and James Salzman. 2014. "The Next Generation of Trade and Environment Conflicts: The Rise of Green Industrial Policy." *Northwestern University Law Review*, 108-2(Winter 2014).

저자 소개(가나다 순)

김성진

서울대학교 외교학과(현 정치외교학부)에서 학사·석사·박사학위를 받았다. 과학기술정책연구원 연구원, 고려대 그린스쿨(에너지환경정책기술대학원) 연구교수를 지내고, 현재 한양대 에너지거 버넌스센터 전임연구원으로 재직하면서 국제에너지안보와 기후변화정치를 연구하고 있다. 주요 논저로는 "South Korea's Climate Change Diplomacy: Analysis Based on the Perspective of Middle Power Diplomacy", 「파리기후체제는 효과적으로 작동할 것인가?」, 「2030년 한국 온실 가스 감축목표 달성을 위한 전력 부문 시나리오 분석」, 「동북아 에너지 안보의 지형 변화와 한국의 에너지 외교」 등이 있다.

김연규

글로벌 에너지 거버넌스, 동북아 에너지 협력, 국제석유정치와 자원생산국의 정치경제 문제 등에 관해 국내외 학술지에 90여 편(국내 35편, 국외 45편)의 논문과 다수의 보고서를 기고해왔으며, 미국의 3대 연구소인 NBR(National Bureau of Asia Research)과 한양대 에너지거버넌스센터 (EGS) 간 '아시아에너지안보 공동 프로젝트'와 워싱턴의 에너지 전문가들로 구성된 '한미 에너지 태스크포스'를 운영하고 있다. 2015년 세계지식포럼, 동북아 에너지안보포럼, 상하이 셰일가스 서밋 등 다수의 국내외 포럼과 심포지엄의 사회자와 발표자로 활동했다.

김진수

서울대학교에서 지구환경시스템공학을 전공하고 동 대학원에서 지구환경경제학 박사학위를 받았다. 현재 한양대학교 자원환경공학과 부교수로 재직 중이며, 산업통상자원부 에너지개발전문 위원회 위원, 한국자원경제학회 상임이사, 한국자원공학회 정책이사, 한국공학교육학회 기획이 사로 활동하고 있다. 에너지기본계획 및 자원개발 정책 연구, 인공신경망을 활용한 에너지 경제 분석, 에너지, 자원, 환경 분야 편익 분석 및 경제성 평가 연구를 수행 중이다.

류하늬

이화여자대학교에서 정치학사와 경제학사 학위를, 서울대학교에서 경제학 석사 및 박사학위를 받았다. 현재 한양대학교 에너지거버넌스센터에서 전임연구원으로 재직 중이다. 최근의 연구에 서는 천연가스 시장 변화의 지정학적 함의, 재생에너지원과 전력 경제, 기후변화와 에너지 거버 넌스를 주로 다루고 있으며, 에너지를 둘러싼 국제 관계와 에너지 안보, 에너지 시장에 관한 다학 제적 접근을 시도하고 있다.

박희원

서울대학교와 동 대학원에서 에너지자원공학으로 공학사·석사·박사학위를 취득하고 미국 남가주대학교 화학공학과에서 방문연구원으로 카오스 유체역학을 연구하고 지질자원연구원에서 박사후 연구원으로 근무했다. 지금은 국내 최초의 에너지자원 서비스 회사인 에너지홀딩스그룹을 설립해 에너지자원 분야의 투자 및 기술 컨설팅 사업을 진행하고 있으며, 최근에는 디지털오일필드 및 AI 기반 신재생발전 운영 모델 등 에너지 분야 4차 산업에도 적극 진출하고 있다.

벤저민 소바쿨

미국 존 캐럴대학교에서 철학·커뮤니케이션 연구 학사학위를, 미국 웨인 스테이트대학교에서 수사학 석사학위를, 미국 버지니아 테크에서 과학기술연구 박사학위를 받았으며, 지금은 영국 서식스대학교의 과학기술정책연구소(Science Policy Research Unit)에 재직 중이다. 서식스에너지그룹의 디렉터, 옥스퍼드대학교와 맨체스터대학교 혁신·에너지수요센터의 디렉터를 맡고 있다. 에너지 정책, 에너지 안보, 기후변화를 주요 연구 분야로 하며, 특히 재생에너지와 에너지 효율 향상, 전력 접근성 개선 및 기후변화 적응력 향상에 대한 정책 연구를 진행 중이다.

안상욱

파리정치대학교와 파리3대학교에서 수학했으며, 파리3대학교에서 경제학 박사학위를 취득했다. 한국유럽학회 총무이사를 역임한 바 있다. 지금은 부경대학교 국제지역학부에 교수로 재직 중이며, 한국연구재단 SSK 에너지연구사업단에 공동연구원으로 참여하고 있다.

이상훈

녹색에너지전략연구소 소장이다. 신재생에너지학회 이사이며 환경연합, 에너지시민연대, 기후변화센터에서 에너지관련 위원회를 맡고 있다. 에너지대안센터 사무국장, 환경운동연합 정책실장 및 처장, 세종대 기후변화센터 연구실장 등을 역임했으며, 산업통상자원부 신·재생에너지정책심의회, 전력정책심의회 등에 위원으로 참여하면서 에너지기본계획, 전력수급계획 수립에 여러 차례 참여했다. 재생에너지와 기후변화 완화 정책 분야에서 활동 중이다.

임은정

현재 일본 리쓰메이칸대학교 국제관계학부 조교수로 재직 중이다. 도쿄대학교에서 학사학위를, 컬럼비아대학 국제행정대학(SIPA)에서 석사학위를, 존스홉킨스대학교 고등국제학대학(SAIS)에서 박사학위를 취득했다. 서울대학교 일본연구소 선임연구원, 도쿄대학교 현대한국연구센터 객원연구원, 국민대학교 일본학연구소 전임연구원을 지냈으며, 연세대학교, 고려대학교, 한국외국어대학교에 강사로 재직한 바 있다. 동아시아 국제협력, 한·일 비교정치경제, 거버넌스, 에너지·기후변화 정책, 원자력 및 비확산문제를 연구 분야로 다루고 있다.

정하윤

건국대학교 환경과학대 산림사회학연구실에서 객원연구원으로 재직 중이다. 고려대학교 지속발전연구소 연구교수, 연세대학교 동서문제연구원 리더십센터 연구교수를 거쳤다. 대표적인 연구 실적으로는 「유럽연합의 기후변화 리더십에 대한 연구: 이해관계, 아이디어 그리고 제도를 중심으로」, 「미국 주 차원의 기후변화 정책 실험: 규범기업가의 기후변화 프레이밍을 통한 확산과정을 중심으로」가 있다.

조정원

중국 인민대학교에서 국제정치학 석사학위와 경제학 박사학위를 취득했다. 현재 한양대학교 에너지거버넌스센터에서 전임연구원으로 재직 중이며, 중국의 에너지·환경 문제를 연구하면서 중국 경제와 중국 시장, 중국의 대외 무역과 관련된 강의를 하고 있다. 중국지역학회 연구이사, 한중사회과학학회 사무차장, 한국유라시아학회 총무이사로도 활동하고 있다.

한희진

노던일리노이대학교에서 정치학 박사를 받았으며 미국과 싱가포르에서 다년간의 연구와 강의를 마치고 현재 부경대학교 글로벌자율전공학부 조교수로 재직 중이다. 동북아시아 국가들의 환경정치 및 환경정책 과정을 주로 연구하고 있다. 기타 연구 주제로는 중국 시민사회의 변천, 동북아시아 국제관계 등이 있다. 연구 성과는 *Environmental Politics*에 게재된 "Authoritarian environmentalism under democracy: Korea's river restoration project"를 포함해 *Pacific Affairs*, *Journal of Environment & Development*, *Journal of Comparative Policy Analysis*, ≪한국정치학회보≫ 등 유수의 학술지에 소개되었다.

한울아카데미 2016

글로벌 기후변화 거버넌스와 한국의 전략

© 김연규, 2018

엮은이 **김연규** ㅣ 펴낸이 **김종수** ㅣ 펴낸곳 **한울엠플러스(주)** ㅣ 편집 **신순남**

초판 1쇄 인쇄 **2018년 4월 26일** ㅣ 초판 1쇄 발행 **2018년 5월 10일**

주소 **10881 경기도 파주시 광인사길 153 한울시소빌딩 3층** ㅣ 전화 **031-955-0655** ㅣ 팩스 **031-955-0656**
홈페이지 **www.hanulmplus.kr** ㅣ 등록번호 **제406-2015-000143호**

Printed in Korea.
ISBN 978-89-460-7016-5 93300(양장)
　　　978-89-460-6483-6 93300(학생판)

※ 책값은 겉표지에 표시되어 있습니다.
※ 이 책은 강의를 위한 학생판 교재를 따로 준비했습니다. 강의 교재로 사용하실 때에는 본사로 연락해주십시오.

※ 이 저서는 2015년 정부(교육부)의 재원으로 한국연구재단의 지원을 받아 수행된 연구임(NRF-2015S1A3A2046684).